HEMMER/WÜST

DIE ÜBERBLICKSKARTEIKARTEN

STRAFRECHT IM ÜBERBLICK

- PRÜFUNGSSCHEMATA

13. AUFLAGE 2022

KLAUSURTYPISCH ▪ ANWENDUNGSORIENTIERT ▪ UMFASSEND

Hemmer/Wüst Verlagsgesellschaft
Hemmer/Wüst, Überblickskarteikarten Strafrecht

ISBN 978-3-96838-068-1

13. Auflage 2022

gedruckt auf chlorfrei gebleichtem Papier
von Schleunungdruck GmbH, Marktheidenfeld

Themenverzeichnis

Strafrecht AT I

Themenverzeichnis

Themenverzeichnis

Strafrecht AT II

Themenverzeichnis

Strafrecht BT I

Themenverzeichnis

Themenverzeichnis

Strafrecht BT II

Themenverzeichnis

Themenverzeichnis

StPO

Strafrechtliche Klausurtechnik

StrafR AT I, Rn. 1 ff.; Basics-StrafR, Rn. 2 ff.

Obwohl die strafrechtliche Klausurentechnik viele Gemeinsamkeiten mit dem Vorgehen in den übrigen Rechtsgebieten aufweist, gilt es auch gewisse Eigenheiten zu beachten:

Definitionen und Meinungsstreitigkeiten

Zu einer guten Klausur gehört eine Definition der fraglichen Tatbestandsmerkmale ebenso wie die Erörterung der wichtigsten Meinungsstreitigkeiten. Gerade zur schnellen, effektiven Wiederholung dieses strafrechtlichen Grundwissens sind diese Übersichtskarteikarten konzipiert. Besser als das gedankenlose „Herunterbeten“ auswendig gelernter Argumentationsketten ist allerdings eine plausible, nachvollziehbare Diskussion der entscheidenden Wertungsgesichtspunkte. Wir haben für Sie grafisch aufgearbeitet, worauf es wirklich ankommt. Die bewährte **hemmer-Methode** ermöglicht die Einordnung des Stoffs in den größeren Zusammenhängen.

Gutachten-, Urteils- und Feststellungsstil

Häufig können Sie lesen: „Die Klausuren zum 1. Staatsexamen werden im Gutachtenstil abgefasst!“ Die Examenspraxis sieht – schon aus Zeitgründen – anders aus: Nur wenn Sie unproblematische Tatbestandsmerkmale kurz und präzise abhaken, können Sie die Schwerpunkte des Falls im breiten Gutachten darstellen. Voraussetzung für die richtige Wahl des Darstellungsstils ist also, dass Sie lernen, Wichtiges von Unwichtigem zu trennen. Bei dieser Einschätzung helfen Ihnen unsere Übersichten – die sprachliche Souveränität, durch die sich die wirklich gute Klausur abhebt, erlernen Sie nur durch ständige Übung, zum Beispiel in unserem Haupt- und Klausurenkurs.

HEMMER-METHODE zu ÜK 1

Das erfolgreiche Bestehen der Strafrechtsklausur setzt neben der Kenntnis typischer Problemfelder des StGB vor allem die Beherrschung der strafrechtlichen Klausurtechnik voraus. Natürlich sollen die Hinweise zur strafrechtlichen Klausurtechnik nicht „auswendig gelernt“ werden. Versuchen Sie, die aus vielen erfolgreichen Examensvorbereitungen und gemeisterten Klausuren gewonnenen Tipps zu verstehen und üben Sie vor allem die richtige Schwerpunktsetzung schon frühzeitig durch die Bearbeitung von Fällen auf dem für die nächste Prüfung einschlägigen Niveau.

Gerade die richtige Mischung von Gutachten- und Feststellungsstil verrät dem Korrektor, ob Sie in der Lage sind, Wichtiges von Unwichtigem zu trennen. Nichts nervt den Korrektor mehr als die endlose Erörterung völlig unproblematischer Tatbestandsmerkmale oder die seitenlange Darstellung von Meinungsstreitigkeiten, auf die es im Ergebnis gar nicht ankommt! Feststellungsstil und Kurzgutachten ermöglichen die Bewältigung einer großen Stofffülle in der vorgeschriebenen Zeit, der ausführliche Gutachtenstil bleibt den Schwerpunkten vorbehalten.

Nicht nur Anfänger machen häufig den Fehler, den Sachverhalt unzulässig umzuinterpretieren. Beachten Sie: Der Sachverhalt muss als feststehend und abschließend erachtet werden. Die strafrechtliche Klausur des 1. Staatsexamens ist kein Krimi! Stellen Sie nicht Ihre detektivischen, sondern juristischen Fähigkeiten unter Beweis, und verstehen Sie Angaben, wonach der genaue Tathergang nicht mehr festgestellt werden kann, als Fingerzeig auf die Probleme von in-dubio-pro-reo, Wahlfeststellung etc. (vgl. hierzu: Hemmer/Wüst, StrafR AT II, Rn. 408 ff.). Denn der Sachverhalt entspricht insoweit dem Tatbestand in einem Urteil. Dabei gilt, dass eine Verurteilung nur dann ergehen darf, wenn das Gericht von der Straftat auf der Basis des festgestellten Sachverhalts „überzeugt“ ist (§ 261 StPO, Art 6 II EMRK). Dieser Maßstab gilt auch für Sie in der Klausursituation. Halten Sie es etwa nach dem Sachverhalt bloß für wahrscheinlich, dass der Täter sich strafbar gemacht hat, reicht dies nicht aus.

Aufbauregeln

Basics-StrafR, Rn. 27 ff.

Aufteilung in Tatkomplexe

Häufig sind mehrere Tatkomplexe zu unterscheiden, die der Klausurersteller gewählt hat, um verschiedene Problembereiche in die Klausur einbauen zu können. Bei der Aufteilung des Sachverhalts in einzelne Tatkomplexe sollte man die Geschehen, die unmittelbar zusammengehören, nicht künstlich trennen; getrennt werden sollten hingegen Komplexe, zwischen denen denknotwendig eine Zäsur besteht oder die außer der Zusammenfassung zu einem Klausursachverhalt "gar nichts miteinander zu tun haben".

Prüfungsreihenfolge der Delikte

- Schwerere Delikte (insb. Tötungsdelikte) sind grds. vor leichteren zu prüfen.
- Bei den **Gesetzeskonkurrenzen** ist zu differenzieren:
  Bei **Subsidiarität** und **Konsumtion** ist i.d.R. das vorgehende Delikt zuerst zu prüfen und das verdrängte ggf. nur kurz zu erwähnen
  (z.B. § 123 StGB nach §§ 242, 244 I Nr. 3, IV StGB).
- Für Fälle der **Spezialität** empfiehlt sich das gleiche Vorgehen, wenn es sich um einen verselbständigten Sondertatbestand handelt (z.B. § 249 StGB vor §§ 242, 240 StGB).
- **Qualifikationen** hingegen (z.B. § 244 StGB zu § 242 StGB) kann man entweder nach dem Grundtatbestand prüfen oder - anders als bei Regelbeispielen - gleich in den Tatbestand des Grunddelikts integrieren.
- Bei mehreren Beteiligten wird der jeweils **tatnähere** Beteiligte zuerst geprüft.
- **Täterschaft** ist **vor Teilnahme** zu prüfen (Akzessorietät!). Durchbrechungen sind u.U. dann denkbar, wenn der Bearbeitervermerk die Prüfung auf bestimmte Beteiligte beschränkt. Ist etwa nur nach der Strafbarkeit eines Beteiligten gefragt, muss dort inzident die Tat des "dazugehörigen" Täters mitgeprüft werden.

HEMMER-METHODE zu ÜK 2

Machen Sie sich die materiell-rechtlichen Grundlagen, auf denen die Aufbauhinweise beruhen, klar: Anstiftung und Beihilfe setzen nach §§ 26, 27 StGB die Existenz einer vorsätzlichen und rechtswidrigen Haupttat voraus (sog. Akzessorietätsprinzip). Dadurch, dass Sie Täterschaft vor Teilnahme prüfen, ersparen Sie sich in diesem Punkt eine komplizierte Schachtelprüfung und vermeiden unnötige Wiederholungen.

Beachten Sie in diesem Zusammenhang: Es gilt der Grundsatz der *limitierten* Akzessorietät. Daher ist es nicht erforderlich zu prüfen, ob der Haupttäter schuldhaft gehandelt hat. Dies kann aber dann von Bedeutung sein, wenn es darum geht, beim Hintermann zwischen Anstiftung und mittelbarer Täterschaft abzugrenzen (vgl. hierzu Hemmer/Wüst, StrafR AT II, Rn. 200 ff.).

Die meisten Aufbauvorschläge sind nicht zwingend, im Regelfall aber zweckmäßig. Gerade deshalb dürfen Sie sich bei der Fallbearbeitung nicht blind einem Schema unterwerfen.

Maßstab dafür, welchen Aufbau Sie im Einzelfall verwenden, ist allein die Zweckmäßigkeit. So ist es bei Delikten, die nicht im Verhältnis der Gesetzeskonkurrenz stehen, sich aber gegenseitig ausschließen (z.B. nach h.M. § 242 StGB und § 263 StGB) vor allem eine Frage der leichteren Darstellbarkeit, ob Sie mit dem erfüllten Tatbestand beginnen, um anschließend das Scheitern des anderen kurz festzustellen, oder ob Sie mit dem nicht erfüllten beginnen, um wirklich berechtigterweise beide ansprechen zu können.

Das vorsätzliche Begehungsdelikt - Aufbau

StrafR AT I, Rn. 63 ff.

I. Tatbestand

1. **Objektiver Tatbestand**
   a) Vorfrage: Strafrechtliche Handlung
   b) Äußere Unrechtsmerkmale (= objektive Tatbestandsmerkmale) Tathandlung, Tatobjekt, tauglicher Täter etc.
   c) Bei Erfolgsdelikten: Erfolg, Kausalität, objektive Zurechnung
2. **Subjektiver Tatbestand**
   a) Vorsatz
   b) Sonstige subjektive Tatbestandsmerkmale: Absichten, Tendenzen, Motive
3. **Objektive Bedingungen der Strafbarkeit**

II. Rechts-widrigkeit

1. Die Rechtswidrigkeit ist grds. zu bejahen, wenn der Tatbestand erfüllt ist. (Ausnahme: Offene Tatbestände, §§ 240, 253 StGB)
2. Sie entfällt, wenn ein **Rechtfertigungsgrund** eingreift.
   a) Objektive Voraussetzungen des Rechtfertigungsgrundes
   b) Subjektive Voraussetzungen

III. Schuld

1. **Schuldfähigkeit** (§§ 19-21 StGB, a.l.i.c.)
2. **Schuldform** (Vorsatz/Fahrlässigkeit)
3. **Unrechtsbewusstsein**
4. Spezielle **strafschärfende** oder **-mildernde Schuldmerkmale**
5. Fehlen von **Schuldausschließungsgründen**: §§ 33, 35 StGB

IV. Sonstiges

Strafaufhebungsgründe, **Prozessvoraussetzungen** (z.B. §§ 77, 78 StGB)

HEMMER-METHODE zu ÜK 3

Das Schema folgt dem modernen Verbrechenssystem der sozialen Handlungslehre sowie dem Grundsatz des dreistufigen Verbrechensaufbaus. Lernen Sie im Zusammenhang und machen Sie sich anhand des Schemas deutlich, dass diese abstrakten Begriffe die Systematik des Strafrechts erheblich beeinflussen. Nach welchem Verbrechenssystem Sie in der Klausur die einzelnen Tatbestände prüfen, ist nicht ausschlaggebend. Wichtig ist aber, dass Sie nicht von einem in ein anderes System wechseln. Es empfiehlt sich, der h.M. zu folgen und sich damit dem modernen System anzuschließen.

Hüten Sie sich generell vor zu schematischem Lernen und setzen Sie die richtigen Schwerpunkte: Wie bei allen Schemata ist in der Klausur nur das zu prüfen, was im konkreten Einzelfall problematisch ist. Obligatorisch sind lediglich die Prüfungspunkte „Tatbestand, Rechtswidrigkeit, Schuld“. Gerade Rechtswidrigkeit und Schuld sind in der Strafrechtsklausur unzählige Male anzusprechen. Hier ist es zumindest innerhalb eines Tatkomplexes, in dem sich für diese Beurteilung nichts ändern wird, zulässig, beide Prüfungspunkte in einem Satz zusammen abzuhaken („Rechtswidrigkeit und Schuld sind auch hier gegeben“.). Vermeiden Sie bitte die häufig gebrauchte, aber gleichwohl banale Floskel von der „indizierten“ Rechtswidrigkeit.

Eine vollständige Prüfung dieses oder eines anderen Prüfungsschemas bei jedem einzelnen Straftatbestand führt in der Klausur zu Punktabzügen, da die Schwerpunkte der Arbeit nicht herausgearbeitet werden. Zudem besteht die große Gefahr, dass Sie in ernste Zeitprobleme geraten. Nur die souveräne Trennung zwischen Wichtigem und weniger Wichtigem führt zu hohen Punktzahlen.

Die strafrechtliche Handlung

StrafR AT I, Rn. 26 ff.

Strafrechtlich relevantes Verhalten nach der sozialen Handlungslehre (h.M.)

Ausgangspunkt eines jeden strafrechtlichen Vorwurfs ist ein bestimmtes menschliches Verhalten, das in einem **aktiven Tun** oder **Unterlassen** liegen kann.

Nach der herrschenden **sozialen Handlungslehre** ist Handlung im strafrechtlichen Sinne jedes vom menschlichen Willen beherrschte oder beherrschbare sozialerhebliche Verhalten.

Jede strafrechtlich relevante Handlung besteht also aus

drei Elementen

Menschliches Verhalten

Nur **natürliche** Personen können i.S.d. Strafrechts handeln, bei jur. Personen handeln deren Organe (§ 14 StGB).

Keine Handlungen sind daher bloße Naturereignisse oder das Verhalten von Tieren.

Sozialerheblichkeit

Die menschliche Willensbetätigung muss **nach außen gerichtet** sein.

Keine Handlungen sind daher Vorgänge, die sich nur im Inneren eines Menschen abspielen (z.B. Gedanken, Absichten, Wünsche).

Beherrschbarkeit

Das Verhalten muss vom menschlichen Willen **beherrscht** oder **beherrschbar** sein.

Keine Handlungen sind daher Reflexbewegungen und vis absoluta (durch unwiderstehliche Gewalt mechanisch erzwungenes Verhalten). Schreckreaktionen sind hingegen willensgesteuert und somit Handlungen (h.M., str.).

HEMMER-METHODE zu ÜK 4

Trotz der unterschiedlichen Terminologie gelten die vorgestellten Abgrenzungskriterien zwischen Handlung und Nichthandlung im Wesentlichen für alle strafrechtlichen Handlungstheorien. Unterscheiden Sie strikt zwischen Nichthandlung und Unterlassen: Die Nichthandlung entbehrt jeder strafrechtlichen Relevanz, während das Unterlassen, also die Nichtvornahme einer Handlung, sehr wohl strafrechtliche Konsequenzen haben kann (echte/unechte Unterlassungsdelikte!). In der Klausur ist die Vorfrage der strafrechtlich relevanten Handlung regelmäßig unproblematisch und allenfalls gedanklich zu prüfen. Schriftliche Ausführungen sind nur in den seltenen Problemfällen der Abgrenzung zwischen Handlung und Nichthandlung angebracht. Wenn Sie in der Klausur Probleme haben, eine strafrechtlich relevante Handlung zu bejahen, liegt dies häufig am falschen Anknüpfungspunkt: So scheidet tierisches Verhalten zwar als strafrechtlich relevante Handlung aus; anders ist es jedoch, wenn das tierische Verhalten auf vorausgegangenem menschlichem Verhalten beruht.

Zur Verdeutlichung: Wenn A seinen Hund auf B hetzt, liegt darin sehr wohl eine strafrechtlich relevante Handlung, nämlich des A.

Fallbeispiel: F schläft ein, obwohl auf ihrem Nachttisch eine brennende Kerze steht. Im Schlaf stößt sie die Kerze um. Bei dem Schwelbrand erstickt ihr ebenfalls schlafendes Kind, F kommt mit einer Rauchvergiftung davon.

Lösung: Ob § 222 StGB vorliegt, ist auch hier eine Frage des Anknüpfungspunktes. Das Umstoßen der Kerze im Schlaf ist keine Handlung i.S.d. Strafrechts und im bloßen Anzünden der Kerze liegt kein Sorgfaltsmangel. Das vorwerfbare Verhalten liegt hier im Nichtauslöschen der Kerze trotz Ermüdungserscheinungen, §§ 222, 13 StGB.

Das vorsätzliche Begehungsdelikt - Kausalität (I)

StrafR AT I, Rn. 102 ff.

Kausalität und Äquivalenztheorie

Bei den Erfolgsdelikten muss zur Handlung der Eintritt eines bestimmten Erfolgs hinzutreten. Zwischen Handlung und Erfolg muss dabei eine Verbindung bestehen. Ungeschriebenes Tatbestandsmerkmal aller Erfolgsdelikte ist somit die **Kausalität** der Handlung für den Erfolgseintritt.
Nach der herrschenden **Äquivalenztheorie** (auch: Bedingungstheorie, conditio-sine-qua-non-Formel) ist eine Handlung dann Ursache eines Erfolgs,
wenn sie nicht hinweggedacht werden kann, ohne dass der konkrete Erfolg entfiele.

Basierend auf dieser Formel sind folgende **Sonderfälle** denkbar:

Alternative Kausalität (auch: Doppelkausalität)

Zwei Ursachen führen zu demselben Erfolg. Jede der Ursachen hätte für sich allein diesen Erfolg zum selben Zeitpunkt ebenfalls herbeigeführt.

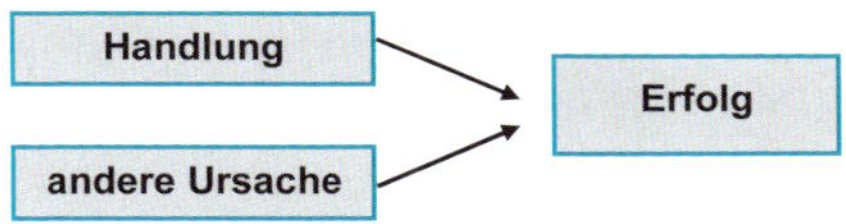

Hier scheitert die Äquivalenztheorie, da die Handlung hinweggedacht werden kann, ohne dass der konkrete Erfolg entfiele. In diesen Fällen ist die Äquivalenztheorie deshalb dahingehend **abzuwandeln**, dass **jede Ursache als kausal** zu betrachten ist.

Natürlich ist der Prüfungspunkt Kausalität ausschließlich bei den Erfolgsdelikten zu prüfen, denn wo es keinen Erfolg gibt, können Sie auch keinen Zusammenhang zwischen Handlung und Erfolg feststellen. Selbst wenn Sie ein Erfolgsdelikt prüfen, ist die Kausalität nur dann zu erwähnen, wenn darin ein Problem liegt. Der Satz „Die Handlung ist auch nach der conditio-sine-qua-non-Formel kausal für den eingetretenen Erfolg." ist völlig überflüssig, wirkt anfängerhaft und führt eher zur Korrekturbemerkung „zu schematisch".

Da die Äquivalenztheorie keine Unterscheidung zwischen wesentlichen und unwesentlichen Ursachen trifft, hat sie zwangsläufig einen sehr weit gefassten Ursachenkreis zur Folge: letztlich haben sogar die Eltern eines Mörders durch seine Zeugung eine Ursache für den Mord gesetzt. Daher wird teilweise auch im Strafrecht die im Zivilrecht herrschende Adäquanztheorie vertreten, wonach ein Tun oder Unterlassen nur dann kausal ist, wenn es die objektive Möglichkeit des Erfolgseintritts nach allgemeiner Lebenserfahrung in nicht unerheblicher Weise erhöht hat. Andere Theorien sind die Formel von der gesetzmäßigen Bedingung sowie die Relevanztheorie (vgl. Hemmer/Wüst, StrafR AT I, Rn. 105 ff.).

Die h.L. geht indessen einen anderen Weg und unterscheidet streng zwischen naturwissenschaftlicher Kausalität und der zweifelsohne erforderlichen normativen (= wertenden) Zurechnung. Natürlich können Sie allen Theorien bei guter Begründung folgen. Wie bei den strafrechtlichen Handlungslehren empfiehlt es sich jedoch, aus arbeitsökonomischen Gründen auch hier begründungslos die h.M. zugrunde zu legen.

Das vorsätzliche Begehungsdelikt - Kausalität (II)

StrafR AT I, Rn. 108 ff.

Kumulative Kausalität

Der Erfolg wird **nur durch das Zusammenwirken** zweier Ursachen herbeigeführt. Jede Ursache für sich allein hätte nicht genügt.

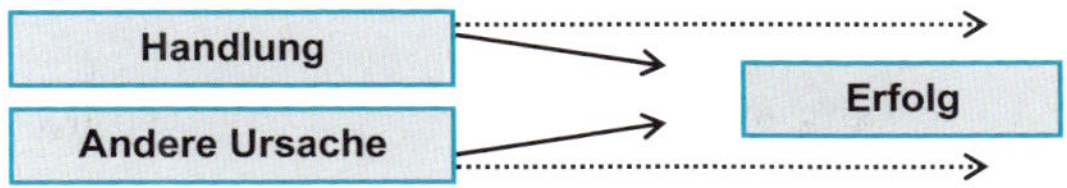

Also kann keine der Ursachen hinweggedacht werden, ohne dass der Erfolg entfiele ⇨ Kausalität (+) nach der Äquivalenztheorie.

Überholende Kausalität

Täter A setzt eine hinreichende Erfolgsursache. Bevor diese sich realisieren kann, setzt Täter B eine andere Ursache, die einen **früheren Erfolgseintritt** bewirkt.

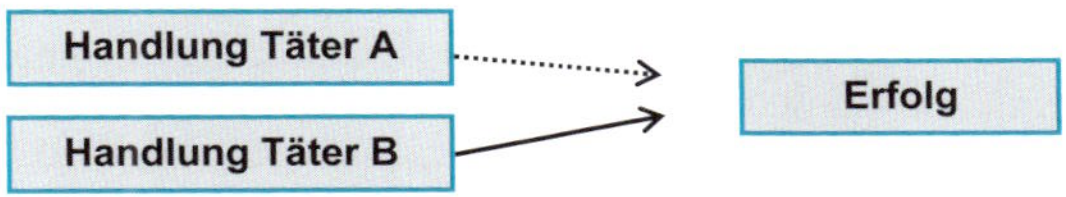

Nach der Äquivalenztheorie **bleiben Reserveursachen außer Betracht**. Die Handlung des Täters B ist kausal. Ähnlich ist der Fall der **abgebrochenen Kausalität**, nur dass hier das Handeln von B die Kausalkette des A abbricht.

Hypothetische Kausalität

Der Erfolg wäre im selben Zeitpunkt durch eine andere Ursache, die **nicht von einem Dritten gesetzt** wurde (sonst: alternative Kausalität) eingetreten. Auch hier bleibt die Reserveursache außer Betracht ⇨ Kausalität (+).

Lösen Sie zum Problembereich Kausalität folgende Fälle:

Fall 1: A und B schütten jeweils - ohne voneinander zu wissen - O eine tödlich wirkende Menge Gift in den Wein. O stirbt. Gemäß Gutachten wirkten beide Gifte gleich schnell.

Fall 2: Auch hier vergiften A und B den Wein des O. Beide wissen nicht, dass die jeweilige Einzeldosis für sich genommen nicht tödlich wirkt. Erst beide Giftzugaben zusammen führen zum Tod des O.

Fall 3: T erschießt O vor einer beabsichtigten Flugreise. Das Flugzeug muss daher ohne O starten und explodiert kurz nach dem Start wegen einer Bombe des D.

Fall 4: D hat den Wein des O vergiftet. Noch bevor das Gift zu wirken beginnt, stürmt T in das Zimmer und erschießt O.

Fall 5: Wieder vergiftet D den Wein des O, worauf O auch planmäßig das Zeitliche segnet. O wäre allerdings im selben Augenblick an seiner unheilbaren Krankheit gestorben.

Lösung:

Fall 1: Denkt man die Handlung des A hinweg, bliebe der konkrete Erfolg bestehen (nach der reinen Äquivalenztheorie also grds. keine Kausalität). Gleiches gilt jedoch, wenn man die Handlung des B wegdenkt, mit dem absurden Ergebnis, dass nach der conditio-sine-qua-non-Formel weder die Handlung von A noch von B kausal wäre. In diesem Fall der alternativen Kausalität wird die Äquivalenztheorie deshalb dahingehend abgewandelt, dass beide Ursachen als kausal zu betrachten sind.

Fall 2: Weder die Handlung von A noch die von B kann hinweggedacht werden, daher Kausalität (+); allerdings obj. Zurechnung jeweils (-); daher Strafbarkeit von A und B wegen Versuchs.

Fall 3: Der konkrete Erfolg ist der Tod durch Erschießen, daher ist die Handlung des T kausal.

Fall 4: Nur die Handlung des T ist kausal, denn konkreter Erfolg ist der Tod durch Erschießen.

Fall 5: Die Handlung des D ist kausal, denn konkreter Erfolg ist der Tod durch Gift.

Das vorsätzliche Begehungsdelikt - Obj. Zurechnung (I)

Objektive Zurechnung

Der durch die Äquivalenztheorie ermittelte Ursachenkreis bedarf einer wertenden Begrenzung: der konkrete Erfolg muss dem Täter auch objektiv zurechenbar sein. Dies ist der Fall, wenn der Täter durch sein Verhalten eine **rechtlich missbilligte Gefahr des Erfolgseintritts** geschaffen **und** sich im konkreten tatbestandsmäßigen Erfolg **gerade diese Gefahr verwirklicht** hat.

Die obj. Zurechnung besteht also aus den zwei Elementen:
„**Rechtlich relevantes Risiko**" und „**Risikozusammenhang**".

Rechtlich relevantes Risiko

Ein rechtlich relevantes Risiko **fehlt ...**

...wenn der Schaden **außerhalb des menschlichen Beherrschungsvermögens** liegt

Bsp.: T schickt seinen Erbonkel O bei Gewitter ins Freie und hofft, dass O vom Blitz getroffen wird. Dies geschieht auch.

...wenn der Täter **sozialadäquat** handelt

Bsp.: Besuch eines anderen, obwohl man eine leichte Erkältung hat und diesen anstecken könnte.

Anders aber z.B. beim Besuch auf einer Intensivstation!

...in den Fällen der **Risikoverringerung,**

d.h.: Täter schwächt einen dem Opfer anderweitig drohenden Erfolg ab oder schiebt ihn zeitlich hinaus, ohne eine neue, andersartige Gefahr zu setzen (in letzterem Fall evtl. § 32 StGB).

HEMMER-METHODE zu ÜK 7

Gerade im Bereich der Lehre von der objektiven Zurechnung ist vieles im Fluss. Nahezu in jeder Fallgruppe werden unterschiedliche Lösungsansätze diskutiert. So hat beispielsweise die Rspr. eine Haftungsbegrenzung im Unrechtsbereich durch Heranziehung objektiver Zurechnungskriterien im Strafrecht bisher nur in Einzelfällen (insbesondere bei der „eigenverantwortlichen Selbstgefährdung“) vorgenommen und ansonsten bei Vorsatzdelikten Zurechnungsprobleme meist auf die Vorsatzebene (Irrtum über den Kausalverlauf) gelöst.

Besonders in den Fällen der Risikoverringerung müssen Sie genau differenzieren, ob der Täter ein bereits vorhandenes Risiko lediglich abschwächt oder es durch die Schaffung eines neuen Risikos abwendet. Im letzteren Fall dürfen Sie hier auf der Ebene des objektiven Tatbestands das vom Täter geschaffene und das bereits vorhandene Risiko keinesfalls gegeneinander „aufrechnen“. Suchen Sie in diesen Konstellationen die Lösung auf anderen Wertungsstufen (v.a. Rechtfertigungsgründe).

Beispiel für eine Risikoverringerung: Ehemann E will seiner Frau F mit einem Holzscheit den Kopf einschlagen. Dem ebenfalls anwesenden T gelingt es, den Schlag so abzulenken, dass er statt des Kopfes nur die Schulter der F trifft. T hat nach der Äquivalenztheorie eine Körperverletzung kausal verursacht (konkreter Erfolg: Schlag auf die Schulter). Der Verletzungserfolg ist ihm jedoch mangels eines rechtlich relevanten Risikos nicht zuzurechnen.

Lassen Sie sich durch die Vielzahl der Fallgruppen nicht verwirren und behalten Sie vor allem das Grobschema „rechtlich relevantes Risiko + Risikozusammenhang“ im Kopf. Verdeutlichen Sie sich auch die Wertungen, die hinter den Einzelkriterien stehen: auch der normale Straßenverkehr oder der ordnungsgemäße Betrieb einer gefährlichen Anlage bergen Risiken. Würde man diesen sozialadäquaten Handlungen per se strafrechtliche Relevanz zumessen, hätte das unabsehbare gesellschaftliche Folgen.

Risiko-zusammenhang

Der Risikozusammenhang **fehlt** in folgenden Konstellationen:

- Bei einem völlig **atypischen Kausalverlauf**
- Der Erfolg liegt **außerhalb des Schutzzwecks der Norm**, d.h. wenn sich im Erfolg nicht das verbotene, sondern ein anderes Risiko verwirklicht hat
- Bei fehlendem **Pflichtwidrigkeitszusammenhang**, also dann, wenn der Erfolg auch bei pflichtgemäßem Täterverhalten eingetreten wäre

  Umstritten sind die Fälle, in denen nicht sicher ist, ob der Erfolg auch bei pflichtgemäßem Verhalten des Täters eingetreten wäre:

  ⇨ **Risikoerhöhungslehre**: Verhalten ist zurechenbar, wenn die in ihm liegende Sorgfaltspflichtverletzung das Risiko des Erfolgseintritts gegenüber dem erlaubten Risiko deutlich erhöht hat.

  ⇨ **h.M.** lehnt die Risikoerhöhungslehre ab, da sie den in-dubio-pro-reo-Grundsatz einschränkt und Verletzungsdelikte contra legem als Gefährdungsdelikte behandelt

  ⇨ daher Verhalten in Zweifelsfällen nicht zurechenbar
- In den Fällen der **freiverantwortlichen Selbstgefährdung**
- In den Fällen, in denen ein **Dritter** in den Kausalverlauf eingreift und ein neues, allein von ihm gesteuertes Risiko setzt, das sich dann auch verwirklicht

HEMMER-METHODE zu ÜK 8

Wie Sie schon an der Fallgruppe des fehlenden Pflichtwidrigkeitszusammenhangs sehen, liegt die praktische Bedeutung der objektiven Zurechnung vor allem im Bereich der Fahrlässigkeitsdelikte (vgl. Hemmer/Wüst, StrafR AT I, Rn. 651 ff.). Hier ist insbesondere auf den Streit um die Risikoerhöhungslehre einzugehen, dessen Kenntnis von Ihnen in der Klausur erwartet wird.

Trennen Sie einzelne Problemfelder des AT und BT nicht künstlich voneinander, in Fällen treten diese regelmäßig kombiniert auf! So lässt sich die Fallgruppe der eigenverantwortlichen Selbstgefährdung für den Klausurersteller sehr gut in den Rahmen der Tötungsdelikte einbinden und mit der Abgrenzungsfrage zwischen (strafloser) Teilnahme an einer Selbsttötung und Totschlag in mittelbarer Täterschaft verknüpfen, deren Erörterung wiederum Kenntnis der gängigen Teilnahmetheorien voraussetzt (ausführlich zu diesem Problem: Hemmer/Wüst, StrafR BT II, Rn. 12 ff.). „Klassiker“ in diesem Bereich sind die Einnahme von Drogen nach Übergabe durch den Dealer sowie der wissentliche ungeschützte Geschlechtsverkehr mit einem HIV-Infizierten.

Zusammenfassend ergibt sich für die Erfolgszurechnung also folgender Prüfungsaufbau:

- Erst stellen Sie die Kausalität anhand der conditio-sine-qua-non-Formel fest.
- Danach prüfen Sie anhand der Kriterien „rechtlich relevantes Risiko“ und „Risikozusammenhang“, ob der Erfolg dem Täter auch objektiv zurechenbar ist.

Das vorsätzliche Begehungsdelikt - Vorsatz

Vorsatz

Nach § 15 StGB ist nur vorsätzliches Handeln strafbar, wenn nicht das Gesetz fahrlässiges Handeln ausdrücklich mit Strafe bedroht. Das Tatgeschehen muss also nicht nur äußerlich einem Straftatbestand entsprechen (= obj. Tatbestand), sondern auch innerlich (= subj. Tatbestand). Demnach gilt für den Tatbestandsvorsatz:

Vorsatz ist der Wille zur Verwirklichung eines Straftatbestandes in Kenntnis aller seiner objektiven Tatbestandsmerkmale (kurz: **Wissen und Wollen der Tatbestandsverwirklichung**).

Wissen und Wollen

Vorsatzformen

Die Vorsatzdefinition besteht also aus zwei Elementen: Wissen und Wollen.
Aus der Kombination dieser Elemente ergeben sich verschiedene **Vorsatzformen**:

	Wollen	**Wissen**
dolus directus 1. Grades = **Absicht**	dem Täter **kommt es gerade auf den Erfolg an** (zielgerichteter Erfolgswille)	Täter hält es zumindest für möglich, dass sein Handeln zum Erfolgseintritt führt
dolus directus 2. Grades = **Wissentlichkeit**	Erfolg kann dem Täter sogar „an sich unerwünscht“ sein	Täter **weiß** od. **sieht als sicher voraus**, dass sein Handeln zur Tb.-Verwirklichung führt
dolus eventualis = **bedingter Vorsatz**	**umstritten** (vgl. ÜK 10)	Täter hält es zumindest für möglich, dass sein Handeln zum Erfolgseintritt führt

Beachten Sie, dass der gesamte objektive Tatbestand vom Vorsatz umfasst sein muss. Dazu zählen alle deskriptiven und normativen („Parallelwertung in der Laiensphäre“) Tatbestandsmerkmale sowie der grobe Kausalverlauf bei den Erfolgsdelikten. In diesem Zusammenhang können wichtige Irrtumsfälle („error in persona vel obiecto“, „aberratio ictus“ als Sonderfälle des Irrtums über den Kausalverlauf) auftreten, die Sie unbedingt beherrschen müssen (vgl. Hemmer/Wüst, StrafR AT II, Rn. 323 ff.).

Funktion des intellektuellen Elements („Wissen“) ist es, dem Täter die Bedeutung seines Verhaltens vor Augen zu führen. Deshalb ist grundsätzlich ein aktuelles Bewusstsein der Tatumstände erforderlich. Das bloße Gefühl, dass etwas „nicht in Ordnung“ ist, reicht nicht aus. Nicht erforderlich ist hingegen, dass der Täter über alle Umstände ständig nachdenkt, es genügt ein sog. sachgedankliches Mitbewusstsein, wie im Folgenden sog. Berufswaffenträger-Fall: Anlässlich seines Wachdienstes stiehlt Soldat T, vorschriftgemäß mit seinem Dienstgewehr bewaffnet, eine Flasche Cognac. Nach h.M. genügt hier für die Bejahung des § 244 I Nr. 1a StGB das sachgedankliche Mitbewusstsein des T, eine Waffe zu tragen, woran auch die Tatsache, dass er Berufswaffenträger ist und die Tat nur bei Gelegenheit seines Dienstes begeht, nichts ändert. Denn auch dann besteht die abstrakte Gefahr ihres Einsatzes.

Der Begriff der „Absicht“ wird im StGB nicht einheitlich verwendet. So genügt z.B. für die Nachteilszufügungsabsicht i.S.d. § 274 StGB nach h.M. der dolus directus 2. Grades. Es muss dem Täter also nicht gerade auf die Nachteilzufügung ankommen.

Lassen Sie sich nicht verwirren: Das moderne Verbrechenssystem der h.L. räumt dem Vorsatz eine Doppelfunktion ein und prüft ihn auch auf Schuldebene. Hier und auf den folgenden Karten geht es allein um den sog. Tatbestandsvorsatz.

Das vorsätzliche Begehungsdelikt - Dolus eventualis

StrafR AT I, Rn. 158 ff.

Bedingter Vorsatz (dolus eventualis)

Der bedingte Vorsatz (dolus eventualis) ist von der bewussten Fahrlässigkeit (luxuria) abzugrenzen.

Einigkeit herrscht insoweit, als für bedingten Vorsatz die **Kenntnis des Täters von der möglichen Tatbestandsverwirklichung erforderlich** ist. Dies ist jedoch auch Voraussetzung für die bewusste Fahrlässigkeit, hilft also bei der Abgrenzung nicht weiter.

Umstritten ist vielmehr das voluntative (Wollens-)Element:

Intellektuelle Theorien

Diese **verzichten ganz auf das Willenselement**
- Möglichkeitstheorie
- Wahrscheinlichkeitstheorie
- Theorie vom unabgeschirmten Risiko

Voluntative Theorien

Diese **halten am voluntativen Element** fest
- Gleichgültigkeitstheorie
- Ernstnahmetheorie
- **Einwilligungs- od. Billigungstheorie (h.M.):**
  Danach muss der Täter den für **möglich** gehaltenen **Erfolgseintritt gewollt oder billigend in Kauf genommen** haben.
  Dagegen liegt bewusste Fahrlässigkeit vor, wenn der Täter pflichtwidrig darauf vertraut, dass der als möglich erkannte Erfolg nicht eintritt.

HEMMER-METHODE zu ÜK 10

Es würde zu weit führen, auf einer Übersichtskarteikarte alle Abgrenzungstheorien bis ins Detail darzustellen. Lesen Sie zur Vertiefung die entsprechende Darstellung in Hemmer/Wüst, StrafR AT I, Rn. 160 ff.

„Missbrauchen“ Sie Ihren Kopf aber nicht als Festplatte, indem Sie alle Theorien zum dolus eventualis auswendig lernen. In einer Examensklausur geht es nicht vornehmlich um die Reproduktion von gelerntem Wissen. Zeigen Sie vielmehr, dass das Hauptproblem bei der Abgrenzung zwischen dolus eventualis und bewusster Fahrlässigkeit in der Frage nach der Erforderlichkeit eines voluntativen Elements liegt. Die intellektuellen Theorien verzichten auf ein voluntatives Vorsatzelement. Die Gleichgültigkeitstheorie nähert sich einer Bestrafung des Gesinnungsunwertes an und die Ernstnahmetheorie liefert kein stichhaltiges Abgrenzungskriterium. Erwähnen Sie deshalb die vorgestellten Theorien in der Klausur allenfalls nur kurz und entscheiden Sie sich dann zügig mit dem BGH für die Billigungstheorie.

Im Regelfall reicht dolus eventualis für die Bejahung der vorsätzlichen Begehung aus. Als (gedankliche) Hilfestellung für die Abgrenzung zwischen dolus eventualis und bewusster Fahrlässigkeit kann Ihnen die 1. Frank'sche Formel dienen: Bewusste Fahrlässigkeit liegt vor, wenn der Täter sich denkt: „Es wird schon gut gehen!“. Beim dolus eventualis sagt sich der Täter: „Na, wenn schon!“. Bedingter Vorsatz ist jedoch dann nicht ausreichend, wenn das Gesetz „Handeln wider besseres Wissen“ (§§ 145d, 164, 187, 278 StGB) oder „wissentliches“ Handeln (§§ 134, 145, 258 StGB) voraussetzt.

Das vorsätzliche Begehungsdelikt - Vorsatz-Sonderfälle

StrafR AT I, Rn. 172 ff.

Dolus alternativus

Hier richtet sich der Tätervorsatz der **Art** nach auf **zwei** oder mehrere unterschiedliche Tatbestände, der **Zahl** nach aber nur auf **einen** Tatbestand.
Bsp.: T wirft einen Stein auf O, neben dem dessen Hund steht. T nimmt billigend in Kauf, entweder den T oder seinen Hund zu verletzen ⇨ Eventualvorsatz des T hinsichtlich § 223 StGB (O) oder § 303 StGB (Hund)

- h.M.: Getrennte Vorsatzprüfung für jedes mögliche Delikt
- a.A.: Nur schwerstes Delikt wird geprüft, Vorsatz bzgl. des/der leichteren (-)

Dolus cumulativus

Hier will der Täter mit **einer** Handlung **mehrere** unabhängige Delikte verwirklichen ⇨ keine Sonderform des Vorsatzes, jeweils getrennte Prüfung

Dolus generalis

Liegt vor, wenn der Täter in der **irrigen** Annahme eines **bereits verwirklichten Erfolgs** eine **weitere** Handlung vornimmt, die dann erst tatsächlich den Erfolg herbeiführt.
(Bsp.: T sticht O nieder. Im Glauben, O sei tot, wirft er ihn in einen Fluss. O, der in Wirklichkeit noch lebte, ertrinkt.)

- **Lehre vom dolus generalis**: Sog. „unbestimmter Vorsatz“ genügt.
  Dass der Erfolg erst später eintritt, spielt keine Rolle
- **h.M.:** Sonderfall des Abweichens vom Kausalverlauf ⇨ § 16 I S. 1 StGB

Simultanitätsprinzip

Für alle Vorsatzformen gilt das **Simultanitätsprinzip**: Vorsatz muss **im Zeitpunkt der Tatbegehung** vorliegen. Vorhergehender Vorsatz (dolus antecedens) sowie nachträgliche Billigung (dolus subsequens) sind unbeachtlich.

HEMMER-METHODE zu ÜK 11

Neben dem Vorsatz verlangen einige Straftatbestände weitere besondere subjektive Tatbestandsmerkmale. Diese sind Bestandteile des subjektiven Unrechtstatbestandes, die im objektiven Tatbestand, anders als der Vorsatz, keinerlei Entsprechung haben. Delikte, die neben dem Vorsatz noch diese besonderen subjektiven Tatbestandsmerkmale erfordern, werden daher auch als Delikte mit „überschießender Innentendenz“ bezeichnet.

Achten Sie auf gesetzliche Formulierungen wie „in der Absicht ...“, „um ... zu ...“ etc., die auf besondere subjektive Merkmale hinweisen. Gerade bei weniger häufig auftauchenden Tatbeständen ist es wichtig zu erkennen und im Aufbau deutlich machen, dass ein bestimmtes Merkmal nicht zum objektiven Tatbestand gehört, sondern ein besonderes subjektives Merkmal ist.

Bsp.: §§ 242, 249 StGB ⇨ Zueignungsabsicht / §§ 253, 259, 263 StGB ⇨ Bereicherungsabsicht / § 265 StGB ⇨ Absicht, sich oder einem Dritten Leistungen aus der Versicherung zu verschaffen / § 267 StGB ⇨ Absicht der Täuschung des Rechtsverkehrs / § 274 StGB ⇨ Nachteilszufügungsabsicht

Teilweise werden zu den besonderen subjektiven Tatbestandsmerkmalen auch besondere subjektive Motivationen gezählt. In diesem Zusammenhang stellt sich insbesondere das Problem der Einordnung der täterbezogenen Mordmerkmale (§ 211 II 1. und 3. Gruppe StGB) in den Prüfungsaufbau (vgl. Hemmer/Wüst, StrafR BT II, Rn. 62 ff.). Hier werden im Wesentlichen folgende Ansätze vertreten: Der BGH sieht in ihnen subjektive Unrechtsmerkmale, die demnach im subjektiven Tatbestand zu prüfen sind. Nach anderer Ansicht betreffen diese Mordmerkmale lediglich den Bereich der Schuld und sind somit sog. spezielle Schuldmerkmale.

Das vorsätzliche Begehungsdelikt - Rechtswidrigkeit

StrafR AT I, Rn. 182 ff.

Grundsatz

Es gilt folgendes Regel-Ausnahme-Verhältnis: Eine Handlung ist dann rechtswidrig, wenn sie einen **Unrechtstatbestand verwirklicht** und **nicht durch einen Rechtfertigungsgrund gedeckt** wird. Die Rechtswidrigkeit ist also i.d.R. zu bejahen, wenn der Tatbestand erfüllt ist.

Ausnahme: Offene Tatbestände

Eine Ausnahme bilden die sog. **offenen Tatbestände** (§§ 240, 253 StGB):
Hier ist der Tatbestand so weit gefasst, dass die Rechtswidrigkeit **positiv festgestellt** werden muss. Diesen Tatbeständen ist auch eine Definition der Rechtswidrigkeit beigefügt (Verwerflichkeitsprüfung, vgl. Hemmer/Wüst, StrafR BT II, Rn. 127 ff.).
Die Rechtswidrigkeit entfällt, wenn ein Rechtfertigungsgrund eingreift. Wie die Verbotstatbestände setzen sich auch diese „Erlaubnistatbestände“ aus objektiven und subjektiven Elementen zusammen:

Aufbau der Rechtfertigungsgründe

1. **Obj. Rechtfertigungselemente** sind die tatbestandlichen Voraussetzungen eines Rechtfertigungsgrundes. Grobschema:
   a) **Konflikt-/Eingriffssituation**
   b) **Eingriffshandlung**
   c) **Begrenzung** der Eingriffsbefugnisse
2. Nach der herrschenden Lehre von den **subjektiven Rechtfertigungselementen** handelt bei Vorsatzdelikten nur rechtmäßig, wer in **Kenntnis** der obj. Elemente mit entsprechendem **Rechtfertigungswillen** handelt.

HEMMER-METHODE zu ÜK 12

Oft können Sie die Rechtswidrigkeit auch bei den offenen Tatbeständen recht knapp prüfen, Sie sollten sie aber zumindest ansprechen. Beachten Sie, dass vor der Verwerflichkeitsprüfung der §§ 240 II, 253 II StGB die allgemeinen Rechtfertigungsgründe zu prüfen sind, falls im konkreten Fall solche in Frage kommen. Denn ein nach allgemeinen Grundsätzen gerechtfertigtes Verhalten kann denknotwendig nicht verwerflich sein. Wie zu fast allen strafrechtlichen „Lehren“ gibt es auch zur Lehre von den subjektiven Rechtfertigungselementen eine Gegenansicht: Danach könne schlechthin nicht rechtswidrig sein, was rein objektiv geboten sei. In der Klausur müssen Sie sich mit dieser abweichenden Meinung jedoch nicht auseinandersetzen, da sie nur noch ganz vereinzelt vertreten wird. Hier handelt es sich um einen der wenigen Fälle, in denen der Verweis auf die ganz h.M. genügt.

Sehr wohl problematisch ist allerdings der - in Klausuren nicht seltene - Fall, in dem der Täter objektiv gerechtfertigt ist, subjektiv aber die Rechtfertigungslage nicht erkennt. Eine (völlige) Rechtfertigung kommt hier aufgrund des Fehlens des subj. Rechtfertigungselements nicht in Betracht. Eine Auffassung bestraft in solchen Fällen mangels (vollständiger) Rechtfertigung wegen der vollendeten rechtswidrigen Tat. Ein großer Teil der Literatur wendet allerdings dabei bei der Strafzumessung die Milderungsmöglichkeit analog §§ 23 II, 49 StGB an. Grund: Wie beim untauglichen Versuch liegt kein Erfolgsunwert vor. Denn dieser wird durch das Vorliegen der objektiven Rechtfertigungsvoraussetzungen gerade kompensiert. Bestehen bleibt wie bei Versuch nur das Handlungsunrecht.

Anders liegt es hingegen bei Fahrlässigkeitsdelikten. Da bei diesen auf Tatbestandsseite kein Vorsatz erforderlich ist, setzt auch die Rechtfertigung kein subjektives Element voraus (h.M.).

Das vorsätzliche Begehungsdelikt - Rechtswidrigkeit

Grundsatz: Einheit der Rechtsordnung

Nach dem Grundsatz der Einheit der Rechtsordnung kann ein Verhalten, das zivilrechtlich erlaubt ist, nicht strafrechtlich verboten sein. Hieraus ergibt sich eine Vielzahl an Rechtfertigungsgründen, die über alle Rechtsgebiete verstreut sind. Nachfolgend finden Sie einen (nicht abschließenden) Überblick:

Die wichtigsten Rechtfertigungsgründe

StGB	BGB	StPO	ZPO	OWiG	StVollzG	GVG	GG
§ 32	§ 227	§ 81a	§ 758	§ 15	§ 87	§ 177	Art. 20 IV
§ 34	§ 228	§ 127 I 1	§ 808	§ 16		§ 178	Art. 4 (str.)
§ 193	§ 229		§ 888				
	§ 859		§ 890				
	§ 904						

Gewohnheitsrecht

rechtfertigende Einwilligung, mutmaßliche Einwilligung, rechtfertigende Pflichtenkollision, Züchtigungsrecht der Eltern (str.), erlaubtes Risiko (str.)

Konkurrenzen

Grds. sind alle Rechtfertigungsgründe **nebeneinander anwendbar**. Teilweise gilt aber auch der **Spezialitätsgrundsatz** (z.B. §§ 228, 904 BGB vor § 34 StGB; abschließende Sonderregelungen für Amtsträger).

HEMMER-METHODE zu ÜK 13

Denken Sie auch an die Folgen, die das Entfallen der Rechtswidrigkeit haben kann: Anstiftung und Beihilfe (§§ 26, 27 StGB) setzen nach dem Grundsatz der limitierten Akzessorietät jeweils eine vorsätzliche und rechtswidrige Haupttat voraus. Die gerechtfertigte Haupttat ist somit nicht teilnahmefähig.

Beachten Sie auch, dass gegen eine gerechtfertigte Tat keine weitere gerechtfertigte Handlung möglich ist. In diesen Konstellationen fehlt es an der nötigen Eingriffssituation, die regelmäßig einen *rechtswidrigen* Angriff auf das geschützte Rechtsgut voraussetzt.

Lernen Sie nicht zu schematisch und verstehen Sie den Überblick über die Rechtfertigungsgründe auch als solchen. Lesen Sie die entsprechenden Stellen im Gesetz kurz nach und prägen Sie sich vor allem exotischere Rechtfertigungsgründe nur nach ihrem wesentlichen Inhalt ein. Sollten diese wirklich einmal in der Klausur auftauchen, wird der Korrektor schon dankbar zur Kenntnis nehmen, wenn Sie diese überhaupt gefunden haben. Vertiefte Problemkenntnisse werden hier wohl kaum erwartet. Wenn Sie sich nicht abschrecken lassen, sondern die entsprechenden Erlaubnistatbestände ordentlich durchsubsumieren (vergessen Sie nicht das subjektive Rechtfertigungselement!), werden Sie in aller Regel ein vertretbares Ergebnis erzielen und sich von einer Vielzahl anderer Bearbeiter positiv absetzen.

Die wichtigsten Rechtfertigungsgründe werden auf den folgenden Übersichtskarten dargestellt.

Rechtswidrigkeit - Notwehr, § 32 StGB

I. Notwehrlage

1. **Gegenwärtiger**
   = unmittelbar bevorstehender, gerade stattfindender oder noch fortdauernder
2. **Rechtswidriger**
   nicht durch einen Erlaubnissatz gedeckter (keine „Gegennotwehr" möglich)
3. **Angriff** eines Menschen
   als unmittelbare Bedrohung rechtlich geschützter Güter
4. Auf ein **notwehrfähiges Gut**

II. Notwehrhandlung

Notwehrhandlung muss gegen die Rechtsgüter des Angreifers gerichtet sein

1. **Erforderlichkeit** der Notwehrhandlung
   Handlung muss das mildeste Mittel sein, den Angriff sofort und ohne Risiko endgültig abzuwehren (aber: grds. keine Güterabwägung!)
2. **Rechtliche Gebotenheit** der Notwehrhandlung (= kein Rechtsmissbrauch)
   In aller Regel ist eine erforderliche Notwehrhandlung auch geboten (keine Güterabwägung bei der Notwehr!). Die Gebotenheit entfällt ausnahmsweise, wenn die Berufung auf § 32 StGB rechtsmissbräuchlich wäre. Anerkannte **Fallgruppen**: schuldlos Handelnde, Familienbeziehung, Bagatellangriffe, besonders krasses Missverhältnis der Rechtsgüter, Fälle der Notwehrprovokation

III. Subjektive Elemente

1. **Kenntnis** der **rechtfertigenden objektiven Umstände**
2. **Handeln zur Gefahrenabwehr**

HEMMER-METHODE zu ÜK 14

Die Notwehr nach § 32 StGB ist der bekannteste und zusammen mit den rechtfertigenden Notständen für die Klausur wichtigste Rechtfertigungsgrund. Gerade Anfängern bereitet es in der Klausur immer wieder Schwierigkeiten, unter den unübersichtlich vielen Rechtfertigungsgründen den richtigen zu finden; dabei ist die Abgrenzung zwischen Notwehr und den rechtfertigenden Notständen ganz einfach z.B. anhand der Handlungsrichtung zu bestimmen, wenn Sie folgende Prüfungsschritte vornehmen:

1. Notwehr kommt nur dann in Betracht, wenn sich die betreffende Handlung gegen die Rechtsgüter des Angreifers richtet.

2. Ist dies nicht der Fall, müssen Sie fragen, ob sich die Handlung gegen eine Sache richtet. Wenn ja, müssen Sie zwischen dem Defensivnotstand nach § 228 BGB und dem Aggressivnotstand gem. § 904 BGB unterscheiden: der Defensivnotstand greift ein, wenn die Gefahr, die abgewendet werden soll, gerade von der beeinträchtigten Sache ausgeht. Von Aggressivnotstand spricht man hingegen, wenn die Sache beeinträchtigt wird, um eine nicht von ihr selbst ausgehende, anderweitige Gefahr abzuwenden.

3. Richtet sich die Handlung weder gegen die Rechtsgüter eines Angreifers noch gegen Sachen, kommen schließlich der strafrechtliche rechtfertigende Notstand nach § 34 StGB sowie die sonstigen anerkannten Rechtfertigungsgründe in Betracht.

Notwehr, § 32 StGB - Notwehrlage

Angriff

Angriff ist **jede unmittelbare Bedrohung rechtlich geschützter Güter durch menschliches Verhalten**. Dies können auch fahrlässige oder schuldlose Handlungen sein, ebenso ein Unterlassen bei entsprechender Garantenpflicht (§ 13 StGB). Kein Angriff liegt aber vor bei Nichthandlungen, die willentlich nicht beherrschbar sind.

Gegenwärtigkeit

Gegenwärtig ist ein Angriff **von seinem Beginn bis zu seiner Beendigung**. Er beginnt, wenn der Angreifer **unmittelbar zu ihm ansetzt**; beendet ist er, wenn er **fehlgeschlagen, endgültig aufgegeben** oder **vollständig durchgeführt** ist. Bei Dauerdelikten ist der Angriff so lange gegenwärtig, wie der rechtswidrige Zustand andauert.

Rechtswidrigkeit

Rechtswidrig ist der Angriff, wenn er **objektiv die Rechtsordnung verletzt** und **nicht durch einen Erlaubnissatz gedeckt** ist. Vorsatz oder Schuld des Angreifers sind nicht erforderlich (Einschränkung allenfalls über die Gebotenheit). Die sog. **Gegennotwehr** ist durch einen gerechtfertigten Angriff allerdings **ausgeschlossen**: Keine Notwehr gegen gerechtfertigte Angriffe.

Notwehrfähiges Rechtsgut

Notwehrfähig ist **jedes** rechtlich geschützte Interesse des Angegriffenen oder eines Dritten (dann sog. Nothilfe), wobei es sich nicht um spezifisch strafrechtlich geschützte Interessen handeln muss.

HEMMER-METHODE zu ÜK 15

Klausurtypisch im Bereich der Notwehr sind Situationen, in denen sich zwischen zwei oder mehreren Personen ein Streit entspinnt, der sich durch wechselseitig begangene Angriffe hochschaukelt. In solchen Fällen ist es oft zweckmäßig, entgegen der gängigen Aufbauregel nicht mit dem schwerwiegendsten Delikt zu beginnen, das regelmäßig am Ende der Auseinandersetzung steht, sondern, soweit möglich, chronologisch vorzugehen. Dieser Aufbau hat den Vorteil, dass Sie dann die Notwehrlage meist recht kurz durch einen Verweis nach oben auf die Strafbarkeit des Angreifers bejahen/verneinen können und sich so komplizierte Inzidentprüfungen ersparen. Beachten Sie dabei jedoch unbedingt: Trotz mangelnder Strafbarkeit des Angreifers kann dann eine Notwehrlage gegeben sein, wenn dieser zwar tatbestandsmäßig und rechtswidrig, nicht jedoch schuldhaft gehandelt hat.

Arbeiten Sie präzise und merken Sie sich: Präventivmaßnahmen gegen künftige, noch nicht gegenwärtige Angriffe (sog. „notwehrähnliche Lage“) sind nicht durch § 32 StGB gedeckt. Dies führt dazu, dass das Opfer mit seinen Verteidigungsmaßnahmen selbst dann bis zum Angriffsbeginn warten muss, wenn ein solches Abwarten die Abwehrmöglichkeiten erheblich verschlechtert (z.B. weil dann keine Helfer mehr in der Nähe sind). In solchen Situationen müssen Sie § 32 StGB mangels eines *gegenwärtigen* Angriffs ablehnen, aber dann unbedingt an den rechtfertigenden Notstand nach § 34 StGB denken. Bei selbständig wirkenden Selbstschutzanlagen (z.B. elektrischer Zaun, Selbstschussanlage) handelt es sich dagegen nicht um die Abwehr eines künftigen Angriffs, da die Anlage erst im Fall (und im Moment) des Angriffs wirksam wird.

Notwehr, § 32 StGB - Erforderlichkeit und Gebotenheit

StrafR AT I, Rn. 216 ff.

Erforderlichkeit

Erforderlich ist eine Handlung, wenn sie geeignet ist, den Angriff **sofort** und **ohne Risiko** abzuwehren, und sie von mehreren gleich effizienten Mitteln das mildeste ist. Eine Güterabwägung zwischen bedrohtem Rechtsgut des Angegriffenen und durch die Notwehrhandlung verletztem Rechtsgut des Angreifers findet grds. **nicht** statt. Abzustellen ist auf die Erforderlichkeit der Verteidigungs**handlung**, nicht die des -erfolgs. Die Betrachtung erfolgt **ex ante** und **objektiv**.

Gebotenheit

Die Notwehrhandlung muss **geboten** sein, d.h. sie darf **nicht rechtsmissbräuchlich** erfolgen.

Fallgruppen der fehlenden/eingeschränkten Gebotenheit

Schuldlos Handelnde	Familiäre Beziehung	Bagatellangriffe	Krasses Missverhältnis	Notwehrprovokation
Einschränkung gegenüber schuldlos Handelnden, z.B. Kindern, Geisteskranken und Personen in schuldausschließendem Irrtum	Einschränkung in engen persönlichen, insbes. familiären Beziehungen (z.B. Ehegatten), da hier besondere Rücksichtnahmepflichten bestehen	Einschränkung in den Fällen der sog. Unfugabwehr, d.h. bei Bagatellangriffen, die an der Grenze zu den noch sozial üblichen Belästigungen liegen	Einschränkung, wenn zwischen der Verletzung und der Gefährdung des Angreifers ein großes, unerträgliches Missverhältnis besteht	Einschränkung, wenn das Vorverhalten des Angegriffenen absichtlich oder fahrlässig die spätere Notwehrlage herbeigeführt hat

HEMMER-METHODE zu ÜK 16

Denken Sie an die beiden Grundsätze, die sich für die Notwehr aus dem Rechtsbewährungsprinzip ergeben: „Recht braucht dem Unrecht nicht zu weichen!“ und „Bei der Notwehr findet keine Güterabwägung statt“.

Am besten gehen Sie bei der Prüfung der Erforderlichkeit der Notwehrhandlung gedanklich in zwei Schritten vor: Zunächst ordnen Sie die in Betracht kommenden Abwehrmaßnahmen nach ihrer Effizienz. Nur für den Fall, dass zwei oder mehrere gleich effiziente Mittel zur Verfügung stehen, ist auf das Mittel zurückzugreifen, welches den geringsten Schaden anrichtet. Auf das Risiko einer unzureichenden Notwehrhandlung muss sich der Angegriffene in keinem Fall einlassen. Ebenso muss der Angegriffene eine Gefährdung eigener Rechtsgüter nicht hinnehmen, um den Angreifer zu schonen.

Aus dem Rechtsbewährungsprinzip folgt auch, dass die Notwehrhandlung rechtlich geboten sein muss. Denn im Falle der rechtsmissbräuchlichen Notwehr liegt keine Verteidigung der Rechtsordnung gegenüber dem Angreifer mehr vor. Grundlage der so eingeschränkten Notwehr ist dann allein die Befugnis des Angegriffenen zur Selbstverteidigung, weshalb er dem Angriff primär ausweichen muss. Der Gedanke der Rechtsbewährung liegt auch den einzelnen Fallgruppen zugrunde: Bei schuldlos Handelnden bedarf die Rechtsordnung nicht ihrer Bewährung, da ihre Geltung in diesen Fällen überhaupt nicht in Frage gestellt ist. Wie immer ist auch hier nicht das Wiedergeben auswendig gelernter Fallgruppen gefragt. Insbesondere die umstrittene Fallgruppe der „familiären Beziehungen“ verlangt unter dem Stichwort „Gewalt in der Ehe“ eine sorgfältige Abwägung im Einzelfall.

Stellen Sie auch in den Fällen des „krassen Missverhältnisses“ für den Korrektor klar, dass grundsätzlich bei der Notwehr keine Güterabwägung stattfindet. Schulbeispiele sind hier der gelähmte Bauer, der mit einem Schrotgewehr auf jugendliche Apfeldiebe schießt, oder der tödlich wirkende elektrische Zaun am Pfirsichbaum.

Notwehr, § 32 StGB - Notwehrprovokation

StrafR AT I, Rn. 230 ff.

Notwehrprovokation

In den Fällen der sog. Notwehrprovokation hat der Angegriffene durch sein Vorverhalten selbst die Notwehrlage vorsätzlich oder fahrlässig herbeigeführt.
Nach dem Grad des Provokationsvorwurfes lassen sich folgende Konstellationen unterscheiden:

Absicht

Vorverhalten muss nach h.M. nicht rechtswidrig gewesen sein, es genügt die „Verwerflichkeit“

- h.M.: kein Notwehrrecht
- a.A.: abgestuftes Notwehrrecht (erst Ausweichen, dann Schutz-, dann Trutzwehr)
- a.A.: „actio illicita in causa“, knüpft an die Rechtswidrigkeit des Vorverhaltens an; Verteidigungswille (-)

Bedingter Vorsatz

Abgestuftes Notwehrrecht
(= erst Ausweichen, dann Schutz-, dann Trutzwehr)

Abwägung im Einzelfall:
An den Täter, der sich auf Notwehr beruft, sind umso höhere Anforderungen bzgl. der Vermeidung gefährlicher Konstellationen zu stellen, je schwerer die verwerfliche Provokation wiegt.

Fahrlässigkeit

Abgestuftes Notwehrrecht
(= erst Ausweichen, dann Schutz-, dann Trutzwehr)

HEMMER-METHODE zu ÜK 17

Wie die Vielzahl der hier vertretenen Meinungen und dogmatischen Ansätze zeigt, handelt es sich bei der Notwehrprovokation um ein schwieriges strafrechtliches Problem. Lernen Sie die verschiedenen Ansichten nicht auswendig, sondern merken Sie sich das zugrunde liegende Prinzip: Nur bei der Absichtsprovokation wird dem Angegriffenen das Notwehrrecht grundsätzlich versagt. Bei den anderen Formen der Provokation wird das Notwehrrecht abgestuft. Je stärker der Provokationsvorwurf, desto mehr muss sich der Angegriffene zurückhalten.

Wenn eine fahrlässige Notwehrprovokation vorliegt, dann besteht ein (eingeschränktes) Notwehrrecht des Provozierenden. Konnte dieser dann nicht anders, als sich durch Trutzwehr zu schützen, so handelt er bezüglich der Verletzung des Gegenübers gerechtfertigt. Anzudenken ist dann, ob nicht eine Strafbarkeit wegen Fahrlässigkeit in Betracht kommt, da jedenfalls durch die Provokation die Notwehrlage überhaupt erst entstanden ist. Anknüpfungspunkt wäre dann die Provokationshandlung. Problematisch ist dabei, ob insoweit nicht die objektive Zurechnung durch das nachfolgende Geschehen durchbrochen wird (insbesondere das Sich-Provozieren-Lassen des Gegenübers). Der BGH entscheidet insoweit im Einzelfall.

Rechtswidrigkeit - Rechtfertigender Notstand, § 34 StGB

StrafR AT I, Rn. 252 ff.

I. Notstandslage

1. **Gegenwärtige,**
   d.h. Bedrohung kann bei natürlicher Weiterentwicklung alsbald oder in allernächster Zeit in einen Schaden umschlagen
2. **Gefahr,**
   d.h. aufgrund tatsächlicher Umstände ist im Zeitpunkt der Handlung der Eintritt eines Schadens wahrscheinlich
3. Für ein **notstandsfähiges Gut**

II. Notstandshandlung

Notstandshandlung gegen die Rechtsgüter eines Dritten

1. **Gefahr nicht anders abwendbar**
   entspricht der Erforderlichkeit bei § 32 StGB
2. **Interessenabwägung**
   Geschütztes Interesse muss das beeinträchtigte wesentlich überwiegen
3. **Angemessenheit**
   zu beachten sind hier besondere Gefahrtragungsregeln, Verstoß gegen allg. Rechtsprinzipien etc.

III. Subjektive Elemente

1. **Kenntnis** der rechtfertigenden objektiven Umstände
2. Handeln **zur Gefahrenabwehr**

HEMMER-METHODE zu ÜK 18

Schon seit der Antike streiten sich die Rechtsgelehrten um die Notstandsproblematik. Die Kernfrage hierbei lautet: Wie ist eine Situation zu entscheiden, in denen ein Gut in Gefahr ist und die Beseitigung der Gefahr auf Kosten eines anderen Gutes geht? Im Wesentlichen haben sich hier drei Ansätze herausgebildet:

Die Lehre vom rechtsfreien Raum (Exemtionstheorie) besagt, dass die Rechtsordnung in unlösbaren Konflikten auch keine Lösung wisse und sich darum zurückziehen müsse. Der zweite, begründet durch Hegels Kollisionstheorie, besagt, dass Handeln im Notstand gerechtfertigt sei. Der dritte, auf Kants Adäquationstheorie zurückgehende Lösungsweg hält schließlich an der Rechtswidrigkeit der Notstandshandlung fest, will diese aber entschuldigen.

All diese Theorien beruhten auf dem Bestreben, die denkbaren Notstandssituationen trotz aller Verschiedenheiten einheitlich zu behandeln (Einheitstheorien). In der Gegenwart ist die gesetzgeberische Lösung jedoch auf der Differenzierungstheorie aufgebaut, wonach verschiedene Konstellationen auch in verschiedenen Wertungsstufen behandelt werden. Aus diesem Grund müssen Sie streng unterscheiden zwischen dem rechtfertigenden Notstand nach § 34 StGB, der die Kollision verschiedenwertiger Rechtsgüter betrifft, und dem entschuldigenden Notstand nach § 35 I StGB, der die Kollision rechtlich gleichwertiger Güter regelt.

Besonders klausurrelevant im Bereich des rechtfertigenden Notstandes sind - wie sonst auch im Bereich der Rechtfertigungsgründe - v.a. Irrtumsfragen wie der Putativnotstand.

Rechtfertigender Notstand, § 34 StGB - Notstandslage

Gefahr

Eine **Gefahr** für ein Rechtsgut liegt vor, wenn aufgrund tatsächlicher Umstände im Zeitpunkt der Notstandshandlung die **Beeinträchtigung eines Rechtsguts**/der **Eintritt eines Schadens wahrscheinlich** ist (**objektives** und sachkundiges **ex ante-Urteil**). Der Eintritt des schädigenden Ereignisses braucht nicht wahrscheinlicher zu sein als sein Ausbleiben; es reicht aus, wenn die Wahrscheinlichkeit einer Beeinträchtigung nicht völlig fern liegt. Wahrscheinlich ist der Schadenseintritt, wenn die Möglichkeit nahe liegt oder die begründete Besorgnis besteht, also innerhalb vernünftiger Lebenserfahrungen mit dem Schadenseintritt gerechnet werden muss. Die Art der Gefahrenquelle ist unerheblich.

Gegenwärtig

Gegenwärtig ist eine Gefahr, wenn die **Rechtsgutsbedrohung bei natürlicher Weiterentwicklung alsbald oder in allernächster Zeit in einen Schaden umschlagen kann**. Eine sog. **Dauergefahr**, bei der der Schadenseintritt jederzeit erfolgen, aber auch noch eine Zeitlang auf sich warten lassen kann (z.B. baufälliges Haus) ist nur dann gegenwärtig, wenn sie nur durch unverzügliches Handeln wirksam abgewendet werden kann.

Notstandsfähiges Rechtsgut

Die in § 34 StGB enthaltene Auflistung verschiedener **notstandsfähiger Rechtsgüter** ist nicht abschließend (vgl. die Formulierung „oder ein anderes Rechtsgut"). Notstandsfähig ist **jedes** rechtlich anerkannte Interesse, auch wenn seine Beeinträchtigung keinen Straftatbestand erfüllt.

HEMMER-METHODE zu ÜK 19

Lernen Sie im Zusammenhang! Die „Gefahr“ beim rechtfertigenden Notstand reicht zeitlich etwas weiter als der „Angriff“ im Rahmen des § 32 StGB. Grund für diesen Unterschied: Der Angriff ist bereits die fortgeschrittene Stufe der Gefahr, nämlich ihre akute Zuspitzung.

Für die Beurteilung der Gefahrenlage ist ex ante die Position eines verständigen Beobachters aus dem Verkehrskreis des Täters (z.B. Arzt, Kraftfahrer) einzunehmen. Vorhandenes Sonderwissen muss sich der Täter zurechnen lassen. Beachten Sie unbedingt, dass die Umstände, aus denen sich die Gefahr ergibt, *objektiv* vorliegen müssen, andernfalls scheidet eine Rechtfertigung nach § 34 StGB aus. Glaubt der Täter irrtümlich an das Vorliegen derartiger Umstände, liegt ein sog. Erlaubnistatbestandsirrtum vor, der nach h.M. auf der Schuldebene behandelt wird. Denken Sie in solchen Fällen auch an eine eventuelle Fahrlässigkeitsstrafbarkeit, wenn der Irrtum auf einer Sorgfaltspflichtverletzung beruht.

Grundsätzlich gleichgültig ist die Art der Gefahrenquelle. Berücksichtigen Sie bei menschlichem Verhalten aber (zumindest gedanklich) immer auch die Notwehr, § 32 StGB.

***Beispiel*: In einer Gastwirtschaft wird Gast B von Gast A angegriffen. Diesen Angriff kann B nur dadurch abwehren, dass er A mit einem Bierkrug des Wirtes W auf den Kopf schlägt. A wird dabei verletzt, der Krug zerbricht, was B billigend in Kauf nahm.**

***Lösung*: Die Körperverletzung gegenüber A ist nach § 32 StGB gerechtfertigt. Hinsichtlich der Sachbeschädigung des Bierkrugs liegt jedoch ein Eingriff in das Rechtsgut eines Dritten (nämlich des W) vor, so dass Notwehr ausscheidet. B ist jedoch über die Notstandsregelungen gerechtfertigt, hier über den aggressiven Notstand des § 904 BGB.**

Rechtf. Notstand, § 34 StGB - Handlung und Grenzen

Notstandshandlung

Die Notstandshandlung liegt in einer Verletzung von Rechtsgütern **Dritter**, welche zur Rettung des zu schützenden Rechtsgutes begangen wird.

Grenzen

§ 34 StGB setzt der Notstandshandlung verschiedene **Grenzen**:

1. Die Gefahr darf **nicht anders abwendbar** sein.
   Dieses Kriterium entspricht der Erforderlichkeit bei § 32 StGB; die vom Täter vorgenommene Handlung muss also **geeignetes** und zugleich das **mildeste Mittel zur sicheren und endgültigen Gefahrenabwehr** sein.
2. **Interessenabwägung** (§ 34 I StGB a.E.)
   Das **geschützte** Interesse muss das **beeinträchtigte wesentlich überwiegen**. Dabei sind folgende Kriterien zu berücksichtigen:
   - das allg. **Rang- u. Werteverhältnis** zwischen Eingriffs- u. Erhaltungsgut; dabei stets zu berücksichtigen: Grundsatz des absoluten Lebensschutzes
     ⇨ keine Abwägung Leben gegen Leben
   - der **Grad** der den Rechtsgütern drohenden **Gefahr**
     (z.B. Art, Ursprung, Intensität, Wert der Güter, abstrakt/konkret)
3. **Angemessenheit**
   läuft nach h.M. weitestgehend leer, **fehlt** etwa bei:
   - besonderen **Gefahrtragungs- oder Duldungspflichten** (z.B. Polizisten)
   - Verstößen gegen **oberste Rechtsprinzipien**
   - **Nötigungsnotstand**

Schulbeispiel zum Grundsatz des absoluten Lebensschutzes ist der sog. *Bergsteigerfall*: Die Bergsteiger A, B und C geraten in einen Steinschlag und fallen ins Seil, wobei C schwer verletzt ist. Es besteht die Gefahr, dass das Seil reißt und alle drei abstürzen. A könnte sein Leben und das des B retten, wenn er das Seil zwischen sich und C sofort zerschneidet. Obwohl also A durch das Abschneiden des C zwei Menschenleben retten könnte, scheidet eine Rechtfertigung nach § 34 StGB aus. Der Grundsatz des absoluten Lebensschutzes verbietet nicht nur eine qualitative (z.B. „jung gegen alt"), sondern auch eine quantitative Abwägung „zwei Leben gegen ein Leben". Hier stehen sich zwei gleichwertige Rechtsgüter gegenüber, die Anzahl ist unerheblich. Denken Sie in solchen Fällen jedoch immer an eine mögliche Entschuldigung nach § 35 I StGB.

Den Prüfungspunkt der Angemessenheit können Sie in der Klausur als dritten Prüfungspunkt bei den Grenzen des Notstandes ansprechen. Vertretbar ist es aber auch, wenn die Interessenabwägung und die Angemessenheit zu einem Prüfungspunkt zusammengefasst werden. In diesem Fall sollten Sie das Stichwort „Angemessenheit" jedoch zumindest erwähnen.

Nicht nach § 34 StGB gerechtfertigt sind Handlungen im sog. Nötigungsnotstand. Hier lässt sich der Täter zur Abwendung eines ihm angedrohten oder zugefügten Übels zum Werkzeug eines rechtswidrig handelnden Dritten machen. Argument: Das Recht kann es nicht billigen, dass ein Täter, wenn auch gezwungenermaßen, auf die Seite des Unrechts tritt. Eine Rechtfertigung des Angreifers nach § 34 StGB würde außerdem zu dem unbilligen Ergebnis führen, dass der Angegriffene - mangels eines rechtswidrigen Angriffs - sich seinerseits nicht in Notwehr verteidigen könnte. Denken Sie in diesen Fällen an § 35 StGB.

Rechtswidrigkeit - Zivilrechtlicher Notstand

StrafR AT I, Rn. 246 ff.

§ 228 BGB, Sachwehr

1. **Konfliktlage: Notstandslage**
   a) Gegenwärtige
   b) Gefahr für ein notstandsfähiges Rechtsgut
   c) Durch eine **Sache**
2. **Notstandshandlung:** Beschädigung der Sache, von der die Gefahr ausgeht
3. **Grenzen**
   a) Erforderlichkeit der Notstandshandlung
   b) Interessenabwägung:
      Eingetretener Schaden nicht außer Verhältnis zur abgewendeten Gefahr
4. **Subjektive Rechtfertigungselemente**
   a) Kenntnis der rechtfertigenden (objektiven) Umstände
   b) Handeln zur Gefahrenabwehr

§ 904 BGB, Angriffsnotstand

1. **Konfliktlage: Notstandslage**
   a) Gegenwärtige
   b) Gefahr für ein notstandsfähiges Rechtsgut
2. **Notstandshandlung:** Einwirkung auf eine Sache, von der die Gefahr nicht ausgeht, zur Abwendung einer Gefahr
3. **Grenzen**
   a) Erforderlichkeit der Notstandshandlung
   b) Interessenabwägung: Der drohende Schaden muss gegenüber dem durch die Einwirkung eingetretenen Schaden unverhältnismäßig groß sein
4. **Subjektive Rechtfertigungselemente** (wie oben)

Beachten Sie, dass die §§ 228, 904 BGB Spezialregeln zum allgemeinen rechtfertigenden Notstand nach § 34 StGB darstellen und daher vorrangig zu prüfen sind. Hinsichtlich der meisten Voraussetzungen dieser Erlaubnistatbestände kann auf die Übersichtskarten zu § 34 StGB verwiesen werden.

Die sog. „Sachwehr“ (auch: Defensivnotstand) des § 228 BGB regelt die Rechtfertigung einer Beschädigung oder Zerstörung einer Sache (auch ein Tier ist eine Sache i.S.d. Strafrechts, ohne dass es der Verweisung auf § 90a BGB bedarf), von der die abzuwendende Gefahr ausgeht. Es handelt sich hier also um einen „Angriff“ durch eine Sache (z.B. einen freilaufenden Hund), bei dem § 32 StGB mangels menschlichen Verhaltens nicht eingreift. Im Rahmen der Interessenabwägung ist auf den Wert der geopferten Sache abzustellen: der durch die „Sachwehr“ angerichtete Schaden darf nicht außer Verhältnis zu dem durch die Gefahr drohenden Schaden stehen.

Der in § 904 BGB geregelte Angriffs- oder Aggressivnotstand rechtfertigt den Eingriff in eine fremde, unbeteiligte Sache, um Gefahren abzuwenden, die von dritter Seite drohen. Der Eigentümer dieser Sache wird verpflichtet, den Eingriff zu dulden. Im Rahmen der Interessenabwägung muss hier festgestellt werden, dass der durch die Gefahr drohende Schaden gegenüber dem durch die Einwirkung entstehenden Schaden unverhältnismäßig groß ist. Die Voraussetzungen des § 904 BGB sind also weitergehend als die des § 228 BGB. Dies kommt daher, dass beim Angriffsnotstand in eine unbeteiligte Sache und damit in eine Rechtssphäre eingegriffen wird, von der überhaupt keine Gefahr ausgeht.

Rechtswidrigkeit - Rechtfertigende Pflichtenkollision

I. Konfliktlage

1. **Kollision zweier rechtlicher Handlungspflichten**
   Nur bei der Kollision (mindestens) zweier Handlungspflichten kommt die Pflichtenkollision als echter Rechtfertigungsgrund in Betracht (Bsp.: In eine Klinik werden zwei Schwerstverletzte eingeliefert, jedoch steht nur ein Intensivbett zur Verfügung).
2. **Gleichwertigkeit der Handlungspflichten**
   - Die kollidierenden Pflichten müssen **grundsätzlich gleichwertig** sein. Rang der Pflichten bestimmt sich nach dem Wert der gefährdeten Güter u. der rechtlichen Stellung des Normadressaten zum geschützten Objekt (Garantenstellung oder bloße Hilfspflicht: Bsp.: § 323c I StGB), der Nähe der Gefahr und der Wahrscheinlichkeit des Schadenseintritts.
   - Bei **Ungleichwertigkeit** der Handlungspflichten (sog. **Scheinkollision**) scheidet eine rechtfertigende Pflichtenkollision aus. Hier muss der Täter die höherrangige Pflicht erfüllen (ggf. aber Entschuldigung möglich).

II. Erfüllung einer Pflicht auf Kosten der anderen

Die "Notstandshandlung" der rechtfertigenden Pflichtenkollision besteht darin, dass der Täter **eine** Handlungspflicht **auf Kosten der anderen** erfüllt.

III. Subjektive Rechtfertigungselemente

1. **Handeln in Kenntnis der rechtfertigenden Umstände,**
   d.h. Bewusstsein der Gleichwertigkeit der Handlungspflichten und der Möglichkeit, nur eine der beiden Pflichten erfüllen zu können.
2. **Handeln zur Gefahrenabwehr**

HEMMER-METHODE zu ÜK 22

Der Rechtfertigungsgrund der rechtfertigenden Pflichtenkollision hat seinen Anwendungsbereich im Wesentlichen bei den Unterlassungsdelikten (sowohl bei den unechten als auch bei den echten). Der Fall der Kollision zweier Unterlassungspflichten, der eine Rechtfertigung bei Begehungsdelikten herbeiführen könnte, ist äußerst selten und daher kaum klausurrelevant.

Beachten Sie, dass die rechtfertigende Pflichtenkollision nur einen sehr engen Anwendungsbereich hat. Dies ergibt sich daraus, dass eine absolute Gleichrangigkeit der kollidierenden Rechtsgüter praktisch nur in dem Fall „Leben gegen Leben“ vorkommt. Andernfalls greift meist eine Rechtfertigung gem. § 34 StGB aus rechtfertigendem Notstand ein.

Machen Sie sich im Fall „Leben gegen Leben“ die typischen Klausurkonstellationen bewusst. Bei der „Scheinkollision“ zwischen einer Handlungspflicht aus § 323c I StGB und einer Handlungspflicht aufgrund Garantenstellung bleibt der Täter straflos, wenn er die ranghöhere Verpflichtung erfüllt. Jedoch erfolgt dies nicht im Wege einer Rechtfertigung, sondern (nach wohl vorzugswürdiger Auffassung) schon auf Tatbestandsebene: Der objektive Tatbestand des § 323c I StGB verlangt die Zumutbarkeit der Hilfeleistung. Im Fall einer vorliegenden Garantenstellung ist die Hilfeleistung jedoch nicht zumutbar, da diese eine andere wichtige Pflicht i.S.d. § 323c I StGB darstellt. Folglich kommt es hier nicht mehr auf die Frage einer rechtfertigenden Pflichtenkollision an.

Rechtswidrigkeit - Einwilligung

StrafR AT I, Rn. 306 ff.

Einwilligung und Einverständnis

Der **Rechtfertigungsgrund** der rechtfertigenden Einwilligung ist streng vom **tatbestandsausschließenden** Einverständnis zu unterscheiden:

Tatbestandsausschließendes Einverständnis	⟷	**Rechtfertigende Einwilligung**
• Lässt den objektiven Tatbestand entfallen • Bei Delikten, deren Charakter / Schutzzweck gerade darauf beruht, dass die Tathandlung gegen den Willen oder ohne Zustimmung des Betroffenen vorgenommen wird (z.B. §§ 240, 242, 253 StGB) • Rein tatsächlicher Natur, Willensmängel grds. unbeachtlich		• Rechtfertigungsgrund • Bei sonstigen Delikten • Rechtsnatur: Verzicht auf Schutz des disponiblen Rechtsgutes, unwirksam bei wesentlichen Willensmängeln (z.B. Täuschung, Drohung)

Prüfungsschema der Einwilligung

1. **Inhalt**: Rechtsgutsverzicht und Sich-Abfinden mit dem Handlungsunwert
2. **Form**: Beliebige Manifestation nach außen, Willenserklärung nicht nötig
3. **Zeitpunkt**: Vor und während der zu rechtfertigenden Handlung
4. **Dispositionsfähigkeit**: Einwilligender ist (alleiniger) Inhaber des Rechtsguts und auch (allein) verfügungsbefugt
5. **Einwilligungsfähigkeit**: natürliche Einsichts- u. Urteilsfähigkeit, Geschäftsfähigkeit nicht erforderlich
6. **Freiwilligkeit**: keine wesentlichen Willensmängel
7. **kein Sittenverstoß** i.S.d. § 228 StGB
8. **Subjektive Elemente**: Kenntnis und Handeln aufgrund der Einwilligung

Charakteristisch für die rechtfertigende Einwilligung ist, dass der Einwilligende auf den Schutz seines Rechtsgutes verzichtet. Gegenstand der Einwilligung sind demnach bei Vorsatztaten Handlung und Erfolg, bei konkreten Gefährdungsdelikten der Gefahrenerfolg. Der Einwilligende nimmt den Erfolg zumindest billigend in Kauf. Bloß fahrlässiges Vertrauen auf den Nichteintritt genügt nicht.

Unterscheiden Sie streng zwischen Gefährdung und Erfolg: Die Einwilligung in die eigene Tötung führt, wie sich aus § 216 StGB mittelbar ergibt, nicht zur Rechtfertigung des Täters. Einwilligungen in lebensgefährdende Handlungen können hingegen zulässig sein. Zu beachten bleibt insoweit aber die Grenze der Sittenwidrigkeit gem. § 228 StGB.

Natürlich kann ein Rechtsgutsinhaber nur über solche Rechtsgüter verfügen, die ihm (allein!) zustehen. Keine Disposition hat der Einzelne auch über die Rechtsgüter der Allgemeinheit (z.B. §§ 153 ff. StGB - Straftaten gegen die Rechtspflege). Eigentum und Vermögen sind hingegen grundsätzlich verzichtbar. Bei der Einwilligungsfähigkeit kommt es auf die natürliche Einsichtsfähigkeit, nicht jedoch auf die zivilrechtliche Geschäftsfähigkeit an. Obwohl die Einwilligung also keine Willenserklärung i.S.d. BGB ist, darf sie nicht unter wesentlichen Willensmängeln leiden. So ist z.B. eine durch Nötigung erzwungene oder durch Täuschung erschlichene Einwilligung regelmäßig unwirksam, was beim rein tatsächlichen tatbestandsausschließenden Einverständnis nicht der Fall ist.

Denken Sie immer dann an das Institut der mutmaßlichen Einwilligung, wenn zwar keine tatsächliche Erklärung, sonst aber alle Voraussetzungen der rechtfertigenden Einwilligung vorliegen.

Rechtswidrigkeit - Mutmaßliche Einwilligung

Prüfungsschema der mutmaßlichen Einwilligung

1. **Zulässigkeit der Einwilligung:**
   Bis auf die tatsächliche Einwilligungserklärung müssen alle **Voraussetzungen der Einwilligung** (s. vorherige Übersichtskarte) vorliegen, insbes. die Dispositionsfähigkeit und kein Sittenverstoß i.S.d. § 228 StGB.
2. **Subsidiarität**
   gegenüber der tatsächlichen Einwilligungserklärung. Fallgruppen:
   - Bei Handeln im **Interesse des Verletzten** (Prinzip der G.o.A.) ist sie nur möglich, wenn eine Einwilligungserklärung des Verletzten (bzw. seines gesetzlichen Vertreters) **nicht** oder **nicht rechtzeitig** eingeholt werden kann.
   - Bei **mangelndem Interesse des Betroffenen** an der Erhaltung seines Rechtsgutes ist seine **vorherige Befragung i.d.R. entbehrlich**. Voraussetzung: Seine Einwilligung ist aufgrund hinreichend verlässlicher Indizien bei verständiger objektiver Würdigung zu vermuten.

   Bei **erkennbar entgegenstehendem** Willen des Verletzten ist die mutmaßliche Einwilligung **niemals möglich**.
3. **Hypothetischer Wille**
   Tathandlung entspricht dem hypothetischen Willen des Verletzten (subjektiv und ex ante).
4. **Subjektive Rechtfertigungselemente:**
   Täter handelt subjektiv **in Kenntnis** und **aufgrund** der mutmaßlichen Einwilligung. Darüber hinaus verlangt die h.M. eine gewissenhafte Prüfung aller für den Willen des Verletzten relevanten Umstände.

HEMMER-METHODE zu ÜK 24

Das Institut der mutmaßlichen Einwilligung beruht im Wesentlichen auf zwei Fallgruppen: Zum einen auf dem Prinzip der Geschäftsführung ohne Auftrag (Bsp.: Ein Schwerverletzter kann in den ärztlichen Heileingriff, der nach der Rspr. den Tatbestand der Körperverletzung erfüllt, nicht ausdrücklich einwilligen) und dem Prinzip des mangelnden Interesses (Bsp.: Der Arbeitgeberin ist es egal, ob die Putzfrau in ihrer Abwesenheit aus ihrer Geldbörse zwei 5-Euro-Scheine nimmt und einen 10-Euro-Schein hineingibt). Aus der Subsidiarität der mutmaßlichen gegenüber der tatsächlichen Einwilligung ergibt sich, dass ein erkennbar entgegenstehender Wille des Verletzten grds. immer zu befolgen ist. Dabei ist es unerheblich, welchen Motiven dieser Wille entspringt. Auch ein noch so unvernünftiger Wille ist zu beachten. Möglich bleibt allenfalls eine Rechtfertigung über § 34 StGB, wenn die bestehende Gefahr die Missachtung des Selbstbestimmungsrechts wesentlich überwiegt.

Dazu folgendes Beispiel: Die 5-jährige V wird mit einem drohenden Blinddarmdurchbruch ins Krankenhaus eingeliefert. Ihre Mutter M lehnt eine Operation aus religiösen Gründen ab. Der Arzt T entschließt sich, nachdem er aufgrund des Wochenendes keine rechtzeitige Entscheidung des Familiengerichtes erreichen kann, dennoch zur Operation und rettet der V so das Leben. Der Tatbestand der Körperverletzung ist erfüllt. Die Verweigerung der Einwilligung durch M ist nach dem Rechtsgedanken des § 1666 BGB ohne Bedeutung. Der T ist hier über die mutmaßliche Einwilligung gerechtfertigt.

Nicht zu verwechseln ist die mutmaßliche Einwilligung mit der sog. hypothetischen Einwilligung. Letztere stammt ursprünglich aus der zivilrechtlichen Judikatur zum Arzthaftungsrecht. Hiernach entfällt die Haftung des Arztes für einen Aufklärungsfehler, wenn der Patient auch bei ordnungsgemäßer Aufklärung dem jeweiligen Eingriff zugestimmt hätte (vgl. hierzu § 630h II S. 2 BGB). Unter bestimmten Voraussetzungen soll in einer solchen Situation nach der Rechtsprechung des BGH auch im Strafrecht eine Strafbarkeit kraft einer hypothetischen Einwilligung entfallen.

Rechtswidrigkeit - Festnahmerecht, § 127 StPO

§ 127 I StPO

Nach § 127 I StPO ist **jedermann** (Privatpersonen und Polizeibeamte), nicht nur der Verletzte, zur vorläufigen Festnahme berechtigt, wenn jemand auf frischer Tat betroffen oder verfolgt wird.

Prüfungsschema:

1. **Auf frischer Tat betroffen oder verfolgt**
   a) **Auf frischer Tat** (Spannungsverhältnis Art. 2 I GG ⇔ Zivilcourage)
      - e.A.: tatsächlich begangene Straftat erforderlich (§ 11 I Nr. 5 StGB)
      - a.A.: bloßer Tatverdacht reicht aus

   b) **Betroffen** ist, wer Tatbegehung od. unmittelbar danach am Tatort oder in dessen Nähe gestellt wird

   c) **Verfolgt** wird der Täter, wenn er sich bereits vom Tatort entfernt hat und sichere Anhaltspunkte auf ihn als Täter hinweisen und die Verfolgung seiner Ergreifung dient
2. **Festnahmegründe:** Fluchtverdacht oder unmögliche Identitätsfeststellung
   a) **Flucht** ist jedes Verhalten, mit dem sich der Täter der Strafverfolgung entziehen will. Die Annahme, der Täter werde flüchten, wenn er nicht alsbald festgenommen wird, muss sachlich gerechtfertigt sein.

   b) Festnahme zur **Identitätsverstellung** ist zulässig, wenn der Betroffene Angaben zur Person verweigert od. sich nicht ausweisen kann.
3. **Erforderlichkeit und Verhältnismäßigkeit**
4. Subj. Rechtfertigungselemente: **Kenntnis** und **Festnahmeabsicht**

HEMMER-METHODE zu ÜK 25

Machen Sie sich die Struktur des § 127 StPO klar. Nach § 127 I StPO ist jedermann, d.h. Privatpersonen und Polizeibeamte, zur vorläufigen Festnahme berechtigt, wenn jemand auf frischer Tat betroffen oder verfolgt wird. In § 127 II StPO werden darüber hinaus die Staatsanwaltschaft und die Beamten des Polizeidienstes bei Gefahr im Verzug zur vorläufigen Festnahme berechtigt, wenn die Voraussetzungen eines Haft- oder Unterbringungsbefehls vorliegen. Klausurrelevant ist regelmäßig nur das sog. Jedermann-Festnahmerecht des § 127 I StPO.

§ 127 I StPO rechtfertigt Eingriffe in die persönliche Freiheit des Festzunehmenden (z.B. §§ 239, 240 StGB), aber auch weniger einschneidende Maßnahmen, wie z.B. die Wegnahme des Personalausweises oder der Autoschlüssel. Die Anwendung körperlicher Gewalt mit der Gefahr oder Folge von Verletzungen ist grundsätzlich zulässig, aber der Verhältnismäßigkeitsprüfung zu unterziehen. Im Rahmen dieser Prüfung ergeben sich auch die meisten Klausurprobleme. Klausurrelevant i.R.d. § 127 I StPO ist auch die Irrtumsproblematik.

Beachten Sie auch, dass neben § 127 I StPO noch weitere Festnahmerechte existieren, vgl. § 127 II StPO, § 87 StVollzG, § 164 StPO (lesen!). Sollten diese in der Klausur auftauchen, werden i.d.R. keine vertieften Problemkenntnisse erwartet. Mit dem Erkennen des jeweiligen Festnahmegrunds und einer ordentlichen Subsumtion werden Sie den Korrektor zufriedenstellen und sich von einer Vielzahl anderer Bearbeiter positiv abheben.

Rechtswidrigkeit - Weitere Rechtfertigungsgründe

StrafR AT I, Rn. 344 ff., 375 ff.

Züchtigungsrecht	Das **elterliche** Züchtigungsrecht wurde aus dem Sorge- und Erziehungsrecht gem. **§§ 1626, 1631 BGB** abgeleitet. Voraussetzungen: 1. **Züchtigungsanlass:** Konkretes Fehlverhalten des Kindes, keine „Generalprävention“ 2. **Züchtigungshandlung:** Eingriff in die körperliche Integrität des Kindes 3. **Erforderlichkeit:** Zu berücksichtigen sind Anlass sowie Alter und Konstitution des Kindes (gewisser Beurteilungsspielraum der Eltern) 4. **Angemessenheit** (Verhältnis: Züchtigungsmittel – Verfehlung), Unzulässigkeit jeder quälerischen, gesundheitsschädlichen oder demütigenden Züchtigung, § 1631 II BGB 5. **Subj. Rechtfertigungselemente**: Kenntnis und Erziehungswille
§ 193 StGB	Die Wahrnehmung berechtigter Interessen nach § 193 StGB stellt einen eigenen Rechtfertigungsgrund bei Beleidigungsdelikten dar.
§§ 229, 230 BGB	Voraussetzung der **zivilrechtl. Selbsthilfe** nach §§ 229, 230 BGB: Gerichtlich durchsetzbarer privatrechtl. Anspruch, dessen Durchsetzung vereitelt od. erschwert wird, wenn die staatl. Hilfe abgewartet werden müsste. Nur zum Zweck der Sicherung, nicht der Verwertung zulässig (§ 230 BGB).
„Erlaubtes Risiko“	Wird **teilweise als eigener Rechtfertigungsgrund** betrachtet. Nach **h.M.** aber lediglich **gemeinsames Strukturprinzip** für verschiedene andere Rechtfertigungsgründe, z.B. § 193 StGB und mutmaßliche Einwilligung.

HEMMER-METHODE zu ÜK 26

Wenngleich die Klausurrelevanz des elterlichen Züchtigungsrechts als Rechtfertigungsgrund nicht groß ist, wirft die Fassung des § 1631 II BGB durch das KindschaftsrechtsreformG aus dem Jahre 1997 einige Probleme auf: Mit dem Begriff „körperliche Misshandlung“ übernahm der Gesetzgeber bewusst (vgl. BT-Drs. 13/8511, S. 65) ein Tatbestandsmerkmal des § 223 StGB in den § 1631 II BGB. Körperliche Misshandlung in diesem Sinne ist jede üble, unangemessene Behandlung, durch die das Opfer in seinem körperlichen Wohlbefinden in mehr als nur unerheblichem Grade beeinträchtigt wird. Im Bereich der Körperverletzungsdelikte dürfte das - pädagogisch wie juristisch lange Zeit sehr umstrittene - Züchtigungsrecht als Rechtfertigungsgrund somit keine Rolle mehr spielen: Der kleine „Klaps“ erfüllt in der Regel nicht den Tatbestand des § 223 StGB (unerheblich); liegt jedoch eine körperliche Misshandlung vor, wird diese auch nicht von § 1631 BGB gedeckt sein.

Teilweise wird auch die Glaubens- und Gewissensfreiheit nach Art. 4 GG als Rechtfertigungsgrund anerkannt. Dagegen spricht jedoch, dass die individuelle Glaubensrichtung nicht über Recht und Unrecht einer Tat gegenüber einem Dritten entscheiden kann. Dadurch würden die grundsätzlich abstrakt bestimmten Rechtfertigungsgründe durch ein völlig unbestimmtes Instrument ergänzt, das nur von der Einstellung des Einzelnen abhinge und somit zu einer erheblichen Rechtsunsicherheit führen würde. Diskutiert wird auch, ob Art. 4 GG einen Entschuldigungsgrund darstellen kann.

Das vorsätzliche Begehungsdelikt - Schuld

StrafR AT I, Rn. 380 ff.

Das StGB trennt streng zwischen Unrecht und **Schuld**. Im Schuldbereich (3. Stufe des dreigliedrigen Verbrechensaufbaus) geht es um die Frage, ob dem Täter die rechtswidrige Tat persönlich **vorzuwerfen** ist (BGH: „Schuld ist Vorwerfbarkeit"). Nach dem für das deutsche Strafrecht geltenden **Schuldprinzip**, das Verfassungsrang hat, setzt jede Strafe Schuld voraus (Lat.: **nulla poena sine culpa**).

Bedeutung

- Schuld als zugleich **strafbegründendes und strafbegrenzendes Verbrechensmerkmal**
- Unrecht und Schuld müssen einander entsprechen (Schuld muss alle Unrechtsmerkmale umfassen, vgl. § 17 StGB)
- Die verhängte Strafe muss schuldangemessen sein (§ 46 I S. 1 StGB)

Gegenstand

Gegenstand des Schuldvorwurfs ist die in der rechtswidrigen Tat zum Ausdruck kommende **fehlerhafte Einstellung des Täters zur Rechtsordnung**. Die Schuld im strafrechtlichen Sinne knüpft an die konkrete Einzeltat an (Einzeltatschuld) und ist an rechtlichen Maßstäben zu messen (normative Schuldlehre). Wesen der Schuld ist danach die Vorwerfbarkeit der Willensbildung und Willensbetätigung.

Prüfungsschema

Folgende Merkmale können im Rahmen der Schuld zu prüfen sein:

1. **Schuldfähigkeit**
   a) **§§ 19, 29 StGB ⇨ Schuldunfähigkeit**
   b) **Spezialfall: actio libera in causa**
2. **spezielle Schuldmerkmale** (str.)
3. **Vorsatzschuldvorwurf**
4. **Entschuldigungsgründe**
5. **Unrechtsbewusstsein**

HEMMER-METHODE zu ÜK 27

Für Umfang und Erforderlichkeit der Schuldprüfung in der Klausur ist - wie bei der Rechtswidrigkeit - zu unterscheiden, ob Probleme ersichtlich sind oder nicht. Im Normalfall, also wenn der Sachverhalt keine entsprechenden Angaben macht, können Sie stets problemlos von der Schuld des tatbestandsmäßig und rechtswidrig handelnden Täters ausgehen. Im Gegensatz zur Rechtswidrigkeit (mit Ausnahme der offenen Tatbestände) ist die Schuld aber nicht „automatisch“ gegeben, wenn kein Entschuldigungsgrund eingreift. Wie die Übersicht zeigt, kann sie auch aus anderen Gründen entfallen bzw. nicht gegeben sein.

Lassen Sie sich von den scheinbar übersichtlichen Schemata zur Schuld nicht täuschen: Die Schuldlehre gehört aufgrund ihrer zahlreichen psychologischen und philosophischen Bezüge mit zu den umstrittensten und dogmatisch anspruchsvollsten Gebieten des Strafrechts. Schon die Definition des Begriffs „Schuld“ ist problematisch: So ist auch der BGH mit seiner berühmten Formulierung „Schuld ist Vorwerfbarkeit“ (BGHSt 2, 194, 200) auf Kritik gestoßen, diese Definition sei ebenso unglücklich wie die Definition „Wasser ist Trinkbarkeit“. In der Klausur werden von Ihnen Erörterungen zu den dogmatischen Grundlagen des Schuldvorwurfs natürlich nicht erwartet.

Dennoch sollten Sie sich einmal die Zeit nehmen und die entsprechenden Passagen in den einschlägigen Lehrbüchern nachlesen. Sie werden sehen, dass viele strafrechtliche Streitigkeiten ihre Wurzeln in den unterschiedlichen Konzeptionen zur Schuldlehre haben. Erst wenn Sie die Grundlagen der Schuldprüfung verstanden haben, können Sie das Strafrecht als Ganzes verstehen.

Schuld - Schuldfähigkeit

Grundvoraussetzung für das Vorliegen von Schuld ist die Schuldfähigkeit des Täters im Zeitpunkt der Tat. Anknüpfungspunkte sind Lebensalter und geistig-seelische Gesundheit.

Schuldunfähigkeit

- Absolut und unwiderlegbar schuldunfähig sind nach § 19 StGB Kinder bis zum vollendeten 14. Lebensjahr.

Verminderte Schuldfähigkeit

- Ein Jugendlicher, d.h. eine Person zwischen 14 und 18 Jahren (§ 1 II JGG), kann zwar generell schuldfähig sein (Umkehrschluss aus § 19 StGB); die Schuldfähigkeit ist jedoch nach § 3 S. 1 JGG positiv festzustellen (sog. bedingte Schuldfähigkeit).
- Bei einem Erwachsenen wird die Schuldfähigkeit grds. vermutet.
- Nicht schuldfähig ist nach § 20 StGB, wer im Tatzeitpunkt aufgrund seelischer Störungen unfähig ist, das Tatunrecht einzusehen oder nach dieser Einsicht zu handeln. Wichtig ist die Trunkenheitsproblematik, für die folgende Faustregel gilt:

BAK		Folge
Unter 2,0 ‰	⇒	i.d.R. volle Schuldfähigkeit
2,0 ‰ – 3,0 ‰	⇒	i.d.R. verminderte Schuldfähigkeit (§ 21 StGB), bei Tötungsdelikten erst ab 2,2 ‰
über 3,0 ‰	⇒	i.d.R. Schuldunfähigkeit gem. § 20 StGB, bei Tötungsdelikten ab 3,3 ‰

HEMMER-METHODE zu ÜK 28

Eine genaue Kenntnis der biologischen und psychologischen Voraussetzungen der Schuldunfähigkeit wird von Ihnen in der Klausur nicht verlangt. Dort ist regelmäßig angegeben, dass der Täter gem. § 20 StGB schuldunfähig war, eine Subsumtion ist insoweit nicht erforderlich.

Die Einordnung des Rausches in diesen Kontext ist umstritten: Nach einer früheren Ansicht handelt es sich um eine Bewusstseinsstörung, nach anderer Ansicht dagegen um eine krankhafte seelische Störung, ähnlich der Drogensucht (medizinisch: Intoxikationspsychose). Praktische Konsequenzen hat die unterschiedliche Einordnung freilich nicht.

Vorsicht ist geboten bei den aufgeführten Blutalkoholkonzentrationswerten (BAK): Ob durch den Rausch die Schuldunfähigkeit ausgeschlossen oder nur vermindert ist, richtet sich nämlich, wie der BGH immer wieder betont, auch nach den Umständen der Tat sowie nach der Persönlichkeit und dem Verhalten des Täters. Ein allgemeiner Erfahrungssatz, ab welchem BAK-Wert ein Mensch schuldunfähig ist, lässt sich daher nicht aufstellen. Deshalb ist immer anhand des Einzelfalls festzustellen, ob die der BAK-Konzentration entsprechende Schuldstufe angemessen ist. Hierzu ist eine Gesamtschau des Täterverhaltens vor, während und nach der Tat vorzunehmen (z.B. alkoholbedingte Ausfallerscheinungen).

Actio libera in causa (Dogmatik)

StrafR AT I, Rn. 408 ff.

Erfolgsdelikte

Zeitpunkt des „Sich-Berauschens“:
Schuldfähigkeit (+)

Zeitpunkt der Tathandlung:
Schuldfähigkeit (-)

→ Erfolg

- **Tatbestandslösung**
Sich-Berauschen als Beginn der Tathandlung i.e.S. (1. Glied der ununterbrochenen Kausalkette zum Taterfolg)

- **Modell der mittelbaren Täterschaft**
Täter verwendet sich selbst als im Defektzustand schuldunfähiges Werkzeug
⇔ § 25 I Alt. 2 StGB „durch einen anderen“

- **Ausdehnungs- bzw. Vorverlagerungsmodell**
Auf Tatbestandsverwirklichung bezogenes Vorverhalten wird i.R.d. Schuld erfasst.
⇔ Systematik: „Begehung der Tat“ in §§ 16, 17 und § 20 StGB gleich auszulegen

- **Ausnahmemodell**
a.l.i.c. als Ausnahme zu § 20 StGB
⇔ Art. 103 II GG; Verstoß gegen das Koinzidenzprinzip in § 20 StGB

Delikte mit genau umschriebener Tathandlung

Nach der BGH-Rechtsprechung kommt für Delikte, bei denen die tatbestandsmäßige Handlung genau umschrieben ist, z.B. Tätigkeitsdelikte wie § 316 StGB oder § 315c StGB (konkretes Gefährdungsdelikt), die a.l.i.c. nicht in Betracht. Hier versagt insbesondere die Tatbestandslösung, da kein von der Tathandlung unabhängiger Erfolg, sondern eine bestimmte Handlung unter Strafe gestellt ist.

HEMMER-METHODE zu ÜK 29

Ordnen Sie die Theorien zur a.l.i.c. anhand des Zeitstrahls richtig ein! Die Ausnahmetheorie und die Ausdehnungs- bzw. Vorverlagerungstheorie knüpfen an Handlungen in dem Zeitpunkt an, in dem der Täter schon schuldunfähig ist. Damit verstoßen sie jedoch gegen den Wortlaut des § 20 StGB und damit gegen das Analogieverbot aus Art. 103 II GG. Die Tatbestandslösung hingegen sieht bereits das Sich-Berauschen als maßgebliche Tathandlung an und vollzieht dann eine Kausalkette bis zum tatbestandlichen Erfolg. Daher kann diese Konstruktion nur bei den Erfolgsdelikten funktionieren.

Beim Modell der mittelbaren Täterschaft könnte man zugunsten des BGH damit argumentieren, dass § 25 I Alt. 2 StGB nicht direkt greife (kein „anderer“). Wenn aber bereits unter bestimmten Voraussetzungen das Handeln eines anderen Menschen zugerechnet werden könne, müsse dies erst recht gelten für eigenes Handeln im Zustand der Schuldunfähigkeit. Ein Verstoß gegen Art. 103 II GG liege deshalb nicht vor, weil das StGB insoweit eine gesetzliche Regelungslücke aufweise, welche die Rechtsprechung durch Auslegung sachgerecht schließen könne.

Ein großer Teil der Lehre kritisiert alle dogmatischen Ansätze. Damit wäre es die Aufgabe des Gesetzgebers tätig zu werden, wenn er die Strafbarkeitslücke als unbillig empfindet. Bis dahin könne nur § 323a StGB greifen.

Vorsätzliche actio libera in causa

StrafR AT I, Rn. 428 ff.

Es wird zwischen **vorsätzlicher** und **fahrlässiger a.l.i.c.** unterschieden.
Konstellationen: (V = vorsätzlich / F = fahrlässig)

Bzgl. Defektzustand	V	V	F	F	V/F	schuldlos
Bzgl. Rauschtat (im Zeitpt. d. Berauschung)	V	F	V	F	schuldlos	V/F
Strafbarkeit	Vorsätzl. a.l.i.c.	fahrlässige a.l.i.c.	fahrlässige a.l.i.c.	fahrlässige a.l.i.c.	§ 323a StGB	Strafbarkeit (-)

Vorsätzliche a.l.i.c.

Der Täter führt den Zustand der Schuldunfähigkeit i.S.d. § 20 StGB vorsätzlich herbei. Gleichzeitig richtet sich bereits in diesem Zeitpunkt sein Vorsatz auf eine bestimmte Straftat, die er im Defektzustand verwirklicht (sog. Doppelvorsatz).

Aufbau der vorsätzlichen a.l.i.c.:

1. In-Gang-Setzen im Hinblick auf die Tat = Herbeiführung des Defektzustandes (Defektzustand ist jeder Zustand i.S.d. § 20 StGB)

2. Vorsatz bezügl. des Defektzustandes

3. Vorsatz bezügl. der Begehung einer bestimmten Tat im Defektzustand (bei Herbeiführung des Defektzustandes)

HEMMER-METHODE zu ÜK 30

Beachten Sie das Verhältnis zwischen § 323a StGB und der a.l.i.c.: Im Falle der a.l.i.c. wird der Täter unabhängig von seiner Schuldunfähigkeit nach dem jeweils verwirklichten Straftatbestand verurteilt. § 323a StGB setzt hingegen voraus, dass der Täter wegen seiner Schuldunfähigkeit gerade nicht nach dem verwirklichten Straftatbestand bestraft werden kann. Die Strafbarkeit nach § 323a StGB ist also grundsätzlich subsidiär zur a.l.i.c.; § 323a StGB und a.l.i.c. können jedoch dann tateinheitlich nebeneinander vorliegen, wenn der Täter neben der geplanten Tat (a.l.i.c.) noch eine oder mehrere nicht geplante Taten (§ 323a StGB) begangen hat.

Die dogmatische Begründung der a.l.i.c. (vgl. ÜK 29) gibt auch den entsprechenden Klausuraufbau vor: I.R.d. Schuld des Ausgangsdelikts stellen Sie die Schuldunfähigkeit gem. § 20 StGB fest. Hier sollten Sie die Vorverlagerungstheorie und das Ausnahmemodell ansprechen und mit dem BGH ablehnen. Danach beginnen Sie mit der Prüfung des Delikts nach den Grundsätzen der a.l.i.c (Formulierungsvorschlag: „Strafbarkeit des (...) gem. § (...) i.V.m. den Grundsätzen der a.l.i.c. wegen des Sich-Berauschens"). Hier sind das Modell der mittelbaren Täterschaft und die Tatbestandslösung zu erörtern. Dies erklärt sich daraus, dass die Tatbestandslösung nicht an das Verhalten im objektiven Tatbestand des Ausgangsdelikts anknüpft, sondern sich auf das vorgelagerte Verhalten, das Sich-Berauschen, bezieht.

Strittig ist, wann der *Versuch* bei der a.l.i.c. vorliegt. Nach einer Auffassung sei auf das Herbeiführen des Defektzustandes abzustellen. Da dies die relevante Handlung bei der a.l.i.c. sei, müsse daran für das unmittelbare Ansetzen im Sinne des § 22 StGB angeknüpft werden. Nach anderer Auffassung ändere die Konstruktion der a.l.i.c. nichts daran, dass erst mit Beginn der eigentlichen Ausführungshandlung die Versuchsstrafbarkeit beginne.

Fahrlässige actio libera in causa

Fahrlässige a.l.i.c.

Bei fahrlässiger a.l.i.c. hat sich der Täter

- fahrlässig in den Defektzustand versetzt und eine zuvor geplante Straftat ausgeführt oder
- in fahrlässiger Weise nicht bedacht, dass er im Zustand der Schuldunfähigkeit eine bestimmte Straftat verwirklichen wird, als er sich fahrlässig/vorsätzlich in einen Defektzustand i.S.d. § 20 StGB versetzte.

Rechtsfolge

Der Täter wird bei der fahrlässigen a.l.i.c. aus dem begangenen Fahrlässigkeitsdelikt bestraft, sofern eine Fahrlässigkeitsstrafbarkeit gesetzlich vorgesehen ist. Dies gilt auch, wenn die Rauschtat vorsätzlich begangen worden ist! In diesen Fällen erfasst die fahrlässige a.l.i.c. nur den objektiven Unrechtsgehalt der Tat. Der subjektive Unrechtsgehalt, nämlich der einer möglichen späteren vorsätzlichen Tatbegehung, wird durch den tateinheitlich vorliegenden § 323a StGB erfasst.

Prüfungsschema

1. In-Gang-Setzen im Hinblick auf die Tat
2. Vorsatz oder Fahrlässigkeit bzgl. der Herbeiführung des Defektzustandes
3. Fahrlässiges Nichtbedenken der Möglichkeit der späteren Straftat

HEMMER-METHODE zu ÜK 31

Auch die fahrlässige a.l.i.c. hat ihre dogmatischen Probleme: Der BGH hat sich nämlich in seiner a.l.i.c.-Entscheidung (NJW 1997, 138) einer verbreiteten Literaturmeinung angeschlossen, nach der die fahrlässige a.l.i.c. eine überflüssige Konstruktion ist, da bereits nach der üblichen Fahrlässigkeitsdogmatik jedes pflichtwidrige Verhalten, das kausal zum Taterfolg beiträgt, strafbar sein kann. Dass sich der Täter zum Zeitpunkt des Erfolgseintritts im Zustand des § 20 StGB befindet, ist nach dem BGH unbeachtlich, da der Fahrlässigkeitsvorwurf an das zeitlich frühere Verhalten des Sich-Berauschens angeknüpft werden könne, das dem Täter auch schuldhaft vorgeworfen werden könne.

Die Auffassung des BGH vermag zu überzeugen. Es ist den Fahrlässigkeitstatbeständen gerade immanent, dass im Prinzip jedes Handeln Anknüpfungspunkt einer möglichen Fahrlässigkeitsstrafbarkeit sein kann. Dann bedarf es aber keiner gesonderten dogmatischen Konstruktion, so dass die fahrlässige a.l.i.c. überflüssig erscheint.

Spezielle Schuldmerkmale - Vorsatzschuld

Spezielle Schuldmerkmale

Einige Straftatbestände enthalten sog. **spezielle Schuldmerkmale**, die den in der Tat zum Ausdruck kommenden **Gesinnungsunwert** charakterisieren (z.B. § 315c StGB: Rücksichtslosigkeit).
Umstritten ist, wo diese in der Klausur zu prüfen sind:

e.A.

Die speziellen Schuldmerkmale sind **in dem Bereich zu prüfen, dem sie nahe stehen.**
So wäre beispielsweise das Angehörigenprivileg des § 258 VI StGB als Strafausschließungsgrund zu prüfen.

a.A.

Immer im Schuldbereich prüfen:

- Objektiv gefasste Schuldmerkmale, die zugunsten des Täters eingreifen, wenn sie ihm bekannt waren
- Subjektiv gefasste Schuldmerkmale: Sachverhalt muss Willensbildung des Täters beeinflussen (§ 157 StGB, Aussagenotstand)

Vorsatzschuld

Nach der Lehre von der Doppelfunktion des Vorsatzes ist i.R.d. Schuld die Vorsatzschuld als Korrelat zum subjektiven Tatbestand zu prüfen:
Dabei bildet der subjektive Tatbestand für die entsprechende Schuldform ein widerlegbares Indiz. Hauptfall für das Nichtvorliegen der Vorsatzschuld ist der **Erlaubnistatbestandsirrtum** nach der Behandlung durch die h.M.

HEMMER-METHODE zu ÜK 32

Der Streit um die Einordnung der speziellen Schuldmerkmale ist nicht nur akademischer Natur, sondern hat auch in der Klausur praktische Konsequenzen i.R.d. Akzessorietät:

Die erste Ansicht behandelt diese Merkmale als besondere persönliche Merkmale i.S.d. § 28 StGB, während die Gegenansicht auf § 29 StGB verweist. Unterschiede im Ergebnis können daher bei strafbegründenden Gesinnungsmerkmalen (z.B. § 315c StGB: Rücksichtslosigkeit) auftreten: Fehlt dieses Merkmal beim Teilnehmer, so käme er über § 28 I StGB zu einer Strafmilderung, während er über § 29 StGB straflos bliebe.

Klausurtaktisch betrachtet empfiehlt es sich, der ersten Meinung zu folgen, die Merkmale in dem Bereich zu prüfen, dem sie nahe stehen, und ausdrücklich auf den Charakter als spezielles Schuldmerkmal hinzuweisen. Wenn Sie der Lehre vom selbständigen Charakter der speziellen Schuldmerkmale folgen, eröffnen Sie sich nämlich gleich mehrere Fehlerquellen: Zum einen dürfen Sie dann nicht vergessen, den Schuldvorsatz bzgl. dieses Merkmales festzustellen, zum anderen müssen Sie dann alle einschlägigen speziellen Schuldmerkmale auch als solche erkennen, wenn Sie sich vom Korrektor nicht Inkonsequenz ankreiden lassen wollen.

Vermeiden Sie isoliertes Lernen und trennen Sie AT und BT des StGB nicht künstlich! Besonders klausurrelevant in diesem Bereich ist der Streit um die täterbezogenen Mordmerkmale der 1. und 3. Gruppe in § 211 II StGB (ausführlich hierzu: Hemmer/Wüst, StrafR BT II, Rn. 64 ff.).

Entschuldigungsgründe - Überblick

StrafR AT I, Rn. 446 ff.

Wirkung

Im Gegensatz zu den Rechtfertigungsgründen, deren Vorliegen das materielle Unrecht ausschließt, wird die Tat beim Vorliegen von Entschuldigungsgründen von der Rechtsordnung **missbilligt**; allerdings wird angesichts einer außergewöhnlichen Konflikts- und Motivationslage **Nachsicht geübt** und auf einen Schuldvorwurf verzichtet, so dass der Täter straflos bleibt.

Schuld-ausschließung

Entschuldigungsgründe sind von **Schuldausschließungsgründen** zu unterscheiden: Bei den Schuldausschließungsgründen (z.B. Schuldunfähigkeit, Verbotsirrtum nach § 17 StGB) fehlt ein schuldbegründendes Merkmal ⇨ der Schuldvorwurf entsteht gar nicht. Das Vorliegen eines Entschuldigungsgrundes führt dagegen dazu, dass die untere Grenze der Strafwürdigkeit nicht mehr erreicht und daher auf eine Bestrafung verzichtet wird.

Überblick

Entschuldigungsgründe

anerkannte:
- Entschuldigender Notstand, § 35 I StGB
- Notwehrexzess, § 33 StGB
- Übergesetzlicher entschuldigender Notstand

diskutierte:
- Handeln auf Anordnung oder Befehl
- Unzumutbarkeit normgemäßen Verhaltens
- Art. 4 I GG

HEMMER-METHODE zu ÜK 33

Eine entschuldigte Tat lässt den Schuldvorwurf entfallen. Denken Sie jedoch daran, dass immer noch eine tatbestandsmäßige und rechtswidrige Tat vorliegt. Möglich ist daher die Teilnahme eines Dritten an der entschuldigten Tat sowie z.B. Notwehr nach § 32 StGB desjenigen, gegen den sich die entschuldigte Tat richtet.

Entschuldigungsgründe kommen grundsätzlich nur bei besonderen Zwangslagen in Betracht. In ihnen treffen zwei Gesichtspunkte zusammen: Zum einen verringert sich durch die Zwangslage bereits das Unrecht, zum anderen tritt eine zusätzliche Minderung der Schuld ein. Diese Kumulationswirkung zweier schuldmildernder Gesichtspunkte führt dazu, dass die Grenze der Strafwürdigkeit nicht mehr erreicht und auf das Erheben eines Schuldvorwurfs verzichtet wird.

Beachten Sie: Soweit möglich, ist die Zwangslage bereits auf den vorgelagerten Wertungsstufen im Rahmen von Zumutbarkeitserwägungen zu berücksichtigen. Dies betrifft insbesondere die echten Unterlassungsdelikte (vgl. § 323c I StGB), bei denen die Zumutbarkeit schon den Tatbestand begrenzt, sowie die Fahrlässigkeitsdelikte, bei denen die *Unzumutbarkeit normgemäßen Verhaltens* von der h.M. als eigener Entschuldigungsgrund anerkannt ist. Diskutiert wird das Kriterium der Zumutbarkeit auch für den Tatbestand der unechten Unterlassungsdelikte, wobei es hier von der wohl h.M. abgelehnt wird, da es in § 13 StGB gerade nicht vorausgesetzt wird.

Entschuldigender Notstand, § 35 I StGB (Aufbau)

StrafR AT I, Rn. 451 ff.

I. Notstandslage

Konfliktlage: **Notstandslage**

1. Notstandsfähiges Gut: Leib, Leben, Freiheit
2. Gegenwärtige Gefahr
3. Nicht anders abwendbar
  a) Letzter und einziger Ausweg
  b) Objektiv erforderlich und geeignet
4. Betroffenheit
  a) Täter
  b) Angehöriger gem. § 11 I Nr. 1 StGB
  c) Nahe stehende Person

II. Notstandshandlung

Eingriffshandlung: **Notstandshandlung**

III. Grenzen

Grenzen der Notstandshandlung: **Zumutbarkeit** (§ 35 I S. 2 StGB), insbesondere bei:

- Besonderem Rechtsverhältnis
- (Pflichtwidriger) Gefahrverursachung
- Sonstige Umstände (z.B. Garantenstellung)

IV. Notstandswille

Subjektive Entschuldigungselemente: **Notstandswille**

- Kenntnis der entschuldigenden (objektiven) Umstände
- Handeln zur Gefahrenabwehr (Rettungswille)

HEMMER-METHODE zu ÜK 34

Unterscheiden Sie ganz genau zwischen rechtfertigendem (§ 34 StGB) und entschuldigendem Notstand (§ 35 I StGB): Im Fall des § 34 StGB handelt der Notstandstäter nicht rechtswidrig, sondern rechtmäßig. Daher scheidet Notwehr gegen seine Notstandshandlung ebenso aus wie die Teilnahme Dritter. Demgegenüber bleibt es in den Fällen des § 35 I StGB bei einer rechtswidrigen Tat, die nach §§ 26, 27 StGB teilnahmefähig und gegen die grundsätzlich Notwehr zulässig ist (freilich wird in diesen Fällen die Gebotenheit der Notwehr kritisch geprüft werden müssen).

Charakteristikum des entschuldigenden Notstands nach § 35 I StGB ist, dass hier nahezu gleichwertige Interessen kollidieren und eine Güterabwägung daher keinen Erfolg verspricht. Solche Fälle sind schon in der Antike diskutiert worden. Wohl berühmtestes Beispiel ist das sog. *Brett des Karneades* (griech. Philosoph, 214-129 v.Chr.): Zwei Schiffbrüchige erreichen schwimmend eine Planke, die jedoch nur einen der beiden tragen kann. Der Stärkere stößt den Schwächeren ins Meer, damit wenigstens er überlebt. Eine Rechtfertigung nach § 34 StGB scheitert an der Interessenabwägung, da sich hier zwei rechtlich gleichwertige Interessen gegenüberstehen (Stichwort: „Leben gegen Leben“). Allerdings ist der Überlebende hier nach § 35 I StGB entschuldigt.

Beachten Sie die Struktur des entschuldigenden Notstands nach § 35 StGB: I.R.d. Notstandslage erfolgt eine Beschränkung auf Rechtsgüter von elementarer Bedeutung. Ebenso ist der Personenkreis stark eingeschränkt. Dafür erfolgt im Gegensatz zu § 34 StGB gerade keine Interessenabwägung.

Entschuldigender Notstand, § 35 StGB

Notstandslage: gegenwärtige, nicht anders abwendbare Gefahr für ein Rechtsgut (abschließende Aufzählung in § 35 I StGB) eines bestimmten Personenkreises.

I. Gefahr für notstandsfähiges Rechtsgut

„Leben" umfasst auch den Schutz des ungeborenen Lebens (str.). „Leib" umfasst die körperliche Unversehrtheit, „Freiheit" die körperliche Fortbewegungsfreiheit (nicht jedoch die Willensfreiheit). Die Gefahr muss **gegenwärtig** sein (vgl. ÜK 19).

II. Nicht anders abwendbar

Die Gefahr darf **nicht anders abwendbar** sein als durch die Notstandshandlung. Diese muss ultima ratio, also das geeignetste, relativ mildeste und letzte zumutbare Mittel sein.

III. Relevanter Personenkreis

Personenkreis, auf den sich die Gefahr bezieht, in § 35 I StGB abschließend genannt: gegenwärtige Gefahr für Rechtsgut

- des **Täters** selbst oder
- einer seiner **Angehörigen** i.S.d. § 11 I Nr. 1 StGB oder
- eine dem Täter **nahestehende Person** (auf Dauer angelegte, persönliche Beziehung, die über den üblichen Sozialkontakt hinausgeht).

Keine Interessenabwägung in § 35 I StGB! Gem. § 35 I S. 2 StGB entfällt der Schuldvorwurf jedoch nicht, wenn dem Täter zugemutet werden kann, die Gefahr hinzunehmen.

IV. Zumutbarkeit (Fallgruppen)

- Täter hat die Gefahr **selbst verursacht** (im Einzelnen str.)
- es bestehen **besondere Rechtsverhältnisse** (Feuerwehrmann, Polizist) oder spezialgesetzliche Regelungen (**institutionalisierte Duldungspflichten**)

V. Subjektive Entschuldigungselemente

Ähnlich wie bei Rechtfertigungsgründen sind auf subjektiver Seite die **Kenntnis der entschuldigenden** (objektiven) **Umstände** und der **Rettungswille**, d.h. Handeln zur Gefahrenabwehr erforderlich.

HEMMER-METHODE zu ÜK 35

Auch in der Behandlung eines Irrtums unterscheiden sich § 34 und § 35 I StGB grundlegend: Nimmt der Täter irrig Umstände an, die seine Tat nach § 34 StGB rechtfertigen würden, entfällt nach der rechtsfolgenverweisenden Variante der eingeschränkten Schuldtheorie die Vorsatzschuld (sog. Erlaubnistatbestandsirrtum, vgl. zur Vertiefung Hemmer/Wüst, StrafR AT II, Rn. 338 ff.). Hält der Täter dagegen irrtümlich die in § 35 I StGB genannten Umstände für gegeben, greift ausschließlich § 35 II StGB ein.

Beachten Sie, dass die genannten Fallgruppen zur Zumutbarkeit keine abschließende Aufzählung darstellen. So kann sich eine Pflicht zur Duldung der Gefahr beispielsweise auch aus dem Bestehen einer Garantenpflicht zwischen Täter und Opfer ergeben. Die Hinnahme der Gefahr ist auch dann zumutbar, wenn der drohende Schaden einerseits und die Folgen der Tat andererseits außer Verhältnis stehen (sog. Disproportionalität der Rechtsgüter).

Insbesondere aufgrund des streng beschränkten Personenkreises wird auch der entschuldigende Notstand nicht allen denkbaren Fallgestaltungen gerecht. Deshalb wird in Rechtsprechung und Literatur für eng begrenzte Sonderfälle auch der an § 35 I StGB angelehnte übergesetzliche entschuldigende Notstand anerkannt. Obwohl dieser in der Klausur kaum eine Rolle spielt, sollten Sie zumindest seine Existenz im Hinterkopf behalten.

Denken Sie auch daran, dass von § 35 I StGB nach h.M. die Fälle des sog. Nötigungsnotstandes erfasst werden.

Notwehrexzess, § 33 StGB

§ 32 StGB erfasst nur erforderliche Verteidigungshandlungen. **Überschreitet** der Täter **die Grenzen der Notwehr (sog. Notwehrexzess)**, kann er unter den Voraussetzungen des § 33 StGB **entschuldigt** sein.
Folgendes **Prüfungsschema** ergibt sich aus § 33 StGB:

I. Überschreiten der Grenzen der Notwehr

Umstritten ist, inwieweit der Täter gem. § 33 StGB die Grenzen der Notwehr überschreiten darf:

Intensiver Notwehrexzess (h.M.)
Täter verteidigt sich bei gegebener Notwehrlage intensiver als erforderlich; Grenze der Erforderlichkeit überschritten

Extensiver Notwehrexzess (m.M.)
§ 33 StGB soll auch anwendbar sein, wenn keine Notwehrlage (mehr) gegeben ist; Grenze der Gegenwärtigkeit überschritten

II. „aus“

Zwischen Affekt und Notwehrüberschreitung muss ein innerer Zusammenhang bestehen.

III. Verwirrung, Furcht oder Schrecken

Art des Affekts

Asthenische Affekte (ganz h.M.)
Die defensiven Affekte beruhen auf einem Gefühl der Bedrohtheit;
Bsp.: Verwirrung, Furcht oder Schrecken

Sthenische Affekte
Nach ganz h.M. ist eine Erweiterung auf aggressive Affekte unzulässig;
Bsp.: Wut, Zorn, Kampfeseifer

Maß des Affekts: nach h.M. unterscheidet der Wortlaut des § 33 StGB nicht zwischen bewusster und unbewusster Notwehrüberschreitung (a.A.: nur unbewusstes Überschreiten).

HEMMER-METHODE zu ÜK 36

Der Grund für die entschuldigende Wirkung des Notwehrexzesses wird darin gesehen, dass das Opfer eines widerrechtlichen Angriffs in besonderem Maße Nachsicht verdient. Zum einen ist der Unrechtsgehalt seiner Tat durch den Verteidigungszweck des Handelns erheblich vermindert, zum anderen ist ihr Schuldgehalt unter den Voraussetzungen des § 33 StGB herabgesetzt. Insgesamt wird die unterste Grenze der Strafwürdigkeit nicht erreicht (Kumulationswirkung von vermindertem Unrechtsgehalt und vermindertem Schuldgehalt).

Von der Regelung des § 33 StGB sind nach h.M. nur solche Fälle betroffen, in denen die Voraussetzungen der Notwehr (Notwehrlage) tatsächlich gegeben sind. Nimmt der Täter irrig das Vorliegen der tatsächlichen Notwehrvoraussetzungen an (sog. Putativnotwehr), gelten die allgemeinen Irrtumsregeln (⇨ Erlaubnistatbestandsirrtum). Überschreitet der Täter bei irriger Annahme der tatsächlichen Voraussetzungen der Notwehr zusätzlich die Grenzen der Erforderlichkeit (Doppelirrtum, sog. Putativnotwehrexzess), wird eine Anwendung des § 33 StGB zwar diskutiert, aber von der h.M. mit der Begründung abgelehnt, dass es dem Täter nicht zugutekommen kann, dass er zusätzlich über den Sachverhalt irrt (⇨ stattdessen Anwendung des § 17 StGB).

Arbeiten Sie zur examens- und klausurrelevanten strafrechtlichen Irrtumslehre die entsprechenden Passagen (Rn. 318 ff.) im Skript Hemmer/Wüst, StrafR AT II sorgfältig durch.

Übergesetzliche Entschuldigungsgründe

Übergesetzlicher Notstand

(= schuldausschließende Pflichtenkollision) ⇨ als Entschuldigungsgrund anerkannt. Die **Voraussetzungen** sind § 35 I StGB angenähert:

- **Notstandslage: gegenwärtige Lebensgefahr.** Täter ist vor die unausweichliche Alternative gestellt durch jede seiner Handlungen (Untätigkeit/aktives Tun) gegen das Gesetz zu verstoßen.
- Das vom Täter angerichtete Unheil stellt i.S.e. **ethischen Gesamtbetrachtung** das wesentlich geringere Übel dar, die Handlung ist in jeder Hinsicht das einzige Mittel.
- **Zumutbarkeit** und **subjektive Elemente** entsprechend § 35 StGB.

Handeln auf Befehl

Ob Handeln auf Anordnung/Befehl einen Entschuldigungsgrund darstellt, ist strittig: Problematisch ist ein Handeln trotz unverbindlicher, weil grob rechtswidriger Weisungen (vgl. § 11 II SoldG)

- e.A.: Irrtümer über die Verbindlichkeit der Weisung nach allgemeinen Irrtumsregeln zu lösen
- a.A.: eigener Entschuldigungsgrund, wenn Untergebener Weisung als verbindlich ansieht und Unverbindlichkeit nicht erkennbar war

Unzumutbarkeit normgemäßen Verhaltens

Bei vorsätzlichen Begehungsdelikten als Entschuldigungsgrund von der h.M. abgelehnt ⇨ Gefahr der Rechtsunsicherheit und Ausuferung
Anders bei Fahrlässigkeits- und Unterlassungsdelikten (dort str.)

Art. 4 I GG

Die h.M. lehnt die Eigenschaft des Art. 4 I GG als Entschuldigungsgrund ab: die immanente Schranke des Art. 4 GG sei bei strafrechtlich unbedingt geschützten Gütern überschritten (a.A. vertretbar).

HEMMER-METHODE zu ÜK 37

Veranlasst wurde die Diskussion um den übergesetzlichen entschuldigenden Notstand durch die sog. Euthanasie-Prozesse in der Nachkriegszeit: Ärzte hatten sich unter dem NS-Regime vor der unentrinnbaren Alternative gesehen, entweder an den von Hitler befohlenen Vernichtungsaktionen gegen Geisteskranke mitzuwirken und nur einzelne Personen der Tötung preiszugeben oder jede Mitwirkung an diesen rechtswidrigen Machenschaften abzulehnen. Dies hätte mutmaßlich zur Folge gehabt, dass ihre Plätze von regimetreuen Ärzten eingenommen worden wären, die dann alle Anstaltsinsassen in den Tod geschickt hätten. Ein Teil der Ärzte hat damals in echter Gewissensnot den erstgenannten Weg beschritten.

Beachten Sie dabei die Einordnung des übergesetzlichen entschuldigenden Notstandes in der Klausur. Dieser ist grds. nur bei einer gegenwärtigen, nicht anders abwendbaren Lebens(!)gefahr anzunehmen. Eine Rechtfertigung gem. § 34 StGB scheitert (Sound: keine Abwägung "Leben gegen Leben"). Auch ein entschuldigender Notstand § 35 I StGB ist nicht gegeben, da nicht der entsprechende Personenkreis betroffen ist.

Jedoch liegt insoweit eine mit § 35 I StGB vergleichbare Lage vor, als ein dafür typisches Zusammentreffen zweier Schuldmilderungsgründe vorliegt. Zum einen ist das Unrecht wie bei § 35 I StGB gemildert. Statt der Milderung des Schuldmaßes durch die Angst um sich selbst oder einen Angehörigen befindet sich der Täter hier in einer Notstandssituation, weil er sich ebenso in äußerst tiefe Schuld verstricken würde, wenn er den Dingen ihren Lauf ließe.

Strafausschließungs- und Strafaufhebungsgründe

Diese Punkte sind im Anschluss an die Schuld zu prüfen:

Strafbarkeit kann trotz rechtswidriger und schuldhafter Tat entfallen, wenn **im Tatzeitpunkt** ein **Strafausschließungsgrund** vorliegt.

Strafausschließungsgründe

Persönliche Strafausschließungsgründe beruhen auf persönl. Eigenschaften des Täters (z.B. § 258 IV StGB: Angehörigenprivileg; § 173 III StGB: jugendliches Alter)

Sachliche Strafausschließungsgründe (z.B. § 37 StGB: wahrheitsgetreue Parlamentsberichte; § 326 VI StGB: sog. Minimalklausel)

Strafaufhebungsgründe

Strafaufhebungsgründe greifen nach der Tat ein und beseitigen die Strafbarkeit rückwirkend. Darunter fallen der Rücktritt vom Versuch (§§ 24, 31 StGB) sowie die tätige Reue (z.B. §§ 83a, 98 II S. 2, 306e StGB).

Absehen von Strafe

Nach § 60 StGB kann das Gericht von Strafe absehen, wenn die Folgen der Tat den Täter so schwer getroffen haben, dass die Verhängung einer Strafe offensichtlich verfehlt wäre, Grenze: § 60 S. 2 StGB.

Strafantrag

Antragsdelikte werden nur auf Strafantrag verfolgt. **Voraussetzungen:**

- Antragsdelikt (dem jeweiligen Straftatbestand zu entnehmen)
- Antrag gestellt und nicht zurückgenommen (§ 77d StGB)
- Antragsberechtigung, §§ 77, 77a StGB
- Form und Frist, §§ 77b StGB, 158 II StPO

Verjährung

Die Verjährung gem. §§ 78 ff. StGB ist Strafverfolgungshindernis. Verjährungsfristen richten sich nach dem abstrakten Strafhöchstmaß (vgl. § 78 III StGB).

HEMMER-METHODE zu ÜK 38

Vernachlässigen Sie nicht diese „Anhängsel“ an die übliche Strafbarkeitsprüfung! Unter Umständen kommt es in der Klausur gerade einmal entscheidend auf diese Punkte an, ob jemand für sein Verhalten Strafe zu erwarten hat oder nicht. Natürlich liegen die „big shots“ einer Klausur meist anderswo. Umso ärgerlicher ist es aber, wenn Sie die wesentlichen Probleme ansprechend bearbeiten und dann den Hinweis auf den erforderlichen Strafantrag vergessen. Solche Leichtsinnsfehler erwecken beim Korrektor - besonders, wenn sie gehäuft auftreten - schnell einen unprofessionellen Eindruck. In der Regel werden Sie im Bearbeitervermerk jedoch einen Hinweis finden, dass die erforderlichen Strafanträge gestellt sind/werden.

Trennen Sie sauber zwischen der bloßen Strafanzeige i.S.d. § 158 I Alt. 1 StPO, dem Strafantrag i.S.d. § 158 I Alt. 2 StPO und dem Strafantrag i.S.d. § 158 II StPO, § 77 StGB. Letzterer ist eine Prozessvoraussetzung, d.h. ohne Antrag kommt es zu keinem Prozess, es sei denn die Staatsanwaltschaft kann das öffentliche Interesse an der Strafverfolgung bejahen (vgl. z.B. § 230 StGB). Allerdings gibt es auch „reine“ Antragsdelikte, bei denen die Strafverfolgung allein davon abhängt, ob ein Strafantrag vom Berechtigten vorliegt, vgl. z.B. §§ 247, 194 StGB. In § 158 II StPO ist dabei regelt, wo und in welcher Form der Strafantrag einzureichen ist, während die übrigen Details in den §§ 77 ff. StGB normiert sind.

§ 158 I Alt. 2 StPO bezeichnet hingegen den Strafantrag im Sinne des Prozessrechts. Ein solcher liegt vor, wenn der Anzeigende ein eigenes Interesse an der Strafverfolgung bekundet. Das hat zur Folge, dass er bei einer Einstellung hiervon zu informieren ist, § 171 S. 2 StPO. Ist er zugleich der Verletzte, kommt eine „Klageerzwingung“ in Betracht, vgl. §§ 172 ff. StPO.

Das echte Unterlassungsdelikt - Aufbau

StrafR AT I, Rn. 530 ff.

I. Tatbestand

1. **Objektiver Tatbestand**
   a) Objektive Tatbestandsmerkmale des Straftatbestandes
   b) Ungeschriebene Tatbestandsmerkmale:
   - Tatsächliche Möglichkeit der gebotenen aktiven Handlung
   - Zumutbarkeit der gebotenen aktiven Handlung
2. **Subjektiver Tatbestand**
   a) Vorsatz
   b) Sonstige subjektive Tatbestandsmerkmale

II. Rechtswidrigkeit

1. Wie bei vorsätzlichem Begehungsdelikt
2. Besonderheit: rechtfertigende Pflichtenkollision

III. Schuld

1. Wie bei vorsätzlichem Begehungsdelikt
2. Bei Entschuldigungsgründen insb. Unzumutbarkeit normgemäßen Verhaltens zu beachten

HEMMER-METHODE zu ÜK 39

Bei den echten Unterlassungsdelikten erschöpft sich die strafbare Handlung in einem Verstoß gegen eine Gebotsnorm und im Unterlassen einer vom Gesetz geforderten Tätigkeit. Sie bilden das Gegenstück zu den schlichten Tätigkeitsdelikten. Die echten Unterlassungsdelikte sind in eigenen Straftatbeständen geregelt. Die wichtigsten Beispiele sind:

§ 123 I Alt. 2 StGB:	„Sich-nicht-Entfernen“
§ 138 StGB:	Nichtanzeige einer geplanten Straftat
§ 323c I StGB:	Unterlassene Hilfeleistung

Besonderheiten bei den echten Unterlassungsdelikten sind die ungeschriebenen Merkmale der tatsächlichen Möglichkeit des gebotenen Tuns und insbesondere die *Zumutbarkeit des gebotenen Tuns*: Da die Rechtspflichten bei den echten Unterlassungsdelikten von jedermann zu erfüllen sind (eine Garantenstellung nach § 13 StGB ist gerade nicht erforderlich), bedürfen sie einer Begrenzung. Daher wird bereits auf der Tatbestandsebene die Handlungspflicht durch die Zumutbarkeit des gebotenen Tuns beschränkt. Zumutbarkeit i.R.d. § 323c I StGB ist danach nur gegeben, wenn die Hilfeleistung ohne erhebliche eigene Gefahr und ohne Verletzung anderer wichtiger Pflichten möglich ist. Die ansonsten auftretenden Probleme liegen im Bereich der einzelnen Straftatbestände und werden auf den jeweiligen Übersichten des Besonderen Teils erörtert.

Das vorsätzliche unechte Unterlassungsdelikt - Aufbau

StrafR AT I, Rn. 534

I. Tatbestand

1. **Objektiver Tatbestand**
   a) Eintritt des tatbestandsmäßigen Erfolgs
   b) Nichtvornahme der gebotenen und möglichen Handlung
   c) hypothetische Kausalität des Unterlassens
   d) Garantenstellung i.S.d. § 13 StGB
   e) Entsprechungsklausel (Gleichwertigkeit mit aktivem Tun)
2. **Subjektiver Tatbestand**
   a) Vorsatz
   b) Sonstige subjektive Tatbestandsmerkmale

II. Rechtswidrigkeit

1. Wie bei vorsätzlichem Begehungsdelikt
2. Besonderheit: **rechtfertigende Pflichtenkollision**

III. Schuld

1. wie bei vorsätzlichem Begehungsdelikt
2. Bei Entschuldigungsgründen insb. **Unzumutbarkeit normgemäßen Verhaltens**

HEMMER-METHODE zu ÜK 40

Bei den unechten Unterlassungsdelikten ist der Unterlassende als „Garant“ zur Abwendung des Erfolges verpflichtet. Das unechte Unterlassungsdelikt bildet somit das Gegenstück zu den Begehungsdelikten in Form der Erfolgsdelikte. Sie sind nicht in eigenständigen Delikten geregelt. Vielmehr kann jedes Erfolgsdelikt auch durch Unterlassen verwirklicht werden. Dabei müssen jedoch die zusätzlichen Voraussetzungen des § 13 StGB verwirklicht sein.

Abgesehen von den Voraussetzungen des § 13 StGB verläuft die Prüfung der unechten Unterlassungsdelikte im Wesentlichen entsprechend dem Aufbau der vorsätzlichen Begehungsdelikte. Jedoch besteht i.R.d. Rechtswidrigkeit der zusätzliche Rechtfertigungsgrund der rechtfertigenden Pflichtenkollision. Dabei treffen zwei gleichwertige Handlungspflichten aufeinander. Die Rechtfertigungshandlung ist hier das Nichtwahrnehmen der einen Handlungspflicht zugunsten der anderen. Sind die Handlungspflichten nicht gleichwertig (z.B. sog. Scheinkollision), so kommt auf der Ebene der Schuld der Entschuldigungsgrund der Unzumutbarkeit normgemäßen Verhaltens in Betracht. Lernen Sie also mit Verständnis und spielen Sie die jeweiligen Klausurvarianten gedanklich durch.

Die Reihenfolge der im Schema aufgelisteten zusätzlichen Voraussetzungen des § 13 StGB beim unechten Unterlassungsdelikt ist nicht zwingend. Aus klausurtaktischen Gründen kann z.B. auch die Garantenstellung an den Anfang gestellt werden, wenn diese fehlt, aber alle anderen Voraussetzungen unproblematisch gegeben sind. Beachten Sie zudem, dass auch der Versuch des vorsätzlichen unechten Unterlassungsdelikts möglich ist. Vergessen Sie daher nicht, bei z.B. fehlender hypothetischer Kausalität den Versuch des vorsätzlichen unechten Unterlassungsdelikts zu prüfen.

Abgrenzung Tun - Unterlassen

StrafR AT I, Rn. 536 ff.

Tatbestandliche Handlung

Aktives Tun

Kausalgeschehen wird in Gang gesetzt oder in bestimmte Richtung gelenkt

Unterlassen

„Den Dingen ihren Lauf lassen“; Möglichkeit des Eingreifens auslassen

Mehrdeutige Verhaltensweisen

Angrenzung nach dem Schwerpunkt des strafrechtlich relevanten Verhaltens (h.M.)

Rettungsfälle

1. Abbruch eigener Rettungsbemühungen

- Aktives Tun ab dem Zeitpunkt einer realisierten Rettungsmöglichkeit
- Unterlassen, bevor die Rettungshandlung den zu Rettenden erreicht

2. Eingriff in fremde Rettungsbemühungen

- Aktives Tun: z.B. durch Täuschung oder im Wege des Zwangs
- Unterlassen nur, wenn der Täter die Hilfe verweigert

HEMMER-METHODE zu ÜK 41

Die Abgrenzung zwischen Tun und Unterlassen ist lediglich bei mehrdeutigen Verhaltensweisen zu problematisieren. Dabei wird es nicht nötig sein, auf andere Abgrenzungstheorien einzugehen (naturalistische Kriterien; Energiesatz), wenngleich Argumentationsmuster dieser Theorien bei der normativen Ermittlung des Schwerpunktes der Vorwerfbarkeit hilfreich sein können. Konzentrieren Sie sich vielmehr auf eine genaue Subsumtion bei der Abgrenzung nach dem Schwerpunkt des strafrechtlich relevanten Verhaltens.

Das Abgrenzungsproblem wird in der Klausur häufig im Fahrlässigkeitsbereich auftreten; denn hier liegt im Handeln häufig auch ein Unterlassungsmoment in Form des Außerachtlassens der gebotenen Sorgfalt. In diesem Bereich sollten Sie unbedingt die Klassiker wie z.B. den „Ziegenhaarfall“ (Hemmer/Wüst, StrafR AT I, Rn. 541) kennen. Dort hatte ein Fabrikant den Tod mehrerer Arbeiterinnen durch die Ausgabe nicht desinfizierter Ziegenhaare verursacht. Schwerpunkt der Vorwerfbarkeit ist im „Ziegenhaarfall“ die sorgfaltswidrige Übergabe der Haare, also aktives Tun. Die fehlende Desinfektion (Unterlassungsmoment) betrifft hier nur die Sorgfaltswidrigkeit des Handelns.

Einen Sonderfall stellt die Situation des sog. „Behandlungsabbruchs“ dar. Der BGH hat diese besondere Fallgruppe geschaffen, da gerade beim Abbruch einer lebenserhaltenden medizinischen Behandlung (z.B. Abschalten eines Respirators oder Entfernung einer Ernährungssonde) häufig eine trennscharfe Abgrenzung von Tun und Unterlassen normativ nur schwer möglich ist. Vor diesem Hintergrund erscheint es sachgerecht, in der Sondersituation des „Behandlungsabbruchs“ unter bestimmten Voraussetzungen eine rechtfertigende Einwilligung für möglich zu erachten (vgl. Hemmer/Wüst, StrafR BT II, Rn. 32, 33).

Rettungshandlung und hypothetische Kausalität

StrafR AT I, Rn. 542 ff.

Unterlassen der gebotenen Handlung

1. **Objektive Gebotenheit**
   Rechtlich geforderte, zur Erfolgsabwendung erforderliche Handlung (Sicht eines objektiven Betrachters)
2. **Subjektive Möglichkeit**
   Rettungshandlung muss dem Täter physisch-real möglich sein
   ⇨ **Fehlende subjektive Möglichkeit:**
   - Handlungsunfähigkeit (z.B.: Ohnmacht des Täters)
   - Fehlen notwendiger Hilfsmittel

Hypothetische Kausalität

1. **Modifizierte Äquivalenztheorie**
   Das Unterlassen ist für den tatbestandlichen Erfolg kausal, wenn die unterlassene Handlung nicht hinzugedacht werden kann, ohne dass der konkrete Erfolg.
2. **Pflichtwidrigkeitszusammenhang**
   Dieser ist dann anzunehmen, wenn die Rettungshandlung mit an Sicherheit grenzender Wahrscheinlichkeit zur Erhaltung des gefährdeten Rechtsguts geführt hätte.

HEMMER-METHODE zu ÜK 42

Beachten Sie, dass Unterlassen i.R.d. Unterlassungsdelikte nicht in bloßem „Nichtstun“ besteht, sondern die Nichtvornahme einer bestimmten, rechtlich geforderten Tätigkeit bedeutet. Damit wird auch deutlich, dass diese rechtlich geforderte Tätigkeit sowohl objektiv geboten als auch dem Normadressaten selbst physisch real möglich sein muss. Nur solche Handlungen können vom jeweiligen Täter gefordert werden. Lernen Sie leichter, indem Sie sich die zugrunde liegenden Wertungen einprägen.

Klausurrelevante Probleme können sich auch im Bereich der hypothetischen Kausalität und der objektiven Zurechnung ergeben. Umstritten ist, ob auf den konkreten Erfolgseintritt abzustellen ist. Nach der einen Ansicht ist die Kausalität zu bejahen, wenn bei Vornahme der gebotenen Handlung der konkrete Erfolg nicht eingetreten wäre. So z.B., wenn ein Vater sein Kind bei einem Brand nicht aus dem Fenster im 5. Stock in die Arme hilfsbereiter Passanten wirft, da hier der *Flammentod* beim Wurf aus dem Fenster nicht eingetreten wäre. Nach dieser Ansicht scheitert eine Strafbarkeit des Vaters erst im Wege der objektiven Zurechnung des Verhaltens (Pflichtwidrigkeitszusammenhang), wenn das Kind einen Sturz aus dem 5. Stock wahrscheinlich nicht überlebt hätte.

Die Gegenansicht sieht darin eine übermäßige Ausweitung der Kausalität. Sie lehnt eine Unterscheidung danach, ob der Tod des Kindes durch Verbrennen oder durch den Sturz aus dem 5.Stock eingetreten wäre, ab. Nach dieser Ansicht fehlt es bereits an einem äquivalenten Kausalzusammenhang, da der tatbestandsmäßige Erfolg auch bei der rechtlich geforderten Handlung eingetreten wäre.

Beim Fehlen der Kausalität oder der objektiven Zurechnung scheidet eine Vollendung des Delikts aus. Bedenken Sie jedoch, dass eine Versuchsstrafbarkeit möglich bleibt.

Garantenstellung - Überblick über die Garantenpflichten

StrafR AT I, Rn. 567

Garantenpflichten i.S.d. § 13 I StGB (Funktionenlehre)

Beschützergarantenpflichten

Rechtsgut

Schutzpflicht für Rechtsgut

Bsp.:
- Aus besonderen Rechtssätzen
- Enge natürliche Verbundenheit
- Enge Gemeinschaftsbeziehungen
- Freiwillige Übernahme

Überwachungsgarantenpflichten

Gefahr

Verantwortlichkeit für eine Gefahrenquelle

Bsp.:
- Pflichtwidriges vorangegangenes Tun (= Ingerenz)
- Pflicht zur Beaufsichtigung Dritter
- Verkehrssicherungspflicht

HEMMER-METHODE zu ÜK 43

Zwar regelt das Gesetz die einzelnen Voraussetzungen der Garantenpflicht nicht. Aus dem Wortlaut des § 13 I StGB ergibt sich jedoch, dass es sich um eine Rechtspflicht handeln muss. Demnach genügen bloße sittliche Pflichten nicht zur Begründung einer Garantenstellung. Beachten Sie, dass sich auch aus den allgemeinen Rechtspflichten echter Unterlassungsdelikte, insbesondere bei § 323c I StGB, keine Garantenpflichten ableiten lassen, da sich diese an jedermann richten, während § 13 I StGB eine besondere Rechtspflicht verlangt.

Während früher die strafrechtlich relevanten Fälle der Garantenpflichten nach ihren Entstehungsgründen, also aus Gesetz, Vertrag, vorausgegangenem gefährdenden Tun und enger Lebensgemeinschaft, eingeteilt wurden, bemüht sich die neuere Funktionenlehre um eine Einteilung nach materiellen Kriterien. Die Funktionenlehre führt die Garantenstellung auf zwei Grundpositionen zurück: Zum einen Beschützergarantenpflichten, also besondere Schutzpflichten für bestimmte Rechtsgüter, und zum anderen Überwachungsgarantenpflichten, d.h. die Verantwortlichkeit für bestimmte Gefahrenquellen.

Bei mehreren Beteiligten ist außerdem daran zu denken, dass nach BGH die Garantenstellung aus Ingerenz ein besonderes persönliches Merkmal i.S.v. § 28 I StGB darstellt (vgl. BGH, Beschl. v. 24.03.2021 – 4 StR 416/20 = Life&LAW 08/2021, 538 ff.).

Denken Sie in der Klausur immer daran, dass Sie ein Gutachten schreiben. Prüfen Sie daher nicht nur eine einzige, sondern alle in Frage kommenden Garantenpflichten. Nur so schöpfen Sie alle im Sachverhalt liegenden Informationen aus und nur so schreiben Sie die gute Klausur.

Beschützergarantenpflichten

StrafR AT I, Rn. 568 ff.

Gesetz	Garantenpflicht **aus besonderen Rechtssätzen**: besondere Einstandspflichten für bestimmte Personengruppen: z.B. §§ 666, 1353, 1626 BGB
Enge natürliche Verbundenheit	Bei **rechtlich fundiertem Verhältnis** ⇔ bloße moralische Pflicht genügt nicht. Reichweite der Schutzpflicht richtet sich nach: • Vorhandensein einer effektiven Familiengemeinschaft • Nähe des Familien- bzw. Verwandtschaftsverhältnisses
Lebens- und Gefahrengemeinschaft	**Garantenpflicht (+):** • Nichteheliche Lebensgemeinschaft • Expeditionsteilnehmer **Garantenpflicht (-):** • Zechkumpanen
Freiwillige Übernahme	**Faktische Übernahme** maßgeblich ⇔ zivilrechtliche Wirksamkeit unerheblich: Im Vertrauen auf die zugesagte Hilfe unterbleiben anderweitige Schutzmaßnahmen, Bsp.: Arztvertrag, Babysitter, Bergführer
Besonderer Pflichtenkreis	Mit **besonderem Pflichtenkreis** verbundene Stellung: Schutzpolizist, Beamter (Ordnungsamt)

HEMMER-METHODE zu ÜK 44

Die Beschützergarantenpflichten begründen eine Verpflichtung für denjenigen, dem eine besondere Schutzpflicht (Obhutspflicht) für bestimmte Rechtsgüter obliegt. Der Beschützergarant steht demnach rechtlich für den Schutz eines bestimmten Rechtsguts ein.

Auch außerhalb der Straftaten gegen das Leben ist eine Begehungsweise durch Unterlassen möglich! Beachten Sie z.B. i.R.d. Betrugs (§ 263 StGB) ein Täuschen durch Unterlassen. Die dazu erforderliche Garantenpflicht kann sich aus § 666 BGB ergeben, der dem Beauftragten eine Auskunftspflicht aufgibt.

Bedenken Sie, dass sich die einzelnen Garantenpflichten überschneiden können. So können die Garantenpflichten aus besonderen Rechtssätzen teilweise gleichzeitig mit Garantenpflichten aus enger natürlicher Verbundenheit auftreten. Zudem bleibt auch z.B. neben einer auf Dritte übertragenen Schutz- oder Obhutspflicht der Garant aus enger natürlicher Verbundenheit weiterhin gem. § 13 I StGB rechtlich verpflichtet. Auch hier gilt: Lernen Sie nicht zu isoliert und versuchen Sie gedanklich, mögliche Klausurkonstellationen zu erfassen.

Für die Beendigung der Garantenpflicht ist jeweils genau zu differenzieren: Während Garantenpflichten aus Gesetz regelmäßig nicht entfallen können (z.B. Vater und der mit ihm zerstrittene Sohn), können Garantenpflichten aus Gefahrengemeinschaften durch Auflösung der Gemeinschaft beendet werden.

Überwachungsgarantenpflichten

Verkehrssicherungspflichten

Beherrschung einer in den eigenen Zuständigkeitsbereich fallenden Gefahrenquelle.
Freiwillige Übernahme von Verkehrssicherungspflichten Dritter möglich.

- Betreiber einer Anlage (z.B. Atomkraftwerk)
- Halter eines Pkw, z.B. bei Überlassung an Fahrunkundigen oder Fahruntüchtigen

Pflicht zur Beaufsichtigung Dritter

Maßgeblich ist das Vertrauen der Allgemeinheit darauf, dass der Pflichtige aufgrund seiner Aufsichtsstellung Gefahren, die von den zu überwachenden Personen ausgehen, beherrscht:

- militärischer Vorgesetzter
- Gefängnispersonal

Ingerenz

Gefahr für Rechtsgüter Dritter geschaffen ⇨ Pflicht zur Abwendung des drohenden Erfolges
Pflichtwidrigkeit muss in einem Verstoß gegen eine Norm bestehen, die dem Schutz des betroffenen Rechtsgutes dient. Bsp. „Lederssprayfall“: Inverkehrbringen schädlicher Produkte

Problem: Rechtmäßiges (verkehrsgerechtes) Vorverhalten

e.A.: Garantenpflicht (+)

⇨ Kritikpunkte:

- Untragbare Haftungserweiterung
- Allgem. Hilfspflicht nach § 323c I StGB ausreichend

h.M.: Garantenpflicht grds. (-)

Einschränkungen in Ausnahmefällen,
Bsp.: Verletzung eines unbeteiligten Dritten im aggressiven Notstand (§ 34 StGB)

HEMMER-METHODE zu ÜK 45

Rechtsgrund bei den Überwachungsgarantenpflichten ist die Verantwortlichkeit eines Garanten für eine Gefahrenquelle.

Die wichtigste Fallgruppe in diesem Bereich bildet die sog. Ingerenz, die Garantenpflicht aus vorangegangenem pflichtwidrigem Tun. Hier wird derjenige Garant für die Abwendung des drohenden Erfolges, der durch ein objektiv pflichtwidriges Tun oder Unterlassen für Rechtsgüter Dritter die nahe Gefahr des Erfolgseintritts geschaffen hat.

Im Bereich der Ingerenz wird häufig eine Garantenstellung beim Mittäterexzess übersehen. Die Feststellung, dass das Verhalten des Täters nicht vom gemeinsamen Tatplan gedeckt war und den übrigen Beteiligten nicht mittäterschaftlich zugerechnet werden kann, führt nicht automatisch zu einer Straflosigkeit der übrigen Mittäter. Der BGH nimmt eine Garantenstellung zur Verhinderung tatverdeckender Delikte durch den Mittäter an (str.). So z.B. in einem Fall, in dem ein Täter nach dem Raub das Raubopfer entgegen dem vorherigen Tatplan erschoss, um einen Zeugen zu beseitigen, und der Mittäter dies nicht verhinderte, obwohl es ihm möglich gewesen wäre. Hier müssten Sie für den Mittäter §§ 212, 13 StGB zumindest anprüfen.

Bei dem Streit um eine Garantenstellung bei vorangegangenem rechtmäßigem oder verkehrsgerechtem Verhalten handelt es sich um eine sog. Rechts-Links-Mitte-Argumentation. Durch das Suchen nach der aristotelischen Mitte gelangen Sie zu einer vertretbaren Lösung. Denn im Ausnahmefall des aggressiven Notstands ist eine Garantenstellung selbst bei pflichtgemäßem Vorverhalten gerechtfertigt. Die Hilfsbedürftigkeit des Verletzten beruht im Gegensatz zur Notwehr ja gerade nicht darauf, dass sich der Dritte selbst in Gefahr gebracht hat.

Entsprechungsklausel / Subjektiver Tatbestand

Entsprechungsklausel, § 13 I HS 2 StGB

Der Unrechtsgehalt des Unterlassens muss dem Unrechtsgehalt einer aktiven Tatbestandsverwirklichung nahekommen („entspricht“).

1. **Erfolgsdelikte:**
   Entsprechung gem. § 13 I HS 2 StGB unproblematisch (+)
2. **Verhaltensgebundene Delikte:**
   Entsprechungsklausel gem. § 13 I HS 2 StGB problematisch
   Unrechtsgehalt erschöpft sich nicht im tatbestandlichen Erfolg. Hier ist ausdrücklich klarzustellen, dass der Unwertgehalt des Unterlassens dem des Begehungsdelikts gleichsteht.
   - § 164 StGB: Verdächtigen
   - § 240 StGB: Nötigen

Problemfall: Mord in **Verdeckungsabsicht** (§ 211 II 3. Gruppe StGB) **durch Unterlassen:**

- e.A.: (-) Täter müsste durch Rettungshandlungen aktiv an der Aufdeckung der Straftat mitwirken, was man nicht verlangen könne
- h.M.: (+) Verdeckungsabsicht durch Unterlassen gleichwertig, wenn der Täter Rettungsbemühungen unterlässt, um zielgerichtet der Bestrafung wegen der zuvor begangenen Straftat zu entgehen (als Mittel zur Verdeckung ⇔ nicht nur bloße Folge)

HEMMER-METHODE zu ÜK 46

Markieren Sie sich im Gesetz – soweit zulässig – die einzelnen Straftatbestände, bei denen die Entsprechungsklausel des § 13 I HS 2 StGB von Bedeutung ist, damit Sie hier keine wichtigen Punkte verschenken. Bei den übrigen Tatbeständen, die als unechte Unterlassungsdelikte verwirklicht werden können, handelt es sich meist um reine Erfolgsdelikte, bei denen keine besondere Begehungsweise und damit kein besonderer Verhaltensunwert erforderlich ist. Hier entspricht die Tatbegehung durch Unterlassen i.S.d. § 13 I HS 1 StGB von sich aus einer Tatbegehung durch Tun.

Der Vorsatz wird beim unechten Unterlassungsdelikt in dem Willen zum Untätigbleiben in Kenntnis aller objektiven Tatbestandsmerkmale gesehen. Zu diesen Merkmalen zählen insbesondere auch die eine Garantenstellung begründenden Umstände.

I.R.d. subjektiven Tatbestandes wird in der Klausur häufig das Problem auftauchen, dass der Täter sich im Irrtum über die Garantenstellung/Garantenpflicht befindet.

Ein Irrtum über das Vorliegen der tatsächlichen Voraussetzungen einer Garantenpflicht (sog. *Irrtum über die Garantenstellung*) stellt einen Tatbestandsirrtum i.S.d. § 16 I S. 1 StGB dar. Der Irrtum über das Bestehen oder die Grenzen einer Garantenpflicht in rechtlicher Hinsicht (sog. *Irrtum über die Garantenpflicht*) stellt dagegen einen in der Schuld zu behandelnden Verbotsirrtum in Form des Gebotsirrtums gem. § 17 StGB dar.

Unterscheiden Sie diese beiden Irrtumsformen sehr genau und achten Sie in diesem Zusammenhang besonders auf die richtige Terminologie und sprachliche Genauigkeit.

Unzumutbarkeit normgemäßen Verhaltens

Bei der Unzumutbarkeit normgemäßen Verhaltens handelt es sich um eine notstandsähnliche Konfliktsituation, in der weder der rechtfertigende (§ 34 StGB) noch der entschuldigende Notstand gem. § 35 StGB eingreifen. Umstritten ist insbesondere die dogmatische Einordnung:

Ansicht der Rechtsprechung

Prüfung im objektiven Tatbestand:
Unzumutbarkeit als allgemeines Prinzip der **Begrenzung der Garantenpflicht**

- Vergleich mit echten Unterlassungsdelikten (dort Unzumutbarkeit: objektives Tatbestandsmerkmal)
  ⇔ Kritik: Gleichwertigkeit von positivem Tun und Unterlassen gem. § 13 I StGB wäre nicht mehr gegeben

Literaturansicht 1

Prüfung im Bereich der Schuld:
Unzumutbarkeit normgemäßen Verhaltens als Entschuldigungsgrund
⇨ Schuldvorwurf (-)

- Schuldgehalt des Untätigbleibens wird weitgehend dadurch aufgehoben, dass ein gleichwertiges Rechtsgut vor der sicheren Vernichtung gerettet wird

Literaturansicht 2

Entschuldigungsgrund der Unzumutbarkeit abzulehnen:

- Keine Ausweitung der anerkannten Entschuldigungsgründe
- Fakultative Strafmilderung des § 13 II StGB ausreichend

HEMMER-METHODE zu ÜK 47

Beachten Sie die unterschiedliche Behandlung der Unzumutbarkeit normgemäßen Verhaltens bei den unterschiedlichen Deliktstypen:

I.R.d. vorsätzlichen Begehungsdeliktes wird dieser Entschuldigungsgrund von der herrschenden Meinung abgelehnt, während er beim Fahrlässigkeitsdelikt anwendbar ist. Beim echten Unterlassungsdelikt (z.B.: § 323c I StGB) wird die Unzumutbarkeit bereits auf Tatbestandsebene berücksichtigt. I.R.d. vorsätzlichen unechten Unterlassungsdelikts sind die Anerkennung und die dogmatische Einordnung hingegen umstritten.

Zum Zusammenspiel der Rechtfertigungs- und Entschuldigungsgründe folgender Übungsfall: T kann aus dem brennenden Haus entweder seine Mutter M oder seine Freundin F retten. Eine Rettung beider Frauen ist aus Zeitgründen nicht möglich. T rettet die F, während M verbrennt.

Lösung: Hier könnte sich T gem. §§ 212, 13 StGB strafbar gemacht haben. Eine Rechtfertigung über § 34 StGB scheidet aus, da hier Leben gegen Leben steht. Auch die rechtfertigende Pflichtenkollision versagt, da T nicht die höherwertige Pflicht, die aufgrund der Garantenstellung aus Gesetz gegenüber der Mutter besteht, erfüllt hat. Eine Entschuldigung nach § 35 I StGB entfällt, da die Garantenstellung des T gegenüber M einen sonstigen Grund i.R.d. Zumutbarkeit nach § 35 I S. 2 StGB darstellt. Eine Strafbarkeit könnte nur bei Anerkennung der Unzumutbarkeit normgemäßen Verhaltens als Entschuldigungsgrund entfallen.

Das Fahrlässigkeitsdelikt - Aufbau

StrafR AT I, Rn. 631

I. Tatbestand

1. Erfolgseintritt: durch aktives Tun oder Unterlassen (§ 13 StGB)
2. Kausalität des Verhaltens für den Erfolg
3. Objektive Sorgfaltspflichtverletzung
   - Objektive Vermeidbarkeit
   - Objektive Vorhersehbarkeit
4. Objektive Zurechnung
   - Pflichtwidrigkeitszusammenhang (a.A.: Risikoerhöhungslehre)
   - Schutzzweck der Norm

II. Rechtswidrigkeit

Problem bei Rechtfertigungsgründen:
Erfordernis subjektiver Rechtfertigungselemente?

III. Schuld

Subjektive Sorgfaltspflichtverletzung
- Subjektive Erfüllbarkeit der Sorgfaltspflicht
- Subjektive Vorhersehbarkeit des Erfolgseintritts

HEMMER-METHODE zu ÜK 48

Gem. § 15 StGB ist nur vorsätzliches Handeln strafbar, „wenn nicht das Gesetz fahrlässiges Handeln ausdrücklich mit Strafe bedroht“. Jedoch fehlt im Gesetz eine Legaldefinition der Fahrlässigkeit. Die h.M. definiert die Fahrlässigkeit als die ungewollte Verwirklichung des gesetzlichen Tatbestandes durch eine pflichtwidrige Vernachlässigung der im Verkehr erforderlichen Sorgfalt.

Beachten Sie insbesondere die allgemeinen Folgen der Fahrlässigkeit. Da die Fahrlässigkeit eine eigenständige, vom Vorsatz unabhängige Unrechts- und Schuldform darstellt, sind einige Regeln des Allgemeinen Teils des StGB auf die Fahrlässigkeit nicht anwendbar. So ist ein Tatbestandsirrtum gem. § 16 I S. 1 StGB beim Fahrlässigkeitsdelikt nicht möglich (§ 16 I S. 2 StGB verweist ja gerade auf die Prüfung eines fahrlässigen Deliktes). Der Versuch eines fahrlässigen Deliktes ist ausgeschlossen, da es hier keinen Tatentschluss i.S.d. § 22 StGB geben kann. Auch Mittäterschaft und Teilnahme i.S.d. §§ 26 ff. StGB sind beim fahrlässigen Delikt nicht möglich (hier gilt, wie auch im Bereich der Ordnungswidrigkeiten, § 14 OWiG, das Prinzip der Einheitstäterschaft). Denn für die Teilnahme fehlt es an dem Erfordernis der vorsätzlichen, rechtswidrigen Haupttat (Akzessorietät).

Eine Mitwirkung an der fahrlässigen Tat ist grundsätzlich nur in Form der Nebentäterschaft möglich. Dabei muss jeder Täter die Merkmale des Fahrlässigkeitsdelikts selbst vollständig verwirklichen (keine Zurechnung gem. § 25 II StGB).

Objektive Sorgfaltspflichtverletzung

Objektive Sorgfaltspflichtverletzung

1. Nichtbeachten der im Verkehr erforderlichen **Sorgfalt (Sorgfaltspflicht)**
2. Objektive Vorhersehbarkeit des Erfolgseintritts: Erfolgseintritt und der wesentliche Kausalverlauf liegen nicht außerhalb aller Lebenserfahrung

Inhalt der Sorgfaltspflicht

Spezielle Rechtvorschriften

- ⇨ StVO, StVG
- ⇨ Dienstanordnungen, DIN-/VDE-Normen
- ⇨ anerkannte Verhaltensregeln: z.B. Sportregeln, Regeln der ärztlichen Kunst

Abwägung des Risikos

Falls keine Regeln existieren: Abwägung von Schadenswahrscheinlichkeit und Schadensintensität

Maßstab und Grenzen der Sorgfaltspflicht

Maßstab der Sorgfaltspflicht

- ⇨ Anforderungen, die bei ex-ante-Betrachtung an einen besonnenen u. gewissenhaften Menschen in der konkreten Lage und sozialen Rolle des Handelnden zu stellen sind
- ⇨ Berücksichtigung von Sonderwissen
  Arg.: höheres Leistungsvermögen verpflichtet

Grenzen der Sorgfaltspflicht

Vertrauensgrundsatz (erlaubtes Risiko): Sorgfaltswidriges Verhalten erst bei Überschreitung der Schwelle der sozialen Adäquanz

HEMMER-METHODE zu ÜK 49

Beachten Sie, dass auch das Fahrlässigkeitsdelikt sowohl durch aktives Tun als auch durch Unterlassen begangen werden kann. Hierbei ergibt sich dann folgender Aufbau für das fahrlässige Unterlassungsdelikt:

I. Tatbestandsmäßigkeit
   1. Erfolgseintritt (durch Unterlassen)
      Nichtvornahme der gebotenen Handlung; hypothetische Kausalität; Garantenstellung; Entsprechungsklausel
   2. Objektive Sorgfaltspflichtverletzung
   3. Objektive Zurechnung
   4. Objektive Strafbarkeitsbedingung

II. Rechtswidrigkeit

III. Schuld
   1. Schuldfähigkeit
   2. Subjektive Sorgfaltspflichtverletzung
   3. Unrechtsbewusstsein
   4. Fehlen von Schuldausschließungsgründen

IV. Strafausschließungs- und Strafaufhebungsgründe, Absehen von Strafe

V. Prozessvoraussetzungen

Die moderne Strafrechtslehre teilt beim Fahrlässigkeitsdelikt die Sorgfaltspflichtverletzung in objektive und subjektive Elemente auf. Während i.R.d. Tatbestandsmäßigkeit anhand eines ex-ante-Urteils die objektive Sorgfaltspflichtverletzung sowie Art und Maß der Sorgfaltspflicht festgestellt werden, wird im Bereich der Schuld die subjektive Sorgfaltspflichtverletzung anhand des individuellen Leistungsvermögens des Täters beurteilt.

Objektive Zurechnung

Pflichtwidrigkeitszusammenhang

Fehlt, wenn der tatbestandliche Erfolg auch bei sorgfaltsgerechtem Verhalten nicht vermeidbar gewesen wäre.
Vergleich mit hypothetischem Kausalverlauf bei rechtlich einwandfreiem Verhalten des Täters.
Strittig ist, welche Anforderungen an die Vermeidbarkeit zu stellen sind:

h.M.
Unvermeidbarkeit (+) bei ernsthafter Möglichkeit, dass auch bei sorgfaltsgerechtem Verhalten der Erfolg eingetreten wäre
⇨ „in dubio pro reo“-Grundsatz

Risikoerhöhungslehre
Zurechnung schon dann, wenn die Wahrscheinlichkeit des Erfolgseintritts bei sorgfaltsgerechtem Verhalten geringer gewesen wäre

Schutzzweck der Norm

Eine objektive Zurechnung erfolgt nur dann, wenn sich gerade die Gefahr realisiert, die nach dem Schutzzweck der verletzten Norm (Sorgfaltsregel) verhindert werden soll.
Die Zurechnung entfällt, wenn sich nicht das verbotene, sondern ein anderes Risiko in dem Erfolg verwirklicht hat.

HEMMER-METHODE zu ÜK 50

Beachten Sie die Bedeutung des Streits um die Vermeidbarkeit beim Pflichtwidrigkeitszusammenhang:

Die h.M. lehnt die sog. Risikoerhöhungslehre ab, da durch diese der Grundsatz „in dubio pro reo“ zu stark eingeschränkt werde. Verletzungsdelikte würden auf diese Weise contra legem wie Gefährdungsdelikte behandelt. Denn für die objektive Zurechnung des Erfolges würde schon eine eingetretene Gefahrerhöhung gegenüber sorgfaltsgerechtem Verhalten genügen. Die Risikoerhöhungslehre will hingegen den Grundsatz „in dubio pro reo“ nur insoweit anwenden, als Zweifel über die Gefahrerhöhung bestehen.

Die dogmatische Einordnung der objektiven Zurechnung in den Deliktsaufbau ist umstritten. In der Klausur sollten Sie sich der h.L. oder der Rechtsprechung anschließen.

Die Rechtsprechung sieht in der objektiven Zurechnung ein Problem des Kausalzusammenhangs. Die h.L. behandelt sie als eigenständigen Prüfungspunkt i.R.d. Tatbestandsmäßigkeit.

Objektive Zurechnung - Problemfälle

StrafR AT I, Rn. 660 ff.

Problemfälle

Pflichtwidrigkeitszusammenhang

Rechtmäßiges Alternativverhalten
Radfahrerfall:
⇨ Einwand des rechtmäßigen Alternativverhaltens lässt objektive Zurechnung entfallen

Verhaltensfehler des Opfers
Sorgfaltsverstöße auf Opferseite lassen nicht stets den Pflichtwidrigkeitszusammenhang entfallen:
Maßgeblich ist die Bedeutung der Verhaltensfehler für die Erfolgsherbeiführung

Verhalten Dritter
Massenkarambolage-Fälle:
Der gleiche Erfolg wäre von einem Dritten herbeigeführt worden
⇨ unbeachtliche Reserveursache

Schutzzweck der Norm

Freiverantwortliche Selbstgefährdung
Rauschgiftfälle
(gemeinsamer Drogenmissbrauch):

- Fahrlässiges Begehungsdelikt:
  Eigenverantwortlichkeitsprinzip; Tatbestände sollen nach ihrem Schutzzweck den Rechtsinhaber vor Eingriffen Dritter bewahren
- Fahrlässiges Unterlassungsdelikt
  Problem: Garantenstellung

Straßenverkehrsfälle
Verkehrsampel / Höchstgeschwindigkeit:
Schutzzweck besteht nicht darin, zeitlich später an den Unfallort zu gelangen

HEMMER-METHODE zu ÜK 51

Lernen Sie nicht zu schematisch und versuchen Sie, sich die einzelnen Fallgruppen anhand von Beispielfällen zu merken. So sollten Sie zum Pflichtwidrigkeitszusammenhang den sog. Radfahrerfall (Strafrecht AT I, Rn. 665) und das dazugehörende Soundwort "rechtmäßiges Alternativerhalten" kennen. Im Fall der freiverantwortlichen Selbstgefährdung sind die in der Rechtsprechung und Literatur umstrittenen Rauschgift-Fälle (Rn. 662) besonders examensrelevant. Zur Unbeachtlichkeit des Verhaltens Dritter als Reserveursache eignet sich der sog. Massenkarambolage-Fall (Rn. 667).

Wie Sie sehen, werden häufig bei Fällen aus dem Straßenverkehr Probleme im Bereich der objektiven Zurechnung auftreten. Dabei werden im Bereich des Schutzzweckzusammenhangs insbesondere Fälle diskutiert, in denen der Täter über eine rote Ampel fährt oder die zulässige Höchstgeschwindigkeit überschreitet, was für den späteren Unfall, bei welchem dem Täter ein Sorgfaltsverstoß an sich nicht zu machen ist, insofern kausal ist, als er ohne die vorangegangene Pflichtverletzung zu diesem Zeitpunkt noch nicht am Unfallort gewesen wäre. Dabei ist auf den Schutzzweck der Ampel oder der Geschwindigkeitsregelung abzustellen. Dieser besteht nämlich nicht darin, den Aufenthalt an einem bestimmten Ort zu einer bestimmten Zeit zu regeln, sondern soll bei der Ampel den Gefahrenbereich der Kreuzung sichern und bei der Geschwindigkeitsregelung die Möglichkeit zum rechtzeitigen Abbremsen geben. Maßgeblicher Zeitpunkt für die Pflichtverletzung ist daher das Eintreten der kritischen Gefahrensituation, die mit der Erkennbarkeit der Gefahr beginnt (instruktiv hierzu OLG Hamm, Beschluss vom 20.08.2015 – 5 RVs 102/15 = Life&LAW 07/2016, 479 ff.).

Legen Sie hier in der Klausur besonderes Gewicht auf eine Sachverhaltsanalyse und versuchen Sie, die Informationen im Sachverhalt in die Subsumtion mit einzubeziehen.

Rechtswidrigkeit und Fahrlässigkeitsschuld

StrafR AT I, Rn. 673 ff.

Erfordernis subjektiver Rechtfertigungselemente

- Ausgangspunkt: bei vorsätzlichem Begehungsdelikten tritt eine Rechtfertigung nur dann ein, wenn sowohl objektive als auch subjektive Rechtfertigungselemente vorliegen
- Bei unbewusster Fahrlässigkeit fehlt das subjektive Rechtfertigungselement regelmäßig
  ⇨ Verzicht auf subjektive Rechtfertigungselemente (h.M.)
- Objektiv rechtfertigende Situation lässt Erfolgsunrecht entfallen Handlungsunrecht bei Fahrlässigkeitsdelikten grds. Nicht strafbar
  ⇨ Ausnahme: fahrlässige Tätigkeitsdelikte (§ 316 II StGB)

Fahrlässigkeitsschuld

Subjektive Sorgfaltspflichtverletzung

- Täter kann Sorgfaltspflicht erkennen und Sorgfaltsanforderungen erfüllen (individuelle Fähigkeiten des Täters)

Subjektive Vorhersehbarkeit

- Tatbestandlicher Erfolg und wesentlicher Kausalverlauf sind für den Täter subjektiv vorhersehbar

Unzumutbarkeit normgemäßen Verhaltens

Unzumutbarkeit normgemäßen Verhaltens als Entschuldigungsgrund anerkannt (h.M.):

- Maßgebend: Interessenslage beim Täter ⇔ Schwere der drohenden Rechtsgutsverletzung
- Je schwerwiegender die Gefahr, desto höher die Anforderungen an die Zumutbarkeit

HEMMER-METHODE zu ÜK 52

Die Rechtswidrigkeit wird bei fahrlässigen Erfolgsdelikten selten größere Probleme aufwerfen. Das fahrlässige Tätigkeitsdelikt des § 316 II StGB eignet sich jedoch für die Klausur sehr gut, um die Ausnahme von der Regel darzustellen. Grundsätzlich verzichtet die h.M. auf das subjektive Rechtfertigungselement beim Fahrlässigkeitsdelikt, mit dem Hinweis darauf, dass das Erfolgsunrecht entfalle und das Handlungsunrecht für sich allein nicht strafbar sei. Im Fall der seltenen fahrlässigen Tätigkeitsdelikte kann diese Argumentation dann folglich nicht mehr gelten. Der Tatbestand umschreibt hier gerade auch ein besonderes Handlungsunrecht.

I.R.d. Schuld des Fahrlässigkeitsdelikts sollten Sie im Gegensatz zu den vorsätzlichen Delikten, bei denen häufig die Feststellung der Schuld in einem Satz genügt, stets die Punkte der subjektiven Sorgfaltspflichtverletzung und der subjektiven Vorhersehbarkeit ansprechen. Jedoch werden diese beiden Merkmale, die ja mit den Merkmalen des objektiven Tatbestandes (objektive Sorgfaltspflichtverletzung, objektive Vorhersehbarkeit) korrespondieren, selten eine andere strafrechtliche Bewertung des Straftatbestandes ergeben: Denn die Charaktere einer Strafrechtsklausur werden häufig „Durchschnittstypen“ entsprechen, so dass die subjektive Sorgfaltspflichtverletzung häufig aus der objektiven Sorgfaltspflichtverletzung abgeleitet werden kann.

Vorsatz - Fahrlässigkeits - Kombinationen (Überblick)

Vorsatz-Fahrlässigkeits-Kombinationen

Hinsichtlich der **Tathandlung** ⇨ **Vorsatz**;
Hinsichtlich des spezifischen Verletzungs- oder Gefährdungs**erfolgs** ⇨ **Fahrlässigkeit**

Bei den Vorsatz-Fahrlässigkeits-Kombinationen sind zu unterscheiden:

Vorsatz-Fahrlässigkeits-Kombinationen i.e.S.

Der Vorsatzteil ist für sich nicht strafbar
Die Sorgfaltspflichtverletzung ist regelmäßig in der vorsätzlichen Tathandlung enthalten
Klausurrelevante Beispiele:

- § 315b IV StGB
- § 315c III Nr. 1 StGB

Erfolgsqualifizierte Delikte i.S.d. § 18 StGB

Anknüpfung an ein selbständig mit Strafe bedrohtes Grunddelikt
Qualifizierung durch Verwirklichung eines weitergehenden Erfolges i.S.d. § 18 StGB

- Fahrlässigkeit: §§ 221 II Nr. 2, III; 227 StGB
- Leichtfertigkeit: §§ 239a III, 251 StGB

Anwendung des § 11 II StGB

Mischtatbestände gelten als Vorsatzdelikte;
§ 11 II StGB ist auch auf erfolgsqualifizierte Delikte i.S.d. § 18 StGB anwendbar:

- Beteiligung gem. §§ 25, 26, 27 StGB möglich
- Versuchsstrafbarkeit grds möglich, §§ 22 - 24 StGB anwendbar

HEMMER-METHODE zu ÜK 53

Beachten Sie im Zusammenhang mit Vorsatz-Fahrlässigkeits-Kombinationen die Legaldefinition des § 11 II StGB. Das Gesetz bestimmt hier, dass diese Mischtatbestände als Vorsatzdelikte gelten. Als Folge sind demnach Versuch und Teilnahme an Vorsatz-Fahrlässigkeits-Kombinationen grundsätzlich möglich. Vergessen Sie daher nicht, insbesondere beim umstrittenen Versuch der erfolgsqualifizierten Delikte, § 11 II StGB zu zitieren.

Die erhebliche Erhöhung des Strafrahmens bei erfolgsqualifizierten Delikten wurde in der Literatur als Verstoß gegen das Schuldprinzip kritisiert. Als Reaktion fordert der Gesetzgeber nun bei neueren erfolgsqualifizierten Delikten Leichtfertigkeit anstatt der vorher ausreichenden Fahrlässigkeit. Leichtfertigkeit entspricht etwa der zivilrechtlichen groben Fahrlässigkeit und setzt eine Verletzung der gebotenen Sorgfalt in einem ungewöhnlich hohen Maße voraus.

Die h.M. wendet § 18 StGB auch auf die Leichtfertigkeit an, indem sie das Wort „Fahrlässigkeit“ durch „Leichtfertigkeit“ ersetzt. Heftig umstritten war hingegen das Verhältnis der vorsätzlichen Herbeiführung des besonderen Erfolges zur erfolgsqualifizierten Tatbegehung. Durch die Einfügung des Wortes „wenigstens“ wurde dabei zugunsten der Konkurrenzlösung des BGH entschieden. Damit wurde das „redaktionelle Versehen" des Gesetzgebers korrigiert. Die Konkurrenzlösung nimmt somit zu Recht an, dass eine Verwirklichung des § 251 StGB neben §§ 212, 211 StGB möglich ist.

Das erfolgsqualifizierte Delikt - Aufbau

I. Verwirklichung des Grundtatbestandes

1. Tatbestandsmäßigkeit
2. Rechtswidrigkeit
3. Schuld

II. Eintritt des qualifizierenden Erfolges

III. Kausalität zwischen Handlung und Erfolg

IV. Tatbestandsspezifischer Gefahrenzusammenhang

V. Fahrlässigkeit/Leichtfertigkeit bzgl. Erfolgsherbeiführung

HEMMER-METHODE zu ÜK 54

Verstehen Sie die Aufbauhinweise nicht als zwingende Regeln, die in jedem Fall befolgt werden müssen, sondern als Hilfestellung für einen schlüssigen Klausuraufbau. Der vorgestellte Aufbauhinweis enthält hier die Besonderheiten der erfolgsqualifizierten Delikte. Ebenso ist eine inzidente Prüfung des Grundtatbestandes möglich.

Das Voranstellen der vollständigen Prüfung des Grundtatbestandes ist insoweit vorteilhaft, als die Prüfung übersichtlicher wird. Beide Aufbauschemata sind dabei gleichermaßen vertretbar.

Bei den erfolgsqualifizierten Delikten tritt hinsichtlich der Fahrlässigkeit/Leichtfertigkeit bzgl. der schweren Folge eine Besonderheit auf: Die objektive Sorgfaltspflichtverletzung wird hier regelmäßig schon in der vorsätzlichen Tathandlung bzgl. des Grunddeliktes enthalten sein. Daraus folgert die h.M., dass sich die Fahrlässigkeitsprüfung i.R.d. § 18 StGB nur auf die Vorhersehbarkeit der besonderen Tatfolge beschränkt (keine Vermeidbarkeitsprüfung). Die Gegenansicht fordert darüber hinaus die Erkennbarkeit des tatbestandsspezifischen Gefahrenzusammenhangs, da nur so ein Fahrlässigkeitsvorwurf hinsichtlich der besonders schweren Folge der erfolgsqualifizierten Delikte begründet werden könne.

Tatbestandsspezifischer Gefahrzusammenhang

StrafR AT I, Rn. 688

Unmittelbarkeitserfordernis

(= tatbestandsspezifischer Gefahrzusammenhang): gerade die dem Grunddelikt innewohnende Gefahr realisiert sich im besonders schweren Erfolg

Dritt- und Opferverhalten

⇨ **grunddeliktsneutrales Verhalten**
Unmittelbarkeit (-): neue Gefahr verwirklicht sich
Bsp.: Dritter nutzt Verletzung des Opfers, um dieses zu töten

⇨ **grunddeliktsbedingtes Verhalten**
Unmittelbarkeit grds. (+)
Bsp.: Behandlungsfehler eines Arztes, nur bei grob pflicht- oder sachwidrigem Dritt- oder Opferverhalten (-)

Täter beeinflusst den Kausalverlauf

⇨ **nachträgliche vorsätzliche aktive Tötung**
Gefahrzusammenhang wird unterbrochen

⇨ **nachträgliches vorsätzliches Unterlassen**
durch den nachträglichen Tötungsvorsatz wird eine Zäsur geschaffen ⇨ Unmittelbarkeit (-)

⇨ **nachträgliche fahrlässige Tötung durch aktives Tun**
Unmittelbarkeit nur (+), wenn die Bedingungen der Handlung fortwirken
Bsp.: Sachwidrige Versorgung des Opfers

⇨ **nachträgliches fahrlässiges Unterlassen**
keine Zäsur wird geschaffen; Unmittelbarkeit grds. (+)

HEMMER-METHODE zu ÜK 55

Systematisieren Sie sich die problematischen Fallgruppen des Unmittelbarkeitszusammenhangs! Dabei zeigen sich nämlich Ähnlichkeiten zur objektiven Zurechnung. Bei einem Dritt-/Opferverhalten, das die schwere Folge mit herbeiführt, wird grunddeliktsbedingtes Verhalten zugerechnet (die Gefahr ist mit dem Grunddelikt angelegt worden). Bei einem weiteren Verhalten des Täters ist entscheidend, ob er durch vorsätzliches Verhalten eine Zäsur schafft und somit die Unmittelbarkeit unterbricht.

Umstritten beim Unmittelbarkeitserfordernis (häufig wird der Begriff "tatbestandsspezifischer Gefahrzusammenhang" gleichbedeutend verwendet) i.R.d. erfolgsqualifizierten Delikte ist weiterhin, ob an die Tathandlung oder den Taterfolg des Grunddelikts anzuknüpfen ist. Diese Frage ist insbesondere für die Strafbarkeit des Versuchs des erfolgsqualifizierten Delikts wesentlich.

Ein weiteres klausurrelevantes Problem bildet die Beteiligung an einem erfolgsqualifizierten Delikt. Da diese Delikte gem. § 11 II StGB als vorsätzliche Taten gelten, sind Täterschaft oder Teilnahme (§§ 25-29 StGB) grundsätzlich möglich.

Dabei ist jedoch nach Bejahung einer Beteiligung an dem einschlägigen Grundtatbestand gem. §§ 29, 18 StGB für jeden Beteiligten gesondert zu prüfen, ob ihn hinsichtlich der schweren Folge ein Fahrlässigkeitsvorwurf (bzw. Leichtfertigkeit) trifft. Dies gilt nach § 29 StGB ohne Rücksicht darauf, ob der Haupttäter wegen der erfolgsqualifizierten Tat strafbar ist.

Handelt der Hintermann bzgl. der schweren Folge vorsätzlich, während der Ausführende nicht vorsätzlich handelt, so kommt mittelbare Täterschaft des Hintermanns in Betracht (str.).

Das versuchte vorsätzliche Begehungsdelikt - Aufbau

Vorprüfung	**1.** Keine Strafbarkeit wegen Vollendung **2.** Strafbarkeit des Versuchs, § 23 I StGB
I. Tatbestand	**1.** Tatentschluss **a)** Vorsatz bzgl. der Merkmale des gesetzlichen Tatbestandes **b)** Sonstige subjektive Tatbestandsmerkmale **2.** Unmittelbares Ansetzen zur Tatbestandsverwirklichung, § 22 StGB **3.** Objektive Strafbarkeitsbedingungen
II. Rechts-widrigkeit	Wie vorsätzliches Begehungsdelikt
III. Schuld	Wie vorsätzliches Begehungsdelikt
IV. Sonstiges	**Strafaufhebungsgründe / Absehen von Strafe** **1.** Strafbefreiender Rücktritt: § 24 StGB **2.** Untauglicher Versuch gem. § 23 III StGB (Absehen von Strafe / Strafmilderung)

HEMMER-METHODE zu ÜK 1

Gerade die umfangreichen Examensklausuren im Strafrecht sind häufig auch ein Belastungstest. Bei der Vielzahl der anzuprüfenden Strafnormen wäre es fatal, wenn man einfach das gelernte Schema Prüfungspunkt für Prüfungspunkt gedankenlos "herunterspult". Zum einen wird sich dann schnell eine verheerende Zeitnot einstellen, zum anderen wird keine sinnvolle Schwerpunktsetzung deutlich. Für das Strafrecht ist es daher besonders wichtig, die wichtigsten Definitionen des Besonderen Teils und den groben Prüfungsaufbau der verschiedenen Deliktsarten des Allgemeinen Teils so zu beherrschen, dass Sie in der Prüfung keine wertvolle Zeit verlieren.

Beim Versuch stellt sich die bedeutsame Vorfrage, ob bei einigen Deliktsarten ein Versuch begrifflich überhaupt möglich ist. Beim vorsätzlichen Begehungsdelikt ist dies unproblematisch. Bei Fahrlässigkeitsdelikten ist hingegen der Versuch schon begrifflich nicht denkbar, da bereits der erforderliche Tatentschluss fehlt. Der Versuch durch Unterlassen wiederum ist möglich, wobei dort der Beginn des Unterlassungsversuches strittig ist. Bei erfolgsqualifizierten Delikten ist die Strafbarkeit des Versuchs umstritten, auch wenn gem. § 11 II StGB der Versuch grundsätzlich denkbar ist. Den Versuch eines Unternehmensdelikts gibt es schon begrifflich nicht, da § 11 I Nr. 6 StGB bestimmt, dass hier der Versuch schon ein "Unternehmen" der Tat darstellt und somit zur Vollendung führt, vgl. z.B. §§ 81 I, 82 I StGB.

Verwirklichungsstufen und Strafgrund des Versuchs

StrafR AT II, Rn. 2 ff.

Verwirklichungsstufen der vorsätzlichen Tat

Entschluss	Vorbereitung	Versuch	Vollendung	Beendigung
Strafbar nur im Fall des § 30 II StGB	Strafbare Vorbereitungs-handlungen; §§ 83, 263a III StGB	Strafbar unter den Voraus-setzungen der §§ 22, 23 StGB	Formelle Vollendung: Verwirklichung aller ges. Tat-bestandsmerkmale	Materielle Beendigung: Abschluss der Tat, über die Tatbestands-erfüllung hinaus

Strafgrund des Versuchs

Objektive Theorie
Strafwürdigkeit des Versuchs liegt in der Gefährdung des geschützten Handlungsobjekts

h.M.: Gemischte Theorie
(sog. Eindruckstheorie)
Strafgrund ist die Betätigung eines rechtsfeindlichen Willens, der das Vertrauen in die Rechtsordnung erschüttert

Subjektive Theorie
Strafgrund ist der rechtsfeindliche Wille

HEMMER-METHODE zu ÜK 2

Bedenken Sie, dass es sich bei den Problemen um die Verwirklichungsstufen der vorsätzlichen Tat und den Strafgrund des Versuchs nicht nur um rein dogmatische Fragen handelt. Die einzelnen Abgrenzungsfragen haben weitreichende Bedeutung für die Strafbarkeit der Beteiligten. Insbesondere im Fall der Abgrenzung zwischen Vorbereitungshandlung und Versuch geben sie den Ausschlag für die Strafbarkeit des Täters. Folgeprobleme, wie der Rücktritt vom Versuch, können sich nur ergeben, wenn noch keine Vollendung vorliegt.

Darüber hinaus ergeben sich weitere Abgrenzungsprobleme zwischen (formeller) Vollendung und (materieller) Beendigung der Tat: Diese Abgrenzung wird z.B. bedeutsam i.R.d. sog. sukzessiven Beihilfe in Abgrenzung zur Begünstigung, § 257 StGB. Daneben können nach h.M. zwischen Vollendung und Beendigung noch qualifizierende Merkmale verwirklicht werden.

Fragen zum seit langem umstrittenen Strafgrund des Versuchs werden zwar häufig nur für die mündliche Prüfung in Betracht kommen. Allerdings kann bei der Abgrenzung zwischen strafloser Vorbereitungshandlung und dem strafbaren Versuch gut mit Sinn und Zweck der Versuchsstrafbarkeit argumentiert werden.

Vorprüfung - Strafbarkeit des Versuchs

StrafR AT II, Rn. 29 ff.

Strafbarkeit des Versuchs, § 23 I StGB

Versuch eines Verbrechens
i.S.d. § 12 I StGB stets strafbar

Versuch eines Vergehens
nur strafbar, wenn gesetzlich ausdrücklich bestimmt, § 23 I StGB (i.V.m.):
Bsp.: §§ 223 II; 242 II, 263 II StGB

Strafbarkeit des Versuchs eines erfolgsqualifizierten Delikts

h.M.: bei erfolgsqualifiziertem Delikt ist ein Versuch möglich (Arg.: §§ 11 II, 18 StGB)

1. Erfolgsqualifizierter Versuch

Grunddelikt versucht; schwere Folge eingetreten:
Versuchsstrafbarkeit nach h.M. nur möglich bei Strafbarkeit eines Versuchs bezüglich des Grunddelikts
Arg.: eine „**schwerere**“ Strafe i.S.v. § 18 StGB kann es nur geben, wenn Strafbarkeit nach Grunddelikt überhaupt gegeben ist
(+) bei Handlungsgefährlichkeit, z.B. § 251 StGB

2. Versuchte Erfolgsqualifikation

Grunddelikt versucht oder vollendet; schwerer Erfolg ausgeblieben, obwohl der Täter diesen wollte oder zumindest billigend in Kauf nahm (dolus eventualis)

Vermeiden Sie lange Inzidentprüfungen i.R.d. Versuchs bei der Nichtvollendung: Ist der tatbestandliche Erfolg offensichtlich ausgeblieben, so genügt in der Klausur ein Satz zur Nichtvollendung. In den Fällen, bei denen bzgl. des Vorliegens eines Tatbestandsmerkmals Unklarheiten bestehen, ist hingegen zunächst das vollendete Delikt zu prüfen. So vermeiden Sie, dass Ihre Klausur zu unübersichtlich wird.

Auch Delikte, die hinsichtlich der schweren Folge wenigstens Leichtfertigkeit verlangen (vgl. §§ 251, 239a III StGB), erfassen ebenfalls vorsätzliches Handeln (Wortlaut „wenigstens“).

Ob ein erfolgsqualifizierter Versuch möglich ist, hängt von zwei Faktoren ab: zum einen davon, ob das Grunddelikt strafbar ist. Zum anderen ist zu klären, ob die Verwirklichung des Unmittelbarkeitszusammenhangs bei lediglich versuchtem Grunddelikt denkbar ist. Nach h.M. kommt ein erfolgsqualifizierter Versuch nur bei strafbarem Versuch des Grunddelikts in Betracht (arg ex § 18 StGB „schwerere Strafe“), so z.B. bei §§ 251, 239 IV StGB, nicht aber bei §§ 221 II Nr. 2, III, 238 III StGB. Aus demselben Grund scheidet eine Bestrafung wegen der Erfolgsqualifikation auch dann aus, wenn der Täter strafbefreiend gem. § 24 StGB vom Grunddelikt zurückgetreten ist, was nach h.M. auch nach Eintritt der schweren Folge grds. möglich ist.

Ob die Verwirklichung des gefahrspezifischen Zusammenhangs bei lediglich versuchtem Grunddelikt denkbar ist, ist tatbestandsspezifisch zu bestimmen. So ist dies bei § 251 StGB ohne weiteres zu bejahen, da die tatbestandsspezifische Gefahr aus dem Einsatz des Nötigungsmittels resultiert und die Vollendung der Wegnahme insoweit nicht bedeutsam ist. Bei § 227 StGB ist dies umstritten. Die h.M. sieht auch hier die tatbestandsspezifische Gefahr bereits in der Körperverletzungshandlung, sodass ein erfolgsqualifizierter Versuch grds. denkbar ist (a.A. die sog. Letalitätstheorie).

Tatentschluss

- Vorsatz bzgl. aller objektiven Tatbestandsmerkmale (inklusive Wille zur Tatvollendung)
- Vorliegen aller besonderen subjektiven Tatbestandsmerkmale

Problemfälle

1. Unbedingter und endgültiger Tatentschluss

(⇔ Tatgeneigtheit genügt nicht): Entscheidung über „Ob“ fehlt / hängt von Bedingungen ab. Vorbehalte, die nur die Realisierung des Tatplans betreffen, sind unbeachtlich:

- Tatentschluss auf bewusst unsicherer Grundlage
- Alternativer und abgestufter Tatentschluss (offen, welcher Tatbestand verwirklicht wird)
- Tatentschluss mit Rücktrittsvorbehalt oder auflösender Bedingung

2. Abgrenzung: untauglicher Versuch — **Wahndelikt**

Untauglicher Versuch:

Umgekehrter Tatbestandsirrtum: Tatbestandsmerkmale fehlen, die der Täter irrig für gegeben hält.

- Untaugliches Tatobjekt
- Untaugliches Tatmittel
- Untaugliches Tatsubjekt

⇨ grds. **strafbar** (Arg. e § 23 III StGB); **Ausnahmen** der Strafbarkeit: abergläubischer Versuch, § 23 III StGB

Wahndelikt:

Umgekehrter Subsumtions-, Verbots- oder Erlaubnisirrtum: Täter irrt sich in rechtlicher Hinsicht. Er nimmt an, sein Handeln verwirkliche einen Straftatbestand.

⇨ **straflos**, es fehlt der strafrechtlich relevante Tatentschluss

HEMMER-METHODE zu ÜK 4

Kennzeichnend für den Versuch ist der Mangel am objektiven Tatbestand bei voller Erfüllung des subjektiven Tatbestandes. Das bedeutet für Sie in der Klausur, dass Sie im Tatentschluss alle objektiven Merkmale des jeweiligen Straftatbestandes prüfen müssen. Dies erfolgt jedoch in subjektiver Formulierung, d.h. in der Form, dass von einem Vorsatz des Täters hinsichtlich der Verwirklichung der Merkmale des objektiven Tatbestandes gesprochen wird. Dies führt dazu, dass ein Irrtum, der gem. § 16 I S. 1 StGB beim vollendeten Delikt den Vorsatz entfallen lässt, auch den Tatentschluss beim Versuch beseitigt.

Grenzen Sie strikt den grundsätzlich strafbaren untauglichen Versuch vom straflosen Wahndelikt ab. Letztlich stellt ein untauglicher Versuch einen umgekehrten Irrtum des Täters über den „Sachverhalt" dar. Wenn der Täter auf einen Menschen schießt und annimmt, es handele sich um eine Statue, so liegt (bzgl. § 211 StGB) ein Tatbestandsirrtum vor (§ 16 I S. 1 StGB). Nimmt er an, er schieße auf einen Menschen, wohingegen er in Wirklichkeit auf eine Statue schießt, so liegt ein sog. untauglicher Versuch vor.

Beim Wahndelikt hingegen irrt der Täter in rechtlicher Hinsicht. Dabei lassen sich folgende Fälle unterscheiden:

- *Umgekehrter Verbotsirrtum*: Der Täter nimmt an, sein Verhalten verstoße gegen eine Strafvorschrift, die es in Wirklichkeit nicht gibt.
- *Umgekehrter Erlaubnisirrtum*: Der Täter hält sein tatsächlich gerechtfertigtes Verhalten für strafbar, weil er die Grenzen des Rechtfertigungsgrundes zu eng zieht.
- *Umgekehrter Subsumtionsirrtum*: Der Täter überdehnt nach seiner Vorstellung bei voller Kenntnis des Sachverhaltes infolge falscher Auslegung den Anwendungsbereich einer Strafnorm.

Unmittelbares Ansetzen (§ 22 StGB)

Unmittelbares Ansetzen i.S.d. § 22 StGB

Abgrenzung straflose Vorbereitungshandlung ⇔ strafbarer Versuch

- Formal – objektive Theorie: Versuch erst bei Beginn der tatbestandsmäßigen Handlung
- Subjektive Theorie: maßgebend allein die Vorstellung des Täters
- **Gemischt subjektiv – objektive Theorie (h.M.):** entspricht am ehesten § 22 StGB

Gemischt subjektiv – objektive Theorie

Subjektiver Faktor:

„Nach seiner Vorstellung von der Tat"

- Maßgebend sind der individuelle Tatplan und die Sicht des Täters von der äußeren Tatsachenlage
- Gefährdung des Rechtsguts aus Sicht des Täters, tatsächliche Gefahr für das Rechtsgut unerheblich
- Schwelle zum „jetzt geht's los" überschritten

Objektiver Faktor:

Auf Basis der Tätervorstellung ist objektiv zu ermitteln, ob noch wesentliche Zwischenschritte erforderlich sind, um das geschützte Rechtsgut zu beeinträchtigen.

- Gefährdungstheorie: Rechtsgut aus Tätersicht bereits unmittelbar gefährdet
- Zwischenaktstheorie:
  Einmündung in die Tatbestandsverwirklichung ohne wesentliche Zwischenschritte
  ⇨ Rspr.: Kombination beider Theorien

HEMMER-METHODE zu ÜK 5

In der Klausur empfiehlt es sich, auch in den problematischen Fällen die Abgrenzungstheorien der Mindermeinungen nur kurz zu nennen und dann nach den zwei Faktoren der gemischt subjektiv-objektiven Theorie aufzubauen. Denn es kommt hier vor allem darauf an, die Informationen aus dem Sachverhalt auszuschöpfen. Beachten Sie dabei stets, dass die subjektive Sicht des Täters maßgeblich mit einfließt. Im sog. "Pfeffertütenfall" (Der Täter wollte einem Geldboten Pfeffer ins Gesicht streuen und ihn ausrauben. Er lauerte ihm auf, der Bote war jedoch krank.) kann man zur Abgrenzung auch noch auf die sog. Sphärentheorie zurückgreifen, wonach der Täter dann unmittelbar ansetzt, wenn eine raum-zeitliche Nähe zwischen ihm und dem Opfer vorliegt, die hier nicht gegeben war.

Bei der Verwirklichung eines Tatbestandsmerkmals ist regelmäßig die Grenze zum Versuch überschritten, sodass sich die Darstellung des Theorienstreits in der Klausur erübrigt. Das Ansetzen gem. § 22 StGB muss sich jedoch grundsätzlich auf die Verwirklichung aller Tatbestandsmerkmale richten. Insbesondere bei mehraktigen Delikten kann deshalb die Abgrenzung auch dann schwierig sein, wenn schon ein Tatbestandsmerkmal verwirklicht ist.

- § 249 StGB: Beim Raub genügt nicht das Ansetzen zur Wegnahme. Erforderlich ist das Ansetzen zur qualifizierten Nötigungshandlung.
- § 263 StGB: Eine Täuschung genügt nur, wenn diese geeignet ist, den für den Schadenseintritt erforderlichen Irrtum auszulösen.
- § 154 StGB: Der Versuch des Meineides beginnt beim Nacheid erst mit dem Sprechen der Eidesformel, nicht schon mit der unwahren Aussage.

Sonderfälle des unmittelbaren Ansetzens (I)

StrafR AT II, Rn. 93 ff.

Unechtes Unterlassungsdelikt, § 13 StGB

1. Erste Rettungshandlung
Verstreichenlassen der ersten Rettungsmöglichkeit ⇔ es besteht noch keine Gefährdung des Rechtsguts

2. h.M.
- Akute Gefahr für Rechtsgut nach Tätervorstellung – Täter lässt die nächste Rettungsmöglichkeit aus
- Täter gibt Geschehen bei sich entwickelnder Gefahr aus der Hand

3. Letzte Rettungsmöglichkeit
Verstreichenlassen der letzten Hilfsmöglichkeit ⇔ Vollendung und Versuch fallen praktisch zusammen

Mittelbare Täterschaft, § 25 I Alt. 2 StGB

1. Einwirkungshandlung
Abschluss der Einwirkungshandlung des Hintermanns auf das Werkzeug entscheidend

2. h.M.
- Unmittelbare Gefährdung des Rechtsguts nach Tätervorstellung
- Geschehen so aus der Hand gegeben, dass Rechtsgut unmittelbar gefährdet ist

3. Handeln des Werkzeugs
Versuchsbeginn des Werkzeugs maßgebend

HEMMER-METHODE zu ÜK 6

Im Bereich des unechten Unterlassungsdelikts und der mittelbaren Täterschaft können Sie leicht mit einer Rechts-Links-Mitte Argumentation zum Ergebnis der h.M. kommen. Überlegen Sie sich zunächst die denkbaren Extrempositionen, gegen die sich relativ leicht Gegenargumente finden lassen, und konstruieren Sie eine vermittelnde Ansicht ("goldene Mitte"), der Sie dann folgen können.

Examensrelevant ist die sog. „Giftfalle", bei der es um die Frage des unmittelbaren Ansetzens im Fall des beendeten Versuchs geht. Dem Urteil des BGH lag folgender Sachverhalt zugrunde: Unbekannte waren in das Haus des A eingedrungen und hatten Getränke zu sich genommen. Die Polizei rechnete mit einer eventuellen Rückkehr der Diebe. Der Hausinhaber (Apotheker) stellte eine Flasche mit hochgiftiger Flüssigkeit auf. Er nahm in Kauf, dass die Einbrecher tödliche Vergiftungen erleiden könnten. Später wies er die Polizeibeamten, die das Haus observierten, auf die Flasche hin.

Hier stellt sich das Problem, wie es sich auswirkt, dass A hier nach seiner Vorstellung alles zur Tatbestandsverwirklichung Erforderliche getan hat (Konstellation des beendeten Versuchs). Allerdings ist insoweit festzustellen, dass, auch wenn der Täter alles Erforderliche getan hat, eine unmittelbare Gefährdung des Opfers nicht eintreten muss.

Vielmehr ist hier entsprechend den Grundsätzen zum Versuchsbeginn bei mittelbarer Täterschaft darauf abzustellen, ob sich nach Tätervorstellung eine Rechtsgutverletzung unmittelbar anschließen kann. Das Opfer wird hier vom Täter quasi als "Werkzeug gegen sich selbst" eingesetzt. Bei - wie hier - wenig wahrscheinlichem Erscheinen des Opfers tritt nach dem Tatplan die Gefährdung erst ein, wenn das Opfer tatsächlich erscheint. Da der Täter das Opferverhalten mit in den Tatplan einbezieht, ist dieses mit maßgebend. Folglich lag hier noch kein Versuch vor.

Sonderfälle des unmittelbaren Ansetzens (II)

Mittäterschaft, § 25 II StGB

e.A.: Einzellösung
Das unmittelbare Ansetzen wird **für jeden einzelnen Mittäter gesondert** nach den allgemeinen Regeln bestimmt.

h.M.: Gesamtlösung
Versuch beginnt **für alle Beteiligten**, wenn einer im Rahmen des gemeinsamen Tatentschlusses unmittelbar ansetzt.

Qualifikation

Versuch bei **unmittelbarem Ansetzen zum Gesamtdelikt** (unselbständige Abwandlung)
⇨ Versuch der Qualifikation nicht vor Versuch des Grunddelikts möglich

Regelbeispiele

e.A.:
Versuchsbeginn bereits bei unmittelbarem Ansetzen zum Regelbeispiel, ohne dass ein unmittelbares Ansetzen zum Grunddelikt vorliegt. Arg.: Tatbestandsähnlichkeit der Regelbeispiele

h.L.:
Unmittelbares Ansetzen zum Regelbeispiel muss unmittelbares Ansetzen zum Grunddelikt darstellen
⇨ Arg.: Wortlaut des § 22 StGB: Ansetzen zur **Tatbestandsverwirklichung**

HEMMER-METHODE zu ÜK 7

Berücksichtigen Sie bei dem Versuchsbeginn der Mittäterschaft die zugrunde liegende Struktur der Mittäterschaft. Die Mittäterschaft beruht auf dem Prinzip des arbeitsteiligen Handelns und der funktionellen Rollenverteilung. Jedem der Mittäter wird demnach ein Tatbeitrag nach seiner Funktion im Tatgeschehen zugeteilt. Diese Tatbeiträge werden dann wechselseitig zugerechnet. Für den Versuch bei der Mittäterschaft kann deshalb der Versuchsbeginn nicht für jeden einzelnen Täter bestimmt werden (sog. Einzellösung). Vielmehr muss auf der Grundlage des gemeinsamen Tatentschlusses ein unmittelbares Ansetzen gem. § 22 StGB nach der sog. Gesamtlösung ermittelt werden.

Bei dem Versuch der Regelbeispiele ergibt sich ein insbesondere für den Bereich des Diebstahls bedeutendes Problem: Es stellt sich die Frage, ob auch der Versuch eines Regelbeispiels die Indizwirkung des § 243 StGB entfaltet. Die h.L. lehnt dies ab, da Regelbeispiele keine Tatbestandsmerkmale darstellen, und nach § 22 StGB nur zu einer „Tat“ angesetzt werden kann. Die Rspr. differenziert: ist der Grundtatbestand im Versuch stecken geblieben, bejaht die Rspr. § 243 StGB, soweit ein entsprechender Täterwille bestand. Insgesamt bleibt die Tat allerdings versucht, so dass die Strafmilderungsmöglichkeit des § 23 II StGB zum Tragen kommt. Ist der Grundtatbestand hingegen vollendet, verneint auch die Rspr. beim bloßen Verwirklichungswillen hinsichtlich § 243 StGB das Regelbeispiel.

Die Strafbarkeit des Versuchs von Regelbeispielen muss von dem umseitig behandelten Spezialfall des unmittelbaren Ansetzens getrennt werden. Denn dort geht es darum, ob in dem unmittelbaren Ansetzen zum Regelbeispiel ein Versuchsbeginn bzgl. des Grunddelikts liegen kann. Wenden Sie hier erneut die allgemeinen Grundsätze an. So wird nach der Vorstellung des Täters durch das Überklettern des Werkszaunes noch nicht eine unmittelbare Gefährdung des Rechtsguts vorliegen. Vielmehr ist nach dem Tatplan erst noch der Zwischenakt des Aufbrechens des Dienstgebäudes (vgl. § 243 I S. 2 Nr. 1 StGB) zum unmittelbaren Ansetzen (zu § 242 I StGB) nötig.

Rücktritt vom Versuch nach § 24 I StGB - Aufbau

Prüfungsschema des Rücktritts nach § 24 I StGB (Alleintäter)

I. Nichtvollendung der Tat / fehlende objektive Zurechnung des Erfolgs

II. Kein fehlgeschlagener Versuch

III. Besondere Rücktrittsvoraussetzungen

Unbeendeter Versuch

§ 24 I S. 1 Alt. 1 StGB
- Aufgeben der weiteren Tatausführung
- Freiwilligkeit des Rücktritts

Beendeter Versuch

§ 24 I S. 1 Alt. 2 StGB
- Verhinderung der Tatvollendung
- Freiwilligkeit des Rücktritts

§ 24 I S. 2 StGB

Beendeter untauglicher Versuch
- ernsthaftes Bemühen um Nichtvollendung
- Freiwilligkeit

Strafbefreiende Wirkung

HEMMER-METHODE zu ÜK 8

Nach herrschender Ansicht handelt es sich bei dem Rücktritt gem. § 24 StGB um einen persönlichen Strafaufhebungsgrund. Dies hat Konsequenzen für die systematische Einordnung des Rücktritts in den Verbrechensaufbau: Die h.M. prüft den Rücktritt vom Versuch gem. § 24 StGB als persönlichen Strafaufhebungsgrund nach der Schuld. Die anderen Ansichten, die den Rücktritt vom Versuch als Entschuldigungsgrund oder Schuldtilgungsgrund auffassen, prüfen den Rücktritt bereits in der Schuld. In der Klausur sollten Sie den Rücktritt mit der h.M. nach der Schuld prüfen, da ein anderer Aufbau von den Korrektoren allzu leicht als falsch angestrichen werden könnte.

Umstritten ist beim Rücktritt insbesondere die dogmatische Begründung des Rücktrittsprivilegs. Zwar sind diese Theorien für die Klausur direkt nicht relevant, jedoch können wichtige Argumente für die Auslegung der Rücktrittsvoraussetzungen aus der rechtstheoretischen Begründung des Rücktritts gewonnen werden (z.B. bei der Frage nach dem Rücktritt vom sog. zielerreichenden Versuch):

- Strafzwecktheorie (wohl h.M.): Grund der Straffreiheit ist, dass der Täter, der freiwillig auf den rechten Weg zurückkehrt, weniger gefährlich und strafwürdig ist.
- Kriminalpolitische Theorie: Dem Täter soll durch die "goldene Brücke" des strafbefreienden Rücktritts ein Anreiz zur Rückkehr in die Legalität gegeben werden.
- Schulderfüllungstheorie: Der Täter erfüllt dadurch, dass er die Vollendung der Tat durch eine ihm zurechenbare Leistung verhindert, seine Pflicht zur Wiedergutmachung, so dass ihm die Schuld erlassen wird.
- Verdienstlichkeitstheorie: Durch die Verhinderung des Erfolgseintritts wird der Unwert des Versuchs beseitigt.

Definitionen zum Rücktritt

StrafR AT I, Rn. 119 ff.

Fehlgeschlagener Versuch

Täter kann nach seiner Vorstellung Erfolgseintritt in unmittelbarem räumlichen oder zeitlichen Zusammenhang mit den ihm zur Verfügung stehenden Tatmitteln nicht herbeiführen
⇨ **Abgrenzung zum beendeten / unbeendeten Versuch (mehraktiges Geschehen)**

Einzelaktstheorie

Jeder Teilakt wird isoliert betrachtet. Hält der Täter den Einzelakt für erfolgsuntauglich
⇨ fehlgeschlagener Versuch

Gesamtbetrachtungslehre

Bei Vorliegen eines **einheitlichen Geschehens** Rücktritt im Hinblick auf alle Einzelakte zusammen möglich

Beendeter / Unbeendeter Versuch

Täter hat nach seiner Vorstellung alles zur Tatvollendung Erforderliche getan (beendeter Versuch) ⇔ unbeendeter Versuch: Täter hat noch nicht alles Erforderliche getan
⇨ **Abgrenzung beendeter / unbeendeter Versuch (mehraktiges Geschehen)**

Tatplantheorie

Maßgeblich ist die Vorstellung des **Täters bei Tatbeginn:** folgt der Täter seinem fest umrissenen **Tatplan**, so ist der Versuch beendet

Lehre vom Rücktrittshorizont

Es ist auf die Vorstellung des Täters nach der **letzten Ausführungshandlung** abzustellen

HEMMER-METHODE zu ÜK 9

Die h.M. betrachtet den fehlgeschlagenen Versuch als eine eigenständige Rechtsfigur, die außerhalb des Regelungsbereiches des § 24 StGB liegt, weshalb in einem solchen Fall kein Rücktritt möglich ist. Für den Aufbau bedeutet dies, dass in einer Art Vorprüfung festgestellt wird, ob § 24 StGB anwendbar ist oder ob ein fehlgeschlagener Versuch vorliegt. Die Gegenansicht hingegen hält den fehlgeschlagenen Versuch für einen Unterfall des beendeten Versuchs und behandelt den fehlgeschlagenen Versuch als ersten Prüfungspunkt i.R.d. beendeten Versuchs.

Da im Falle eines fehlgeschlagenen Versuchs ein Rücktritt ausscheidet, ist die Abgrenzung zum beendeten/unbeendeten Versuch sehr bedeutsam und auch klausurrelevant. Die dafür maßgeblichen Theorien und die Grunddefinitionen sollten Sie daher kennen und anwenden können.

Gegen die Einzelaktstheorie spricht dabei, dass sie zu einer künstlichen Aufspaltung eines einheitlichen Lebenssachverhaltes und zu einer übermäßigen Einengung der Rücktrittsmöglichkeiten führt. Diese Einengung widerspricht jedoch dem Opferschutz und dem Sinn und Zweck des strafbefreienden Rücktritts.

Bei der Abgrenzung zwischen beendetem und unbeendetem Versuch spricht gegen die Tatplantheorie, dass, wenn man diese anwenden würde, ein Täter mit höherer krimineller Energie gegenüber einem weniger kriminellen privilegiert würde. Denn ein skrupelloser Täter nimmt regelmäßig gleich mehrere Tötungsalternativen in seinen Tatplan auf.

I.R.d. Lehre vom Rücktrittshorizont ist die Rspr. zur sog. „Korrektur des Rücktrittshorizonts“ zu beachten. Danach kann sich der Rücktrittshorizont des Täters bei fortbestehender Tatsituation, d.h. so lange eine zeitliche Zäsur noch nicht vorliegt, auch wieder verändern; dies sowohl zugunsten (= T hält Versuch zunächst für beendet und korrigiert dann seine Vorstellung) als auch zulasten des Täters (= T hält Versuch zunächst für unbeendet).

Rücktrittshandlungen, § 24 I StGB

Rücktrittshandlungen

Unbeendeter Versuch
§ 24 I S. 1 Alt. 1 StGB

- Aufgeben der weiteren Ausführung der Tat
- Bei Fortsetzungstat (-)

⇨ Begriff der „Tat“ (str.): gesetzlicher Tatbestand

Beendeter Versuch
§ 24 I S. 1 Alt. 2 StGB

Verhindern der Vollendung:

- h.M.: neue Kausalkette, die für das Ausbleiben der Vollendung mitursächlich ist
- Lit.: Vollendungsverhinderung als Werk des Täters

Untauglicher Versuch
§ 24 I S. 2 StGB

Ernsthaftes Bemühen, Vollendung zu verhindern (fehlende Verhinderungskausalität): Täter tut, was aus seiner Sicht geeignet und erforderlich ist

Freiwilligkeit

Freiwilligkeit des Rücktritts bei unbeendetem untauglichen Versuch nur möglich, solange der Täter die Undurchführbarkeit nicht erkennt (sonst: fehlgeschlagener Versuch).

Autonome Motive

- Selbstbestimmte Motive
- Ethische Wertigkeit der Motive unbeachtlich
- Täter bleibt „Herr seiner Entschlüsse“
  Bsp.: Reue, Mitleid mit Opfer, Angst vor Strafe

Heteronome Motive

- Fremdbestimmte Motive (unabhängig vom Willen des Täters)
- Sachlage verändert sich zuungunsten des Täters (z.B. Gefahr, entdeckt zu werden)

HEMMER-METHODE zu ÜK 10

Bei der Entscheidung, ob die Rücktrittshandlung freiwillig vorgenommen wurde, die aufgrund einer Einzelfallbetrachtung getroffen wird, werden häufig beide Ergebnisse gut vertretbar sein. Hier ist dann vor allem wichtig, die Informationen des Sachverhalts argumentativ zu verwerten. Als Entscheidungshilfe kann die sog. Frank´sche Formel dienen:

1. „Ich will nicht, selbst wenn ich könnte“ (= autonome Motive).
2. „Ich kann nicht, selbst wenn ich wollte“ (= heteronome Motive).

Beachten Sie zudem, dass manche Fälle, die von der herrschenden Meinung als fehlgeschlagener Versuch behandelt werden, von einigen Autoren über fehlende Freiwilligkeit gelöst werden. So z.B. bei Fällen, in denen das Ziel nicht mehr erreicht werden kann, weil sich die wertvolle Uhr als Schaufensterattrappe entpuppt oder der Safe statt der erhofften Geldkassette nur das Wechselgeld beinhaltet.

Bei der Rücktrittshandlung des § 24 I S. 1 Alt. 1 StGB, dem Aufgeben weiterer Ausführungshandlungen, gilt es, die Rechtsprechungsformel "Aufgeben der Tatausführung im Ganzen und endgültig“ zu präzisieren. Ein solches Aufgeben der Tatausführung soll z.B. nach der Rspr. nicht gegeben sein, wenn der Täter ein Delikt weiterführt, das lex specialis zu dem aufgegebenen Delikt ist. Die h.L. schließt einen strafbefreienden Rücktritt ebenso aus, wenn der neue Tatbestand sich gegen ein äquivalentes Rechtsgut richtet. So, wenn der Täter einen Geldbeutel stehlen will und, nachdem sein Opfer den Diebstahl bemerkt, den Geldbeutel mit Hilfe von Gewalt entreißt. Insoweit ist kein Rücktritt vom Versuch des Diebstahls (§§ 242 I, II, 22, 23 I StGB) möglich, weil ein gleichwertiger Angriff auf das Eigentum vorliegt.

Sonderfälle des Rücktritts

Denkzettelfälle

Täter handelt mit dolus eventualis und nimmt von weiteren Handlungsmöglichkeiten Abstand, da er sein außertatbestandliches Handlungsziel erreicht hat (sog. Denkzettelfälle):

e.A.

Kein Rücktritt mögl. ⇨ fehlgeschlagener Versuch

- Tat aus Sicht des Täters wegen Erreichung des Zwischenziels abgeschlossen; wenn der Täter sein Ziel erreicht, hat er nichts aufzugeben
- Keine honorierbare Verzichtsleistung

a.A. (Großer Strafsenat)

Rücktritt mögl. ⇨ unbeendeter Versuch

- Wortlaut des § 24 I StGB: „Tat"; außertatbestandliche Ziele unbeachtlich
- Täter mit Absicht stünde besser
- Opferschutz

Teilrücktritt von der Qualifikation

Grunddelikt wird zumindest versucht, auf die im Versuchsstadium befindliche qualifizierte Tatausführung wird hingegen verzichtet.

BGH

Teilrücktritt nicht möglich: Verzicht auf qualifizierendes Merkmal genügt nicht, Aufgabe der konkreten Tat erforderlich.

h.L.

Teilrücktritt möglich; Verzicht stellt rechtlich erhebliche Unrechtsreduzierung dar

HEMMER-METHODE zu ÜK 11

Trainieren Sie möglichst früh den examenstypischen Grenzfall. Einen solchen Grenzfall stellt der Rücktritt bei den sog. Denkzettelfällen dar. Hier treffen die widerstreitenden Interessen des Opferschutzes auf der einen Seite und der honorierbaren Rücktrittsleistung auf der anderen Seite aufeinander. Gerade bei solchen Grenzfällen können die Bearbeiter ihre Argumentationsfähigkeit unter Beweis stellen und hier ergibt sich die notwendige Möglichkeit zur Notendifferenzierung. Der Große Senat des BGH hat zugunsten des Opferschutzes und des Wortlautes des § 24 I S. 1 StGB entschieden.

Dabei sehen Sie erneut die Bedeutung der dogmatischen Begründung des strafbefreienden Rücktritts für die Klausur, die immer wieder als Argumente für die Auslegung der Rücktrittsvoraussetzungen herangezogen werden. In der Klausur können Sie das Problem der sog. Denkzettelfälle aufwerfen, nachdem Sie festgestellt haben, welche Art des Versuchs vorliegt und welche Rücktrittshandlung vorliegen müsste. Regelmäßig wird dabei eine Situation des unbeendeten Versuchs vorliegen.

Besonderheiten bezüglich des Rücktritts ergeben sich auch bei den Unterlassungsdelikten: Hier kann eine Rücktrittshandlung nur in aktivem Tun liegen. Je nach der Vorstellung des Täters vom Gefährdungsgrad wird dabei zwischen unbeendetem Versuch und beendetem Versuch unterschieden. So lange der Garant nach seiner Vorstellung die ursprünglich gebotene Rettungshandlung noch vornehmen kann, um den Erfolgseintritt zu verhindern, ist ein unbeendeter Versuch anzunehmen. Beendet ist der Versuch, wenn der Garant nach seiner Vorstellung die Nachholung der ursprünglichen Handlung für erfolglos hält, der Erfolgseintritt jedoch durch eine andere Handlung noch verhindert werden kann.

Rücktritt bei mehreren Beteiligten, § 24 II StGB

Prüfungsschema des Rücktritts nach § 24 II StGB (mehrere Beteiligte)

I. Nichtvollendung der Tat / fehlende objektive Zurechnung des Erfolgs
II. Kein fehlgeschlagener Versuch
III. Besondere Rücktrittsvoraussetzungen

Verhinderung der Tatvollendung, § 24 II S. 1 StGB

- Verhinderung der Tatvollendung
- Freiwilligkeit

Erfolg bleibt aus anderen Gründen aus, § 24 II S. 2 Alt. 1 StGB

- Tat wird ohne Zutun des Zurücktretenden nicht vollendet
- Ernsthaftes Bemühen um Nichtvollendung
- Freiwilligkeit

Erfolgseintritt unabhängig vom Tatbeitrag, § 24 II S. 2 Alt. 2 StGB

- Fehlende Vollendungskausalität
- Ernsthaftes Bemühen um Nichtvollendung
- Freiwilligkeit

Strafbefreiende Wirkung

Der Rücktritt bei mehreren Beteiligten weist bei vielen Gemeinsamkeiten auch einige spezifische Unterschiede zu dem Rücktritt bei nur einem Beteiligten auf. Auch beim Rücktritt mehrerer Beteiligter schließt ein fehlgeschlagener Versuch den strafbefreienden Rücktritt aus. Jedoch kann es bei mehreren zurücktretenden Tätern je nach Rücktrittszeitpunkt zu unterschiedlichen Ergebnissen kommen. Der Grundsatz der Nichtvollendung wird bei mehreren Beteiligten durch § 24 II S. 2 Alt. 2 StGB durchbrochen, wonach ein Rücktritt auch für den Fall der fehlenden Vollendungskausalität möglich ist. Im Gegensatz zum Alleintäter findet bei mehreren Tätern keine Unterscheidung nach unbeendetem und beendetem Versuch statt. Dies hat zur Folge, dass ein Rücktritt durch bloßes freiwilliges Aufgeben der Tat nicht möglich ist. Grund für die Verschärfung ist die regelmäßig höhere Gefährlichkeit eines Versuchs mehrerer Beteiligter, die darin besteht, dass die Vollendung eben gerade nicht nur vom zurücktretenden Täter allein abhängt.

Rücktrittshandlung im Fall des § 24 II S. 1 StGB ist die freiwillige Verhinderung der Tatvollendung. Dabei muss die Verhinderung jedoch nicht notwendigerweise durch aktives Tun erfolgen. Auch bloßes Nichtweiterhandeln kann ausreichen, wenn gerade das Unterlassen des Täters die Vollendung verhindert und dieser nach seiner Vorstellung noch nicht alles zur Vollendung Notwendige getan hat. Bei § 24 II S. 2 Alt. 1 StGB entsprechen die Rücktrittsvoraussetzungen § 24 I S. 2 StGB. Der Rücktritt bei sog. fehlender Vollendungskausalität wird in § 24 II S. 2 Alt. 2 StGB geregelt. Hierbei muss der Zurücktretende gleichsam seinen Tatbeitrag zurücknehmen, indem er sich bemüht, die Vollendung zu verhindern. Wirkt der vor oder nach Versuchsbeginn zurückgenommene Tatbeitrag jedoch bis zur Tatvollendung weiter, so ist der Rücktrittswillige wegen des vollendeten Deliktes strafbar.

Das dualistische Beteiligungssystem

Täterschaft

- **(Unmittelbare / Mittelbare) Alleintäterschaft, § 25 I StGB**
- **Mittäterschaft, § 25 II StGB**
- **Nebentäterschaft** (nicht gesetzlich geregelt)

Teilnahme

- **Anstiftung, § 26 StGB**
- **Beihilfe, § 27 StGB**

HEMMER-METHODE zu ÜK 13

Das deutsche Strafrecht geht vom dualistischen Beteiligungssystem aus und unterscheidet zwischen den Beteiligungsformen der Täterschaft und Teilnahme. Im Gegensatz dazu gilt im Bereich des Ordnungswidrigkeitenrechts (vgl. § 14 OWiG) das Einheitstäterprinzip, wonach jeder, der einen ursächlichen Tatbeitrag geleistet hat, als Täter anzusehen ist. Die Begriffe „dualistisches Beteiligungssystem" und „Einheitstäterprinzip" sollten Sie gerade im mündlichen Examen kennen und dem jeweiligen Anwendungsbereich zuordnen können. Für die Klausur spielen sie hingegen kaum eine Rolle.

Bedenken Sie, dass eine Teilnahme gem. §§ 26, 27 StGB nur an Vorsatztaten unter Strafe gestellt ist. Eine fahrlässige Herbeiführung des deliktischen Erfolges ist von diesen Normen nicht erfasst. Bei Fahrlässigkeitsdelikten ist daher jeder Täter, der durch eine Sorgfaltspflichtverletzung in zurechenbarer Weise zur Tatbestandsverwirklichung beiträgt. Auch hier gilt also der Begriff der Einheitstäterschaft. Hier hat auch der gesetzlich nicht geregelte Fall der Nebentäterschaft seine Bedeutung. Er tritt ein, wenn mehrere Personen unabhängig voneinander den tatbestandlichen Erfolg herbeiführen.

Probleme aus dem Bereich von Täterschaft und Teilnahme eignen sich für eine Klausur gut, um die notwendige Notendifferenzierung herbeizuführen. So werden Sie sicher eher selten eine Examensklausur finden, in der nur die Strafbarkeit einer einzigen Person relevant ist. Daher lohnt es sich gerade hier nicht, „auf Lücke" zu lernen. Hier sollten Ihnen die examensrelevanten Problemfelder bekannt und Sicherheit in der Fallbearbeitung vorhanden sein.

Täterschaft und Teilnahme - Abgrenzung (Übersicht)

StrafR AT I, Rn. 171 ff.

Negativselektion
(nur bestimmte Personen kommen als Täter in Frage)

Sonderdelikte
(Subjektsqualität) nur Personen aus gesetzlich beschriebenem Personenkreis können Täter sein
Bsp.: §§ 331 ff.; 203, 258a StGB

Eigenhändige Delikte
(Tatausführung eigenhändig) Täter muss Tatbestand persönlich erfüllen
Bsp.: §§ 315c, 153 f. StGB

Pflichtdelikte
Verletzung tatbestandsspezifischer Sonderpflichten durch Tun oder Unterlassen
Bsp.: Garantenpflicht, § 13 StGB; Unfallbeteiligter, 142 V StGB

Besondere Absichten
Täter kann nur sein, wer die im Tatbestand genannte besondere Absicht hat
Bsp.: §§ 242, 249 StGB

Täterbewertungsmerkmale
Täter verwirklicht strafbegründende subjektive Unrechtsmerkmale
Bsp.: § 315c StGB („rücksichtslos“)

Abgrenzungstheorien
Hauptanwendungsbereich: Allgemeindelikte

Subjektive Theorie

Lehre von der Tatherrschaft

HEMMER-METHODE zu ÜK 14

Achten Sie bei der Abgrenzung von Täterschaft und Teilnahme stets darauf, ob nicht die Täterschaft eines Beteiligten schon dadurch ausgeschlossen ist, weil ihm die notwendige „Subjektsqualität“ fehlt. Es würde sich negativ in der Bewertung bemerkbar machen, wenn Sie breite Ausführungen zu den Abgrenzungstheorien machen würden und der vermeintliche „Täter“ im Fall nicht Täter sein kann, weil ihm dazu die tatbestandlichen Voraussetzungen fehlen. Bsp.: Der „Täter“ ist kein Beamter und somit ist eine Strafbarkeit gem. § 332 I S. 1 StGB ausgeschlossen. Die Schwierigkeiten der Abgrenzung ergeben sich vielmehr zumeist i.R.d. Allgemeindelikte, da hier keine Begrenzung des Täterkreises gegeben ist.

Prüfen Sie deshalb in der Klausur zumindest gedanklich, ob die betreffende Person überhaupt Täter des betreffenden Deliktes sein kann. Weiterhin sollten Sie es unbedingt vermeiden, die Abgrenzung zwischen Täterschaft und Teilnahme abstrakt vorweg zu behandeln. Denn wie aus dem oben Dargestellten hervorgeht, kann die Abgrenzung nur hinsichtlich eines speziellen Straftatbestandes vorgenommen werden. Zudem sind § 25 I Alt. 2 und II StGB Zurechnungsnormen und daher bei dem jeweiligen Tatbestandsmerkmal zu prüfen, welches der Täter nicht in eigener Person verwirklicht hat.

Bei der positiven Abgrenzung kann vor der Darstellung des Meinungsstreites zwischen der subjektiven Theorie und der Tatherrschaftslehre noch festgestellt werden, ob der Betreffende alle objektiven und subjektiven Tatbestandsmerkmale erfüllt oder er im Gegensatz dazu keinerlei Verursachungsbeitrag geleistet hat. Im ersten Fall ist er dann stets Täter, während er im zweiten Fall nie Täter sein kann.

Täterschaft und Teilnahme - Abgrenzungstheorien

StrafR AT II, Rn. 174 ff.

Formal-objektive Theorie

Täter ist, wer die tatbestandliche Ausführungshandlung ganz oder teilweise selbst vornimmt. Teilnehmer ist, wer nur eine Vorbereitungs- oder Unterstützungshandlung beiträgt.
⇨ **Kritik**: mittelbare Täterschaft (§ 25 I Alt. 2 StGB) und Mittäterschaft lassen sich nicht hinreichend erklären

Subjektive Theorie

Die innere Einstellung des Beteiligten zur Tat ist maßgebend.
Täter ist, wer mit **Täterwillen (animus auctoris)** handelt du die Tat „als eigene" will. **Teilnehmer** ist, wer mit **Teilnehmerwillen (animus socii)** handelt und die Tat „als fremde" fördern will.

Extrem-subjektive Theorie

In Ausnahmefällen **(„Badewannenfall"; „Staschynskifall")** vom BGH vertreten: Trotz voller Verwirklichung des gesetzlichen Tatbestandes in eigener Person wegen mangelndem Eigeninteresse und einem „Unterordnungsverhältnis" nur als Gehilfe bestraft.
⇨ **Kritik**: Theorie ist mit § 25 I Alt. 1 StGB kaum vereinbar

Lehre von der Tatherrschaft

h.L.: Begriff der Tatherrschaft (subjektive und objektive Kriterien):
Tatherrschaft ist das vom Vorsatz umfasste In-den-Händen-Halten des tatbestandsmäßigen Geschehensablaufs.
Täter ist, wer als Zentralgestalt des Geschehens die Tatherrschaft besitzt und die Tatbestandsverwirklichung nach seinem Willen hemmen oder ablaufen lassen kann. **Teilnehmer** ist, wer als Randfigur des Geschehens die Begehung der Tat veranlasst oder fördert.

HEMMER-METHODE zu ÜK 15

In der Klausur brauchen Sie die formal-objektive Theorie und die extrem subjektive Theorie nicht zu erörtern. Bei dem großen Umfang strafrechtlicher Klausuren ist es wichtiger, die Angaben im Sachverhalt in eine genaue Subsumtion der Tatherrschaftslehre einzubeziehen, als Meinungsstreitigkeiten in epischer Breite darzustellen.

Lernen Sie leichter, indem Sie den Hintergrund der Theorien verstehen. Die subjektive Theorie geht in ihrer Abgrenzung von einer Gleichwertigkeit aller Erfolgsbedingungen aus. Als Folge daraus kann nach der subjektiven Theorie nicht der äußere Tatbeitrag, sondern nur die innere Einstellung des Beteiligten für die Abgrenzung entscheidend sein. Die extrem subjektive Theorie hingegen entstand, um ein „gerechtes Urteil“ im Einzelfall zu ermöglichen, da gerade in diesen Entscheidungen („Badewannenfall“; „Staschynskifall“) die Strafbarkeit wegen Mordes im Raume stand und somit grundsätzlich keine Korrektur i.R.d. Strafmaßes möglich war.

Inzwischen zieht auch die Rechtsprechung, die immer noch gerne im Ausgangspunkt die subjektive Theorie verwendet, objektive Kriterien zur Abgrenzung heran. So werden teilweise der Umfang der Tatbeteiligung und die Tatherrschaft im Rahmen einer wertenden Gesamtbetrachtung berücksichtigt. Insoweit wird es in einer Klausur nur selten zu einem unterschiedlichen Ergebnis nach der subjektiven Theorie und der Tatherrschaftslehre kommen. Insgesamt sollten Sie sich jedoch für die Tatherrschaftslehre entscheiden, die gem. dem Wortlaut des § 25 I Alt. 1 StGB sowohl objektive als auch subjektive Kriterien in die Abgrenzung einbezieht.

Mittelbare Täterschaft (Aufbau)

Aufbau

A. Strafbarkeit des Werkzeugs (nach dem Schema für den Alleintäter)
B. Strafbarkeit des Hintermanns als mittelbarer Täter (§ 25 I Alt. 2 StGB)

I. Objektiver Tatbestand

Zurechnung des Handelns des Werkzeugs

1. **Zwischenschaltungselement**
   - Verwirklichung des objektiven Tatbestands durch einen anderen
   - Kausalität des Tatbeitrages des Hintermanns
2. **Steuerungselement**
   - Herrschaft über das Tatgeschehen
   - Tatherrschaftsmangel des Werkzeugs (insbesondere bei Strafbarkeitsmangel)
   - Wissens- oder Willensherrschaft des Hintermanns
3. Vorliegen **täterbezogener Merkmale** beim Hintermann (Sonderdelikte)

II. Subjektiver Tatbestand

1. Vorsatz, insb. Bewusstsein der Tatherrschaft
2. Sonstige subjektive Tatbestandsmerkmale

III. Rechtswidrigkeit / Schuld

Wie beim Alleintäter

HEMMER-METHODE zu ÜK 16

Kommt in der Klausur eine mittelbare Täterschaft in Betracht, so sollten Sie nach der bekannten Aufbauregel zunächst die Strafbarkeit des Tatnächsten prüfen. Entfällt dann die Strafbarkeit des „Werkzeugs“, so ist danach die Strafbarkeit des Hintermanns zu prüfen. Ausnahmsweise kann auch sofort mit der Prüfung der Strafbarkeit des Hintermanns begonnen werden. Mit ihr ist zu beginnen, wenn die Strafbarkeit des Vordermanns nach dem Bearbeitervermerk nicht zu prüfen ist (dann ist eine Inzidentprüfung nötig).

Beachten Sie gerade bei der mittelbaren Täterschaft auch die Negativselektion! Bei Sonderdelikten oder bei eigenhändigen Delikten kommt regelmäßig eine mittelbare Täterschaft eines Beteiligten schon nicht mehr in Betracht. Scheitert § 25 I Alt. 2 StGB an der erforderlichen Täterqualität, so ist es empfehlenswert, im Bereich des Besonderen Teils nach einer Vorschrift zu suchen, die gerade eine solche Konstellation erfasst. So kann ein Hintermann § 154 I StGB als eigenhändiges Delikt nicht verwirklichen, jedoch kommt dann eine Strafbarkeit gem. § 160 StGB in Betracht. Ein weiteres Beispiel ist die mittelbare Falschbeurkundung § 271 StGB, die mit § 348 StGB korrespondiert.

Bsp.: P, Geschäftsführer einer GmbH, schließt mit M einen nicht ernst gemeinten Vertrag über dessen Einstellung als Betriebsleiter. P reicht den Vertrag bei der Handelskammer ein und bewirkt dadurch die Eintragung der GmbH in die Handwerksrolle. – Hier ist eine mittelbare Täterschaft des P nicht möglich, da ihm die Subjektsqualität nach § 348 StGB fehlt. Auch eine Teilnahme gem. §§ 348, 26, 28 I StGB scheidet aus, da der Beamte gutgläubig war und somit eine Haupttat i.S.d. § 11 I Nr. 5 StGB fehlt. Hier greift jedoch § 271 StGB ein, der vorsätzliches Bewirken einer Falschbeurkundung speziell unter Strafe stellt.

Mittelbare Täterschaft - Tatherrschaft

StrafR AT II, Rn. 185 ff.

Kennzeichnend für mittelbare Täterschaft ist die überlegene Stellung des Hintermanns aus tatsächlichen oder rechtlichen Gründen: Dies ist regelmäßig bei Ausnutzung eines Strafbarkeitsmangels des Werkzeugs der Fall, ausnahmsweise aber auch bei volldeliktisch handelndem Tatmittler möglich.

Strafbarkeitsmängel

1. Tatbestand

Objektiver Tatbestand: durch Dritten veranlasste Selbstschädigung: „Siriusfall"

Subjektiver Tatbestand: ⇨ Tatbestandsirrtum (§ 16 I S. 1 StGB)

2. Rechtswidrigkeit

Das Werkzeug selbst handelt gerechtfertigt, das Handeln des Hintermanns ist hingegen unrechtmäßig

3. Schuld

Werkzeug ist *schuldunfähig* (§§ 19, 20 StGB; §§ 1 II, 3 S. 1 JGG), entschuldigt (§ 35 StGB) oder aufgrund eines Irrtums schuldlos

Täter hinter dem Täter

Missbrauch von Machtbefugnissen

- **Missbrauch staatlicher Machtbefugnisse:** Schießbefehl an der innerdeutschen Grenze
- **Mafiaähnliche Organisationsstrukturen**: bei bedingungsloser Organisationsherrschaft und Austauschbarkeit der unmittelbar Handelnden

Irrtumsfälle:

- **gradueller Tatbestandsirrtum:** Täuschung über den angerichteten Schaden
- Durch Hintermann ausgelöster **error in persona**
- **Vermeidbarer Verbotsirrtum** bei steuerndem Einfluss des Hintermanns („Katzenkönigfall")

HEMMER-METHODE zu ÜK 17

Prägen Sie sich die unterschiedlichen Konstellationen und Problemfelder anhand bestimmter Fälle ein. Dazu gehört vor allem die Kenntnis der „Klassiker“ der Rechtsprechung, wie dem „Siriusfall“ (BGHSt 32; 38): Hier wird die Abgrenzung zwischen einem freiverantwortlichen Willensentschluss und der Annahme eines Fremddeliktes in mittelbarer Täterschaft behandelt (ausführlich dazu: Hemmer/Wüst, StrafR AT II, Rn. 191). Auch der „Katzenkönigfall“ (BGHSt 35; 347), bei dem die Fallgruppe des „Täters hinter dem Täter“ bei einem vermeidbaren Verbotsirrtum des unmittelbar Handelnden aufgestellt wurde, sollte Ihnen bekannt sein.

In den weniger bekannten Irrtumsfällen, wie dem graduellen Tatbestandsirrtum, bei dem der Hintermann über die Tragweite des angerichteten Schadens täuscht, können Sie sich eine „Rechts-Links-Mitte“ Argumentation erarbeiten. Die Täuschung über qualifizierende Tatbestandsmerkmale stellt insoweit einen Sonderfall des graduellen Tatbestandsirrtums dar.

Bsp.: Der Hintermann täuscht das Werkzeug über den Wert der zu stehlenden Sache.
Nach der einen Extremansicht soll hier immer mittelbare Täterschaft anzunehmen sein, da nur der Hintermann die gesamte Tragweite des Handelns erfasst und er somit die Tatherrschaft besitzt. Die Gegenansicht lehnt mittelbare Täterschaft ab, da beim unmittelbar Handelnden lediglich ein Motivirrtum vorliege. Die vermittelnde Ansicht unterscheidet hingegen danach, ob der Vordermann das Unrecht seiner Tat kannte oder nicht.

Beachten Sie bei einem Strafbarkeitsmangel im Bereich der Schuld insbesondere das Prinzip der limitierten Akzessorietät: Im Schuldbereich ist wegen der vorsätzlichen und rechtswidrigen Haupttat (§ 11 I Nr. 5 StGB) häufig eine genaue Abgrenzung zur Anstiftung gem. § 26 StGB notwendig.

Mittelbare Täterschaft - Irrtumsfälle

Objektiv gegebene Lage: Werkzeug handelt	**Vorstellung des Täters:** Werkzeug handele		**Strafbarkeit des Hintermanns** (Tatherrschaftslehre)
ohne Schuld objektive Lage: mittelbare Täterschaft	**mit Schuld** subjektiv: Anstiftervorsatz	→	**Anstiftung § 26 StGB** a.A.: versuchte Anstiftung, § 30 StGB
mit Schuld objektive Lage: Anstiftung	**ohne Schuld** Vorsatz hinsichtlich mittelbarer Täterschaft	→	**Anstiftung, § 26 StGB** Anstiftervorsatz als Minus bei Täter vorhanden
ohne Vorsatz objektive Lage: mittelbare Täterschaft	**mit Vorsatz** subjektiv: Anstiftervorsatz	→	**Versuchte Anstiftung, § 30 StGB,** da akzessorische Haupttat (-)
mit Vorsatz objektive Lage: Anstiftung	**ohne Vorsatz** Vorsatz hinsichtlich mittelbarer Täterschaft	→	**h.L.: Anstiftung, § 26 StGB Rspr.: Versuch bezügl. Tat in mittelbarer Täterschaft**

Error in persona

Werkzeug unterliegt einem error in persona vel objecto

e.A.: Error in persona stellt für Hintermann eine aberratio ictus dar. Fehlgehen nicht anders als bei mechanischem Werkzeug zu beurteilen

h.M.: Ist dem Werkzeug die Objektsindividualisierung überlassen, so muss sich der Hintermann den error in persona als eigenen zurechnen lassen. Weisungswidriges Handeln stellt hingegen einen nicht zurechenbaren Exzess des Werkzeugs dar.

HEMMER-METHODE zu ÜK 18

Das obige Schema sei an einem Beispiel verdeutlicht:
A überredet den unerkennbar geisteskranken B dazu, dem C einen Schlag mit einem Baseball-Schläger zu „verpassen“. Hier handelt B wegen § 20 StGB ohne Schuld („objektive Lage“). Nach der Vorstellung des A war B jedoch voll schuldfähig. Demnach hatte er lediglich Anstiftervorsatz („subjektive Vorstellung“). In der Kombination der beiden Elemente kommt die Tatherrschaftslehre zu dem Ergebnis, dass A wegen §§ 223, 224, 26 StGB strafbar ist. Nach der Gegenansicht bleibt A straflos, da § 224 StGB lediglich ein Vergehen ist und § 30 I StGB damit ausscheidet.

Berücksichtigen Sie, dass nach der herrschenden Tatherrschaftslehre der Anstiftervorsatz vom Tatherrschaftsbewusstsein umfasst, also ein Minus ist und dass bei der Anstiftung eine vorsätzliche rechtswidrige Haupttat gem. § 11 I Nr. 5 StGB gegeben sein muss (Prinzip der limitierten Akzessorietät). Glaubt der Täter, mittelbarer Täter zu sein, obwohl er nur Anstifter ist (Übersicht Fälle 2 und 4), wird teilweise tateinheitlich die Bestrafung wegen des Versuchs mittelbarer Deliktsbegehung angenommen. Examensrelevant ist der error in persona des Werkzeugs.
Bsp.: Arzt T übergibt der Krankenschwester W eine tödlich wirkende Giftspritze und weist W an, sie dem O zu verabreichen. Infolge einer Verwechslung spritzt die gutgläubige W das Gift dem D, der daraufhin verstirbt.

Die Ansicht, nach der ein error in persona des Werkzeugs eine aberratio ictus des Hintermanns darstellt, argumentiert, dass der Vorsatz des mittelbaren Täters ebenso wie der Anstiftervorsatz den Erfolg der Tat umfassen muss und deswegen für den Hintermann eine aberratio ictus vorliegt. Die differenzierende Gegenansicht stellt hingegen auf die Individualisierung des Tatopfers ab. Der Hintermann muss sich den Auswahlfehler des Werkzeugs wie einen eigenen error in persona zurechnen lassen, soweit die Verwechslung innerhalb der allgemeinen Lebenserfahrung liegt.

Mittäterschaft - (Aufbau)

StrafR AT I, Rn. 229

Aufbau

A. Strafbarkeit des Tatnächsten (nach dem Schema für den Alleintäter)
⇨ nur bei getrenntem Aufbau

B. Strafbarkeit der weiteren Beteiligten als Mittäter (§ 25 II StGB)

I. Objektiver Tatbestand

1. Vorliegen aller Tatbestandsmerkmale des gesetzl. Tatbestands
2. Zurechnung der Tatbeiträge der Mittäter gem. § 25 II StGB
3. Eigener Tatbeitrag gemäß dem gemeinsamen Tatplan

II. Subjektiver Tatbestand

1. Vorsatz bezüglich aller Tatbestandsmerkmale
2. Besondere subjektive Tatbestandsmerkmale

III. Rechtswidrigkeit / Schuld

Wie beim Alleintäter

Hinweis: Wenn die Mittäterschaft unproblematisch erscheint, werden alle Mittäter regelmäßig zusammen geprüft.

HEMMER-METHODE zu ÜK 19

Schemata sollen Ihnen dabei helfen, Problempunkte richtig einzuordnen, um einen schlüssigen Aufbau in der Klausur zu gewährleisten. Bei der Mittäterschaft werden auch andere Aufbaumodelle vorgeschlagen. Denn bei der Mittäterschaft kann zwischen objektivem und subjektivem Tatbestand nicht ganz klar getrennt werden (z.B. muss der objektive Tatbeitrag (objektives Element) gemäß dem gemeinsamen Tatplan (subjektives Element) erfolgen). Daher wird teilweise auch ein Aufbau vorgeschlagen, bei dem die Tatbestandsmäßigkeit ohne eine ausdrückliche Unterteilung in objektiven und subjektiven Tatbestand geprüft wird, bzw. die Voraussetzungen der Mittäterschaft innerhalb des Delikts aber vorab festgestellt werden.

Bei der Mittäterschaft lassen sich zudem zwei Sachverhaltskonstellationen unterscheiden: In der einen Fallgruppe wird die Tathandlung von einem Beteiligten im Wesentlichen allein ausgeführt. Der andere Beteiligte hingegen hat die Tat möglicherweise nur vorbereitet oder deren Ausführung nur erleichtert. Da fraglich ist, ob die Tatbeiträge des ersten Beteiligten dem anderen mittäterschaftlich gem. § 25 II StGB zugerechnet werden können, ist eine getrennte Prüfung vorzunehmen. Zunächst wird die Strafbarkeit des Tatnächsten geprüft und danach festgestellt, ob bei den übrigen Beteiligten die Voraussetzungen für eine Zurechnung der fehlenden Tatbeiträge gem. § 25 II StGB gegeben sind. Merken Sie sich also: Getrennte Prüfung bei unterschiedlicher Strafbarkeit.

Ist hingegen klar, dass beide Beteiligte die Tat i.S.d. § 25 II StGB gemeinschaftlich begangen haben, etwa weil sie nach dem Prinzip der Arbeitsteilung gemeinsam gehandelt haben, so ist eine gemeinsame Prüfung angebracht. Jedoch müssen auch hier bei jeder Person alle objektiven und subjektiven Merkmale erfüllt sein. Die gemeinsame Prüfung ist zudem anzuraten, wenn erst aufgrund der wechselseitigen Zurechnung der objektive Tatbestand vollständig erfüllt ist; klassisches Beispiel hierfür ist der Raub, bei dem der eine Täter die qualifizierte Nötigung und der andere die Wegnahme ausführt.

Mittäterschaft - Voraussetzungen

StrafR AT I, Rn. 230 ff.

Tatbeitrag

In objektiver Hinsicht setzt Mittäterschaft einen Tatbeitrag i.R.d. gemeinsamen Tatentschlussses voraus, also grds. die Beteiligung an der tatbestandlichen Ausführungshandlung.

Umstritten ist, ob **im Vorbereitungsstadium geleistete Tatbeiträge** ausreichen:

1. Formal-objektive Theorie

Beteiligung an der tatbestandsmäßigen **Ausführungshandlung** ist **zwingend** erforderlich.

2. Subjektive Theorie

Es genügt bereits ein **mit Täterwillen** geleisteter kausaler Tatbeitrag, der die Tat fördert. Beitrag im **Planungs-** oder **Vorbereitungsstadium** genügt.

3. Tatherrschaftslehre

Tatbeitrag muss Schwelle der sog. **funktionellen Tatherrschaft** erreichen (wesentliche Teilaufgabe für die Tat). Im Bereich von Vorbereitungshandlungen nur bei elementaren Beiträgen

Gemeinsamer Tatentschluss

Subjektives Element der Mittäterschaft ist ein **gemeinsamer Tatentschluss**: bewusstes und gewolltes Zusammenwirken. Der Tatentschluss wird – ausdrücklich oder stillschweigend – regelmäßig vor Beginn der Tat gefasst. Umstritten ist die sog. **sukzessive Mittäterschaft** (Zurechnung von Tatbeiträgen (!) bei später hinzukommendem Täter).

H.M.: Zurechnung (+) bei Beitritt als Mittäter in Kenntnis und Billigung des Geschehenen, sofern das Geschehen noch nicht abgeschlossen ist.

A.A.: Zurechnung abzulehnen wegen Unbeachtlichkeit des sog. dolus subsequens

HEMMER-METHODE zu ÜK 20

Ein klausurrelevantes Problem ist die Frage, ob ein nur im Hintergrund agierender Bandenchef Mittäter im Sinne des § 25 II StGB sein kann, wenn er zwar wesentlich an der Planung und Organisation mitwirkt, jedoch keinen Beitrag zu der eigentlichen tatbestandlichen Ausführungshandlung beisteuert. Nach der herrschenden Tatherrschaftslehre muss auch hier darauf abgestellt werden, ob eine funktionelle Tatherrschaft des Bandenchefs gegeben ist. Zu diesem Problem haben sich in der Tatherrschaftslehre zwei Untermeinungen gebildet: Die objektiv akzentuierte Tatherrschaftslehre argumentiert, dass ein Beteiligter die Tatherrschaft aus der Hand gebe, wenn er i.R.d. eigentlichen Ausführungshandlung keinen Tatbeitrag leiste. Die subjektiv akzentuierte Tatherrschaftslehre meint hingegen, dass das „Beteiligungsminus" durch ein „Planungsplus" ausgeglichen werden könne. Die funktionelle Tatherrschaft werde dadurch hergestellt, dass jeder Beteiligte durch Verweigerung des Tatbeitrages die Tatausführung hemmen kann, auch wenn dieser im Vorbereitungsstadium geleistet wird. Voraussetzung ist jedoch, dass dieser Tatbeitrag stark genug ist, um eine solche funktionelle Tatherrschaft zu begründen.

Im Bereich der sukzessiven Mittäterschaft ist vor allem die Zurechnung bereits abgeschlossener Tatbeiträge strittig. Allgemein anerkannt ist hingegen, dass keinesfalls vollständig abgeschlossene Straftatbestände nachträglich zugerechnet werden können.

Mittäterschaft - Sonderfragen

StrafR AT II, Rn. 240 ff.

Exzess

Der Exzess eines Mittäters wird den übrigen Mittätern grundsätzlich nicht gem. § 25 II StGB zugerechnet (kein gemeinsamer Tatentschluss, Grenzen der Strafbarkeit in §§ 28 II und 29 StGB).
Kein Exzess liegt vor, wenn der ursprüngliche Tatplan während der Tat im gegenseitigen Einvernehmen (auch konkludent möglich) erweitert wird.

Irrtümer

Bei Irrtumsfällen gelten die allgemeinen Regeln (Prinzip der wechselseitigen Zurechnung). Ein error in persona ist auch für die Mittäter unbeachtlich, soweit der Tatplan nicht überschritten ist.

Versuch

Mittäterschaft ist grundsätzlich auch beim versuchten Delikt möglich.
Umstritten ist, wann der **Versuchsbeginn gem. § 22 StGB** anzusetzen ist:

Einzellösung
Versuchsbeginn für jeden Mittäter gesondert festzustellen. Unmittelbares Ansetzen für jeden Beteiligten isoliert betrachtet. Kritik: Widerspricht der Struktur der Mittäterschaft

Gesamtlösung (h.M.)
Unmittelbares Ansetzen bereits, wenn ein Mittäter gemäß Tatplan unmittelbar ansetzt. Handelnder muss jedoch im Willen handeln, gemeinschaftlich mit den Mittätern zusammenzuwirken

Unterlassen

Mittäterschaft in Form des Unterlassens möglich. Fallgruppen:
- Unterlassen einer Pflicht, die nur gemeinschaftlich erfüllt werden kann
- Gemeinsamer Beschluss, in gleicher tatbestandsmäßiger Situation untätig zu bleiben

Beachten Sie, dass Mittäterschaft bei Fahrlässigkeitsdelikten nicht in Betracht kommt, da hier ein gemeinsamer Tatentschluss ausgeschlossen ist. In Fällen fahrlässigen Zusammenwirkens mehrerer Beteiligter ist vielmehr nur die gesetzlich nicht ausdrücklich geregelte Nebentäterschaft möglich.

Demgegenüber ist bei dem versuchten Begehungsdelikt eine Mittäterschaft durchaus möglich: Der Streit dreht sich hier um den Beginn des Versuchs gem. § 22 StGB (vgl. oben). Äußerst examensrelevant ist zudem der Versuchsbeginn bei vermeintlicher bzw. nur subjektiv vorgestellter Mittäterschaft.

Bsp.: Drei Beteiligte hatten geplant, ein Ehepaar zu überfallen und auszurauben. Kurz vor der Tat offenbarte sich jedoch einer der Beteiligten der Polizei. Als dieser dann am Tattag, wie im Tatplan vorgesehen, an der Tür des Hauses der Opfer klingelte, verhaftete die Polizei die anderen beiden Beteiligten.

Hier stellte der BGH zwar fest, dass das Klingeln an der Haustüre ein nach dem Tatplan ausreichendes unmittelbares Ansetzen bedeutet, jedoch könne dieses nicht den übrigen Beteiligten mittäterschaftlich zugerechnet werden. Denn der „abtrünnige Mittäter“ hatte zu diesem Zeitpunkt keinen auf Mittäterschaft gerichteten Vorsatz mehr. Was objektiv nicht vorliegt, könne nicht zugerechnet werden. Folglich hatten sich die anderen Beteiligten nur gem. § 30 II i.V.m. § 249 bzw. §§ 253, 255 StGB wegen Verabredung zum Verbrechen strafbar gemacht.

Anders hat der BGH aber in einem anderen Fall entschieden, bei welchem das unmittelbare Ansetzen eines nur vermeintlichen Mittäters zugerechnet wurde. Argument: Beim untauglichen Versuch komme es auf die subjektive Sicht des jeweiligen Täters an. Geht dieser davon aus, dass ein anderer zur Tat unmittelbar ansetze, sei dieser Lebenssachverhalt für ihn zugrunde zu legen, ähnlich wie beim untauglichen Versuch.

Aufbau der Anstiftung / Beihilfe

StrafR AT II, Rn. 269, 299

Aufbau	**A. Strafbarkeit des Haupttäters** (nach dem Schema für den Alleintäter) **B. Strafbarkeit des Anstifters** (§ 26 StGB) / **Gehilfen** (§ 27 StGB)
I. Objektiver Tatbestand	**1.** Vorliegen einer vorsätzlichen, rechtswidrigen Tat (§ 11 I Nr. 5 StGB) **2.** Bestimmen i.S.d. § 26 StGB / Hilfe leisten i.S.d. § 27 StGB
II. Subjektiver Tatbestand	**Doppelter Anstiftervorsatz / doppelter Gehilfenvorsatz:** **1.** Vorsatz bzgl. der Haupttat **2.** Vorsatz bezügl. des Bestimmens / der Hilfeleistung
III. Rechtswidrigkeit / Schuld	**Rechtswidrigkeit / Schuld** wie beim Alleintäter
IV. Sonstiges	**1. Strafausschließungs- / Strafaufhebungsgründe** **2. Strafmilderung gem. § 28 I StGB** (zusätzlich bei der Beihilfe: §§ 27 II S. 2, 49 I StGB)

HEMMER-METHODE zu ÜK 22

Ein Vergleich zwischen dem Schema der Anstiftung und dem der Beihilfe ergibt, dass diese im Aufbau ähnlich sind. Daher wurden hier beide in einer Übersicht aufgenommen, damit Sie sich die maßgeblichen Unterschiede leicht einprägen können.

Aus dem Schema ergibt sich zudem eine der grundlegenden Aufbauregeln: Prüfen Sie immer zuerst den Täter/Tatnäheren vor dem Teilnehmer. So vermeiden Sie eine unübersichtliche Inzidentprüfung. Eine solche Inzidentprüfung kann nur angeraten werden, wenn die Haupttat unproblematisch oder die Strafbarkeit des Haupttäters nicht zu prüfen ist.

Lenken Sie ihre Aufmerksamkeit auch auf das Erfordernis der vorsätzlichen und rechtswidrigen Haupttat. Nach diesem sog. Prinzip der limitierten Akzessorietät der Teilnahme ist für eine Teilnahme nicht erforderlich, dass der Haupttäter die vorsätzliche und rechtswidrige Tat schuldhaft verwirklicht. Dabei ergibt sich hier auch Raum für eine Abgrenzung zur mittelbaren Täterschaft, bei der grundsätzlich ein Strafbarkeitsmangel des Werkzeuges vorliegen muss. Liegt dieser im Bereich der Schuld, so ist genau zwischen Teilnahme und Täterschaft abzugrenzen.

Der Grundsatz der Akzessorietät

Grundsatz der limitierten Akzessorietät

Anstiftung und Beihilfe setzen eine vorsätzliche und rechtswidrige Haupttat i.S.d. § 11 I Nr. 5 StGB voraus. Dabei ergibt sich aus § 29 StGB das Prinzip der **limitierten Akzessorietät** (schuldhaft verwirklichte Haupttat nicht erforderlich).

Beachten Sie: **Erfolgsqualifizierte Delikte** sind gem. § 11 II StGB wie Vorsatzdelikte zu behandeln. Folglich ist eine Teilnahme hier grds. möglich.

Keine teilnahmefähige Haupttat liegt bei nicht tatbestandsmäßigen (z.B. Suizid) oder rechtmäßigen Handlungen vor: Hier kommt allenfalls mittelbare Täterschaft in Betracht.

Akzessorietätslockerungen

§§ 28, 29 StGB enthalten Akzessorietätslockerungen, die bewirken können, dass die Beteiligten aus unterschiedlichen Straftatbeständen bestraft werden

§ 28 I StGB

§ 28 I StGB bewirkt eine obligatorische Strafmilderung für den Teilnehmer (!), bei dem ein besonderes persönliches Merkmal (§ 14 I StGB) fehlt, das die Strafbarkeit begründet.

§ 28 II StGB

Besondere persönliche Merkmale i.S.v. § 28 II StGB entfalten ihre Wirkung nur bei dem Beteiligten, bei dem sie vorliegen. Eine „Tatbestandsverschiebung“ ist möglich.

§ 29 StGB

Spezielle Schuldmerkmale (z.B.: Schuldausschließungs- u. Schuldmilderungsgründe) gelten gem. § 29 StGB nur bei dem jeweiligen Beteiligten.

HEMMER-METHODE zu ÜK 23

Denken Sie an die Möglichkeit der Teilnahme beim erfolgsqualifizierten Delikt. Diese ergibt sich dabei aus § 11 II StGB, der Vorsatz-Fahrlässigkeits-Kombinationen als vorsätzliche Delikte klassifiziert.

Bei Beteiligung mehrerer an einem erfolgsqualifizierten Delikt muss für jeden Beteiligten nach §§ 29, 18 StGB gesondert geprüft werden, ob bezüglich der schweren Folge ein Fahrlässigkeits- bzw. Leichtfertigkeitsvorwurf gemacht werden kann. Dies kann z.B. zur Folge haben, dass der Anstifter wegen Körperverletzung mit Todesfolge (§§ 227, 223, 26 StGB) zu bestrafen ist, während sich der Haupttäter lediglich wegen einer gefährlichen Körperverletzung (§§ 224, 223 StGB) strafbar gemacht hat, z.B. weil der Anstifter Sonderwissen hatte, welches dazu führt, dass nur für ihn der Tod vorhersehbar war.

Besondere Examensrelevanz kommt den Akzessorietätslockerungen des § 28 StGB zu. Diese betreffen nur die sog. täterbezogenen besonderen persönlichen Merkmale: dies sind Merkmale, die Eigenschaften, Verhältnisse und andere Umstände kennzeichnen, die vornehmlich mit der Person des Beteiligten verknüpft sind (Legaldefinition: § 14 I Nr. 3 StGB). Im Gegensatz dazu charakterisieren tatbezogene Merkmale den Unrechtsgehalt der Tat. Diese sind jedoch nicht Gegenstand des § 28 StGB. Die Einordnung in die Kategorien tatbezogene und täterbezogene Merkmale kann im Einzelfall sehr schwierig sein. In der Klausur ist deshalb § 28 I, II StGB gerade in der Kombination mit § 211 StGB besonders relevant, da hier zusätzlich die Frage nach dem Verhältnis von § 211 StGB zu § 212 StGB im Raum steht. Lernen Sie den Allgemeinen Teil nicht isoliert von den Straftatbeständen des Besonderen Teils.

Anstiftung, § 26 StGB

StrafR AT II, Rn. 268 ff.

Anstiftungshandlung

Bestimmen i.S.d. § 26 StGB: Hervorrufen des Tatentschlusses: Geistige Willensbeeinflussung, die Anregung zur Tatbegehung gibt. Mittel der Willensbeeinflussung unerheblich:

Problemfelder

1. **Omnimodo facturus**
   Bei einem fest zur Tat Entschlossenen kommt nur § 27 StGB (bzw. § 30 I StGB) in Betracht. Bei bloßer Tatgeneigtheit ist Anstiftung möglich.
2. **Aufstiftung** (Anstiftung zur qualifizierten Tatbegehung)
   Rspr. und wohl h.M. halten dies aufgrund des wesentlich höheren Unrechtsgehalts der Qualifikation für möglich.
   a.A.: Anstiftung nur bei selbständig strafbarem Tatbestand; sonst psychische Beihilfe
3. **Abstiftung:** (durch Willensbeeinflussung führt der Täter nur das Grunddelikt aus, nicht auch die Qualifikation) ⇨ psychische Beihilfe möglich, wenn konkludent Bestärken zur Begehung des Grunddelikts.

Doppelter Anstiftervorsatz

Vorsatz sowohl hinsichtlich des **Bestimmens** als auch hinsichtlich der Vollendung einer bestimmten **Haupttat**. Heftig umstritten ist der **error in persona** des Täters

Unbeachtlichkeit
Der unbeachtliche Motivirrtum hat für den Anstifter keine Bedeutung.

Differenzierung
Beachtlichkeit nur, wenn Verwechslung außerhalb der „Streubreite des gesetzten Risikos".

Aberratio ictus
Der Täter geht aus Sicht des Anstifters wie ein Werkzeug fehl.

HEMMER-METHODE zu ÜK 24

Die Problematik des error in persona des Haupttäters geht zurück auf die berühmten „Rose-Rosahl"-Entscheidung des Preuß. Obertribunals von 1859. Sinngemäß geht es um folgende Konstellation: A stiftet B an, O zu töten. In Folge einer Verwechslung erschießt B jedoch D.

Eine starke Literaturmeinung will die Konstellation, ähnlich wie bei der mittelbaren Täterschaft, als eine aberratio ictus für den Hintermann behandeln. Danach würde der Anstiftervorsatz hinsichtlich der Haupttat beim Hintermann entfallen. Dies wird damit begründet, dass sich der Hintermann nach den anderen Ansichten eine Vielzahl von Tötungen, also das gesamte „Blutbad", zurechnen lassen müsste, wenn der Vordermann erst nach mehreren Tötungen das richtige Opfer tötet.

Jedoch ist der Unterschied von mittelbarer Täterschaft zur Anstiftung einzubeziehen. Denn bei der Anstiftung legt der Hintermann die Ausführung der Tat bewusst in die Hände des Angestifteten. Daher scheint die Differenzierung, die der BGH trifft, vorzugswürdig. Liegt die Verwechslung außerhalb der allgemeinen Lebenserfahrung bzw. außerhalb der Streubreite des Vorhersehbaren, so soll eine Zurechnung nicht stattfinden. Jedoch wird regelmäßig die letzte Konkretisierung des Opfers dem Vordermann überlassen sein und damit eine Verwechslung innerhalb der allgemeinen Lebenserfahrung liegen.

Beihilfe, § 27 StGB

Gehilfenhandlung

„Hilfe-Leisten" i.S.d. § 27 StGB bedeutet Förderung der Haupttat durch physische oder psychische Unterstützung. Jeder Tatbeitrag, der die Haupttat ermöglicht oder erleichtert oder die Rechtsgutsverletzung verstärkt. Umstritten ist, ob die **Gehilfenhandlung kausal für den Erfolg der Haupttat** sein muss:

Rechtsprechung
Förderung der Handlung des Täters in irgendeiner Weise. Kausalität i.S. einer conditio sine qua non nicht erforderlich

h.L.:
Kausalität von Gehilfenhandlung für Haupttat nach den allgemeinen Regeln erforderlich

Literaturmeinung
Chance der Unrechtsverwirklichung erhöht (Risikoerhöhungstheorie)

Doppelter Gehilfenvorsatz

Der **Vorsatz** muss sich sowohl auf die Gehilfenhandlung als auch auf die vorsätzliche und rechtswidrige Haupttat beziehen. Dolus eventualis ist für beide Kriterien ausreichend.

Erforderlich ist der **Vorsatz hinsichtlich der Vollendung der Haupttat**. Die tatsächliche Tatvollendung ist jedoch nicht erforderlich. Hier liegt Beihilfe zur versuchten Tat vor.

Ein **Exzess** des Haupttäters wird dem Gehilfen nicht zugerechnet. Der Gehilfe haftet nur soweit, wie sein Vorsatz reicht.

HEMMER-METHODE zu ÜK 25

Der Streit um die Erforderlichkeit der Kausalität zwischen Gehilfenhandlung und dem Erfolg der Haupttat hat Auswirkungen auf den Zeitpunkt der Gehilfenhandlung. Anerkannt ist, dass die Gehilfenhandlung nicht bei der Tatausführung selbst geleistet werden muss, sondern auch ohne weiteres zur Vorbereitung der Tat beitragen kann. Nach dem Zeitpunkt der materiellen Beendigung hingegen ist eine Beihilfe nicht mehr möglich. Hier kommt dann Begünstigung gem. § 257 StGB in Betracht.

Umstritten ist die sog. sukzessive Beihilfe, d.h. die Beihilfe zwischen der formellen Vollendung und der materiellen Beendigung der Tat. Eine Mindermeinung lehnt die sukzessive Beihilfe ab. Sie beruft sich dabei auf den Bestimmtheitsgrundsatz des Art. 103 II GG, § 1 StGB. Die Abgrenzung der Begriffe Vollendung und Beendigung sei zu unbestimmt, zudem sei Kausalität zwischen Gehilfenhandlung und Vollendungserfolg erforderlich.

Die h.M. hingegen hält sukzessive Beihilfe für möglich, da in der Beendigungsphase die Rechtsgutsverletzung bis zur endgültigen Sicherung des Erfolges fortwirke. Zudem sei der Begriff der Beendigung in § 2 II StGB und insbesondere in § 78a S. 1 StGB verankert.

Beachten Sie hier die Abgrenzung zur Begünstigung gem. § 257 StGB, die bei Delikten mit überschießender Innentendenz (z.B. bei §§ 242, 253, 263 StGB) vor Eintritt der beabsichtigten Zueignung/Bereicherung bedeutsam ist. Die Rechtsprechung stellt dabei auf die innere Willensrichtung des Helfers ab. Wer die Tat noch fördern will, ist danach Gehilfe, während die bloße Absicht, die bereits entstandenen Vorteile der Tat beim Vortäter zu sichern, zu § 257 StGB führt.

Versuchte Teilnahme, §§ 30, 31 StGB

Versuchte Anstiftung zu einem Verbrechen, § 30 I StGB

I. Vorprüfung

1. Keine Ausführung der Haupttat (weder Versuch noch Vollendung)
2. Strafbarkeit der versuchten Anstiftung / Kettenanstiftung
   a) Sonderfall: § 159 StGB
   b) Verbrechen i.S.d. § 30 I S. 1 StGB

II. Tatbestandsmäßigkeit

1. Tatentschluss
   a) Vorsatz bezügl. der geplanten Haupttat
   b) Vorsatz bezügl. der Anstifterhandlung
2. Unmittelbares Ansetzen zur Anstiftung

III. Rechtswidrigkeit / Schuld

1. Strafmilderung gem. §§ 30 I S. 2, 49 I StGB
2. Strafaufhebungsgrund: Rücktritt gem. § 31 I Nr. 1 oder II StGB

Beteiligung an einem Verbrechen, § 30 II StGB

§ 30 II Var. 1: **Sich-Bereit-Erklären:** ernst gemeinte Kundgabe der Bereitwilligkeit

§ 30 II Var. 2: **Erbietensannahme:** Gegenstück zum Sich-Bereit-Erklären

§ 30 II Var. 3: **Verabredung:** Willensübereinstimung von mindestens 2 Personen, die in Aussicht genommene Tat gemeinschaftlich zu begehen oder gemeinsam zu ihr anzustiften.

HEMMER-METHODE zu ÜK 26

Während die Teilnahme an der versuchten Tat grundsätzlich strafbar ist, ist bei der versuchten Teilnahme zu differenzieren:

- **Versuchte Beihilfe ist straflos. Ebenso Beihilfe zu einer Verbrechensverabredung oder die bloße Zusage einer Verbrechensbeihilfe.**
- **Versuchte Anstiftung hingegen ist nach § 30 I StGB strafbar, wenn die Haupttat ein Verbrechen ist. Dabei beinhaltet § 30 I StGB zwei Alternativen: Zum einen die versuchte Anstiftung zu einem Verbrechen § 30 I Alt. 1 StGB und die versuchte Kettenanstiftung § 30 I Alt. 2 StGB („wer einen anderen zu bestimmen versucht, ... zu ihm (einem Verbrechen) anzustiften"). Die versuchte Anstiftung zu einem Vergehen ist grundsätzlich straflos. Nur in Einzelfällen wie etwa *§ 159 StGB* ist eine Strafbarkeit möglich.**

Gemäß § 30 II StGB werden weitere Beteiligungsformen im Vorbereitungsstadium zu einem Verbrechen unter Strafe gestellt. Beachten Sie bei § 30 II StGB, dass der Aufbau im Wesentlichen dem der vorsätzlichen vollendeten Begehungsdelikte entspricht, lediglich mit dem Unterschied, dass in einer Art Vorprüfung festgestellt wird, dass die Haupttat nicht in das Stadium des strafbaren Versuchs vorgedrungen ist.

Für die Beurteilung, ob ein Verbrechen vorliegt, ist auf die erklärte Vorstellung des Anstifters abzustellen. Gleichgültig ist hingegen, ob die vorgestellten Tatbestandsmerkmale in Wirklichkeit überhaupt eintreten können. Umstritten ist, ob die Tatbestandsverschiebung des § 28 II StGB schon für die Bestimmung der Haupttat als Verbrechen anzuwenden ist.

Die Rspr. wendet § 28 II StGB nicht an. § 30 I StGB wolle die Vorbereitung einer besonders gefährlichen Tat bestrafen, nicht den gefährlichen Täter. Die h.L. fragt unter Anwendung des § 28 II StGB, ob die Tat für den entsprechenden Beteiligten ein Verbrechen wäre.

Irrtumslehre - Überblick

StrafR AT II, Rn. 318 ff.

Irrtum zuungunsten des Täters

Täter glaubt, er habe sich strafbar gemacht, obwohl seine Handlung bei objektiver Betrachtung nicht tatbestandsmäßig, rechtswidrig oder schuldhaft ist: „umgekehrte" Irrtümer.
Problemfelder: **subjektive Rechtfertigungselemente; subjektive Entschuldigungselemente**; Abgrenzung untauglicher Versuch - **Wahndelikt**

Irrtum zugunsten des Täters

Irrtum über den Sachverhalt

1. Tatbestandsirrtum, § 16 I S. 1 StGB
   = Irrtum über Tatumstände
   ⇨ Vorsatzausschluss
2. Erlaubnistatbestandsirrtum
   = irrige Annahme einer rechtfertigenden Sachlage
   ⇨ Ausschluss der Vorsatzschuld (str.)
3. Irrtümliche Annahme der sachlichen Voraussetzungen eines Entschuldigungsgrundes
   ⇨ § 35 II StGB
4. Irrtümliche Annahme des Eingreifens von Strafausschließungsgründen
   ⇨ im Einzelnen umstritten

Fehlerhafte Bewertung des richtig erkannten Sachverhalts

1. Verbotsirrtum, § 17 StGB
   - Direkter Verbotsirrtum
     = Unkenntnis einer Verbotsnorm oder Irrtum über deren Regelungsumfang
   - Erlaubnisirrtum
     = Annahme eines Rechtfertigungsgrundes, den es nicht oder nicht in diesem Umfang gibt
   - ⇨ Schuldausschluss, wenn unvermeidbar
2. Irrtum über die Existenz oder die rechtlichen Grenzen eines Entschuldigungsgrundes
   ⇨ unbeachtlich

Wie Sie sehen, unterscheidet der Gesetzgeber in den §§ 16, 17 StGB - auch in der Rechtsfolge - streng zwischen Tatbestands- und Verbotsirrtum. Diese Unterscheidung war jedoch vor der Normierung des Verbotsirrtums heftig umstritten: So ging das RG von dem Grundsatz aus, dass es für den Schuldvorwurf auf das Bewusstsein der Rechtswidrigkeit nicht ankomme („Unkenntnis schützt vor Strafe nicht“), ein Rechtsirrtum sollte grundsätzlich unbeachtlich sein. Demgegenüber sahen die Vertreter der sog. Vorsatztheorie im Vorsatz ein Schuldmerkmal, das neben dem Tatbestandsvorsatz auch das Unrechtsbewusstsein („dolus malus“) umfassen sollte. Allein beachtlicher Irrtum ist hiernach die Annahme, nicht rechtswidrig zu handeln, egal aus welchen Gründen. Der Große Strafsenat des BGH ist schließlich in seiner berühmten Grundsatzentscheidung BGHSt 2, 194 der heute ganz herrschenden sog. Schuldtheorie gefolgt, die im Unrechtsbewusstsein ein selbständiges Schuldelement sieht.

Da die Vorsatztheorie durch die Einführung des § 17 StGB überholt ist, brauchen Sie in der Klausur hier keinen großen Streit vom Zaun brechen. Dieser Theorienstreit ist allenfalls rechtshistorisch und für das Verständnis einzelner Abgrenzungsprobleme zwischen Tatbestands- und Verbotsirrtum interessant. In der mündlichen Prüfung sollten Sie die wichtigsten Entwicklungen, die die Irrtumslehre genommen hat, allerdings parat haben.

Irrtumslehre - Vorsatzausschließender Tatbestandsirrtum

Grundsatz	• **§ 16 I S. 1 StGB:** Irrtum über Tatumstände (Merkmale des gesetzlichen Tatbestandes), auch für qualifizierende Umstände; bei Regelbeispielen: § 16 I S. 1 StGB entsprechend ⇨ Rechtsfolge: Vorsatz ausgeschlossen • **§ 16 II StGB:** Irrtümliche Annahme privilegierender Umstände ⇨ Vorsatz nur hinsichtlich der Privilegierung (Bsp.: § 216 / § 212 StGB)
Normative Tatbestands-merkmale	Merkmale des Tatbestandes sind deskriptive und normative Merkmale (wertausfüllungsbedürftige Merkmale). Abgrenzung zum Verbotsirrtum (§ 17 StGB) problematisch: • Parallelwertung in der Laiensphäre (BGH): rechtlich-sozialer Sinngehalt nach Laienart nachvollzogen (h.L.: Begriff des Verweisungsbereichs)
Error in persona vel objecto	• Gleichwertigkeit der Tatobjekte: als bloßer Motivirrtum unbeachtlich • Ungleichwertigkeit der Tatobjekte: Versuchsstrafbarkeit hinsichtlich des vorgestellten Objekts, Fahrlässigkeit hinsichtlich des getroffenen Objekts (vgl. § 16 I S. 2 StGB)
Aberratio ictus	Fehlgehen der Tat (aberratio ictus): Verletzungserfolg tritt an einem anderen Objekt ein als an dem im Zeitpunkt der Tat anvisierten Ziel. Hinsichtlich der beabsichtigten Tat am Zielobjekt ⇨ Versuch Hinsichtlich des Verletzungserfolgs beim Zweitobjekt ⇨ Fahrlässigkeit **Arg.:** Im Zeitpunkt der Tat ist der Vorsatz auf Zielobjekt individualisiert **a.A.:** Abstrakter Vorsatz bezügl. tatbestandlicher Eigenschaften genügt
Irrtum über den Kausalverlauf	Abweichungen zwischen vorgestelltem und wirklichem Kausalverlauf: ⇨ unwesentlich, wenn noch innerhalb der allgemeinen Lebenserfahrung

HEMMER-METHODE zu ÜK 28

Folgt man der Lehre von der objektiven Zurechnung (vgl. ÜK 7), so ist ein völlig atypischer Kausalverlauf dem Täter schon nicht zurechenbar, so dass sich in diesem Zusammenhang die Frage eines Tatbestandsirrtums häufig erst gar nicht stellen wird.

Ein Sonderfall des Irrtums über den Kausalverlauf ist gegeben, wenn der Täter in der irrigen Annahme eines bereits erzielten Erfolgs eine weitere Handlung vornimmt, die dann erst tatsächlich den beabsichtigten Erfolg herbeiführt.

Bsp.: T will O töten. Zu diesem Zweck sticht er mit einem Messer auf ihn ein. O wird bewusstlos, lebt aber noch. T, der den O für tot hält, wirft ihn in einen Fluss, um die „Leiche“ beiseitezuschaffen. O ertrinkt.

Nach der Lehre vom dolus generalis ist es irrelevant, dass der Erfolg erst durch eine spätere Handlung herbeigeführt wurde. Ein sog. unbestimmter Vorsatz soll genügen. Die h.M. lehnt dies jedoch ab und behandelt diese Fallgruppe im Rahmen des Irrtums über den Kausalverlauf. Hier wird man i.d.R. eine unbeachtliche Abweichung annehmen können, wobei Anknüpfungspunkt die erste Handlung ist (hier: „Messerstich“).

Bei normativen Tatbestandsmerkmalen ist die Abgrenzung zwischen Verbotsirrtum und Tatbestandsirrtum schwierig: Denn der gesamte Sinngehalt des Tatbestandsmerkmals lässt sich oft erst durch das Hinzuziehen von „außertatbestandlichen“ Normen erschließen. So ergibt sich z.B. im Rahmen des § 153 StGB der Umfang der Vernehmung erst aus § 68 StPO. Da juristische Laien regelmäßig keine exakte rechtliche Bewertung hinsichtlich ihres Verhaltens vornehmen, stellt der BGH auf die sog. Parallelwertung in der Laiensphäre ab. In der Literatur wird dagegen ein Tatbestandsausschluss i.d.R. dann für möglich gehalten, wenn der Irrtum einen Begriff innerhalb der „außertatbestandlichen“ Verweisungsnorm betrifft.

Vermeiden Sie einen häufigen Klausurfehler: Nach Ablehnung der Vorsatzstrafbarkeit wird gerne vergessen, auf die Fahrlässigkeitsstrafbarkeit einzugehen (§ 16 I S. 2 StGB).

Irrtumslehre - Erlaubnistatbestandsirrtum

StrafR AT II, Rn. 333 ff.

Gesetzeslücke

Unter dem sog. **Erlaubnistatbestandsirrtum** versteht man **die irrtümliche Annahme einer rechtfertigenden Sachlage**. Die Behandlung ist strittig, da wegen des dreistufigen Deliktsaufbaus der h.M. § 16 StGB von seinem Wortlaut her nicht passt.

Lehre von den negativen Tbm.

Die Vertreter der **Lehre von den negativen Tatbestandsmerkmalen** gehen von einem zweistufigen Deliktsaufbau aus und können **§ 16 StGB direkt** anwenden. Dieser Aufbau wird allerdings von der h.M. abgelehnt.

Strenge Schuldtheorie

Die sog. **strenge Schuldtheorie** sieht wegen einer „strengen“ Anwendung des Wortlauts des § 16 StGB im Erlaubnistatbestandsirrtum einen Fall des Verbotsirrtums, § 17 StGB. Jedoch liegt das Verhalten des Täters wertungsmäßig näher bei § 16 StGB, da sich der Täter „an sich rechtstreu“ verhält.

Eingeschränkte Schuldtheorie

Der BGH und die h.L. folgen der **eingeschränkten Schuldtheorie**, die wiederum in verschiedenen Nuancierungen vertreten wird:

- E.A. wendet § 16 I S. 1 StGB analog an, wodurch das Vorsatzunrecht entfällt.
- Die sog. **rechtsfolgenverweisende Variante der eingeschränkten Schuldtheorie** geht dagegen von einer vorsätzlichen und rechtswidrigen Tat aus und lässt lediglich den Vorsatz-Schuldvorwurf entfallen. Kriminalpolitischer Vorteil: eine Teilnehmerstrafbarkeit bleibt wegen der vorsätzlichen, rechtswidrigen Haupttat weiterhin möglich.

HEMMER-METHODE zu ÜK 29

Nirgendwo erkennen Sie die wahre Bedeutung von Meinungsstreiten, die auf den ersten Blick fast schon müßig erscheinen, deutlicher als am examenstypischen Grenzfall. Der Erlaubnistatbestandsirrtum ist so ein Grenzfall: Folgt man mit der h.M. dem dreistufigen Deliktsaufbau, mag keiner der gesetzlich normierten Irrtumsfälle so recht passen. So bleibt es letztlich Wertungsfrage, welcher der dargestellten Meinungen man folgt, wobei die rechtsfolgenverweisende Variante der eingeschränkten Schuldtheorie nicht nur kriminalpolitisch überzeugt, sondern vor allem auch die wenigsten dogmatischen Brüche verursacht. Der Streit um die verschiedenen Schuldtheorien ist einer der strafrechtlichen „Klassiker", der Ihnen jederzeit in der Klausur begegnen kann. Lesen Sie deshalb zur Vertiefung auch Hemmer/Wüst, StrafR-AT II, Rn. 334 ff.

Die wenigsten Probleme mit dem Erlaubnistatbestandsirrtum hat die Lehre von den negativen Tatbestandsmerkmalen. Dies kann möglicherweise dazu verführen, den zweistufigen Verbrechensaufbau zu wählen, sobald man in der Klausur auf diese Thematik stößt. Davon ist jedoch dringend abzuraten: Zum einen müssen Sie diesen dann bei allen geprüften Delikten beibehalten, wenn Sie sich nicht dem Vorwurf gravierender Aufbaumängel aussetzen wollen, was fast unweigerlich erhebliche Schwierigkeiten mit anderen Problemfeldern verursacht. Zum anderen ist der Streit um den Erlaubnistatbestandsirrtum für den Korrektor eine willkommene Gelegenheit zur Notendifferenzierung, die Sie nutzen sollten.

Folgen Sie der rechtsfolgenverweisenden Variante, so sollten Sie die komplette Prüfung im Rahmen der Schuld vornehmen. Keinesfalls sollte, wenn Sie dieser Auffassung folgen, hingegen der Erlaubnistatbestandsirrtum im Bereich der Rechtswidrigkeit geprüft werden. Denn die Rechtswidrigkeit der Tat ist gegeben, da die Rechtfertigungslage objektiv gerade nicht vorliegt.

Irrtumslehre - weitere Irrtümer über den Sachverhalt

StrafR AT II, Rn. 343 ff.

Irrtum über Entschuldigungsgrund

Irrtümliche Annahme der sachlichen Voraussetzungen eines Entschuldigungsgrundes: § 16 I StGB ist weder direkt noch analog anwendbar. Der Täter kennt alle Umstände, die sein Verhalten rechtswidrig machen, es fehlt auch nicht das Unrechtsbewusstsein. Er nimmt lediglich einen Sachverhalt an, bei dessen Vorliegen ihm kein Schuldvorwurf gemacht werden könnte:

- für den entschuldigenden Notstand: § 35 II StGB
  ⇨ bei Unvermeidbarkeit des Irrtums bleibt der Täter straflos
- § 35 II StGB analog bei übergesetzlichen Entschuldigungsgründen

Irrtum über Strafausschliessungsgrund

Die Behandlung der **irrtümlichen Annahme des Eingreifens von Strafausschließungsgründen** ist sehr umstritten:

e.A.:
Ein derartiger Irrtum sei **stets unbeachtlich,** da es sich bei Strafausschließungsgründen um objektive Straflosigkeitsbedingungen handle.

Differenzierung:

- Gesetzliche Regelung dient vor allem staatspolitischen Belangen (§ 36 StGB) oder beruht auf kriminalpolitischen Erwägungen (§§ 173 III, 257 III StGB)
  ⇨ objektive Lage ist maßgebend
- Bei Privilegierung einer schuldmindernden notstandsähnlichen Konfliktlage (§ 258 V StGB) soll ein Irrtum beachtlich sein ⇨ § 35 II StGB, oder § 16 II StGB analog

HEMMER-METHODE zu ÜK 30

Bei dem Irrtum über die sachlichen Voraussetzungen eines Entschuldigungsgrundes sowie dem Irrtum über das Eingreifen eines Strafausschließungsgrundes handelt es sich um etwas „exotischere“ Irrtümer. Zur Verdeutlichung der auftretenden Probleme folgende Beispielsfälle:

Bahnwärter T sieht, wie jemand eine Bombe auf ein Gleis legt, auf dem ein Zug herannaht. Er weiß, dass eine Explosion den Tod der Zuginsassen zur Folge hat. Um dies zu verhindern, lenkt T den Zug auf ein Nebengleis um, obwohl er den dort entlanglaufenden Streckenwärter nicht mehr warnen kann, der daraufhin überrollt wird und umkommt. Später stellt sich heraus, dass die „Bombe“ eine ungefährliche Attrappe war. Wäre die Bombe echt gewesen, wäre T aufgrund übergesetzlichen Notstandes entschuldigt gewesen (§§ 34, 35 StGB hätten nicht vorgelegen). Da der Irrtum für den T aufgrund der dramatischen Umstände unvermeidbar war, ist er auch hier entsprechend § 35 II StGB entschuldigt.

Ehefrau F wird Zeugin eines Mordes. Den Täter, den sie nur von hinten sieht, hält sie für ihren getrennt lebenden, jähzornigen Ehemann E. Um E vor Bestrafung zu schützen, lässt sie die Leiche verschwinden. In Wahrheit war der gesuchte Massenmörder M der Täter. – F hat den Tatbestand des § 258 I StGB verwirklicht. Fraglich ist, ob sie wegen der irrtümlichen Annahme des § 258 VI StGB straflos ausgeht, schließlich wäre der Irrtum ohne weiteres durch Nachfrage bei E vermeidbar gewesen. Allerdings spricht der Vergleich mit § 258 V StGB, der eine unbedingte Beachtung der Tätervorstellung festschreibt, gegen eine entsprechende Anwendung des § 35 II StGB.

Verbotsirrtum - Erlaubnisirrtum - Doppelirrtum

Verbotsirrtum, § 17 StGB

§ 17 StGB regelt die Fälle, in denen es dem Täter **an Bewusstsein fehlt, Unrecht zu tun (Unrechtsbewusstsein)**. Ausreichend ist das Bewusstsein eines Verstoßes gegen die rechtliche Ordnung – auch dann, wenn der Täter die Verbindlichkeit derselben für sich ablehnt (Überzeugungstäter).

⇨ **Vermeidbarkeit des Verbotsirrtums, § 17 S. 2 StGB:**

Dem Täter hätte sein Verhalten Anlass zum Nachdenken über dessen Rechtswidrigkeit geben müssen, und er hätte nach

- Anspannung seines Gewissens (alle Erkenntniskräfte eingesetzt) oder
- Auskunft einer zuständigen sachkundigen und unvoreingenommenen Person zur Unrechtseinsicht gelangen können ⇨ i.d.R. Vermeidbarkeit (+)

Direkter Verbotsirrtum

Beim Grundfall des Verbotsirrtums nimmt der Täter irrtümlich an, **sein Verhalten sei generell rechtlich zulässig**, weil er die Verbotsnorm nicht kennt oder Fehlvorstellungen über ihren Geltungsbereicht unterliegt.

Erlaubnisirrtum

Indirekter Verbotsirrtum (sog. Erlaubnisirrtum): Der Täter weiß um das grds. Verbotensein seines Verhaltens, glaubt jedoch irrtümlich an das Eingreifen eines nicht bestehenden Rechtfertigungsgrundes oder zieht die Grenzen des bestehenden Rechtfertigungsgrundes zu weit ⇨ § 17 StGB.

Doppelirrtum

Treffen Erlaubnis- u. Erlaubnistatbestandsirrtum zusammen, kommt **immer nur § 17 StGB** zur Anwendung, da es dem Täter nicht zugute kommen kann, wenn er neben der fehlerhaften rechtlichen Beurteilung noch zusätzlich über den Sachverhalt irrt.

HEMMER-METHODE zu ÜK 31

Die Rechtsprechung legt an das Kriterium der Vermeidbarkeit sehr strenge Maßstäbe an und verlangt, dass der Täter alle intellektuellen Erkenntnismittel einsetzen und notfalls sein Verhalten auch nach den Wertvorstellungen seiner Umwelt einzurichten habe. Daher wird ein Verbotsirrtum in der Regel vermeidbar sein, es sei denn, es handelt sich bei dem Täter um den vor allem aus Lehrbuchfällen bekannten Ausländer, der aus einem fremden Kulturkreis stammt und sich erst kurze Zeit im Bereich der hiesigen Rechtsordnung aufhält.

Diese strenge Beurteilung der Rechtsprechung hat auch zur Folge, dass sich der Rechtsunkundige nicht ohne weiteres auf seine eigene Beurteilung verlassen darf, sondern gegebenenfalls die erforderlichen Auskünfte von kompetenter Stelle einholen muss. Ein Verschulden kann bereits in der Auswahl der falschen Auskunftsperson liegen. Allerdings reicht es aus, wenn der Täter sich bei einem Rechtskundigen, den er ohne sein Verschulden als kompetent erachten durfte (z.B. einem Rechtsanwalt), informiert.

Unter den Begriff des Doppelirrtums fallen Konstellationen, in denen der Täter mehreren Irrtümern unterliegt.

Bsp.: A geht davon aus, dass B seinen Freund C bei nächster Gelegenheit töten werde, was allerdings nicht stimmt. A meint zudem, in einer solchen Konstellation gerechtfertigt zu handeln. A tötet daraufhin B.

Lösung: A hat vorsätzlich den Tatbestand von § 212 I StGB verwirklicht. Da von B tatsächlich keinerlei Gefahr für C ausging, scheidet eine Rechtfertigung objektiv aus. Auf Schuldebene könnte der Vorsatzschuldvorwurf entfallen, wenn ein Erlaubnistatbestandsirrtum vorliegen würde. Dies würde voraussetzen, dass A bei dem von ihm vorgestellten Lebenssachverhalt gerechtfertigt wäre. Dies ist nicht der Fall, da in einer solchen Situation kein anerkannter Rechtfertigungsgrund greift. Jedoch handelte A ohne Unrechtsbewusstsein (Erlaubnisirrtum). Dieser Irrtum war vermeidbar. In Betracht kommt damit eine Strafmilderung gem. § 17 S. 2 StGB i.V.m. § 49 I StGB.

Konkurrenzen - Überblick

Die **Lehre von den Konkurrenzen** stellt fest, in welchem Verhältnis mehrere begangene Delikte zueinander stehen und bildet die Schnittstelle zum Strafzumessungsrecht. Für die **gedankliche Prüfung** der Konkurrenzen bietet sich folgende **Vorgehensweise** an:

Handlungseinheit

⇨ Handlung im natürlichen Sinne, rechtliche Handlungseinheit, Teilidentität der Ausführungshandlung

ja → **Gesetzeskonkurrenz?**

- Spezialität
- Subsidiarität
- Konsumtion

nein → **Tateinheit** (Idealkonkurrenz), § 52 StGB

nein → **Gesetzeskonkurrenz?**

- Mitbestrafte Vortat
- Mitbestrafte Nachtat

nein → **Tatmehrheit** (Realkonkurrenz), § 53 StGB

Prüfungsreihenfolge

1. Zunächst ist festzustellen, ob Einzelakte eines Geschehens zu einer **Handlungseinheit** zusammengefasst werden können oder im Verhältnis der **Handlungsmehrheit** zueinander stehen.
2. Danach ist zu fragen, ob ein Fall der **tatsächlichen Konkurrenz (Tateinheit / Tatmehrheit)** vorliegt oder ein Fall der **Gesetzeskonkurrenz** gegeben ist, bei dem ein Tatbestand einen anderen verdrängt.

HEMMER-METHODE zu ÜK 32

Unterschätzen Sie nicht die Bedeutung der Konkurrenzen in der Klausur! Zum einen sind sie eines der wenigen Gebiete, zu dem in jeder Examensklausur etwas geschrieben werden muss. Zum anderen werden sie regelmäßig am Ende der Klausur geprüft und sind dem Korrektor somit bei seiner Bewertung noch am frischesten im Gedächtnis. Wenn allerdings zu viele verwirklichte Straftatbestände auf zu viele Handlungsabschnitte verteilt vorkommen, kann es übersichtlicher sein, die Konkurrenzen nach jedem Handlungsabschnitt sofort zu behandeln und dann am Schluss nur noch die so gewonnenen Ergebnisse miteinander konkurrieren zu lassen. Ähnliches gilt, wenn offensichtlich Spezialität vorliegt (z.B. der Qualifikation zum Grundtatbestand). In diesen Fällen würde ein Aufschieben der Konkurrenzfrage bis zum Schluss formalistisch und unsouverän wirken.

Zentrale Begriffe im Rahmen der Konkurrenzlehre sind Tateinheit (§ 52 StGB) und Tatmehrheit (§ 53 StGB). Verwechseln Sie diese nicht mit dem Begriffspaar Handlungseinheit bzw. -mehrheit! Nach der Feststellung von Handlungseinheit /-mehrheit sind zunächst noch die Gesetzeskonkurrenzen zu prüfen, bevor als Ergebnis Tateinheit / Tatmehrheit festgestellt werden kann. Dabei kommt den Gesetzeskonkurrenzen eine „Bereinigungsfunktion“ zu. Es ist zu klären, welche Delikte im Tenor des Urteils erscheinen und welche nicht, damit der Schuldspruch das begangene Unrecht sachgerecht umschreibt.

Auch im Bereich des materiellen Rechts werden bestimmte Begriffe der Konkurrenzlehre zur Abgrenzung benutzt. So z.B. im Rahmen des § 24 StGB bei der Frage, ob der Täter die weitere Ausführung der Tat aufgibt, wenn er mit dem inneren Vorbehalt handelt, einen ähnlichen Angriff noch einmal bei passender Gelegenheit zu starten. Hier wird darauf abgestellt, ob die geplante Tat mit der zuvor begonnenen eine natürliche oder rechtliche Handlungseinheit bilden würde.

Konkurrenzen - Handlungseinheit

StrafR AT I, Rn. 362 ff.

Handlung im natürlichen Sinne

Sie liegt vor, wenn durch **einen** Willensentschluss eine Körperbewegung hervorgerufen wird, gleichgültig, ob mehrere strafrechtliche Erfolge eintreten.

„Natürliche" Handlungseinheit

Manche Handlungen werden **rechtlich** als Handlungseinheit behandelt:

- **Iterative** Tatbestandsverwirklichung: Täter nimmt mehrere Einzelakte vor, von denen jeder einzelne den Straftatbestand verwirklicht, die aber insgesamt nur einen einheitlichen Deliktserfolg herbeiführen.
- Eine **sukzessive** Tatbegehung liegt vor, wenn der entsprechende Straftatbestand schrittweise nur einmal verwirklicht wird.
- Der **BGH** erweitert dies, wenn Verhaltensweisen von einem einheitlichen Willen getragen werden und ein enger räumlich-zeitlicher Zusammenhang besteht. Bei natürlicher Betrachtung erscheinen die Handlungen als einheitliches Geschehen.

Tatbestandliche Handlungseinheit

Mehrere natürliche Handlungen werden durch den Tatbestand eines Gesetzes zu **einer Bewertungseinheit** verknüpft (eine Handlung im Rechtssinne). Insbesondere bei **mehraktigen Delikten** und **Dauerdelikten**. (Bsp.: § 249 StGB: Nötigung und Wegnahme).

Teilidentität der Ausführungshandlung

Es reicht aus, dass ein **Teilakt** zur Verwirklichung des Tatbestandes mehrerer Strafgesetze beiträgt (Teilüberdeckung). Str. ist das Zusammentreffen von **Dauer- und Zustandsdelikten**: Die **h.L.** nimmt Handlungseinheit an, wenn eine Zweck-Mittel-Relation zwischen den Ausführungshandlungen vorliegt und diese nicht lediglich bei Gelegenheit geschieht.

HEMMER-METHODE zu ÜK 33

Im Bereich der Konkurrenzlehre gibt es kaum eine Konstruktion, die nicht heftig umstritten wäre. Eine Darstellung aller zur Handlungseinheit vertretenen Meinungen würde den Rahmen einer Übersichtskarte sprengen und eher zu Ihrer Verwirrung beitragen. Nehmen Sie deshalb gerade in diesem Bereich unsere Übersichtskarten als das, was sie sind: ein Arbeitsmittel zur schnellen und effektiven Lernkontrolle und erarbeiten Sie sich die Grundlagen der etwas abstrakten Konkurrenzthematik mit dem Skript Strafrecht AT II (Rn. 359 ff.). Dort finden Sie auch zahlreiche Beispielsfälle, die Ihnen das Verständnis erleichtern werden.

In den Bereich der Handlungseinheit gehörte früher auch die sog. fortgesetzte Tat, die dann gegeben sein sollte, wenn verschiedene Einzelakte einer Handlungsreihe sich gegen das gleiche Rechtsgut richten, in der Begehungsweise gleichartig und von einem Gesamtvorsatz getragen sind. Der Große Strafsenat des BGH hat sich 1994 in einem Beschluss (BGHSt 40, 138) jedoch von dieser mehr als hundertjährigen Rechtsprechungspraxis verabschiedet, da sie sich insbesondere im Bereich der Verjährung zu Lasten des Täters auswirkte. Nachdem sich diese Rechtsprechung bis heute gefestigt hat, dürfte es kaum noch gerechtfertigt sein, hier in der Klausur längere Abhandlungen zu verfassen. Eine kurze Anmerkung mit dem Hinweis auf die neuere Rechtsprechung wird Ihnen in den entsprechenden Fallkonstellationen jedoch keinesfalls schaden. Zeigen Sie dem Korrektor, dass Sie über die wesentlichen Entwicklungen der Rechtsprechung Bescheid wissen.

Konkurrenzen - Gesetzeskonkurrenz

StrafR AT II, Rn. 387 ff.

Im Rahmen der **Handlungseinheit** ergeben sich folgende **Fälle der Gesetzeskonkurrenz:**

Spezialität

Eine Strafvorschrift enthält **begriffsnotwendig alle Merkmale** der anderen (z.B. stets im Verhältnis Grundtatbestand – unselbständige Abwandlung). Bei erfolgsqualifizierten Delikten, bei denen die schwere Folge mindestens fahrlässig herbeigeführt werden muss, liegt **Spezialität zum entsprechenden Fahrlässigkeitstatbestand** vor, bei vorsätzlicher Herbeiführung der schweren Folge Tateinheit mit dem Vorsatzdelikt.

Subsidiarität

Subsidiarität liegt zwischen Delikten vor, wenn ein Gesetz nur hilfsweise anwendbar ist. Teils ist die Subsidiarität ausdrücklich normiert (z.B. §§ 246 I, 265 I, 248b I, 316 I StGB), teils ergibt sie sich aus dem Sinnzusammenhang.

Konsumtion

Konsumtion liegt vor, wenn ein Straftatbestand in einem anderem nicht notwendig enthalten ist, aber regelmäßig u. typischerweise mit dem anderen zusammentrifft, so dass sein Unrechts- u. Schuldgehalt durch die schwerere Deliktsform miterfasst und aufgezehrt wird (str.).

Bei **Handlungsmehrheit** tritt Gesetzeskonkurrenz in folgenden Erscheinungsformen auf:

Mitbestrafte Nachtat

Eine **mitbestrafte Nachtat** liegt vor, wenn und soweit die Tat den Ausbau oder die Sicherung der durch die Vortat erlangten Position bezweckt und kein neueres Rechtsgut verletzt wird.

Mitbestrafte Vortat

Bei der **mitbestraften Vortat** liegt das Unrechtsschwergewicht so sehr bei der Nachtat, dass der Gesamtkomplex nur nach der Nachtat zu bewerten ist. Einschlägig ist hier v.a. die Fallgruppe der selbständig strafbaren Vorbereitungshandlungen (z.B. § 30 StGB).

HEMMER-METHODE zu ÜK 34

Wenn Sie die Differenzierung nach Handlungseinheit bzw. -mehrheit getroffen und die Fälle der Gesetzeskonkurrenz aussortiert haben, kommen Sie schließlich zum gewünschten Ergebnis, ob Tateinheit (§ 52 StGB) oder Tatmehrheit (§ 53 StGB) vorliegt, womit zumindest in der Klausur zum Ersten Staatsexamen Ihre Prüfung abgeschlossen ist. Dennoch sollten Sie auch die entsprechenden Rechtsfolgen kennen: Sämtliche idealkonkurrierenden Delikte erscheinen im Urteilsspruch, die Strafzumessung richtet sich nach dem Absorptionsprinzip, d.h. die Strafe wird nach dem Gesetz bestimmt, das die höchste Strafe androht. Andererseits darf die Strafe auch nicht niedriger sein, als die anderen anwendbaren Delikte es zulassen.

Liegen dagegen mehrere selbständige (realkonkurrierende) Straftaten vor und sind auch mehrere Geld- und/oder Freiheitsstrafen verwirkt, so wird grundsätzlich eine Gesamtstrafe gem. § 54 StGB gebildet, sofern nicht die Ausnahme des § 53 II S. 2 StGB greift.

Beachten Sie jedoch: Auch wenn zwischen zwei Tatbeständen Handlungsmehrheit besteht, kann unter Umständen über das sog. Verklammerungsprinzip Tateinheit zwischen diesen hergestellt werden. Dies ist dann möglich, wenn jeder dieser Tatbestände in Handlungseinheit mit einem dritten Tatbestand steht und dieser wiederum zumindest schwerer wiegt als einer der zu verklammernden Delikte. Im Einzelnen sind die Voraussetzungen hierfür stark umstritten. Eine Verklammerung kann jedoch nie eintreten, wenn das Bindeglied leichter ist als die zu verbindenden Taten. Grund dafür ist, dass ein Täter nicht besser stehen soll, nur weil er zusätzlich eine leichtere Straftat begangen hat, die zu den anderen jeweils in Handlungseinheit steht.

Eine Verklammerung kommt insbesondere bei Dauerdelikten in Betracht, aber nach BGH beispielsweise auch bei Urkundenfälschung, § 267 StGB (vgl. hierzu BGH, Beschluss vom 28.01.2014 – 4 StR 528/13 = Life&LAW 08/2014, 585 ff.).

In dubio pro reo und Wahlfeststellung (Aufbau)

StrafR AT II, Rn. 408 ff.

Bei **nicht aufklärbaren Sachverhalten** empfiehlt sich in der Klausur folgendes Vorgehen:

1. Sachverhaltsfeststellung	Ausschöpfen aller Beweismittel und -möglichkeiten. In der Klausur: Feststellung der Nichtaufklärbarkeit; kurze Darstellung der verbleibenden Alternativen
2. Feststellung der Strafbarkeiten	Prüfung der Strafbarkeit der Beteiligten für alle Sachverhaltsvarianten
3. Vergleich der Ergebnisse	Nach den Urteilsergebnissen lassen sich dann folgende Fallgruppen unterscheiden: 1. **In dubio pro reo**, falls in einer Variante Straflosigkeit des Täters ⇨ Straflosigkeit 2. **Unechte Wahlfeststellung (Tatsachenalternativität)**, falls der Täter in allen Sachverhaltsvarianten nach denselben Straftatbeständen zu bestrafen ist. ⇨ eindeutige Bestrafung nach diesem Delikt 3. Bei unterschiedlicher Strafbarkeit in den verschiedenen Varianten: • **Eindeutige Verurteilung** bei Stufenverhältnis, Auffangtatbestand, Postpendenzfällen • **Echte Wahlfeststellung (sog. „Tatbestandsalternativität“)**: Falls kein Fall der eindeutigen Verurteilung vorliegt, aber die Voraussetzungen der echten Wahlfeststellung gegeben sind. • **Straflosigkeit:** Bei Fehlen der Voraussetzungen der echten Wahlfeststellung kann die **wechselseitige Anwendung des in-dubio-pro-reo-Grundsatzes** zur Straflosigkeit führen.

HEMMER-METHODE zu ÜK 35

Das Gesetzlichkeitsprinzip des Art. 103 II GG bestimmt, dass ein Angeklagter nur verurteilt werden darf, wenn ihm die Erfüllung eines Straftatbestandes nachgewiesen werden kann. Bei Zweifeln an der Erfüllung eines Tatbestandsmerkmales muss der Angeklagte nach dem Grundsatz „in dubio pro reo" (Art. 6 II MRK, § 261 StPO) freigesprochen werden. Dieser Grundsatz besagt positiv, dass eine Verurteilung nur aufgrund eines zur vollen Überzeugung des Tatrichters festgestellten Sachverhalts zulässig ist. Negativ bedeutet dies, dass aus nur möglichen, ungewissen, im Zweifel gebliebenen Umständen nichts zu Lasten des Angeklagten hergeleitet werden darf. Der Grundsatz „in dubio pro reo" ist auf alle Tatsachen im materiellen Strafrecht anwendbar. Zu dem Problem der Anwendung auf verfahrensrechtliche Fragen vgl. Hemmer/Wüst, StPO, Rn. 399 ff.

Es gibt jedoch Fallgestaltungen, in denen nach Ausschöpfung aller Beweis- und Erkenntnismöglichkeiten zwar nicht der Beweis einer bestimmten Straftat erbracht werden kann, jedoch zur Überzeugung des Gerichts feststeht, dass von mehreren in Betracht kommenden Straftaten der Angeklagte notwendigerweise eine begangen haben muss. In diesen Fällen liegt der Anwendungsbereich der in der Praxis bedeutenden echten Wahlfeststellung. So z.B., wenn ein gestohlenes Gemälde bei dem Angeklagten gefunden wurde und nicht mehr aufklärbar ist, ob er dieses selbst gestohlen (§ 242 StGB) oder dem Dieb abgekauft hat (§ 259 StGB).

Gehen Sie systematisch vor, wenn Sie in der Klausur auf diesen Problemkreis stoßen. Stellen Sie zunächst die Unaufklärbarkeit fest, prüfen Sie dann die Strafbarkeit in jedem der alternativen Sachverhalte und treffen Sie dann im Vergleich der Ergebnisse der Strafbarkeit die Entscheidung nach den oben dargestellten Alternativen.

Voraussetzungen der Wahlfeststellung

StrafR AT II, Rn. 413 ff.

Unechte Wahlfeststellung

Bei der unechten Wahlfeststellung („Tatsachenalternativität") ist eine eindeutige Verurteilung möglich. Die Sachverhaltsungewissheit liegt dahingehend vor, dass nicht festgestellt werden kann, welche von mehreren Handlungen den Tatbestand verwirklichte.
Bsp.: bei sich widersprechenden Aussagen in zwei unterschiedlichen Prozessen

Eindeutige Verurteilung

Eine eindeutige Verurteilung ist auch in **folgenden** Fallgruppen möglich:

Stufenverhältnis
„in dubio pro reo" führt zur Bestrafung nach weniger schwerem Delikt:
Grunddelikt ⇔ Qualifikation
§ 249 ⇔ § 242 StGB

Auffangtatbestand
Verurteilung nach Auffangtatbestand:
Vorsatz ⇔ Fahrlässigkeit
Bsp.: § 212 ⇔ § 227 StGB

Postpendenz
Tatbestände stehen im Verhältnis Vortat und Nachtat: Verurteilung nur aus der Nachtat bei einseitiger Ungewissheit: Beteiligung an der Vortat ist unklar
⇨ § 259 StGB

Echte Wahlfeststellung

Täter ist in den Sachverhaltsalternativen nach unterschiedlichen Straftatbeständen strafbar und es ist keine oben genannte Fallgruppe anwendbar.
Straftaten sind zudem **rechtsethisch und psychologisch gleichwertig**:

Rechtsethische Gleichwertigkeit:
ähnliche sittliche Bewertung der Taten; Verletzung ihrem Wesen nach ähnlicher Rechtsgüter (Rspr.)

Psychologische Gleichwertigkeit:
Vergleichbare Einstellung zu den Rechtsgütern; ähnliche Motivationslage (Rspr.)

Liegen die Voraussetzungen der echten Wahlfeststellung nicht vor, so kann durch die wechselseitige Anwendung des Grundsatzes „in dubio pro reo“ ein Freispruch erwirkt werden. Dieser Grundsatz rechtfertigt es, dass in solchen Fällen bei jeder Tatbestandsalternative die Zweifel an der Strafbarkeit zugunsten des Beschuldigten durchschlagen.

Fallbeispiel (BGHSt 32, 48 [54]): Der Täter T hat O getötet, es kann jedoch nicht mehr sicher geklärt werden, ob der Täter zum Tatzeitpunkt voll schuldfähig, schuldunfähig (§ 20 StGB) oder nur in seiner Schuldfähigkeit beschränkt (§ 21 StGB) war.

In diesem Fall ist hinsichtlich einer Strafbarkeit gem. § 323a StGB zugunsten des Täters von Schuldfähigkeit auszugehen. Damit entfällt nach dem Grundsatz „in dubio pro reo“ eine Strafbarkeit aus § 323a StGB, da § 323a StGB gerade eine Schuldunfähigkeit infolge der Berauschung voraussetzt.

Hinsichtlich des Totschlags gem. § 212 StGB ist jedoch davon auszugehen, dass T schuldunfähig i.S.d. § 20 StGB war. Nach h.M. entfällt auch in dieser Tatbestandsalternative die Strafbarkeit nach dem in dubio pro reo-Grundsatz.

Der Täter bleibt somit durch die wechselseitige Anwendung des in dubio pro reo-Grundsatzes straffrei, da keine rechtsethische und psychologische Vergleichbarkeit vorliegt.

Zwischenzeitlich hatte der 2. Senat des BGH Bedenken geäußert, ob die echte Wahlfeststellung mangels einer gesetzlichen Regelung überhaupt mit Art. 103 II GG vereinbar ist (vgl. BGH, Beschluss vom 28.01.2014 – 2 StR 495/12 = Life&LAW 10/2014, 740 ff.). Indes hat der Große Senat des BGH klargestellt, dass die echte Wahlfeststellung nach den bereits entwickelten Kriterien zulässig ist (vgl. BGH, Beschluss vom 08.05.2017 – GSSt 1/17 = Life&LAW 02/2018, 101 ff.). Das BVerfG hat diese Rechtsprechung bestätigt (vgl. BVerfG, Beschluss vom 05.07.2019 – 2 BvR 167/18 = Life&LAW 01/2020, 39 ff.).

Strafzumessung - Rechtsfolgensystem (Überblick)

StrafR AT II, Rn. 433 ff.

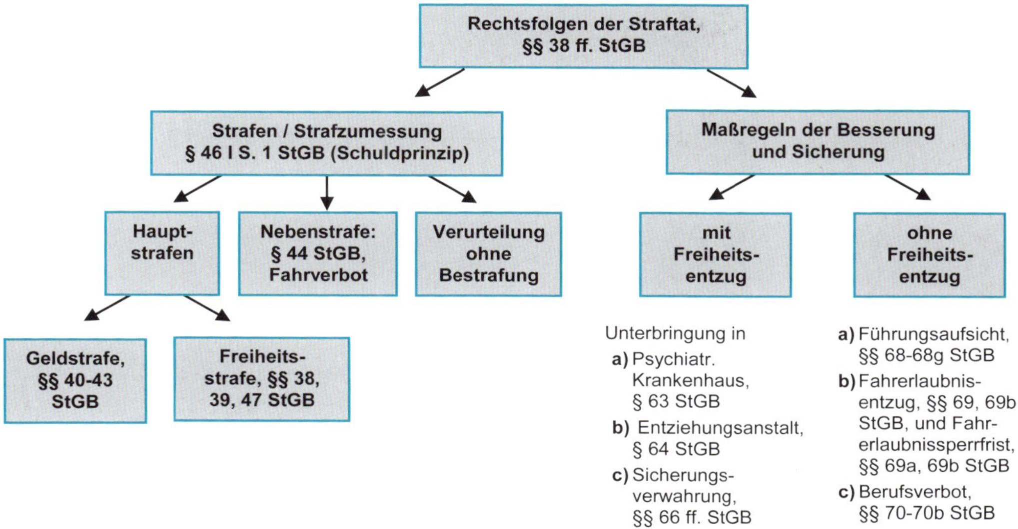

HEMMER-METHODE zu ÜK 37

Das StGB geht in den §§ 38 ff. StGB von einem dualistischen Rechtsfolgensystem aus (Zweispurigkeit des Rechtsfolgensystems). Die Rechtsfolgen sind danach in Strafe sowie Maßregeln zur Besserung und Sicherung zu unterteilen.

Im Allgemeinen müssen die Rechtsfolgen der Straftat dem Rechtsstaatsprinzip und dem Grundsatz der Verhältnismäßigkeit entsprechen. Wichtige Prinzipien sind dabei das Schuldprinzip des § 46 I S. 1 StGB, wonach Strafen unzulässig sind, die das Maß der Schuld überschreiten. Daneben ist auch das Resozialisierungsprinzip Grundlage des strafrechtlichen Sanktionssystems.

Maßregeln der Besserung und Sicherung knüpfen nicht an die Schuld des Täters, sondern an seine Sozialgefährlichkeit an. Sie können daher auch ohne Schuld des Täters verhängt werden. § 61 StGB enthält dabei einen abschließenden Katalog der Maßregeln.

Entgegen ihrer mild klingenden Bezeichnung können Maßregeln der Besserung und Sicherung durchaus für den Betroffenen härtere Konsequenzen haben als eine Strafe. Ein wichtiges Beispiel dafür ist die Unterscheidung zwischen dem Fahrverbot, § 44 StGB, einer Nebenstrafe, und der Entziehung der Fahrerlaubnis, § 69 StGB, einer Maßregel. Das Fahrverbot dauert ein bis drei Monate und der Betroffene bekommt den Führerschein nach Ablauf des Fahrverbotes wieder zurück. Die Entziehung der Fahrerlaubnis hingegen führt dazu, dass die Fahrerlaubnis entzogen und das Dokument des Führerscheins eingezogen wird. Nach Ablauf der Sperrfrist, die für den Ersttäter im Regelfall sechs Monate dauert (vgl. § 69a I S. 1 StGB), muss der Betroffene somit erneut die Fahrerlaubnis beantragen.

Objektiver Tatbestand

I. Taugliches Tatobjekt

(„fremde bewegliche Sache“)

1. **Sachen** = körperliche Gegenstände (Begriff wie § 90 BGB)
   - Tiere sind nach dem strafrechtlichen Verständnis Sachen, ohne dass es § 90a S. 3 BGB bedarf
   - Lebenden Menschen fehlt die Sachqualität, ebenso ihnen fest zugefügte künstliche Teile (z.B. künstliche Hüftgelenke)
   - Menschlichen Leichen kommt nach h.M. Sachqualität zu
2. **Beweglichkeit der Sache** (tatsächlich fortbewegbar)
3. **Fremdheit der Sache** (nach zivilrechtlichen Eigentumsverhältnissen)
   - Weder herrenlos, noch im Alleineigentum des Täters
   - Leichen grds. nicht fremd, solange kein Eigentum von einem Berechtigten daran begründet wurde (vgl. § 958 BGB, z.B. bei Anatomieleichen)

II. Tathandlung

(„Wegnahme“) **Problemfelder**:

⇨ Gewahrsamsbegriff

⇨ mehrstufige Gewahrsamsverhältnisse

⇨ Vollendung des Diebstahls (Gewahrsamswechsel)

⇨ tatbestandsausschließendes Einverständnis

HEMMER-METHODE zu ÜK 1

Prüfungsschemata sollen Ihnen dabei helfen, Problempunkte wiederzuerkennen und eine korrekte Einordnung in den Klausuraufbau zu ermöglichen. Die Ausführlichkeit und die Gewichtung der einzelnen Prüfungspunkte hingegen ergeben sich erst aus dem konkreten Sachverhalt. Beachten Sie daher die Gefahr eines zu schematischen Lernens, bei dem Wesentliches nicht von Unwesentlichem getrennt wird.

So wäre es nicht angebracht, in unproblematischen Fällen die Sachqualität und die Fremdheit des Tatobjektes näher zu thematisieren. In den meisten Fällen genügt ein feststellender Satz: "T hat eine fremde bewegliche Sache weggenommen."

Die Frage der Eigentumsfähigkeit – und damit die Frage der Fremdheit – hat vor allem Bedeutung bei menschlichen Leichen als Tatobjekt. Strittig ist, ob überhaupt Eigentum an Leichen begründet werden kann. Die h.M. bejaht dies, so dass neben § 168 StGB (Störung der Totenruhe) auch eine Strafbarkeit gemäß §§ 242, 246, 303 StGB in Betracht kommt. Wichtig ist dabei, dass zunächst von einem Berechtigten Eigentum an der Leiche begründet worden sein muss, § 958 BGB. Dies wird eher selten der Fall sein. Bis dahin ist eine Leiche herrenlos. Beachten Sie, dass das Eigentum an der Leiche insbesondere nicht über § 1922 BGB an die Erben übergehen kann, da vor dem Erbfall der Körper nicht im Eigentum des Erblassers war. Denn die Eigentumsfähigkeit an lebenden Menschen wird nach ganz einhelliger Auffassung abgelehnt. Wird etwa Zahngold aus einer Leiche herausgebrochen, kommt damit regelmäßig nur eine Strafbarkeit gemäß § 168 StGB in Betracht.

Subjektiver Tatbestand

I. Vorsatz Bezüglich aller objektiven Tatbestandsmerkmale

II. Absicht, sich oder einem Dritten die Sache rechtswidrig zuzueignen

1. Zueignungsabsicht (im Zeitpunkt der Wegnahme)
⇨ Gegenstand der Zueignung
⇨ Zueignungskomponenten:
- Aneignungskomponente (dolus directus 1. Grades)
- Enteignungskomponente (dolus eventualis)

Problemfelder:
- Substanz-, Sachwert-, Vereinigungstheorie
- Abgrenzung zur Sachentziehung und Gebrauchsanmaßung sowie zur Sachbeschädigung)
- Drittzueignung: Sonderproblem des „absichtslos-dolosen Werkzeugs"

2. Rechtswidrigkeit der beabsichtigten Zueignung (objektiv)
Problemfeld: Geldschulden

3. Vorsatz bezügl. der Rechtswidrigkeit der erstrebten Zueignung

HEMMER-METHODE zu ÜK 2

Der Diebstahl ist ein Delikt mit sog. "überschießender Innentendenz", d.h. er setzt im subjektiven Tatbestand zusätzlich zum Vorsatz noch ein weiteres, rein subjektives Merkmal (konkret: die Absicht rechtswidriger Zueignung des Täters) voraus. Wichtig ist dabei, dass die Zueignungsabsicht keinen entsprechenden Erfolg im objektiven Tatbestand erfordert. Eine Zueignung braucht daher objektiv gerade nicht einzutreten. Die sichere Beherrschung des Aufbaus des subjektiven Tatbestands des Diebstahls ist unentbehrlich für eine richtige Einordnung der Problempunkte.

Üben Sie das Prüfungsschema unbedingt anhand von Klausurfällen ein. Nur am praktischen Fall können Sie die nötige Sicherheit erwerben, um bei der Menge von darüber hinaus zu prüfenden Straftatbeständen im subjektiven Tatbestand des Diebstahls nicht den Überblick zu verlieren.

Der Besondere Teil des Strafrechts besteht nicht isoliert von dem Allgemeinen Teil! Erst durch die Kombination von Problemen aus dem Allgemeinen Teil und dem Besonderen Teil kommt man zu der für das Examen typischen Notendifferenzierung. So lassen sich leicht Klausurfälle mit dem subjektiven Tatbestand des § 242 StGB konstruieren, indem ein Tatbestandsirrtum und Fragen der Täterschaft und Teilnahme eingebaut werden.

Bsp.: A geht davon aus, dass er B vor einer Woche bereits den Kaufpreis für einen gebrauchten Pkw überwiesen hätte. Da dieser sich weigert, ihm den Pkw zu übergeben, hilft sich A selbst und bringt den Wagen in einem unbeobachteten Moment an sich.

A hat eine fremde bewegliche Sache weggenommen. Auch handelte er vorsätzlich diesbezüglich; insbesondere war ihm klar, dass es noch zu keiner Übereignung seitens des B gekommen war. Jedoch scheitert eine Strafbarkeit gemäß § 242 I StGB daran, dass ihm der Vorsatz hinsichtlich der Rechtswidrigkeit der erstrebten Zueignung fehlt.

Diebstahl, § 242 I StGB – Tathandlung: Wegnahme (I)

Tathandlung: Wegnahme

Wegnahme

= Bruch fremden und Begründung neuen, nicht notwendig tätereigenen Gewahrsams

Gewahrsam

Vom Herrschaftswillen getragene tatsächliche Sachherrschaft

Tatsächliche Sachherrschaft

- Einwirkung auf die Sache stehen keine wesentlichen Hindernisse entgegen
- Maßgebend ist die Verkehrsanschauung:
  - ⇨ Gewahrsamslockerung
  - ⇨ Gewahrsamssphäre
  - ⇨ Gewahrsamsenklave

Sachherrschaftswille

- Genereller/potentieller Gewahrsamswille
- Juristische Personen ⇨ Organe

Gewahrsam in Über-/Unterordnungsverhältnissen

Mehrstufiger Gewahrsam: Wegnahme (+), wenn übergeordneter Gewahrsam gebrochen wird

Untergeordneter Gewahrsam im Verhältnis zum Geschäftsherrn → Ausnahmen:

- Kleine Ladengeschäfte: Alleingewahrsam (Ladeninhaber), Angestellte sind Gewahrsamsgehilfen
- Lkw-Fahrer: maßgeblich, ob Einwirkungsmöglichkeiten des Geschäftsinhabers bestehen
- Schlüsselinhaber: Alleingewahrsam, z.B. Panzerschrank

HEMMER-METHODE zu ÜK 3

Der Gewahrsamsbegriff ist ein zentrales Element des objektiven Tatbestandes des Diebstahls. Er ist dabei dem unmittelbaren Besitz im Sinne des BGB ähnlich, jedoch nicht gleichbedeutend. So wirken sich Besitzfiktionen wie § 855 BGB für den sog. Besitzdiener und § 857 BGB für den Erben im Strafrecht nicht aus. Hier entscheidet vielmehr das tatsächliche Herrschaftsverhältnis über die Sache.

Die Entstehung, die Reichweite und der Verlust des Gewahrsams richten sich maßgeblich nach der Verkehrsauffassung. So stellt eine vorübergehende räumliche Trennung des Gewahrsamsinhabers von der Sache eine bloße Gewahrsamslockerung dar. Dies hat insbesondere bei der Abgrenzung von Diebstahl und Betrug Bedeutung. An verlorenen Sachen besteht grundsätzlich kein Gewahrsam; ausnahmsweise besteht jedoch für in der eigenen Wohnung verlorene Sachen Gewahrsam (sog. Gewahrsamssphäre).

In Examensfällen treten häufig mehrere Personen in Erscheinung. Typisch ist daher der Gewahrsam in Über-/Unterordnungsverhältnissen. Hier wird auf die Figur des mehrstufigen Mitgewahrsams zurückgegriffen (eine M.M. lehnt dies ab und nimmt Alleingewahrsam des sozial Übergeordneten an). In der Regel hat dabei der Angestellte im Verhältnis zum Geschäftsherrn untergeordneten Mitgewahrsam. Bricht dieser den Gewahrsam des Geschäftsherrn, so liegt Diebstahl und nicht Unterschlagung vor.

Diebstahl, § 242 I StGB – Tathandlung: Wegnahme (II)

StrafR BT I, Rn. 13 ff.

Tathandlung: Wegnahme

Vollendung des Diebstahls

Gewahrsamswechsel

Neuer Gewahrsam begründet: Sachherrschaft derart erlangt, dass der Täter sie ohne wesentliche Hinc ausüben kann

Apprehensionstheorie: Zum Gewahrsamswechsel führende Ansichnahme erforderlich

Problemfeld: Gewahrsamswechsel in fremdem, räumlichem Herrschaftsbereich (z.B. Selbstbedienungsladen)

⇨ bei kleinen Gegenständen bereits durch Einstecken

⇨ Beobachtung bzw. elektronische Sicherung schließt Gewahrsamserlangung nicht aus

Tatbestandsausschließendes Einverständnis

Bruch fremden Gewahrsams nur bei Handeln ohne oder gegen den Willen des Inhabers

⇨ maßgeblich: innerer Wille des Gewahrsamsinhabers

Diebesfalle

Einverständnis (+), da Kenntnis nicht erforderlich
⇨ § 242 I StGB (-); §§ 242 II, 22 StGB (+)

Automatendiebstahl

Bedingtes Einverständnis für vorgesehene Zahlungsmittel ⇨ § 242 StGB (+); § 265a StGB (-)

HEMMER-METHODE zu ÜK 4

Die Vollendung des Diebstahls hat weitreichende Bedeutung: So ist z.B. für die Abgrenzung von Raub und räuberischem Diebstahl entscheidend, wann der Täter die Nötigungsmittel angewendet hat. Vor Vollendung des Diebstahls kommt eine Verwirklichung des § 249 StGB in Betracht. Nach Vollendung, aber noch vor materieller Beendigung, ist der Anwendungsbereich des § 252 StGB eröffnet.

Die Präzisierung der Begrifflichkeit „Gewahrsamswechsel" wird nach der herrschenden Apprehensionstheorie vorgenommen. In der Klausur brauchen Sie darüber hinaus die sog. Kontrektationstheorie (Berühren der Sache genügt) oder die Ablationstheorie (Fortschaffen der Beute) nicht zu erwähnen. Legen Sie hier Wert auf eine genaue Auswertung des Sachverhalts, statt sich in einem schon entschiedenen Meinungsstreit zu verlieren.

Der Bruch fremden Gewahrsams ist nur gegen oder ohne den Willen des Inhabers möglich. Hier sollte Ihnen die Abgrenzung zwischen tatbestandsausschließendem Einverständnis und rechtfertigender Einwilligung bekannt sein. Für den Tatbestand des § 242 StGB ist besonders wichtig, dass ein Einverständnis auch dann eine Wegnahme i.S.d. § 242 StGB ausschließt, wenn der Täter hiervon keine Kenntnis hat. Daher ist bei der sog. Diebesfalle (Diebesbeute wird ausgelegt, um den Dieb des Diebstahls zu überführen) lediglich wegen (untauglichen) Versuchs zu bestrafen.

Absicht rechtswidriger Zueignung

I. Gegenstand der beabsichtigten Zueignung

Zueignung der Sache selbst ihrer Substanz nach (**Substanztheorie**) oder des in ihr verkörperten Sachwerts (**Sachwerttheorie**)
⇨ Verbindung dieser Theorien ergibt die sog. **Vereinigungstheorie** der h.M. Hiernach wird der Veräußerungserlös (lat.: „lucrum ex negotio cum re“) nicht mitumfasst.

II. Zueignung

= Anmaßung einer eigentümerähnlichen Herrschaftsmacht (lat.: „se ut dominum gerere“)

1. Aneignungskomponente

zumindest vorübergehende Einverleibung in das eigene Vermögen
⇨ **dolus directus 1. Grades**

- (-) bei bloßer Sachentziehung
- (-) bei fehlender Anmaßung von Eigentümerrechten („Dienstmützenfall“)

2. Enteignungskomponente

dauerhafte Verdrängung des Eigentümers aus seiner bisherigen Herrschaftsposition
⇨ **dolus eventualis** (im Zeitpunkt der Wegnahme)

- (-) bei bloßer Gebrauchsanmaßung
- (-) bei sog. Finderlohnfällen

HEMMER-METHODE zu ÜK 5

Die Absicht rechtswidriger Zueignung ist ein absoluter Klassiker! Hier lassen sich leicht Klausurkonstellationen schaffen, welche die Systematik des Besonderen Teils des Strafgesetzbuchs verdeutlichen.

Auf den Meinungsstreit zum Gegenstand der Zueignungsabsicht sollten Sie nur dann näher eingehen, wenn dies für das Ergebnis relevant ist. Bei den sog. Sparbuchfällen, bei denen der Täter nach Abhebung eines Geldbetrages das Sparbuch selbst wieder zurücklegt, fehlt nach der Substanztheorie ein taugliches Objekt der erstrebten Zueignung. Auch eine Strafbarkeit nach § 263 StGB scheidet aus: Beim Sparbuch handelt es sich um ein Legitimationspapier gem. § 808 I BGB. Der Bankangestellte (Dreiecksbetrug!) wird sich über die Berechtigung des Inhabers regelmäßig keine Gedanken machen, da diese ihm gem. § 808 I BGB gleichgültig sein kann. Somit fehlt es bereits an einem Irrtum i.S.d. § 263 StGB. Indes kann nach der herrschenden Vereinigungstheorie der Geldbetrag als verkörperter Sachwert (lat.: lucrum ex re) angesehen und insoweit ein taugliches Zueignungsobjekt angenommen werden, was zu einer Bejahung von § 242 StGB führt. So wird mit der h.M. eine unbillige Strafbarkeitslücke vermieden.

Seien Sie vorsichtig, in Fällen der Sachentziehung und Gebrauchsanmaßung vorschnell die Straflosigkeit des Täters anzunehmen. Bei der Sachentziehung sind häufig noch die §§ 303, 133, 274 StGB zu prüfen. Von der grundsätzlich straflosen Gebrauchsanmaßung (lat.: „furtum usus“) gibt es die Ausnahme des § 248b StGB, der gerade das Gebrauchsrecht schützt.

Wer ein Mobiltelefon ausschließlich deshalb wegnimmt, um darauf vermeintlich gespeicherte Bilder zu löschen, weist keine für die Bejahung der Zueignungsabsicht erforderliche Aneignungsabsicht auf. Diese setzt vielmehr voraus, dass der Täter im Zeitpunkt der Wegnahme die fremde Sache unter Ausschließung des Eigentümers oder bisherigen Gewahrsamsinhabers körperlich oder wirtschaftlich für sich oder einen Dritten erlangt und sie der Substanz oder dem Sachwert nach seinem Vermögen oder dem eines Dritten „einverleiben“ will.

Diebstahl, § 242 I StGB – RW der beabsichtigten Zueignung

StrafR BT I, Rn. 25 ff.

Rechtswidrigkeit der Zueignung

Rechtswidrigkeit der erstrebten Zueignung (objektives Tatbestandsmerkmal), (-) bei fälligem und einredefreiem Übereignungsanspruch

Stückschuld

Anspruch auf ganz bestimmte Sache
⇨ rechtswidrige Zueignung (-)

Geldschuld (str.)

Rspr.: wie Gattungsschuld
⇨ rechtswidrige Zueignung (+), evtl. Irrtum über Rechtswidrigkeit
A.A.: Wertsummenverbindlichkeit: Auswahlrecht ohne Bedeutung
⇨ rechtswidrige Zueignung (-)

Gattungsschuld

Auswahlrecht des Schuldners, § 243 I BGB
⇨ rechtswidrige Zueignung (+)

HEMMER-METHODE zu ÜK 6

Bei der Absicht rechtswidriger Zueignung, die streng von der Rechtswidrigkeit des Diebstahls insgesamt zu trennen ist, ist vor allem folgende Irrtumsproblematik examensrelevant:

Bsp.: A hat einen fälligen und einredefreien Anspruch auf 50 € gegenüber B, welcher A bisher immer vertröstet hatte. Als A gerade bei B zu Besuch ist und dieser im Nebenzimmer telefoniert, nimmt sich A 50 € aus der Brieftasche des B. Dabei meint A, dies sei sein gutes Recht. Strafbarkeit des A gemäß § 242 I StGB?

Fraglich ist allein, ob die Zueignung rechtswidrig ist. Nach der Wertsummentheorie wird dies verneint, da A einen fälligen einredefreien Anspruch auf Zahlung in Höhe von 50 € hat. Geld sei nicht wie eine Gattungsschuld zu behandeln, da Geld keine „mittlere Art und Güte“ aufweisen könne. Das Auswahlrecht des Gläubigers gemäß § 243 I BGB sei daher nicht zu schützen.

Dem widerspricht insbesondere die Rechtsprechung. Mit diesem Ansatz werde letztlich Geld auf einen bloßen Sachwert reduziert, Diebstahl sei aber ein Eigentumsdelikt. Deshalb kommt es auch bei Geld auf die konkreten Geldscheine an. A hatte im Beispielsfall jedoch keinen einredefreien Anspruch auf Übereignung gerade des von ihm entnommenen Geldes. Richtigerweise ist daher die Rechtswidrigkeit der Zueignung zu bejahen.

A ging jedoch davon aus, dass er ein Recht hätte, die konkreten Geldscheine an sich zu nehmen. Insoweit irrte A über die Rechtswidrigkeit der Zueignung (= normatives Tatbestandsmerkmal). Fraglich ist, ob ein Sachverhaltsirrtum (dann Tatbestandsirrtum, § 16 StGB) oder ein Irrtum bei der rechtlichen Bewertung (dann Verbotsirrtum, § 17 StGB) vorliegt. Der Schwerpunkt dürfte vorliegend dabei auf einem Bewertungsirrtum liegen, § 17 StGB. Wegen der Nähe zu einem Tatbestandsirrtum und weil einem Rechtsunkundigen dieser Irrtum nicht vorgeworfen werden kann, geht die Rspr. regelmäßig von einem unvermeidbaren Verbotsirrtum aus. A hat sich folglich mangels Schuld nicht strafbar gemacht.

Besonders schwerer Fall des Diebstahls, § 243 StGB

StrafR BT I, Rn. 29 ff.

Strafzumessungsregel, § 243 StGB

Wichtige Regelbeispiele (§ 243 I S. 2 Nr. 1 StGB)

Einbrechen	Einsteigen	Falscher Schlüssel
• gewaltsam(es) (Substanzverletzung nicht erforderlich) • Öffnen einer den Zugang hindernden Umschließung	• Betreten eines Raumes auf außergewöhnlichem Weg • Stützpunkt im Raum, aber kein Eindringen mit dem ganzen Körper erforderlich	Bei Originalschlüssel, wenn zur Tatzeit „entwidmet“: Nach **Rspr.** bereits durch bloße Entdeckung des Schlüsseldiebstahls durch den Berechtigten

§ 243 StGB und Versuch

Diebstahl, § 242 StGB	Regelbeispiel	Strafbarkeit
• vollendet	• voll verwirklicht →	§§ 242, 243 StGB (unstr.)
• nur versucht	• voll verwirklicht →	§§ 242 II, 22 i.V.m. 243 StGB (unstr.)
• vollendet	• nur „versucht“ →	h.L./BGH: § 242; §§ 242, 243 StGB nur bei unbenanntem schwerem Fall
• nur versucht	• nur „versucht“ →	h.L.: §§ 242 II, 22 StGB BGH: §§ 242 II, 22 i.V.m. § 243 StGB

§ 243 StGB enthält eine Strafzumessungsregel. Sie ist gerade kein (qualifizierter oder privilegierter) Straftatbestand und in der Klausur richtigerweise erst im Anschluss an die Schuldfrage zu prüfen. Die Regelbeispiele des § 243 I S. 2 Nr. 1-7 StGB sind weder abschließend noch zwingend. Sie entfalten lediglich Indizwirkung. Der Richter kann sowohl bei dem Vorliegen eines Regelbeispiels einen besonders schweren Fall des Diebstahls entfallen lassen, als auch einen besonders schweren Fall annehmen, wenn keines der Beispiele des § 243 I S. 2 Nr. 1-7 StGB verwirklicht ist. Beachten Sie, dass § 16 StGB im Rahmen des § 243 StGB nach h.M. analog angewandt wird. Hierfür spricht die tatbestandsähnliche Ausgestaltung von § 243 StGB.

Beachten Sie außerdem, dass § 243 I S. 2 Nr. 1 StGB lediglich auf ein Gebäude abstellt. Der „Wohnungseinbruch" stellt eine Qualifikation gem. § 244 I Nr. 3 StGB dar. Eine weitere Qualifikation normiert § 244 IV StGB, wenn eine dauerhaft genutzte Privatwohnung betroffen ist. Insoweit handelt es sich um ein Verbrechen, so dass z.B. eine versuchte Anstiftung hierzu unter Strafe steht (§ 30 I S. 1 Var. 1 StGB).

Ein absoluter Klassiker ist die Problematik der Versuchsstrafbarkeit i.V.m. § 243 StGB. Beachten Sie dabei, dass es den Versuch des Regelbeispiels tatbestandlich nicht geben kann (vgl. Wortlaut § 22 StGB). Umstritten ist nur, ob die Indizwirkung des Regelbeispiels schon dann eingreifen soll, wenn der Tatentschluss hinsichtlich des § 243 StGB gegeben, das Regelbeispiel aber nicht verwirklicht worden ist. Der BGH bejaht dies – anders als die h.L. –, wenn auch der Grundtatbestand im Versuch steckengeblieben ist. Denn dann sei die Tat als solche nur versucht, daran ändere auch die Bejahung des vom Tatentschluss miterfassten Regelbeispiels nichts (vgl. BGH, Beschluss vom 28.07.2010 – 1 StR 332/10 = Life&LAW 05/2011, 323 ff.).

Qualifikationstatbestand, § 244 StGB

I. Diebstahl mit Waffen, § 244 I Nr. 1 StGB

1. **Waffe, gefährliches Werkzeug**
   § 244 I Nr. 1a StGB: Waffen und objektiv (abstrakt) gefährliche Werkzeuge; Mitführen ohne besondere Verwendungsabsicht genügt
   str.: Dienstwaffenträger
2. **Sonstiges Mittel: „Scheinwaffe“**
   § 244 I Nr. 1b StGB: objektive Gefährlichkeit nicht erforderlich; subjektives Handeln in der Absicht, Widerstand zu überwinden
   „Scheinwaffe“ in § 244 I Nr. 1b StGB miterfasst

II. Bandendiebstahl, § 244 I Nr. 2 StGB

1. **Bandendiebstahl**
   Bande: mind. 3 Personen ⇨ fortgesetzte Begehung
   Bandenmitgliedschaft: bes. pers. Merkmal i.S.d. § 28 II StGB (str.)
2. **Unter Mitwirkung**
   - **e.A.:** nur bei Zusammenwirken mit Bandenmitglied am Tatort
   - **a.A.:** Anwesenheit von 2 Bandenmitgliedern genügt
   - **BGH:** keine örtlich und zeitlich im Zusammenhang begangene Wegnahmehandlung von 2 Mitgliedern nötig; Mitwirkung in irgendeiner relevanten Weise ausreichend; auch „Bandenfremder“ kann Wegnahme ausführen

III. Wohnungseinbruchsdiebstahl, § 244 I Nr. 3, IV StGB

- Wohnung: Räume, die im Hauptzweck Menschen zur ständigen Benutzung dienen, ohne hauptsächlich Arbeitsraum zu sein
- Tatmodalitäten entsprechen § 243 I S. 2 Nr. 1 StGB
- **Dauerhaft genutzte Privatwohnung, § 244 IV StGB:** zusätzliche Qualifikation aufgrund der besonderen Schutzwürdigkeit des privaten Lebensbereichs

Strittig ist, was unter einem „gefährlichen Werkzeug“ im Sinne des § 244 I Nr. 1a Var. 2 StGB zu verstehen ist. Der Gesetzgeber verwies bei der Gesetzesbegründung auf die Begrifflichkeit in § 224 I Nr. 2 Var. 2 StGB. Bei der gefährlichen Körperverletzung kommt es insoweit maßgeblich darauf an, ob das Werkzeug nach der konkreten Art der Anwendung geeignet ist, erhebliche Verletzungen hervorzurufen. Jedoch kann diese Definition nicht einfach übertragen werden. Denn anders als § 224 I Nr. 2 StGB („mittels“) setzt § 244 I Nr. 1a StGB gerade kein Verwenden des Werkzeugs voraus, es genügt vielmehr ein bloßes „Bei-sich-führen“.

Nach einer Auffassung muss wegen dem gesetzgeberischen Hinweis für die Bejahung des § 244 I Nr. 1a Var. 2 StGB jedenfalls die subjektive Tendenz des Täters nachweisbar sein, das Werkzeug entsprechend gefährlich einzusetzen. Nach anderer Auffassung ist rein objektiv zu bestimmen, ob ein Gegenstand eine „Waffenähnlichkeit“ aufweist. Zu diskutieren ist die Problematik etwa dann, wenn der Täter einen großen Hammer bei der Tat bei sich führt.

Beachten Sie: Auch Schreckschusspistolen, bei denen Luft nach vorne austritt, sind nach der Rechtsprechung des BGH als Waffen im strafrechtlichen Sinne einzuordnen. Der Begriff „Waffe“ orientiert sich nämlich insoweit an den Festlegungen im Waffengesetz, in welchem auch für eine Schreckschusspistole ein sog. „kleiner Waffenschein“ erforderlich ist.

Klausurrelevant ist auch die Frage der Möglichkeit eines Teilrücktritts von der Qualifikation zwischen Versuchsbeginn und Vollendung des Diebstahls. Die Literatur bejaht dies wegen der erheblichen Unrechtsreduzierung bei dem Rücktritt von der Qualifikation.

Vernachlässigen Sie nicht Konkurrenzprobleme! § 244 StGB verdrängt §§ 242, 243 StGB aufgrund von Gesetzeskonkurrenz. Dies gilt zum Beispiel für den „Wohnungseinbruchsdiebstahl“, bei dem – ungeachtet dessen, ob § 244 I S. 3 StGB oder § 244 IV StGB einschlägig ist – auch § 243 I S. 2 Nr. 1 StGB verwirklicht wird.

Unterschlagung, § 246 StGB

I. Tatbestand

1. **Objektiver Tatbestand**
   - Tatobjekt: fremde bewegliche Sache
   - Tathandlung: Sache sich oder einem Dritten rechtswidrig zueignen

   ⇨ Zueignungswille **objektiv betätigt**: Täter nimmt Handlungen vor, die ein objektiver Betrachter als Zueignung verstehen muss

   ⇨ Problemfeld: **wiederholte Zueignung** bei weiteren Verwertungsakten

Konkurrenzlösung	⟷	**Tatbestandslösung (h.M.)**
Erneute tatbestandliche Zueignung ⇨ mitbestrafte Nachtat		weitere Herrschaftsakte schon keine tatbestandliche Zueignung

2. **Subjektiver Tatbestand**
   Vorsatz: dolus eventualis

II. Rechtswidrigkeit

III. Schuld

IV. Evtl. §§ 247, 248a StGB

(Strafantrag als Strafverfolgungsvoraussetzung)

HEMMER-METHODE zu ÜK 9

Wegen des weiten Tatbestandes, der § 246 StGB zu einem Auffangtatbestand macht, ist die Unterschlagung ausdrücklich subsidiär, vgl. § 246 I StGB a.E. Dabei ist streitig, wie weit diese Subsidiaritätsklausel reicht. Zum Teil wird keine Begrenzung angenommen, so dass § 246 I StGB auch etwa hinter einem Totschlag zurücktritt. Argumentiert wird mit dem Wortlaut, der – anders als etwa § 265 StGB – keinen Bezug nur zu bestimmten Delikten enthalte. Dem ist jedoch entgegenzutreten. Es widerspräche der konkurrenzrechtlichen Grundsystematik, wenn ein Eigentumsdelikt hinter einem Delikt, welches völlig andere Rechtsgüter schützt, zurücktreten müsste. Deshalb ist die Subsidiaritätsklausel dahingehend berichtigend auszulegen, dass sie nur gegenüber sonstigen Vermögensdelikten greift.

Ein weiteres klassisches Problem ist das der „wiederholten Zueignung“. Nach der Konkurrenzlösung sind auch nach einer Zueignungshandlung die weiteren Zueignungshandlungen tatbestandliche Unterschlagungen, treten allerdings auf Konkurrenzebene zurück. Nach der Tatbestandslösung wird hingegen die Zueignung als ein einmaliger Akt verstanden, nämlich als Herstellen einer eigentümerähnlichen Stellung. Die Nutzung der gestohlenen Sache ist damit schon tatbestandlich keine weitere Unterschlagung.

Für die sog. Konkurrenzlösung spricht das Bestreben eines umfassenden Eigentumsschutzes. Nur so könne die Teilnahme an der nachfolgenden Unterschlagung strafrechtlich sanktioniert werden. Vorzugswürdig ist allerdings die Tatbestandslösung, da ansonsten eine unbegrenzte Verlängerung der Verjährungsfrist bezüglich der Ersttat droht. Zudem gelten die §§ 259, 260 StGB als sog. Anschlussdelikte insoweit als abschließend. Eine nicht hinnehmbare Strafbarkeitslücke besteht damit nicht.

Raub, § 249 StGB – Prüfungsschema

Raub, § 249 StGB

I. Tatbestand

1. Objektiver Tatbestand

a) Tatobjekt: fremde bewegliche Sache

b) Tathandlung: Wegnahme

c) Nötigungsmittel:

- Gewalt gegen eine Person ↔ Drohung mit gegenwärtiger Gefahr für Leib oder Leben

d) Finalität (zwischen b) und c))

2. Subjektiver Tatbestand

a) Vorsatz bzgl. aller objektiven Tatbestandsmerkmale

b) Absicht, die Sache sich oder einem Dritten rechtswidrig zuzueignen

II. Rechtswidrigkeit

III. Schuld

HEMMER-METHODE zu ÜK 10

Der Raub gemäß § 249 StGB ist ein selbständiges Delikt, welches aus dem vollen objektiven und subjektiven Tatbestand des einfachen Diebstahls und einer (qualifizierten) Nötigung zusammengesetzt ist. Schutzgut ist dabei zum einen das Eigentum, zum anderen die persönliche Willensfreiheit.

§ 249 StGB verdrängt im Wege der Gesetzeskonkurrenz die §§ 242 und 240 StGB (Fall der Spezialität).

Wegen des Schutzzweckes der Willensfreiheit sind die prozessualen Privilegierungen der §§ 247, 248a StGB (hier ist grds. ein Strafantrag Strafverfolgungsvoraussetzung) auf § 249 StGB nicht anwendbar.

Besonderes Augenmerk sollten Sie auf den erforderlichen finalen Zusammenhang zwischen den qualifizierten Nötigungsmitteln und der Wegnahme richten: Der Täter muss aus seiner Sicht die Nötigungsmittel zum Zweck der Wegnahme anwenden. Die hohe Strafe bei Raub resultiert nämlich gerade daraus, dass der Täter qualifizierte Nötigungsmittel, mithin besonders gefährliche bzw. sonst verwerfliche Mittel anwendet, um eine Wegnahme zu ermöglichen.

Über die finale Verknüpfung von Nötigungshandlung und Wegnahme hinaus müssen beide den Raubtatbestand konstituierenden Elemente in einem zeitlichen und örtlichen Zusammenhang stehen (sog. „raubspezifische Einheit"). Für diesen Zusammenhang ist allerdings nicht erforderlich, dass der Ort der Nötigungshandlung und der Ort des Gewahrsamsbruchs identisch sind (vgl. BGH, Urteil vom 22.06.2016 – 5 StR 98/16 = Life&LAW 12/2016, 863 ff.).

Raub, § 249 StGB – Objektiver Tatbestand

Gewalt gegen eine Person i.S.d. § 249 StGB

- Körperlich wirkender Zwang
- Zur Überwindung eines geleisteten oder erwarteten Widerstandes

Vis absoluta	**Vis compulsiva**
= „Unwiderstehliche Gewalt“; kein Widerstand möglich z.B. Einsperren, Fesseln u.ä.	= Willensbeugung: Muss das Opfer als körperlich wirkenden Zwang empfinden

Drohung gegen eine Person i.S.d. § 249 StGB

- In-Aussicht-Stellen eines zukünftigen empfindlichen Übels (⇔ Gewalt)
- Auf dessen Verwirklichung der Täter Einfluss zu haben vorgibt (⇔ Warnung)
- Zur Erreichung des Nötigungserfolges

Finalität: Gewalt oder Drohung als Mittel zur Wegnahme

Einsatz der Raubmittel subjektiv zweckgerichtet zur Wegnahme (Finalität);
Kausalität zwischen Raubmitteln und Wegnahme nicht erforderlich (Argument: Wortlaut § 249 StGB)

Bei bloßer Ausnutzung der Gewalt (-) ⟷ **Fortdauernde Gewalt (+)**

HEMMER-METHODE zu ÜK 11

In einem Gutachten sind regelmäßig beide Formen der Nötigungsmittel zu prüfen. Die Abgrenzung zwischen einer Drohung mit gegenwärtiger Gefahr für Leib oder Leben und Gewalt gegen eine Person (in Form der vis compulsiva) kann im Einzelfall schwierig sein. Hauptabgrenzungskriterium ist, dass die Drohung sich auf die Zukunft bezieht (künftiges Übel), während die Gewalt in der Gegenwart stattfindet (gegenwärtiges Übel).

Die Gewalt muss beim Raub „gegen eine Person" gerichtet sein. Ausreichend ist eine mittelbar gegen den Körper gerichtete Gewalt, wenn sie vom Opfer als körperlicher Zwang empfunden wird. Allein psychisch empfundener Zwang genügt hingegen nicht. Jedoch kann eine Gewalt gegen Sachen ausnahmsweise dann genügen, wenn diese als physische Einwirkung auf die Person empfunden wird (z.B. beim Einsperren desjenigen, der den Täter an der Tat hindern könnte).

Klausurtypisch ist v.a. das Erfordernis des Finalzusammenhangs. Für die Annahme eines Finalzusammenhangs zwischen qualifiziertem Nötigungsmittel und Wegnahme reicht es nicht aus, wenn das Opfer die Wegnahme unter dem Eindruck einer zuvor ohne Wegnahmeabsicht ausgesprochenen Drohung duldet (vgl. BGH, Beschluss vom 24.04.2018 – 5 StR 606/17 = Life&LAW 01/2019, 33 ff.).

Schwerer Raub, § 250 StGB

StrafR BT I, Rn. 65 ff.

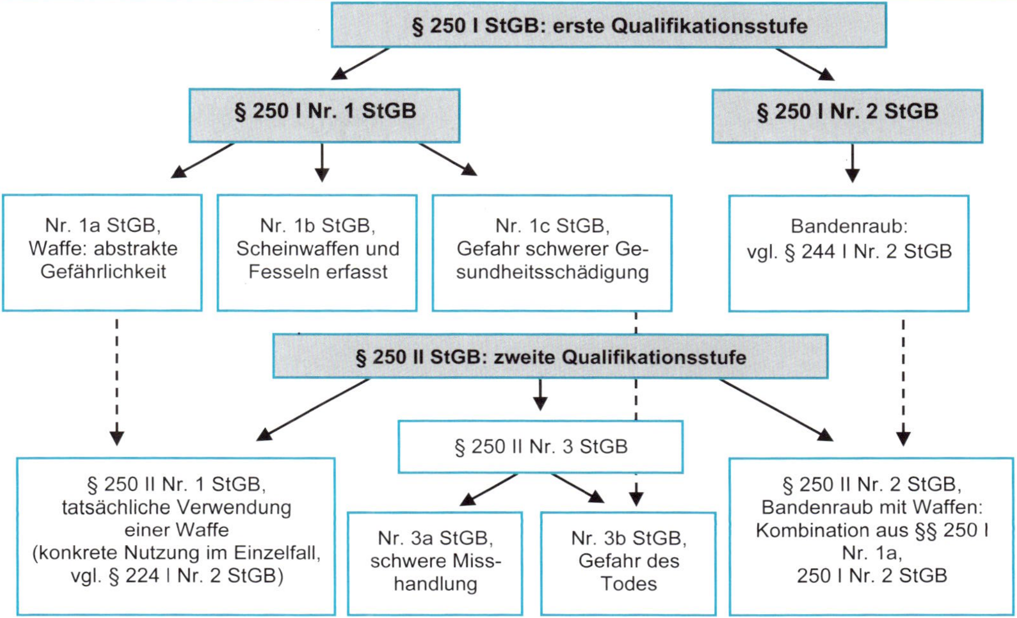

HEMMER-METHODE zu ÜK 12

Zu den Standardproblemen gehört die „Scheinwaffenproblematik“. Setzt der Täter beim Raub etwa eine täuschend echt aussehende Spielzeugpistole als Drohmittel ein, so ist § 250 I Nr. 1b StGB verwirklicht. Fraglich ist dagegen, ob Gleiches gilt, wenn der Täter seinem Opfer einen Labellostift oder ein Plastikrohr in den Rücken presst, um den Anschein zu erwecken, er verwende gerade eine Schusswaffe. Da der Wortlaut des § 250 I Nr. 1b StGB allein auf die subjektive Vorstellung des Täters abstellt, könnte auch ein solches Verhalten einen schweren Raub darstellen. Jedoch korrigiert der BGH dieses kriminalpolitisch unerwünschte Ergebnis, indem er es für die Verwirklichung des § 250 I Nr. 1b StGB für erforderlich erachtet, dass das Werkzeug oder Mittel selbst tauglich ist, den Anschein eines gefährlichen Gegenstandes zu erwecken. Denn andernfalls sei es die bloße List des Täters, welche zu einer unverhältnismäßigen Straferhöhung führe.

Machen Sie sich klar, dass der schwere Raub zwei unterschiedliche Qualifikationsstufen enthält, nämlich § 250 I StGB und § 250 II StGB. Machen Sie sich hierbei die Zusammenhänge bewusst:

Die Qualifikationsstufe des § 250 II Nr. 2 StGB setzt sich aus § 250 I Nr. 2 und I Nr. 1a StGB zusammen (beachtlich ist, dass im Wortlaut des § 250 II Nr. 2 StGB das gefährliche Werkzeug nicht erwähnt ist). § 250 I Nr. 1a StGB erschöpft sich in dem „Bei-sich-Führen“, während in § 250 II Nr. 1 StGB die konkrete Verwendung maßgeblich ist. Ein „Verwenden“ i.d.S. ist nach der Rspr. jeder zweckgerichtete Gebrauch. Hierfür genügt der Einsatz als Drohmittel. Außerdem ist erforderlich, dass es sich um objektiv gefährliche Gegenstände handelt. Daran fehlt es etwa bei einer ungeladenen Schusswaffe.

Die schwere Gesundheitsgefährdung (Gefahr längerer Krankheit oder Arbeitsunfähigkeit) setzt sich in der Gefahr des Todes fort. § 250 I Nr. 1c StGB ist damit ein Gefährdungstatbestand mit der Folge, dass § 18 StGB nicht anwendbar ist.

Nach der Rspr. ist die Anwendung der Qualifikation des § 250 StGB auch im Beendigungsstadium der Tat möglich (vgl. BGH, Beschl. v. 20.06.2017 – 2 StR 130/17 = Life&LAW 03/2018, 183 ff.).

Raub mit Todesfolge, § 251 StGB

I. Tatbestand, § 249 StGB

II. Tatbestand, § 251 StGB

1. **Objektive Komponente:** Verursachung des Todes durch den Raub
   a) Kausalität
   b) Unmittelbarkeitszusammenhang: tatbestandsspezifische Gefahr der **Raubhandlung** realisiert sich in der schweren Folge
   - „Anderer Mensch“:
     auch jeder Dritte, nicht jedoch der Tatkomplize (str.)
   - Im Zeitraum zwischen Vollendung und Beendigung möglich (str.)

2. **Subjektive Komponente:** Leichtfertigkeit oder Vorsatz
   Bei Leichtfertigkeit: a) Grobe objektive Sorgfaltspflichtverletzung
   b) Objektive Vorhersehbarkeit des Erfolges

III. Rechtswidrigkeit

IV. Schuld

bei Leichtfertigkeit: subjektive Fahrlässigkeitselemente

Die erfolgsqualifizierten Delikte, zu denen § 251 StGB zählt, sind wegen ihrer Besonderheiten im Aufbau und in der Dogmatik besonders examensrelevant. Der Zusammenhang zwischen Strafrecht AT und BT zeigt sich hier deutlich in § 18 StGB. § 18 StGB ist auch auf Delikte anwendbar, bei denen die Zurechnungsgrenze auf die Stufe der Leichtfertigkeit angehoben ist. Bei bloßer Fahrlässigkeit kommt eine Strafbarkeit gem. § 250 II Nr. 3b StGB in Tateinheit mit § 227 StGB in Betracht. § 251 StGB scheidet aus.

Die Todesfolge muss durch die Anwendung der Raubmittel nach §§ 249, 250 StGB verursacht worden sein. Dies ist nach h.M. vom Beginn des Versuches bis zur Beendigung der Tat grundsätzlich möglich.

Fallbeispiel (*BGHSt 38, 295):* Nach einem Raubüberfall auf eine Bank erschießt der R auf der Flucht vor der Polizei versehentlich eine Passantin.

Fraglich ist i.R.d. § 251 StGB, ob sich die tatspezifische Gefahr des Raubes verwirklicht hat (Unmittelbarkeitszusammenhang), da der Raub mit der Wegnahme vollendet ist.

Literatur: „durch den Raub“ bedeute final zur Wegnahme eingesetzte Gewalt.

Rspr.: Die tatspezifische Gefahr bestehe auch in der Phase der Flucht. Der Anwendungsbereich des § 252 StGB bleibe erhalten, da dieser die Absicht der Beuteerhaltung erfordere und bei der bloßen Fluchtsicherung nicht eingreife.

Durch das Wort „wenigstens“ wird klargestellt, dass auch eine vorsätzliche Begehung möglich ist. Dies entspricht der sog. „Konkurrenzlösung“. Demnach stehen die §§ 212, (211) StGB in Tateinheit mit § 251 StGB, wenn der Täter mit Tötungsvorsatz handelte. Nur so wird klargestellt, dass im Rahmen eines Raubgeschehens mit Tötungsvorsatz gehandelt wurde.

Erfolgsqualifizierter Versuch des § 251 StGB

Erfolgsqualifizierter Versuch des § 251 StGB

Grunddelikt § 249 StGB versucht, qualifizierte Folge eingetreten

I. Vorprüfung

- Strafbarkeit gem. §§ 249, 251, 22, 23 I, 12 I StGB
  ⇨ § 11 II StGB: Vorsatz-Fahrlässigkeits-Kombinationen = Vorsatztaten

II. § 251 StGB, Unmittelbarkeitszusammenhang

Tatbestandsspezifischer Gefahrzusammenhang:

- e.A.: erst mit Vollendung des Grundtatbestandes gegeben
- h.M.: **Handlungsgefährlichkeit** ⇔ Erfolgsgefährlichkeit
  spezifische Gefährlichkeit liegt in der Raubhandlung

III. Leichtfertigkeit

- Mindestens Leichtfertigkeit bzgl. Eintritt des Todes

IV. Rücktritt, § 24 StGB

- e.A.: Rücktritt nicht möglich
  ⇨ mit Eintritt der qualifizierten Folge Strafverschärfung verwirklicht
- BGH: Rücktritt möglich
  ⇨ mit Rücktritt vom versuchten Grunddelikt entfällt der Anknüpfungspunkt für § 251 StGB (Wortlaut § 24 StGB: Ausführung „der Tat")

Versuch der Erfolgsqualifikation des § 251 StGB

Grunddelikt § 249 StGB vollendet, Erfolgsqualifikation versucht

- Nur bei sog. unechten erfolgsqualifizierten Delikten denkbar, da Vorsatz bzgl. der Folge des § 251 StGB erforderlich ist
  § 251 StGB (+), da „wenigstens" Leichtfertigkeit

HEMMER-METHODE zu ÜK 14

Trainieren Sie unbedingt die Problemfelder im Zusammenhang mit dem Versuch des § 251 StGB, indem Sie selbständig den Sachverhalt in Hemmer/Wüst, Strafrecht BT I, Rn. 76 lösen und danach Ihre Bearbeitung mit der ausführlichen Lösung vergleichen. Gerade in dem Bereich der erfolgsqualifizierten Delikte ist ein sicheres Beherrschen des Aufbaus notwendig, um die Problempunkte in der Prüfungssituation richtig zu verorten. Denn im typischen Examensfall wird nicht das einfache Grundschema geprüft, in dem die Prüfungspunkte abgehakt werden können, sondern es wird eine Verknüpfung verschiedener Schemata erwartet. Dies kann bereits durch die Beteiligung mehrerer erreicht werden. Beachten Sie dabei, dass bei jedem Tatbeteiligten nach §§ 29, 18 StGB gesondert zu prüfen ist, ob ihm hinsichtlich der schweren Folge des § 251 StGB ein Leichtfertigkeitsvorwurf gemacht werden kann.

Der Streit um die Differenzierung zwischen Handlungsgefährlichkeit und Erfolgsgefährlichkeit kann auch bereits im Rahmen des Prüfungspunktes „Strafbarkeit des Versuches“ in der Vorprüfung dargestellt werden. Jedoch würde dann die Prüfung etwas „kopflastig“ und es bestünde die Gefahr, abstrakt und ohne Bezug zu dem Tatbestand des § 251 StGB allgemein auf die Problematik des erfolgsqualifizierten Versuchs einzugehen. Zudem dreht sich der Streit gerade darum, ob im Rahmen des § 251 StGB bei versuchtem Grunddelikt ein Unmittelbarkeitszusammenhang gegeben sein kann.

Merken Sie sich, dass beim Raub die spezifische Gefahr des Todeseintritts eines der Opfer nicht in der Vollendung der Wegnahme liegt, sondern in der Anwendung der Raubmittel. Demzufolge wird an die Handlungsgefährlichkeit angeknüpft. Ein erfolgsqualifizierter Versuch (Grunddelikt versucht, schwere Folge eingetreten) ist deshalb möglich.

Räuberischer Diebstahl, § 252 StGB

StrafR BT I, Rn. 79 ff.

I. Tatbestand

1. Objektiver Tatbestand

a) Vortat: Diebstahl, Raub (Arg.: Tatbestand § 242 StGB in § 249 StGB enthalten [Spezialität])

b) Auf frischer Tat betroffen:

zeitlicher Zusammenhang

im Beendigungszeitraum möglich
⇔ vor Vollendung: § 249 StGB
⇔ nach Beendigung: § 240 StGB

räumlicher Zusammenhang

am Tatort oder in unmittelbarer Nähe

Problemfeld: Verfolgungsfälle

c) Gewalt gegen eine Person / Drohung mit Gefahr für Leib oder Leben

2. Subjektiver Tatbestand

a) Vorsatz

b) Besitzerhaltungsabsicht ⇨ (-) bei bloßer Fluchtabsicht

II. Rechtswidrigkeit

III. Schuld

HEMMER-METHODE zu ÜK 15

Der räuberische Diebstahl ist ein raubähnliches Sonderdelikt und stellt damit keine Qualifikation zu § 242 StGB dar. Beachten Sie insbesondere, dass der Täter „gleich einem Räuber“ zu bestrafen ist. Daraus folgt die Anwendbarkeit des Qualifikationstatbestandes § 250 StGB sowie der Erfolgsqualifikation des § 251 StGB.

Zentrales Merkmal des objektiven Tatbestandes ist dabei das Betroffensein auf frischer Tat. Dazu ist ein räumlicher und zeitlicher Zusammenhang erforderlich. Dagegen genügt nicht, dass der Diebstahl selbst sofort bemerkt wird, der Täter aber erst im Laufe einer anschließenden Suche gefunden wird.

Umstritten ist die Frage, ob § 252 StGB anwendbar ist, wenn der Täter einer vermeintlichen Entdeckung etwa durch schnelles Zuschlagen zuvorkommen will. Nach der Rspr. genügt bereits ein räumlich-zeitliches Zusammentreffen, ohne dass der Täter schon bemerkt wurde. Das Merkmal „betroffen“ ist danach nicht nur bei einem „Betroffen-*Werden*“ (durch einen anderen) erfüllt, sondern auch bei einem (nur subjektiven) „Betroffen-Sein“. Der Gegenansicht geht dies zu weit, sie reklamiert einen Verstoß gegen das Analogieverbot. Eine so weitgehende Auslegung überschreite den möglichen Wortsinn.

Problematisch ist i.R.d. § 252 StGB außerdem, ob ein Teilnehmer an der Vortat Täter des § 252 StGB sein kann. Teilweise wird dies verneint, § 252 StGB setze eine täterschaftliche Beteiligung an der Vortat voraus. Nur dann bestehe ein vergleichbarer Unrechtsgehalt wie bei § 249 StGB. Nach anderer Ansicht kann auch der Gehilfe der Vortat Täter des § 252 StGB sein, wenn er sich im Besitz der Beute befindet und diese für sich sichern will.

Räuberischer Angriff auf Kraftfahrer, § 316a StGB

StrafR BT I, Rn. 86 ff.

I. Tatbestand

1. Objektiver Tatbestand

a) Angriff auf Fahrer oder Mitfahrer verübt…

- **auf Leib oder Leben**
- **auf die Entschlussfreiheit**
  - bei Täuschungen
  - bei „Autofalle“

b) Dabei Ausnutzung der besonderen Verhältnisse des Straßenverkehrs

- sich aus dem fließenden Verkehr ergebende eigentümliche Gefahrenlage
- Problem: Angriff nach Beendigung der Fahrt

2. Subjektiver Tatbestand

a) Vorsatz

b) Absicht zur Begehung eines Raubes, eines räuberischen Diebstahls oder einer räuberischen Erpressung

II. Rechtswidrigkeit + III. Schuld

IV. Minder schwerer Fall, § 316a II StGB

HEMMER-METHODE zu ÜK 16

Zentrale Tatbestandsmerkmale des § 316a StGB sind „Ausnutzung der besonderen Verhältnisse des Straßenverkehrs“ sowie „Angriff auf den Führer eines Kfz oder eines Mitfahrers“. Beziehen Sie bei ihrer Subsumtion ein, dass gerade aus verkehrstypischen Gründen die Verteidigungs- und die Fluchtmöglichkeiten des Opfers eingeschränkt sein müssen. Diese Ausnutzung eigentümlicher Gefahren des (fließenden) Straßenverkehrs ist problematisch, wenn der Überfall auf den Kfz-Führer oder Mitfahrer nach Beendigung der Fahrt erfolgt.

Nach früherer Rechtsprechung des BGH kam § 316a StGB auch dann noch in Betracht. Denn für den Straßenverkehr sei gerade die sog. „Vereinzelungssituation“ typisch, nämlich dass das Opfer an einem einsamen Ort allein dem Täter ausgeliefert ist.

Der BGH hat mit dieser jahrzehntelangen Rechtsprechung gebrochen und bevorzugt eine restriktive Auslegung. In zeitlicher Hinsicht setzt der BGH nun voraus, dass im Tatzeitpunkt, d.h. bei Verüben eines Angriffs, das Tatopfer (noch) Führer oder Mitfahrer eines Kfz ist. Andernfalls fehlt es am spezifischen Bezug zu den Verhältnissen des Straßenverkehrs. Die „Vereinzelungssituation“ als spezifische Gefahr des Straßenverkehrs hat der BGH damit aufgegeben.

Dieser Rechtsprechungswandel ist zu begrüßen. § 316a StGB geht auf das Autofallenraubgesetz aus dem Jahr 1938 zurück. Zum damaligen Zeitpunkt bestand die Befürchtung, dass gerade die Vereinzelung im Straßenverkehr von Räuberbanden ausgenutzt werde. Deshalb bevorzugte die Rechtsprechung eine weite Auslegung bei den Merkmalen des § 316a StGB. Mittlerweile hat es sich nicht bewahrheitet, dass gerade im Straßenverkehr die Gefahr besonders groß ist, Opfer eines Raubes oder einer räuberischen Erpressung zu sein. Deshalb hat § 316a StGB an kriminalpolitischer Bedeutung eingebüßt, so dass eine teleologisch restriktive Auslegung sachgerecht erscheint.

Sachbeschädigungsdelikte – Überblick

StrafR BT I, Rn. 94 ff.

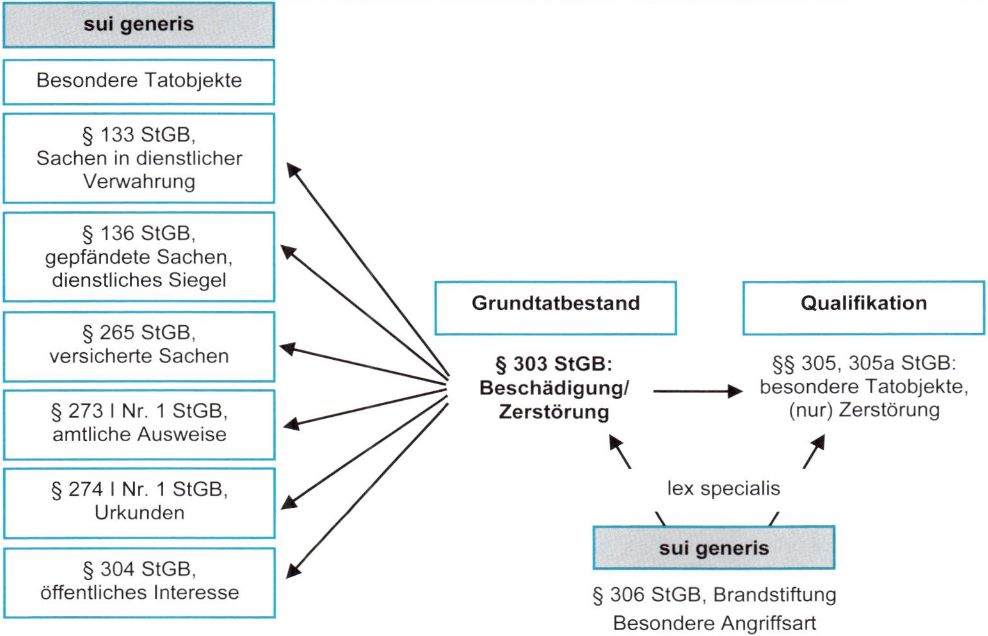

HEMMER-METHODE zu ÜK 17

Um im Rahmen der Sachbeschädigungsdelikte im Examen sicher zu sein, genügt es nicht, nur die im 27. Abschnitt in den §§ 303 ff. StGB enthaltenen Straftatbestände isoliert zu lernen. Gerade hier können Sie dem Korrektor positiv auffallen, wenn Sie auch die etwas weniger bekannten Tatbestände im Sachzusammenhang zur Sachbeschädigung prüfen.

Verdeutlichen Sie sich daher anhand dieser Übersicht die Systematik der Sachbeschädigungsdelikte. Die vom Grundtatbestand abweichenden selbständigen Delikte (Delikte „sui generis" – also keine Qualifikationen des § 303 StGB) beziehen sich entweder auf bestimmte Sachen oder auf besondere Begehungsweisen, wie z.B. bei der Brandstiftung. Im Rahmen der Brandstiftungsdelikte taucht auch die häufige Frage in der mündlichen Prüfung auf, ob eine fahrlässige Sachbeschädigung strafbar ist. Die richtige Antwort wäre dann: Ja, denn § 306 I StGB schützt das Eigentum und die fahrlässige Begehungsweise steht in § 306d I Var. 1 StGB unter Strafe.

Ein Beschädigen bzw. Zerstören im Sinne des § 303 I StGB kommt zum einen bei einer Substanzverletzung in Betracht. Zum anderen aber auch dann, wenn die Funktionsfähigkeit der Sache nicht nur unerheblich beeinträchtigt ist (z.B. Zerlegen einer Armbanduhr in alle Bestandteile; Ablassen der Luft aus einem Autoreifen; Beschmutzen des Diensthemdes eines Polizisten).

Beachten Sie, dass Graffiti unter Strafe steht, wenn das Erscheinungsbild einer fremden Sache nicht nur unerheblich und nicht nur vorübergehend verändert wird, § 303 II StGB. Geht damit eine Substanzschädigung einher, wird § 303 II StGB von § 303 I StGB verdrängt. § 303 II StGB hat hiernach kriminalpolitisch eine Auffangfunktion, wenn bei Graffiti eine Substanzschädigung nicht nachweisbar ist.

Sachbeschädigung, § 303 I StGB

I. Tatbestand

1. Objektiver Tatbestand

a) Tatobjekt: fremde Sache

b) Tathandlung

Beschädigen	**Zerstören**
Einwirkung auf Sachsubstanz: ⇨ körperliche Unversehrtheit **oder** ⇨ Brauchbarkeit nicht unwesentlich beeinträchtigt (Substanz*verletzung* nicht erforderlich)	Einwirkung auf Sachsubstanz: ⇨ Sache der Substanz nach vernichtet **oder** ⇨ Brauchbarkeit völlig aufgehoben (Substanz*verletzung* nicht erforderlich)

2. Subjektiver Tatbestand

Vorsatz

II. Rechtswidrigkeit

III. Schuld

HEMMER-METHODE zu ÜK 18

Die Sachbeschädigung gem. § 303 I StGB wird nur in wenigen Klausurfällen einen Schwerpunkt ausmachen. Meist wird der Tatbestand der Sachbeschädigungsdelikte klar erfüllt sein, während höchstens die Konkurrenzen problematisch sind.

Bei den §§ 133, 136 StGB ist eine Idealkonkurrenz mit § 303 I StGB zu bevorzugen, da die Fremdheit der Sache nicht Tatbestandsvoraussetzung ist. Durch eine gemeinsame Zitierung wird damit deutlich, dass es sich gerade auch um eine fremde Sache handelte. Dagegen tritt die Sachbeschädigung nach h.M. hinter den §§ 273, 274 StGB zurück, da typischerweise dabei gerade fremde Sachen zerstört werden (Fall einer Konsumtion, a.A. vertretbar).

Nach § 303 II StGB wird bestraft, werde unbefugt das Erscheinungsbild einer fremden Sache nicht nur unerheblich und nicht nur vorübergehend verändert. Absatz 2 dient vor allem dazu, unbillige Strafbarkeitslücken zu schließen. Zu denken ist hier insbesondere an die sog. „Graffiti-Fälle“, wenn keine Strafbarkeit nach § 303 I StGB in Betracht kommt. Dies ist dann der Fall, wenn weder die Sachsubstanz beeinträchtigt noch die Brauchbarkeit der Sache erheblich beeinträchtigt wurde. Die gleiche Tathandlung ist auch in § 304 II StGB unter Strafe gestellt. Beachten Sie jedoch, dass insofern eine Strafbarkeit nach h.M. nur in Betracht kommt, wenn gerade der gemeinnützige Charakter der Sache betroffen ist.

Vergessen Sie bei der Prüfung des § 303 StGB nicht den Strafantrag gem. § 303c StGB.

Pfandkehr, § 289 StGB

StrafR BT I, Rn. 102 ff.

I. Tatbestand

1. Objektiver Tatbestand

a) Tatobjekt: Eigene oder fremde bewegliche Sachen, an der ein … besteht

NutznießungsR	Pfandrecht	Gebrauchsrecht	ZurückbehaltungsR
§ 1030 BGB	§§ 1204, 562 BGB	§§ 535, 603 BGB	§§ 273 BGB, 369 HGB

b) Tathandlung: Wegnahme vom Rechtsinhaber (zugunsten des Eigentümers)
- Entfernen aus dem Macht- und Zugriffsbereich des Rechtsinhabers
- Begründung neuen Gewahrsams nicht erforderlich

2. Subjektiver Tatbestand

a) Vorsatz

b) rechtswidrige Absicht ⇨ Wissen, ein Recht i.S.d. § 289 StGB zu verletzen

II. Rechtswidrigkeit + III. Schuld

IV. Strafantrag als Strafverfolgungsvoraussetzung, § 289 III StGB

HEMMER-METHODE zu ÜK 19

Die Pfandkehr gem. § 289 StGB bezweckt den Schutz vor Vereitelung und Gefährdung von Gläubigerrechten. Dabei ergänzt die Vorschrift § 242 StGB, der sich nur auf die Wegnahme fremder Sachen bezieht.

Umstritten ist, ob der Begriff der Wegnahme im Rahmen des § 289 StGB in gleicher Weise wie in § 242 StGB auszulegen ist (so die Mindermeinung). Nach der herrschenden Meinung ist das Tatbestandsmerkmal „wegnehmen" i.S.d. § 289 StGB jedoch weiter zu verstehen als in § 242 StGB. Es genüge, wenn ein gewahrsamsähnliches Verhältnis gebrochen werde. Mit dieser Auslegung wird vor allem der Schutz von besitzlosen Pfandrechten (§ 562 BGB - Vermieterpfandrecht) erreicht. Der Pfandgläubiger soll insoweit schon geschützt werden, bevor dem Schuldner „die Zwangsvollstreckung droht" (§ 288 StGB).

Zu den Pfandrechten i.S.d. § 289 StGB gehört auch das Pfändungspfandrecht (vgl. § 804 II ZPO), das mit der wirksamen Pfändung von schuldnereigenen Sachen durch den Gerichtsvollzieher entsteht (§§ 808 ff. ZPO). Dabei ergibt sich das Problem, dass eine Wegnahme auch i.S.d. weiteren § 289 StGB nicht möglich ist (str.), wenn die gepfändete Sache beim Schuldner verbleibt (§ 808 II S. 2 ZPO).

In diesem Fall kommt jedoch eine Strafbarkeit aus § 136 StGB (Verstrickungsbruch, Siegelbruch) und aus § 288 StGB (Vereitelung der Zwangsvollstreckung) in Betracht.

Vereitelung der Zwangsvollstreckung, § 288 StGB

StrafR BT I, Rn. 104

I. Tatbestand

1. **Objektiver Tatbestand**
   a) Dem Täter droht die Zwangsvollstreckung
   - Zwangsweise Durchsetzung des Anspruchs durch zuständiges Vollstreckungsorgan
   - Täter grds. nur der Vollstreckungsschuldner ⇨ Problemfeld: mittelbare Täterschaft

   b) Tathandlung: Veräußerung oder Beiseiteschaffen von Bestandteilen des eigenen Vermögens
   - Vermögen: Alles, was der Zwangsvollstreckung unterliegt
2. **Subjektiver Tatbestand**
   a) Vorsatz
   b) Absicht, die Befriedigung des Gläubigers zu vereiteln

II. Rechtswidrigkeit + III. Schuld

IV. Strafantrag als Strafverfolgungsvoraussetzung, § 288 II StGB

HEMMER-METHODE zu ÜK 20

Auch wenn die Vereitelung der Zwangsvollstreckung z.T. nicht zum Pflichtstoff zählt, können doch klassische Probleme des Strafrecht AT hier abgeprüft werden. Dies gilt z.B. für die Frage, ob eine mittelbare Täterschaft gem. § 25 I Alt. 2 StGB möglich ist, wenn der Hintermann eine andere Person einschaltet und nur beim Hintermann die Zwangsvollstreckung i.S.v. § 288 I StGB droht.

Fallbeispiel: H, der erfährt, dass ihm die Zwangsvollstreckung droht, bittet den W, seine Wertsachen beiseitezuschaffen, um sie seinem Gläubiger zu entziehen. W kommt dieser Bitte nach und bringt die Wertsachen in seine Wohnung.

Lösung:

a) Strafbarkeit des W nach § 288 StGB (-), da ihm die Subjektqualität fehlt (ihm droht gerade keine Zwangsvollstreckung)

b) Strafbarkeit des H: §§ 288, 25 I Alt. 2 StGB (Teilnahme scheitert an der fehlenden rechtswidrigen Haupttat); Tatherrschaft (str.): e.A.: normative Tatherrschaft (+); a.A.: Tatherrschaft (-).

Nach der überwiegenden Rechtsprechung kommt eine mittelbare Täterschaft in solchen Fällen nur dann in Betracht, wenn der Vordermann maßgeblich von dem Hintermann „gesteuert" wird. Dies käme z.B. dann in Betracht, wenn der Vordermann dem Hintermann damit droht, bei dessen Weigerung seine Familie zu töten.

Verstrickungsbruch, Siegelbruch, § 136 StGB

I. Tatbestand

1. Objektiver Tatbestand

Verstrickungsbruch, § 136 I StGB	Siegelbruch, § 136 II StGB
a) Tatobjekt: • Gepfändete, dienstlich in Beschlag genommene Sache	• Dienstliches Siegel
b) Tathandlung: • Zerstören, beschädigen, unbrauchbar machen, der Verstrickung in anderer Weise entziehen	• Siegel beschädigt, abgelöst, unkenntlich gemacht, unwirksam gemacht

2. Subjektiver Tatbestand

Vorsatz

II. Rechtswidrigkeit

III. Schuld

IV. Evtl. Milderung bzw. Straflosigkeit gem. §§ 136 IV, 113 IV StGB

HEMMER-METHODE zu ÜK 21

Die Straftatbestände des § 136 StGB gehören eigentlich nicht zu den Vermögensdelikten. Ihre Schutzrichtung betrifft den Schutz des Bestands dienstlicher Akte an Sachen. Jedoch taucht § 136 StGB in der Klausur fast immer im Zusammenhang mit den §§ 288 ff. StGB auf, weshalb Sie sich § 136 StGB an die §§ 288 ff. StGB kommentieren sollten. Der Verstrickungsbruch (§ 136 I StGB) und der Siegelbruch (§ 136 II StGB) wurden in einer Vorschrift zusammengefasst, um Einzelfragen der Rechtmäßigkeit der Siegelanlegung und der Beschlagnahme in Anlehnung an § 113 StGB für beide Tatbestände in § 136 III, IV StGB einheitlich regeln zu können.

Lernen Sie im Zusammenhang! Gerade im Rahmen der §§ 136, 288, 289 StGB benötigen Sie Grundkenntnisse im Bereich des Zwangsvollstreckungsrechts.

Verstrickung bedeutet danach die Beschlagnahme einer Sache durch das zuständige Vollstreckungsorgan und den Entzug aus dem Verfügungsbereich des Schuldners. Verbleibt die Sache beim Schuldner, so geschieht die Verstrickung durch Anlegung des Pfandsiegels („Kuckuck") gem. § 808 II S. 2 ZPO.

Die Beschlagnahme muss den wesentlichen Formvoraussetzungen genügen. So liegt eine „rechtswidrige“ Diensthandlung i.S.d. § 136 III StGB vor, wenn das Vollstreckungsorgan funktionell unzuständig ist oder der Vollstreckungstitel (§ 704 ZPO) fehlt. § 136 III StGB lässt dabei den Tatbestand des § 136 I StGB nicht entfallen, schließt aber die Widerrechtlichkeit aus.

Jagd- und Fischwilderei, §§ 292, 293 StGB

I. Tatbestand

1. Objektiver Tatbestand

a) Tatobjekt:

- § 292 I Nr. 1 StGB: Lebendes Wild, vgl. § 1 I BJagdG
- § 292 I Nr. 2 StGB: Totes Wild, herrenlose Sachen, die **dem Jagdrecht unterliegen** (vgl. § 1 V BJagdG); Problemfeld: Entwendung erlegten Wildes

b) Tathandlung: Unter Verletzung fremden Jagd(-ausübungs)rechts

- § 292 I Nr. 1 StGB: Fangen, Erlegen, Zueignen (Drittzueignung mitumfasst), Nachstellen (unechtes Unternehmensdelikt)
- § 292 I Nr. 2 StGB: Zueignung, Beschädigung, Zerstörung

2. Subjektiver Tatbestand

Vorsatz (Irrtumsproblematik)

II. Rechtswidrigkeit + III. Schuld

IV. Evtl. Regelbeispiel des § 292 II StGB

HEMMER-METHODE zu ÜK 22

Die Jagdwilderei ist typischerweise kein Pflichtstoff aus dem BT. Jedoch lässt sich auch hier gut allgemeines Verständnis abprüfen. Es hilft, zu wissen, dass § 242 StGB und § 292 StGB sich gegenseitig ausschließen: § 242 StGB erfordert die Wegnahme einer fremden Sache, während i.R.d. § 292 StGB als Tatobjekt nur eine herrenlose Sache in Betracht kommt.

Problematisch ist diese Fragestellung, wenn der Täter von einem Dritten erlegtes Wild entwendet. Bei der Wegnahme von gewildertem Wild bleibt die Sache nach h.M. herrenlos, da ein Wilderer nach § 958 II BGB kein Eigentum an dem Wild erwerben kann. Folge ist somit eine Strafbarkeit gem. § 292 I Nr. 2 StGB. Bei der Wegnahme vom Jagdausübungsberechtigten liegt § 242 StGB vor, da dieser durch das Erlegen gem. § 958 I BGB i.V.m. §§ 1 I, 11 BJagdG Eigentum erworben hat.

Der Vorsatz muss i.R.d. § 292 StGB zudem das Bewusstsein umfassen, fremdes Jagdrecht zu verletzen.

Fallbeispiel: O wildert einen Hasen. T glaubt, O habe ihn rechtmäßig gekauft, und entwendet ihn.

Lösung: § 292 StGB ist objektiv erfüllt. Fraglich ist der Wildereivorsatz. Nach einer Ansicht ist der Wildereivorsatz in dem Diebstahlsvorsatz enthalten (Plus-Minus-Theorie). Diese Ansicht ist jedoch abzulehnen, da der Wildereivorsatz ein „aliud“ zum Diebstahlsvorsatz darstellt ⇨ § 292 StGB (-).

Die Sache ist herrenlos (§ 958 II BGB greift nicht), damit scheidet ein vollendeter Diebstahl aus. Jedoch liegt ein untauglicher Versuch des Diebstahls vor, §§ 242 II, 22, 23 I StGB.

Betrug, § 263 StGB – Objektiver Tatbestand

Objektiver Tatbestand

1. **Täuschung über Tatsachen**
   Problemfelder: innere/äußere Tatsachen, Täuschung durch (konkludentes) Tun/Unterlassen

↓ **dadurch**

2. **Irrtum**
   Problemfelder: sachgedankliches Mitbewusstsein, Abgrenzung Irrtum/reines Nichtwissen/Zweifel des Getäuschten

↓ **dadurch**

3. **Vermögensverfügung** (ungeschriebenes Tatbestandsmerkmal)
   Problemfelder: unbewusste Vermögensverfügung, Abgrenzung Sachbetrug/Trickdiebstahl, „Wechselgeldfalle“, Dreiecksbetrug/Diebstahl in mittelbarer Täterschaft, Prozessbetrug

↓ **dadurch**

4. **Vermögensschaden**
   Problemfelder: juristischer/wirtschaftlicher/juristisch-ökonomischer Vermögensbegriff, konkrete Vermögensgefährdung, Eingehungsbetrug, Makeltheorie, individueller Schadenseinschlag, soziale Zweckverfehlung, Schadensvertiefung, Sicherungsbetrug

HEMMER-METHODE zu ÜK 23

Zum effektiven Lernen gehört auch eine klare gedankliche Struktur: Systematisieren Sie sich die Vermögensdelikte, damit Sie im Examens-„Ernstfall“ sofort zu den einschlägigen Vorschriften gelangen. Der Betrug, § 263 StGB, gehört zu den Vermögensdelikten im engeren Sinne. Schutzgut sind hier nicht etwa einzelne Vermögenswerte, sondern das Vermögen als Ganzes in seinem Bestand. Nur wer die Struktur der Vermögensdelikte kennt, kann klassische Grenzfälle, wie die Abgrenzung zwischen Sachbetrug und Trickdiebstahl, richtig einordnen.

Beim Betrug müssen die objektiven Tatbestandsmerkmale miteinander im (äquivalenten, h.M.) Kausalzusammenhang stehen. Das bedeutet: Der Irrtum muss (zumindest auch) durch die Täuschung verursacht sein, die Vermögensverfügung durch den Irrtum und der Vermögensschaden durch die Verfügung. Beachten Sie aber, dass der Irrtum sich nicht darauf beziehen muss, dass die Verfügung auch zu einem Vermögensschaden führt. Insofern muss der Ursachenzusammenhang immer nur zum nächsten Tatbestandsmerkmal vorliegen.

Testen Sie sich anhand des Prüfungsschemas auch einmal selbst, indem Sie zu jedem der aufgeführten Problemfelder einen Fall bilden und diesen skizzenartig lösen.

Betrug, § 263 StGB – Subjektiver Tatbestand

I. Vorsatz	Bzgl. der objektiven Tatbestandsmerkmale
II. Absicht	Sich oder einem Dritten einen rechtswidrigen **Vermögensvorteil** zu verschaffen 1. **Dolus directus 1. Grades** bzgl. Vermögensvorteil (muss nicht tatsächlich eintreten) 2. **Rechtswidrigkeit** des erstrebten Vermögensvorteils, (-) wenn Täter zivilrechtl. Anspruch hat, Ausnahme: Eingehungsbetrug 3. **Stoffgleichheit** zwischen Vermögensschaden u. erstrebtem Vermögensvorteil d.h. beide sind unmittelbar durch dieselbe Vermögensverfügung vermittelt ⇨ prüfen, zu wessen Gunsten der Betrug begangen wurde (vgl. Vertreterfälle) 4. **Vorsatz** (zumindest dolus eventualis) bzgl. Rechtswidrigkeit und Stoffgleichheit

Das Erfordernis der Absicht, sich oder einem Dritten einen rechtswidrigen Vermögensvorteil zu verschaffen, macht den Betrug zu einem Delikt mit „überschießender Innentendenz“ (da dieses subjektive Merkmal keine Entsprechung im objektiven Tatbestand hat).

Merken Sie sich, dass der erstrebte Vermögensvorteil nicht tatsächlich eingetreten sein muss, es genügt ein hierauf gerichteter dolus directus 1. Grades. Selbst wenn der Täter letztendlich keinerlei Vermögensvorteil erlangt, kann § 263 StGB somit vollendet sein.

Die Stoffgleichheit hat ihre Bedeutung insbesondere bei den klassischen Vertreterfällen:

Der auf Provisionsbasis arbeitende Handelsvertreter D veranlasst die gutgläubige alte Dame O aufgrund falscher Angaben dazu, eine juristische Fachzeitschrift zu abonnieren. Diese ist für die Zwecke der O völlig unbrauchbar. D beantragt vom Verlag die Provisionszahlung, welche dann auch ausgezahlt wird. Strafbarkeit des D?

Lösung: Aufgrund eines individuellen Schadenseinschlags (die Zeitschrift ist für die O objektiv unbrauchbar) ist der objektive Tatbestand des § 263 StGB gegeben. Fraglich ist die Bereicherungsabsicht. Ein eigennütziger Betrug zugunsten des D scheidet aus, da dessen Absicht auf die Erlangung der Provisionszahlung durch den Verlag gerichtet ist. Der Vermögensschaden der O – die Verpflichtung bzgl. des Abo-Preises – ist hierzu nicht die Kehrseite. Es liegt allerdings ein fremdnütziger Betrug zugunsten des Verlags vor. Für die diesbezügliche Absicht des D reicht es, dass der Abschluss des Abo-Vertrags notwendiges Zwischenziel zur Erlangung seines Provisionsanspruchs war. Weiterhin hat sich D wegen Betrugs zu Lasten des Verlags hinsichtlich der ihm nicht zustehenden Provision strafbar gemacht.

Betrug, § 263 StGB – Täuschung über Tatsachen

StrafR BT I, Rn. 119 ff.

Täuschung über Tatsachen

Tatsachen = alle Umstände, die einem Beweis zugänglich sind

äußere Tatsachen

z.B.
- Herkunft/Beschaffenheit
- Alter von Personen

innere Tatsachen

z.B. Überzeugungen/Absichten des Täters oder eines Dritten

Täuschungshandlung = Einwirken auf das intellektuelle Vorstellungsbild eines anderen

durch Tun

- durch **ausdrückliche** Erklärung
- durch **schlüssiges** Handeln, wenn diesem nach der **Verkehrsanschauung** entsprechender **Erklärungswert** zukommt

durch Unterlassen

nur, wenn Täter **Rechtspflicht zur Aufklärung** hat (§ 13 I StGB), z.B.
- aus Gesetz (§ 666 BGB, § 138 ZPO)
- aus Ingerenz
- aus (außer-)vertraglichem Vertrauensverhältnis
- aus § 242 BGB (str.)

HEMMER-METHODE zu ÜK 25

Die Formulierung des § 263 StGB ist dem Gesetzgeber etwas missglückt: "Falsche Tatsachen" gibt es nicht! Diese Formulierung ist deshalb als Täuschung über Tatsachen zu verstehen und zu prüfen. Unter den Tatsachenbegriff fallen weder reine Werturteile noch subjektive Meinungsäußerungen – wer sich auf solche verlässt, ist weniger schutzwürdig. Im Einzelfall kann hier die Abgrenzung schwierig sein (z.B. bei Sachverständigengutachten): Stellen Sie darauf ab, ob die Äußerung zumindest einen greifbaren, dem Beweis zugänglichen Tatsachenkern aufweist.

Bei einer Äußerung zu zukünftigen Entwicklungen (Bsp.: Prognose) hängt die Frage, ob diese tauglicher Täuschungsgegenstand i.S.v. § 263 StGB ist, davon ab, ob sie Behauptungen über konkrete gegenwärtige oder vergangene Verhältnisse, Zustände oder Geschehnisse enthält oder nicht. In einer Prognose kann daher trotz ihres Zukunftsbezuges bzw. des mit ihr verbundenen Werturteils eine Täuschung über Tatsachen liegen.

Beim klausurtypischen Fall der Zechprellerei spielt es zwar letztlich keine Rolle, ob der Täter über seine Zahlungsfähigkeit (= äußere Tatsache) oder Zahlungswilligkeit (= innere Tatsache) täuscht.

Prüfen Sie zunächst Täuschen durch (konkludentes) Tun. Nur wenn sich ein Erklärungswert überhaupt nicht konstruieren lässt, kommen Sie zum Unterlassen. Für eine Garantenpflicht bestehen hier allerdings enge Voraussetzungen. Besonders eine Aufklärungspflicht aus § 242 BGB sollten Sie außerhalb besonderer Vertrauensverhältnisse im Hinblick auf Art. 103 II GG eher ablehnen. So erklärt beispielsweise beim Abschluss einer Sportwette der Wettende konkludent, dass er keinen Einfluss auf den Ausgang der Wette nehme. Beachten Sie hierzu auch die Regelungen zum Sportwettenbetrug in §§ 265c ff. StGB. Da diese Normen auch die Integrität des Sports als Allgemeingut schützen, stehen sie in der Konkurrenzsituation neben § 263 StGB und verdrängen diesen nicht. Näher hierzu vgl. Life&LAW 07/2017, 506 ff.

Irrtum des Opfers

Irrtum = mit der Wirklichkeit nicht übereinstimmende Fehlvorstellung über Tatsachen im...

...aktuellen Bewusstsein

Opfer macht sich über die betreffende Tatsache explizit Gedanken

...sachgedanklichen Mitbewusstsein

Opfer leitet aus bestimmten Tatsachen ab, dass „alles in Ordnung" ist

Oder kein Irrtum: sog. bloßes Nichtwissen

Opfer macht sich von der Tatsache gar keine Vorstellung, jedes Begleitwissen fehlt

Zweifel des Opfers schaden i.d.R. nicht (str.)

Typisches Examensproblem: Kreditkarten-Fälle – Täter verwendet seine eigene Kreditkarte, obwohl er weiß, dass das kartenausgebende Institut kein Geld von ihm erstattet bekommen wird. Irrtum des Geschäftspartners, der die Karte akzeptiert?

e.A.: Irrtum (+), weil Empfänger immer von Ausgleichswilligkeit des Karteninhabers ausgehe.

h.M.: Irrtum (-), aufgrund der Garantie macht sich der Geschäftspartner gerade keine Gedanken über die Ausgleichswilligkeit des Karteninhabers gegenüber dessen Karteninstitut
⇨ Wegen dieser Strafbarkeitslücke bei § 263 StGB wurde der § 266b StGB geschaffen.

HEMMER-METHODE zu ÜK 26

Die Abgrenzung, ob der Getäuschte noch sachgedankliches Mitbewusstsein hat, oder ob nur reines Nichtwissen vorliegt, kann im Einzelfall schwierig sein. In solchen Situationen kann sich durchaus ein argumentativer Rückzug auf allgemeine Wertungsgesichtspunkte wie die „allgemeine Lebenserfahrung“ empfehlen.

Trainieren Sie auch früh das klausurtaktische Denken: „Spielen“ Sie den Rest der Klausur in Gedanken durch, wenn Sie nicht wissen, wie Sie sich in einer bestimmten Frage entscheiden sollen. Eine Entscheidung, die Sie in der restlichen Klausur um alle interessanten Probleme bringt, kann kaum vom Ersteller gewollt sein (Echo-Prinzip). Wenn Sie im Sachverhalt auf Hinweise stoßen, die die Erörterung weiterer bekannter Probleme des Betruges verlangen, wäre es im Zweifelsfall ein schwerer Fehler, § 263 StGB schon am Irrtum scheitern zu lassen!

Kein Problem des Irrtums ist das heimliche Einsteigen eines blinden Passagiers oder der Automatenmissbrauch: Hier fehlt es bereits an der Täuschungshandlung. Der Gesetzgeber hat für diese Fallgruppen den besonderen Tatbestand des § 265a StGB geschaffen. Diese Vorschrift hat gerade die Aufgabe, bestimmte Lücken des Vermögensstrafrechts zu schließen.

Betrug, § 263 StGB – Vermögensverfügung (I)

Vermögensverfügung (ungeschriebenes Tatbestandsmerkmal) = jedes Tun, Dulden oder Unterlassen, das sich beim Getäuschten oder einem Dritten unmittelbar, d.h. ohne weiteres deliktisches Dazwischentreten des Täters, vermögensmindernd auswirkt

bewusste Vermögensverfügung

unproblematisch möglich

unbewusste Vermögensverfügung

nach h.M.: grundsätzlich möglich
Rspr.: Sachbetrug ausgenommen

Abgrenzung Sachbetrug – Trickdiebstahl

Nach ganz h.M. schließen sich „Wegnahme“ (§ 242 StGB) und Vermögensverfügung gegenseitig aus:
§ 263 StGB ist ein typisches Selbstschädigungsdelikt, § 242 StGB ein Fremdschädigungsdelikt. Entscheidend für die Abgrenzung Wegnahme (§ 242 StGB) und Weggabe (§ 263 StGB) ist nicht das äußere Erscheinungsbild, sondern die **innere Vorstellung** des Opfers. **Danach gilt:**

- **Rspr.:** Beim Sachbetrug ist ausnahmsweise eine **freiwillige** (damit bewusste) Vermögensverfügung notwendig
- **Lit.:** Sachbetrug, wenn **tatbestandsausschließendes Einverständnis** die Wegnahme ausschließt

Wichtige Abgrenzungsfälle: Selbstbedienungsladen-Fall, Wechselgeldfalle

HEMMER-METHODE zu ÜK 27

Die Abgrenzung zwischen Trickdiebstahl und Sachbetrug gehört zu den Strafrechtsklassikern, die Ihnen jederzeit in der Klausur begegnen können. Trainieren Sie die saubere Anwendung der unterschiedlichen Kriterien anhand der ausführlichen Fallbeispiele in Hemmer/Wüst, StrafR BT I, Rn. 139 ff.

Kleiner Exkurs in den AT: Kennen Sie noch den Unterschied zwischen tatbestandsausschließendem Einverständnis und rechtfertigender Einwilligung? Das Einverständnis hat rein tatsächlichen Charakter, so dass auch ein durch Täuschung erschlichenes oder an anderen Willensmängeln leidendes Einverständnis im Rahmen der natürlichen Willensfähigkeit wirksam ist, solange es nur bewusst und freiwillig zustande gekommen ist. Wiederholen Sie die Abgrenzung in Hemmer/Wüst, StrafR AT I, Rn. 306 ff.

Ein Grenzfall zwischen Wegnahme und Weggabe ist der sog. „Beschlagnahme-Fall“: T gibt sich gegenüber O als Polizist aus und „beschlagnahmt“ ein wertvolles Bild des O als „Beweismittel“ in einer Strafsache. Im Ergebnis (Diebstahl) sind sich Rspr. und Lit. einig. Nach der Rspr. liegt eben keine *freiwillige* Vermögensverfügung vor, weil O nach seiner Vorstellung das Bild weggeben muss. Nach der Lit. ist ein tatbestandsausschließendes Einverständnis nicht gegeben, da O lediglich die Wegnahme dulde, aber das Bild in der Vorstellung, Widerstand sei unzulässig oder zwecklos, gerade nicht aus freien Stücken weggebe. Dieser Streit ist auch für die Praxis erheblich: Nur im Falle eines Diebstahls bezahlt die (evtl. abgeschlossene) Diebstahlsversicherung. Vgl. hierzu Hemmer/Wüst, StrafR BT I, Rn. 140.

Betrug, § 263 StGB – Vermögensverfügung (II)

StrafR BT I, Rn. 144 ff.

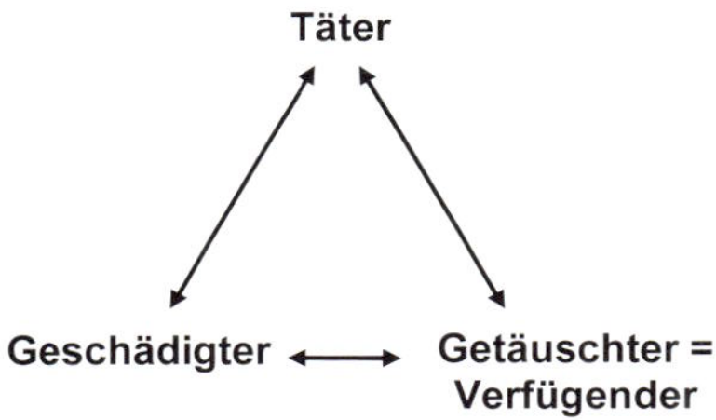

Dreiecksbetrug

Beim sog. Dreiecksbetrug verfügt nicht der Geschädigte selbst über sein Vermögen, sondern ein Dritter (z.B. statt dem Ladeninhaber die Verkäuferin).
Der Tatbestand des § 263 StGB setzt **keine** Personenidentität zwischen **Verfügendem** und **Geschädigtem** voraus. **Getäuschter** und **Verfügender** müssen aber personengleich sein.

Verfügt der Dritte über eine Sache, stellt sich die Abgrenzungsfrage zwischen

Dreiecks(sach)betrug, § 263 StGB
Voraussetzungen des Dreieckssachbetrugs

und

Diebstahl in mittelbarer Täterschaft, §§ 242, 25 I Alt. 2 StGB

- **Tatsächliche Einwirkungsmöglichkeit** des Verfügenden auf das Vermögen des Geschädigten
- und Beziehung des Dritten zu diesem Vermögen
  - ⇨ in Form einer rechtlichen Befugnis (unstreitig) oder
  - ⇨ bei besonderem tatsächl. Näheverhältnis = zumindest untergeordneter Mitgewahrsam (Rspr.)
  - ⇨ indem der Dritte aufgrund einer Obhutsbeziehung im „Lager" des Geschädigten steht (h.L.)

HEMMER-METHODE zu ÜK 28

Ein weiterer examenstypischer Fall des Dreiecksbetrugs ist der sog. Prozessbetrug. Hier wird der Richter durch falsche Behauptungen einer Partei zu einer das Vermögen des Prozessgegners schädigenden Handlung veranlasst. Die erforderliche Beziehung zum geschädigten Vermögen besteht dann darin, dass der getäuschte Richter kraft seiner hoheitlichen Stellung unmittelbar zum Nachteil des fremden Vermögens Anordnungen treffen kann. Lassen Sie sich beim Prozessbetrug nicht durch die ungewohnte zivilprozessuale Einkleidung verwirren – es handelt sich um einen ganz normalen Dreiecksbetrug. Häufig täuscht der Täter in diesen Fällen zunächst seinen Rechtsanwalt, der dann die Falschbehauptungen gutgläubig an das Gericht übermittelt. Daher wird der Prozessbetrug oft in mittelbarer Täterschaft begangen.

Auch dann, wenn der Richter von der Wahrheit der Parteibehauptung nicht überzeugt ist, aber auch deren Unwahrheit nicht für erwiesen hält (sog. non-liquet-Situation), der Gegner aber die Beweislast hat, sind aufgrund der prozessualen Wahrheitspflicht (§ 138 I ZPO) Täuschung und Irrtumserregung gegeben: Aus der Wahrheitspflicht folgt nämlich, dass die Parteien mit ihrem Vortrag konkludent erklären, nichts bewusst Unwahres zu behaupten. Aus § 138 I ZPO folgt nach h.M. die Unbeachtlichkeit eines bewusst wahrheitswidrigen Parteivorbringens, so dass der Irrtum auch kausal ist: ohne ihn würde kein Beweislasturteil zugunsten des Täuschenden ergehen.

Betrug, § 263 StGB – Vermögensschaden (I)

Ein **Vermögensschaden** liegt grds. vor, wenn der Gesamtwert des Vermögens des Geschädigten nach der Verfügung geringer ist als davor, sich also ein negativer Saldo ergibt.

Vermögensbegriff

juristisch	**rein wirtschaftlich**	**juristisch-ökonomisch (h.M.)**
= Summe der einzelnen Vermögensrechte ⇨ nichtige Ansprüche und tatsächliche Positionen (-)	= alle wirtschaftlich wertvollen Positionen ⇨ auch nichtige Ansprüche, sofern durchsetzbar (+)	= alle wirtschaftlich wertvollen Positionen, die unter dem Schutz der Rechtsordnung stehen

Schadensberechnung

1. **Ausgangspunkt:** Gesamtwert vor und nach der Verfügung
2. **Konkrete Vermögensgefährdung:** Eingehungsbetrug, Erfüllungsbetrug
3. **Schaden bei gutgläubigem Erwerb?** (Makeltheorie)
4. **Individueller Schadenseinschlag:** Sache obj. unbrauchbar für Erwerber, Nötigung zu vermögensschädigenden Maßnahmen, angemessene Lebensführung unmöglich
5. **Soziale Zweckverfehlung**

HEMMER-METHODE zu ÜK 29

Beachten Sie: Nicht jede Vermögensverfügung führt zu einem Vermögensschaden. Dieser kann im Einzelfall fehlen, wenn die Vermögensverfügung auch unmittelbare Vermögensvorteile gebracht hat. Nach dem Prinzip der Gesamtsaldierung liegt ein Vermögensschaden nur dann vor, wenn der durch die Verfügung bedingte Abfluss nicht vollständig durch einen Zufluss kompensiert wird. Von vornherein außer Betracht bleiben dabei allerdings Ausgleichs- und v.a. Schadensersatzansprüche, die dem Opfer gerade aufgrund des Betrugs zustehen.

Den Streit um den Vermögensbegriff müssen Sie unbedingt beherrschen. Bedeutung erlangt er immer dann, wenn (insbesondere wegen Sittenwidrigkeit) nichtige Ansprüche oder rein tatsächliche, wirtschaftlich gleichwohl wertvolle, Positionen im Spiel sind. Vergleichen Sie hierzu den sog. „Auftragskiller-Fall“ in unserem Skript Hemmer/Wüst, StrafR BT I, Rn. 151 ff. Ebenfalls sehr prüfungsrelevant in diesem Kontext ist die Frage, ob illegale Drogen zum strafrechtlich geschützten Vermögen zählen. Hierzu der BGH: Die Rechtsordnung kennt im Bereich der Vermögensdelikte kein wegen seiner Herkunft, Entstehung oder Verwendung schlechthin schutzunwürdiges Vermögen. Der Besitz ist daher schon dann Bestandteil des geschützten Vermögens, wenn ihm ein eigenständiger wirtschaftlicher Wert zukommt. Auch der strafbare Besitz an Betäubungsmitteln ist daher ein durch Strafrecht zu schützendes Rechtsgut (vgl. BGH, Urteil vom 16.08.2017 – 2 StR 335/15 = Life&LAW 04/2018, 256 ff.).

Betrug, § 263 StGB – Vermögensschaden (II)

StrafR BT I, Rn. 155 ff.

Nach h.M. reicht bereits eine konkrete Vermögensgefährdung zur Begründung eines Vermögensschadens i.S.d. § 263 StGB. Dies ist insbesondere dann der Fall, wenn bei wirtschaftlicher Betrachtung bereits eine Verschlechterung der Vermögenslage eingetreten ist.

Eingehungsbetrug

Aufgrund der Täuschung Abschluss eines Vertrages, bei dem der objektive Wert der versprochenen Gegenleistung hinter der Leistung des Opfers zurückbleibt. Tatsächliche Durchführung nicht nötig, Anfechtbarkeit (§ 123 BGB) ohne Belang.

Erfüllungsbetrug

Der Wert des tatsächlich Geleisteten bleibt hinter dem des Geschuldeten zurück, das Opfer akzeptiert dies jedoch aufgrund der Täuschung.

Vermögensschaden durch gutgläubigen Erwerb (§§ 929 S. 1, 932 I S. 1 BGB)?

Rspr.: Makeltheorie

früher: Eigentumserwerb mit „sittlichem Makel“ behaftet ⇨ (+)

heute: Prozessrisiko, merkantiler Minderwert, Verdacht der Hehlerei ⇨ (+), sonst (-)

h.L.

Sittlicher Makel egal, weil wirtschaftliche Betrachtungsweise. Danach muss im Einzelfall das Prozessrisiko über das normale Maß hinaus erhöht sein. In der Regel aber kein merkantiler Minderwert.

HEMMER-METHODE zu ÜK 30

Anstatt die umfangreiche Kasuistik zur konkreten Vermögensgefährdung zu pauken, sollten Sie sich lieber mit den zugrundeliegenden Wertungen vertraut machen: Bereits eine hinreichend konkrete Vermögensgefährdung kann tatsächlichen Einfluss auf die Vermögenssituation haben. Das BVerfG hat diese Sichtweise des BGH bestätigt, dies aber insoweit eingeschränkt, als der „Gefährdungsschaden" regelmäßig beziffert werden muss. Gegebenenfalls mit sachverständiger Hilfe hat das Gericht einen Mindestschaden zu benennen. Wenn ein solcher nicht beziffert werden kann, ist eine hinreichend konkrete Vermögensgefährdung in diesem Sinne zu verneinen (vgl. BVerfG, 2 BvR 2500/09 = Life&LAW 03/2012, 224 ff.). Der Streit um den gutgläubigen Erwerb vom Nichtberechtigten dreht sich im Wesentlichen um die Frage, wie konkret die Vermögensgefährdung sein muss. Insofern erscheint die h.L. vorzugswürdig, da grundsätzlich jeder Eigentümer ein gewisses Prozessrisiko trägt und gem. § 932 II BGB ja gerade der Alteigentümer die Beweislast für die Bösgläubigkeit des Erwerbers trägt. Ebenso kann der Rspr. insoweit nicht gefolgt werden, als sie generell von dem merkantilen Minderwert einer gutgläubig erworbenen Sache ausgeht. Ein Schaden tritt trotz gutgläubigen Eigentumserwerbs allerdings ein, wenn der Erwerber keine Möglichkeit zur Durchsetzung des Eigentumsanspruchs hat mit der Folge, dass sich das Erlangte auf eine wirtschaftlich wertlose kurzfristige Besitzposition beschränkt.

Daher sollten Sie § 263 StGB in den Fällen gutgläubigen Erwerbs nur dann bejahen, wenn der Sachverhalt besondere Anhaltspunkte für eine konkrete Vermögensgefährdung enthält. Wenn Sie der h.L. folgen, können Sie den Sachverhalt an dieser Stelle umfassend ausschöpfen.

Betrug, § 263 StGB – Vermögensschaden (III)

Unterfall des Eingehungsbetrugs

Anstellungsbetrug

Täter täuscht Dienstherrn bei seiner Anstellung
Vermögensverfügung = Vertragsschluss (nicht erst Auszahlung der Vergütung)

Vermögensschaden des Dienstherrn?

Beamtenverhältnis

§ 263 StGB trotz ausreichender Leistungen (+), wenn

- Täter wegen Persönlichkeitsmängeln für solche Stelle **unwürdig** erscheint (im Einzelnen str.)
- oder Täter die laufbahnrechtliche **Vorbildung** nicht besitzt

privatrechtl. Arbeitsverhältnis

Grds. § 263 StGB nur dann (+), wenn Täter wegen fehlender **fachlicher** Fähigkeiten die erwarteten Leistungen nicht erbringen kann. Ausnahmen:

- Stelle setzt **besondere Vertrauensposition** voraus, Täter besitzt aber nicht die erforderliche Zuverlässigkeit
- Arbeitsleistung wird nach Verkehrsanschauung nicht nur nach ihrem Ergebnis, sondern auch hinsichtlich einer bestimmten **Ausbildung** bewertet

HEMMER-METHODE zu ÜK 31

Ein Sonderfall des Anstellungsbetrugs ist das Verschweigen von Vorstrafen im Bewerbungsgespräch. Wenngleich auch diese Variante häufig im Prüfungspunkt „Vermögensschaden" erörtert wird, ist in vielen Fällen schon das Tatbestandsmerkmal „Täuschung über Tatsachen" sehr problematisch:

Da hier lediglich ein Unterlassen vorliegt, müsste nämlich eine entsprechende Garantenpflicht des Bewerbers zur Offenbarung bestehen. Von vornherein nicht in Betracht kommt eine Offenbarungspflicht dann, wenn zugunsten des Täters die §§ 51 I, 53 I BZRG eingreifen. In diesem Fall darf sich der Täter sogar positiv als unbestraft bezeichnen. Aber auch wenn diese Regelung nicht entgegensteht, kann man eine Offenbarungspflicht wohl nur annehmen, soweit es um eine besondere Vertrauensposition geht. Argumentieren können Sie hier gut mit dem Resozialisierungsgedanken. Zudem hat ein Arbeitgeber, der auf „Nummer sicher" gehen will, die Möglichkeit, von dem Bewerber ein Führungszeugnis nach § 30 BZRG zu verlangen.

Nimmt man aber eine Täuschung an, ist im Rahmen des Vermögensschadens die umseitige Differenzierung zu erörtern. Nach dem BGH stellt der Anstellungsbetrug einen Unterfall des Eingehungsbetrugs dar, bei dem der Eintritt eines Vermögensschadens – wie auch sonst beim Eingehungsbetrug – nach wirtschaftlicher Betrachtungsweise zu ermitteln ist. Die nach Vertragsschluss erbrachten Leistungen können bei der Beurteilung der Frage, ob bei Vertragsschluss eine – für den Vermögensschaden ausreichende – konkrete Vermögensgefährdung eingetreten war, als Indiz herangezogen werden.

Bei privaten Anstellungsverhältnissen, bei welchen keine besondere Vertrauensstellung im Hinblick auf das Vermögen des Arbeitgebers in Rede steht, kann ein Vermögensschaden nicht schon deshalb angenommen werden, weil der Getäuschte den Täter ohne die Täuschung nicht eingestellt hätte (vgl. BGH, Beschluss vom 21.08.2019 – 3 StR 221/18 = Life&LAW 03/2020, 177 ff.).

Betrug, § 263 StGB – Vermögensschaden (IV)

StrafR BT I, Rn. 161 ff.

Individueller Schadenseinschlag

Auch wenn aufgrund einer gleichwertigen Gegenleistung kein Vermögensschaden vorliegt, kommt die h.M. im Hinblick auf die persönlichen Verhältnisse des Getäuschten in einigen Fallgruppen zur Tatbestandsmäßigkeit:

1. Die angebotene Leistung ist für den Erwerber nicht (voll) zu dem vertraglich vorausgesetzten Zweck oder anderweitig zumutbar verwendbar
2. Der Erwerber wird durch die eingegangene Verpflichtung zu vermögensschädigenden Maßnahmen genötigt (str.)
3. Durch die Verpflichtung hat der Erwerber nicht mehr die Mittel zur Erfüllung seiner Verbindlichkeiten oder einer angemessenen Lebensführung (str.)

Beachten Sie: Natürlich muss der individuelle Schadenseinschlag auch vom Tätervorsatz umfasst sein.

Das Opfer wird durch Täuschung zu einer unentgeltlichen Leistung (z.B. Spende) verpflichtet

Rspr.: Vermögensschaden

Der Spender erhält schließlich keinen Gegenwert

Kritik: Damit würde jeder Motivirrtum zum Betrug führen, Betrug setzt ja gerade unbewusste Selbstschädigung voraus

h.L.: Zweckverfehlungslehre

Vermögensschaden nur, wenn mit der unentgeltlichen Leistung verbundene objektivierbare sozial relevante Zwecksetzungen enttäuscht werden.
Affektionsinteressen und sonstige Ziele (-)

Wahrscheinlich werden Sie sich unter den einzelnen Fallgruppen des individuellen Schadenseinschlags nicht gleich etwas vorstellen können, deshalb folgendes Beispiel: Für einen passionierten Sportreiter ist ein Ackergaul, der ihm als „erfahrenes Turnierpferd“ verkauft wird, objektiv unbrauchbar, auch wenn das Tier den verlangten Preis durchaus wert ist. Deshalb ist hier nach h.M. über die Konstruktion des individuellen Schadenseinschlags ein Vermögensschaden i.S.d. § 263 StGB anzunehmen. Ein absoluter Klassiker ist auch der sog. „Melkmaschinenfall“, BGHSt 16, 321 (bitte nachlesen!).

Während bei objektiver Unbrauchbarkeit der Leistung für den Erwerber noch weitgehend Einigkeit herrscht, sind die beiden anderen Fallgruppen stark umstritten. In diesen Fällen lässt sich ein Vermögensschaden unter dem Hinweis, hier liege gerade keine unbewusste Selbstschädigung vor, auch ablehnen. Immerhin ist sich das Opfer hier in der Regel der Einschränkung seiner wirtschaftlichen Verfügungsfreiheit bewusst.

Im Rahmen der sozialen Zweckverfehlung müssen Sie die Feinheiten des Sachverhalts genau analysieren: Wenn beispielsweise ein Bettler eine nicht bestehende persönliche Notlage vorspiegelt, liegt grundsätzlich eine relevante Zweckverfehlung vor. Kein vollendeter Betrug liegt hingegen vor, wenn der Spender nur deshalb Geld gibt, um die Person loszuwerden, und ihm die vermeintliche „Notlage“ egal ist. Insoweit ist der Irrtum nicht kausal für die Vermögensverfügung. In Betracht kommt aber eine Versuchsstrafbarkeit.

Betrug, § 263 StGB – Regelbeispiele – Qualifikation

§ 263 III StGB: Besonders schwere Fälle des Betrugs (Regelbeispiele)

§ 263 III S. 2 Nr. 1 StGB	§ 263 III S. 2 Nr. 2 StGB	§ 263 III S. 2 Nr. 3 StGB	§ 263 III S. 2 Nr. 4 StGB	§ 263 III S. 2 Nr. 5 StGB
Täter handelt gewerbsmäßig **oder** als Bandenmitglied	Obj. größerer Vermögensschaden oder Fortsetzungsabsicht	Täter bringt andere Person in wirtschaftliche Not	Missbrauch von Amtsträgerstellung	Täuschungshandlung muss Brand/Untergang nachfolgen

§ 263 V StGB: Gewerbsmäßiger Bandenbetrug (Qualifikation)

Täter handelt gewerbsmäßig **und** als Bandenmitglied, vgl. die Definitionen zu §§ 242 ff. StGB; verdrängt Regelbeispiel des § 263 III S. 2 Nr. 1 StGB

Obwohl die Regelbeispiele des § 263 III StGB keine größeren Probleme aufwerfen dürften, handelt es sich insbesondere bei § 263 III S. 2 Nr. 5 StGB um eine interessante Norm. Die „Tat“handlung (Vorsicht: Es handelt sich um ein nach der Schuld zu prüfendes Regelbeispiel!) ist zweistufig ausgestaltet: Es muss ein Versicherungsfall vorgetäuscht werden, nachdem zuvor der Täter oder ein anderer zu diesem Zweck eine Sache in Brand gesetzt oder durch Brandlegung ganz oder teilweise zerstört oder ein Schiff versenkt oder gestrandet hat. Wird ein Versicherungsfall vorgetäuscht, ohne dass zuvor ein entsprechendes In-Brand-Setzen oder dergleichen erfolgte, kommt lediglich "einfacher" Betrug gem. § 263 I StGB in Betracht.

Beachten Sie auch, dass beim In-Brand-Setzen bzw. sonstigem Beschädigen in der Absicht, einen Versicherungsfall herbeizuführen, bereits § 265 StGB voll verwirklicht ist! Kommt es im weiteren Verlauf auch zu einem (versuchten) Betrug, tritt allerdings der Versicherungsmissbrauch von Gesetzes wegen zurück, vgl. § 265 I a.E. StGB. Relevant ist hier oftmals die Frage, wann zu dem versuchten Betrug unmittelbar angesetzt wird. Dies ist regelmäßig mit Absenden der Schadensanzeige der Fall.

Eigenständige Bedeutung hat der § 265 StGB vor allem auch dann, wenn ein anderer als der Versicherungsnehmer den Versicherungsfall herbeiführt, um den Versicherungsnehmer, der bei Brandlegung nichts davon weiß, die Versicherungssumme zu verschaffen. Hier scheitert eine Betrugsstrafbarkeit zu Lasten der Versicherung daran, dass regelmäßig tatsächlich ein Zahlungsanspruch auf die Versicherungssumme besteht. § 265 StGB ist hingegen gleichwohl verwirklicht. Anders als § 263 StGB muss die spezifische Absicht gerade nicht „rechtswidrig“ sein.

Beachten Sie schließlich folgende Besonderheit bei der Formulierung des § 265 I a.E. StGB: Der Begriff der „Tat“, welche nicht in § 263 StGB mit Strafe bedroht ist, ist weit zu verstehen (h.M.: prozessualer Tatbegriff). Denn im materiellen Sinn ist der nachfolgende Betrug regelmäßig eine andere Tat. Würde man den üblichen materiellen Tatbegriff bei § 265 I a.E. StGB voraussetzen, würde die gesetzliche Subsidiaritätsklausel faktisch leerlaufen.

Computerbetrug, § 263a StGB – Tatbestand

I. Obj. Tatbestand

1. **Beeinflussung des Ergebnisses eines Datenverarbeitungsvorgangs**
   Der Datenverarbeitungsvorgang selbst muss automatisch ablaufen.
2. **durch**
   a) Unrichtige Gestaltung des Programms
   b) Verwendung unrichtiger oder unvollständiger Daten
   c) Unbefugte Verwendung von Daten oder
   d) Sonstige unbefugte Einwirkung auf den Ablauf
3. **Kausaler Vermögensschaden**
   Der Datenverarbeitungsvorgang muss unmittelbar vermögensschädigende Wirkung haben

II. Subj. Tatbestand

1. **Vorsatz**
2. **Bereicherungsabsicht**
   (wie bei § 263 StGB)

Abgrenzungsfragen:

Abgrenzung zum Betrug, § 263 StGB

- **§ 263 StGB** nur bei Willen, (auch) einen Menschen zu täuschen.
- **§ 263a StGB** nur bei unmittelbar vermögensschädigender Wirkung d. Beeinflussung; str., ob exklusiv oder Gesetzeskonkurrenz (§ 263 StGB hat dann Vorrang)

Abgrenzung zum Diebstahl, § 242 StGB

- Nur **§ 242 StGB**, wenn Täter neben der Computermanipulation noch Wegnahme vornehmen muss (dann keine Unmittelbarkeit),
  wenn beide Tatbestände erfüllt sind ⇨ Gesetzeskonkurrenz (§ 263a StGB hat Vorrang)

Durch die Einführung des § 263a StGB sollten Strafbarkeitslücken geschlossen werden, da der Betrugstatbestand des § 263 StGB solche Verhaltensweisen nicht umfasst, in denen der Vermögensschaden nicht auf der Verfügung einer getäuschten Person beruht, sondern auf einer Computermanipulation ohne Täuschung einer Kontrollperson. Geschütztes Rechtsgut ist wie bei § 263 StGB allein das Vermögen, die Funktionstüchtigkeit der im Wirtschaftsleben eingesetzten Computersysteme stellt lediglich einen Schutzreflex dar.

Entscheidend für die Abgrenzung zu Diebstahl und Betrug ist die Unmittelbarkeit der vermögensschädigenden Wirkung: Wer z.B. durch unbefugte Eingabe einer Codenummer ein elektronisches Geldschrankschloss öffnet und das im Tresor befindliche Geld entwendet, begeht keinen Computerbetrug, sondern einen Diebstahl; das Vermögen wird hier erst durch die Wegnahme des Geldes geschädigt. Ein weiteres Beispiel: T bestellt bei einem Versandhaus Waren und gibt seinen Namen in leicht veränderter Schreibweise an, weil er weiß, dass die Liquidität der Besteller per Computer überprüft wird und er nicht mehr zahlungsfähig ist. Hier scheitert der Computerbetrug daran, dass die vom Täter erstrebte Vermögensverfügung (= das Absenden der Ware) erst durch eine natürliche Person in die Wege geleitet wird, die dabei die mittels des Computers gewonnenen Ergebnisse berücksichtigt.

Wenn der Täter mit einer echten Bankkarte und der richtigen Geheimnummer, die er jeweils vom Berechtigten durch dessen täuschungsbedingte Verfügung erhalten hat, Geldabhebungen vornimmt, werden nicht die beiden Straftatbestände des Betrugs und des Computerbetrugs erfüllt. Die Vergleichsbetrachtung von Betrug und Computerbetrug muss um eine Gesamtbetrachtung des Geschehens, das zur Erlangung von Bankkarte und Geheimnummer geführt hat, sowie der Geldabhebung ergänzt werden. Regelmäßig liegt hiernach allein ein Betrug durch die irrtumsbedingte freiwillige Aushändigung der Bankkarte vor; die ungehinderte Zugriffsmöglichkeit des Täters auf das Opfervermögen mittels Bankkarte und Geheimnummer genügt regelmäßig bereits, um einen Vermögensschaden i.S.d. § 263 StGB anzunehmen.

Computerbetrug, § 263a StGB – Begehungsvarianten

I. Unrichtige Gestaltung des Programms (Programm-Manipulation)

Eine Programmgestaltung ist unrichtig, wenn sie dem Willen des Systembetreibers widerspricht.

II. Verwendung unrichtiger/unvollständiger Daten (Input-Manipulation)

Daten sind durch Zeichen od. kontinuierliche Funktionen dargestellte Informationen, kurz: Daten sind kodierte Informationen.

III. Unbefugte Verwendung von Daten

Umstritten ist, was unter „unbefugt" zu verstehen ist.

<u>Problematische Fallgruppen</u>

Missbrauch einer Kontokarte u. Geheimzahl am Geldautomaten

- durch einen Dritten ⇨ unstr. (+)
- durch den Karteninhaber (z.B. bei unbefugter Kontoüberziehung) ⇨ str.
  e.A..: § 263a StGB (+)
  a.A.: § 263a StGB (-), nur § 266b StGB (+)

Leerspielen eines Geld-Spielautomaten, nachdem sich der Täter Kenntnis über den Programmablauf verschafft hat

- h.M.: „unbefugt" (+), wenn rechtswidrig Kenntnis über den Programmablauf erlangt wurde (BGHSt 40, 331); beim Ausnutzen eines Softwarefehlers vgl. OLG Stuttgart, Urteil vom 12.05.16 – 4 Ss 73/16 = Life&LAW 03/2017, 187 ff.

IV. Sonst unbefugte Einwirkung auf den Ablauf

Auffangtatbestand, wegen seiner Unbestimmtheit restriktiv auszulegen

HEMMER-METHODE zu ÜK 35

Während die beiden ersten Tatbestandsvarianten des § 263a StGB weitgehend mit dem Betrug vergleichbar sind, stoßen die beiden letzten Begehungsvarianten auf Kritik im Schrifttum, da sie keine große Ähnlichkeit mehr mit dem Betrugstatbestand aufweisen und zudem – insbesondere die 4. Variante – relativ unbestimmt sind.

Ein Beispielsfall: T hütet das Haus seines verreisten Nachbarn O. Im Wohnzimmerschrank entdeckt er die EC-Karte des O und einen Zettel mit einer vierstelligen Nummer, die – wie er richtig vermutet – die passende Geheimzahl darstellt. Daraufhin eilt er zum nächsten Geldautomaten und hebt mit der Karte des O einen Betrag von 500 € ab. Danach legt er die Karte und den Zettel, wie von Anfang an geplant, wieder in den Schrank zurück. Das Geld behält er. Strafbarkeit des T?

Lösung: § 242 StGB bzgl. der Karte scheitert an der fehlenden Zueignungsabsicht (nach der Substanztheorie ohnehin, aber auch nach der Sachwerttheorie, da das abgehobene Geld keinen unmittelbar in der Sache verkörperten Wert [lat.: lucrum ex re] darstellt). Hinsichtlich der Banknoten fehlt es an der Wegnahme im Sinne des § 242 StGB, da der Automat nach außen hin ordnungsgemäß bedient wurde („tatbestandsausschließendes Einverständnis"). § 266b StGB scheidet aus, da insoweit nur der berechtigte Karteninhaber tauglicher Täter sein kann. § 265a StGB ist ebenfalls nicht einschlägig, da aufgrund des ordnungsgemäßen Bedienens des Automaten ein „Erschleichen" fehlt. Mangels eines menschlichen Gegenübers ist § 263 StGB zu verneinen. Diese Strafbarkeitslücke wird durch § 263a StGB geschlossen. T hat insoweit „unbefugt" Daten (die PIN) benutzt und dadurch einen Vermögensschaden beim Karteninhaber O ausgelöst. Der mitverwirklichte § 246 StGB tritt dahinter in Gesetzeskonkurrenz zurück.

Instruktiv zur Verwendung einer EC-Karte durch einen Nichtberechtigten bei kontaktloser Zahlung ohne PIN vgl. OLG Hamm, Beschl. v. 07.04.2020 – 4 RVs 12/20 = Life&LAW 09/2020, 617 ff.

Erschleichen von Leistungen, § 265a StGB

StrafR BT I, Rn. 184 ff.

I. Objektiver Tatbestand

1. **Erschleichen**
   - e.A.: Jedes unbefugte u. ordnungswidrige Erreichen der Leistung/Beförderung/des Zutritts
   - a.A.: Nur Verhalten, das den Charakter des Verheimlichens oder der Erweckung des Anscheins einer ordnungsgemäßen Benutzung aufweist
   - unstr.: Offenes, demonstratives Verhalten (-)
2. **Tatobjekt**
   - a) Leistung eines **Automaten**
     - ⇨ nur Leistungsautomaten (z.B. Fernsprech-, Spiel-, Musikautomaten)
     - ⇨ auch Warenautomaten, allerdings dann subsidiär zu § 242 StGB
   - b) Leistung eines öffentl. Zwecken dienenden Fernmeldenetzes
   - c) Beförderung durch ein Verkehrsmittel
   - d) Zutritt zu einer entgeltlichen Veranstaltung od. Einrichtung

II. Subjektiver Tatbestand

1. **Vorsatz**
   muss auch die Entgeltlichkeit umfassen, ansonsten § 16 I S. 1 StGB
2. **Absicht, das Entgelt nicht (voll) zu entrichten**

III. Rechtswidrigkeit + IV. Schuld

HEMMER-METHODE zu ÜK 36

Bei § 265a StGB handelt es sich um ein Vermögensdelikt, welches Strafbarkeitslücken im Bagatellkriminalitätsbereich schließen soll. Tathandlung ist das sog. „Erschleichen“. Ein solches liegt grundsätzlich dann vor, wenn der Täter bestehende Kontrollhürden bzw. Kontrollmechanismen durchbricht oder umgeht.

Beachten Sie indes, dass bei der Variante 3, der sog. Beförderungserschleichung, die Tathandlung nach der Rechtsprechung anders ausgelegt wird. Hiernach erschleicht auch derjenige die Beförderung durch ein Verkehrsmittel, der zwar keine Kontrollen umgeht, aber die Fahrt antritt, ohne die gegebene Gelegenheit zu nutzen, unmittelbar zuvor den erforderlichen Fahrausweis zu erwerben. Begründet wird dies damit, dass der Täter in diesen Fällen „den Anschein ordnungsgemäßen Verhaltens erwecke“. Hintergrund für diese sehr weitgehende Auslegung ist, dass die Strafbarkeit des Verhaltens nicht davon abhängig sein soll, ob Kontrollen bestehen oder auf solche aufgrund des Massenverkehrs verzichtet wird.

Ein Sonderfall liegt vor, wenn ein Fahrgast mit einem Transparent („Bürger, fahrt zum Nulltarif!“) die Straßenbahn besteigt und die Fahrgäste lautstark ernsthaft auffordert, künftig nicht mehr die überhöhten Beförderungsentgelte zu zahlen. Offenes, demonstratives Verhalten fällt nicht unter § 265a StGB. Gleichwohl ist ein solches Verhalten nicht straffrei, in Betracht kommt dann eine Strafbarkeit gemäß § 123 StGB.

Merken Sie sich: § 265a StGB bezieht sich nur auf *entgeltliche* Leistungen, Veranstaltungen und Einrichtungen. Nicht nach § 265a StGB, sondern nach § 123 I StGB macht sich somit strafbar, wer sich auf ordnungswidrige Weise Zutritt zu einer unentgeltlichen Veranstaltung verschafft.

Versicherungsmissbrauch, § 265 StGB

StrafR BT I, Rn. 188 ff.

I. Objektiver Tatbestand

1. **Tatobjekt**
   - ⇨ Versicherte Sache (Versicherungsvertrag muss formell gültig sein, eine nur zeitweilige Befreiung des Versicherers schadet nicht)
   - ⇨ Gegen Untergang, Beschädigung, Brauchbarkeitsbeeinträchtigung, Verlust od. Diebstahl
2. **Tathandlung**
   - ⇨ Beschädigen, zerstören (vgl. § 303 StGB), Brauchbarkeit beeinträchtigen, beiseite schaffen (= der Verfügungsmöglichkeit des Berechtigten entziehen), einem anderen überlassen

II. Subjektiver Tatbestand

1. **Vorsatz**
2. **Absicht, sich oder einem Dritten Leistungen aus der Versicherung zu verschaffen**
   Dem Täter muss es auf die Versicherungsleistung ankommen, ohne dass diese das Endziel sein muss (Delikt mit überschießender Innentendenz)

Konkurrenzen

§ 263 StGB – **§ 265 StGB** – **§§ 303 ff., 306 ff. StGB**

Subsidiaritätsklausel, § 265 I StGB a.E.:
§ 265 StGB tritt zurück, wenn es zur Täuschung über einen unberechtigten Versicherungsanspruch kommt.

Regelmäßig Tateinheit, § 52 StGB
Klarstellungsfunktion: So kann im Tenor klargestellt werden, dass der Täter eine **fremde** Sache beschädigt oder zerstört hat.

HEMMER-METHODE zu ÜK 37

Beim Versicherungsmissbrauch können im Rahmen der Beteiligung eines Dritten Probleme auftreten.

Bsp.: A schafft seinen eigenen Pkw beiseite, um den Wagen bei der Versicherung als gestohlen zu melden. Um sicher zu gehen, dass der Wagen nicht entdeckt wird, verkauft A den Wagen an B, der diesen ins Ausland verbringen soll. Dies geschieht dann auch. Strafbarkeit der Beteiligten?

A hat sich gemäß § 265 I Var. 4 StGB strafbar gemacht, indem er den Wagen beiseiteschaffte. Mangels eines entsprechenden Antrags bei der Versicherung scheitert eine Strafbarkeit wegen versuchten Betruges gemäß §§ 263 I, II, 22, 23 I StGB.

Bei B kommt sowohl eine Strafbarkeit wegen (sukzessiver) Beihilfe zum Versicherungsmissbrauch des A als auch eine Begünstigung gemäß § 257 StGB in Betracht. Die Rechtsprechung grenzt dabei im Sinne einer tatbestandlichen Exklusivität nach der inneren Willensrichtung ab und fragt, ob der Helfer die Haupttat fördern (dann Beihilfe) oder den Vortäter vor einer Entziehung des erlangten Vorteils schützen wollte (dann Begünstigung, § 257 StGB). Nach lebensnaher Auslegung ging es B darum, den erfolgreichen Abschluss der Tat überhaupt zu ermöglichen, so dass er sich wegen Beihilfe zum Versicherungsmissbrauch strafbar gemacht hat.

Darüber hinaus wäre auch an eine Bestrafung des B wegen Hehlerei zu denken, § 259 I Var. 1 StGB. Dabei ist jedoch zu beachten, dass ein Versicherungsmissbrauch nicht als taugliche Vortat in Betracht kommt. Denn durch die Tathandlungen des § 265 I StGB kommt es zu keiner rechtswidrigen Vermögenssituation, welche aufrechterhalten werden könnte (vgl. BGH, NStZ 2005, 679 ff. = Life&LAW 10/2006, 679 ff.).

Räub. Erpressung, §§ 253, 255 StGB – Obj. Tatbestand

Objektiver Tatbestand

I. Erpressungserfolg: Nötigung zu einer

- **Handlung**
- **Duldung**
- **Unterlassung**

II. Erpressungsmittel

Gewalt (§ 255 StGB: gegen Person)
⇨ nur vis compulsiva (h.L.)
⇨ auch vis absoluta (Rspr.)

Drohung mit einem empfindlichen Übel
(§ 255 StGB: gegenw. Gefahr f. Leib od. Leben)
auch: Bedrohung eines Dritten
egal, ob tats. Verwirklichung möglich ist

III. Vermögensverfügung (str.)

h.L.: Vermögensverfügung notwendig

- § 253 StGB als Selbstschädigungsdelikt
- Abgrenzung zu § 249 StGB nach innerer Willensrichtung des Opfers
  ⇨ §§ 249, 253 StGB schließen sich gegenseitig tatbestandlich aus

Rspr.: nicht notwendig

- Abgrenzung zu § 249 StGB nach äußerem Erscheinungsbild (Wegnahme/Geben)
- bei Wegnahme § 249 StGB und § 253 StGB (+)
  ⇨ § 249 StGB lex specialis zu § 253 StGB (Gesetzeskonkurrenz)

IV. Zufügung eines Vermögensnachteils

HEMMER-METHODE zu ÜK 38

Die Erpressung ist ein – ähnlich zum Betrug, § 263 StGB, konstruiertes – Vermögensdelikt im engeren Sinne. Während aber § 263 StGB das Vermögen gegen durch Täuschung erschlichene Vermögensschädigungen schützen will, betrifft die Erpressung Vermögensverschiebungen, die durch Gewalt oder Drohungen erzwungen werden.

Umstritten ist, ob im Rahmen des § 253 StGB eine Vermögensverfügung erforderlich ist: Hiergegen spricht zunächst der Wortlaut des Tatbestandes. Allerdings ist auch im Wortlaut des § 263 StGB von einer – hier ganz unstreitig erforderlichen – Vermögensverfügung nicht die Rede. Gegen das Erfordernis einer Vermögensverfügung lassen sich zudem kriminalpolitische Erwägungen ins Feld führen, denn so ließe sich eine lückenlose Erfassung aller in Bereicherungsabsicht gewaltsam herbeigeführten Vermögensschädigungen erreichen.

Gewichtige Gründe sprechen allerdings auch für die Notwendigkeit einer Vermögensverfügung: Nimmt der Täter Sachen ohne Zueignungsabsicht weg, kann er nicht nach § 249 StGB bestraft werden. Diese Privilegierung würde unterlaufen, wenn man die Wegnahme ohne Zueignungsabsicht, aber mit Anwendung von Raubmitteln unter die §§ 253, 255 StGB fallen ließe. Zudem wäre § 249 StGB gesetzessystematisch überflüssig, da nach der Rspr. der Tatbestand der Erpressung den des Raubes mit umfassen soll. Die dogmatisch besseren Gründe sprechen deshalb für die h.L.

Diese Streitfrage ist eines der wichtigsten Einzelprobleme des Strafrecht BT und sollte von allen Examenskandidaten beherrscht werden. Lesen Sie hierzu die Falldarstellung auf Basis von BGH, 2 StR 154/17 in Life&LAW 07/2018, 468 ff.

Räub. Erpressung, §§ 253, 255 StGB – Subj. Tatbestand

StrafR BT I, Rn. 199 ff.

I. Subjektiver Tatbestand

1. **Vorsatz**
2. **Absicht, sich oder einen Dritten zu Unrecht zu bereichern**
   a) Bereicherungsabsicht
   b) Rechtswidrigkeit der beabsichtigten Bereicherung
   c) Vorsatz bzgl. dieser Rechtswidrigkeit

II. Rechtswidrigkeit

Verwerflichkeitsprüfung, § 253 II StGB (RW bei § 255 StGB indiziert)

III. Schuld

<u>Verhältnis zu § 263 StGB</u>

Täuschung

über Drei-Personen-Verhältnis

Das in Aussicht gestellte Übel wird nach Angaben des Täters von einem Dritten verwirklicht

⇨ § 253 StGB nur, wenn Täter vorgibt, Einfluss auf (echten od. vermeintlichen) Dritten zu haben

als Mittel der Drohung

Unstr. § 253 StGB (+)

⇨ **h.M.:** § 263 StGB (-), da keine unbewusste Selbstschädigung

⇨ **a.A.:** § 263 StGB (+), wird aber konsumiert

HEMMER-METHODE zu ÜK 39

Nicht nur die Abgrenzungsproblematik zum Raub, sondern auch die zum Betrug muss Ihnen im Rahmen der §§ 253, 255 StGB als examenstypisch bekannt sein.

Zur Verdeutlichung folgender Fall: A wendet sich an Politiker P und droht diesem mit der Veröffentlichung kompromittierender Fotos, falls er nicht 50.000 € an ihn zahlt, was P auch aus Angst vor einem Skandal in der Wahlkampfzeit bereitwillig tut. Tatsächlich existieren die „Skandalfotos" gar nicht. Strafbarkeit des A?

Zunächst hat sich A wegen Erpressung (§ 253 StGB) strafbar gemacht: Ob der Täter in der Lage ist, das angedrohte Übel auch zu verwirklichen, spielt keine Rolle, solange das Opfer die Drohung ernst nehmen sollte und auch ernst nahm. Fraglich ist, ob sich A auch wegen § 263 StGB strafbar gemacht hat: Weithin unumstritten ist dabei, dass die Strafbarkeit wegen Betruges entfällt, wenn die Täuschung lediglich Mittel der Drohung ist oder diese nur gefährlicher erscheinen lassen soll.

Nach h.M. fehlt es bereits am Tatbestand des § 263 StGB, da dieser eine *unbewusste* Selbstschädigung erfordere. Hiergegen bestehen jedoch bedeutsame Einwände: A wäre nach der h.M. nicht strafbar, wenn er dem P vorgespiegelt hätte, sein Kollege K sei der Erpresser und er, A, sei von diesem selbst genötigt worden, das Geld als Bote abzuholen (dann keine Drohung, da A nicht vorgibt, Einfluss auf K zu haben). Stattdessen soll der tatbestandlich vorliegende § 263 StGB von § 253 StGB konsumiert werden. Diese Lösung hat zur Folge, dass ein Teilnehmer bestraft werden kann, der von der Täuschung, nicht aber von der Drohung weiß.

Begünstigung, § 257 StGB

StrafR BT I, Rn. 205 ff.

I. Objektiver Tatbestand

1. **Vortat eines anderen**
   - **a)** Tatbestandsmäßigkeit und Rechtswidrigkeit (§ 11 I Nr. 5 StGB)
   - **b)** „begangen“

Vollendung —— **Beendigung** →

unstr. nur Beihilfe, § 27 StGB	**§ 257 StGB oder „sukzessive Beihilfe“?**	unstr. nur Begünstigung, § 257 StGB

- **e.A.: „sukzessive Beihilfe“ unmöglich,** da Gehilfenbeitrag (mit-)kausal für Erfolg sein muss ⇨ immer § 257 StGB
- **h.M.: „sukzessive Beihilfe“ grds. möglich**
  1. Rspr.: je nach Willensrichtung des Gehilfen
  2. a.A.: immer § 27 StGB, egal ob Gehilfe zusätzlich Sicherung eines Vermögensvorteils will

2. **Tathandlung: Hilfe leisten**
   = Handlung, die obj. geeignet ist (nicht erfolgreich sein muss), die aus der Vortat gewonnenen Vorteile gegen ein Entziehen zugunsten des Verletzten zu sichern
   ⇨ bei reiner Sacherhaltung (-)

II. Subjektiver Tatbestand

1. **Vorsatz**
2. **Absicht, dem Vortäter die Vorteile seiner Tat zu sichern** (dolus directus)
   Vorteil muss unmittelbar aus der Vortat erwachsen sein, aber keine Sachidentität erforderlich

HEMMER-METHODE zu ÜK 40

Entscheidendes Problemfeld bei § 257 StGB ist – neben der Abgrenzung zur Beihilfe – die Strafbarkeit von Vortatbeteiligten. Achten Sie in der Klausur darauf, hier genau zu differenzieren:

- Zunächst ist erforderlich, dass die Hilfe einem anderen geleistet wird. Die sog. Selbstbegünstigung ist schon nicht tatbestandsmäßig.
- Tatbestandsmäßig, aber straflos handelt, wer zwar einen anderen begünstigt, selbst aber wegen Beteiligung an der Vortat strafbar ist (§ 257 III S. 1 StGB). Diese Ausschlusswirkung soll nach h.M. auch dann eingreifen, wenn die Vortat lediglich wegen einer fehlenden Prozessvoraussetzung (z.B. fehlender Antrag, Verjährung) nicht verfolgt werden kann.
- Ausnahme hierzu ist § 257 III S. 2 StGB. Danach kann ein Vortatbeteiligter, der auf einen Außenstehenden einwirkt, Anstifter einer Begünstigung sein, die ihm selbst zugutekommt. Allerdings ist auch hier § 257 IV StGB zu beachten.

Arbeiten Sie zu dieser Problematik den Beispielsfall in Hemmer/Wüst, StrafR BT I, Rn. 209 durch.

Hehlerei, § 259 StGB – Prüfungsschema

I. Objektiver Tatbestand

1. **Tatobjekt**
   a) **Sache**
   b) die **ein anderer** erlangt hat
   Täter u. Mittäter der Vortat (-), str. beim Rückerwerb vom Hehler
   Teilnehmer (+) (str.)
   c) durch Diebstahl oder sonstige gegen fremdes Vermögen gerichtete **rechtswidrige Vortat**
   nicht nur Vermögensdelikte; Rechtswidrigkeit der Vermögenslage z.Zt. der Begehung;
   die Vortat muss **vollendet** sein (h.M.; a.A.: beendigt); **keine Ersatzhehlerei** erfasst (ganz h.M.)
2. **Tathandlung**
   Ankaufen, sich verschaffen, absetzen, absetzen helfen (vgl. ÜK 42)

II. Subjektiver Tatbestand

1. **Vorsatz**
2. **Absicht, sich oder einen Dritten zu bereichern**
   Dritter kann nicht der Vortäter sein, da kein „Dritter" i.d.S. (BGH)
   Rechtswidrigkeit/Stoffgleichheit **nicht** nötig

III. Rechtswidrigkeit + IV. Schuld

Häufig wird das Wesen der Hehlerei als Aufrechterhaltung der durch die Vortat geschaffenen rechtswidrigen Vermögenslage beschrieben (sog. Perpetuierungstheorie), obwohl diese Begrifflichkeiten den Kern nicht ganz genau treffen: Da Gegenstand der Hehlerei nur Sachen, nicht aber Rechte sein können, geht es eher um die Aufrechterhaltung einer rechtswidrigen Besitzposition. Auf jeden Fall sollten Sie sich die im Rahmen des § 259 StGB einschlägigen Sound-Wörter „Perpetuierung", „keine Ersatzhehlerei", „Unmittelbarkeitserfordernis" merken: Verschenken Sie keinen Punkt und aktivieren Sie den „Abhak-Reflex" des Korrektors! Die Hehlerei eignet sich hervorragend für Examensklausuren, weil Sie im Rahmen des objektiven Tatbestands inzident die Vortat prüfen müssen, die wiederum viele Einzelprobleme enthalten kann. So werden Sie z.B. immer dann, wenn der Vortäter von dem gestohlenen Geld eine andere Sache kauft, die dann der Täter erhält, nach der Ablehnung des § 242 StGB als Vortat (keine Ersatzhehlerei!) den § 263 StGB und in diesem Zusammenhang die Makeltheorie erörtern müssen.

Lernen Sie im Zusammenhang: Die h.M. lehnt die Wertsummentheorie als Ausnahme zum Grundsatz „keine Ersatzhehlerei" ab. Die Wertsummentheorie wird zwar zum Teil i.R.d. § 242 StGB vertreten – hier allerdings zugunsten des Täters. Eine Anwendung bei § 259 StGB ginge hingegen zu Lasten des Täters. Außerdem kommt nach dem Wortlaut des § 259 I StGB als Tatobjekt nur eine Sache in Betracht, die (direkt) aus einer tauglichen Vortat „erlangt" wurde. Ein „Herrühren" (wie bei § 261 I StGB) genügt gerade nicht.

Hehlerei, § 259 StGB – Begehungsvarianten

StrafR BT I, Rn. 217 ff.

Begehungsvarianten des § 259 StGB

Sich oder einem Dritten verschaffen, § 259 I Var. 1 StGB

- Begründung tatsächlicher eigener oder fremder **Verfügungsgewalt;** (-) bei Mitverzehr, str.
- Im Wege des **abgeleiteten Erwerbs** (= im Einverständnis mit dem Vorbesitzer); (+) auch bei Gutgläubigkeit des Vorbesitzers; (+) auch bei § 263 / §§ 253, 255 StGB ggü. Vorbesitzer (h.M.)

↓

nur Unterfall: „ankaufen" i.S.d. § 259 I StGB

⇨ KaufV allein genügt **nicht**

Absetzen, § 259 I Var. 2 StGB

- Selbständige wirtschaftliche **Verwertung** der Sache
- **Im Interesse des Vortäters** oder des **Zwischenhehlers**

Absetzen helfen, § 259 I Var. 3 StGB

- Unselbständige, unmittelbare Unterstützung des **Vortäters** oder des Zwischenhehlers beim Absatz

Absatzerfolg

h.L. und BGH: erforderlich

- Gesetzeswortlaut: Verzicht auf Erfolg verstieße gegen Art. 103 II GG.
- Systematik: Auch das „Verschaffen" setzt Erfolg voraus.
- Kriminalpolitik: § 259 III StGB, Versuch ohnehin strafbar

Frühere Rspr.: nicht erforderlich

- Bei § 259 StGB a.F. genügte jede auf Absatz hinzielende Tätigkeit. Dies habe der Gesetzgeber durch die n.F. nicht ändern wollen.
- Besitzlage wird schon während der Absatzbemühungen perpetuiert.

HEMMER-METHODE zu ÜK 42

Gerade bei § 259 StGB gilt: Belasten Sie Ihr Gedächtnis nicht mit unnötigem Spezialwissen, sondern ordnen Sie stattdessen die verschiedenen Begehungsvarianten sauber ein: Das „Absetzen-Helfen“ ist keine Beihilfehandlung i.S.d. § 27 StGB, sondern gleichgeordnete selbständige Tathandlungsvariante.

Dabei hat das „Absetzen-Helfen“ die Funktion, auftretende Strafbarkeitslücken zu schließen. Denn wenn der Vortäter selbst den Absatz vornimmt, macht er sich dabei selbst nicht wegen Hehlerei strafbar, da der Vortäter nicht zum tauglichen Täterkreis gehört (vgl. „anderer“ im Wortlaut des § 259 I StGB). Der Helfer beim Absatz könnte folglich mangels Haupttat nicht wegen Hehlerei bestraft werden. Gerade dann greift das „Absetzen-Helfen“ i.S.d. § 259 I StGB ein!

Fallbeispiel: A stiehlt eine wertvolle Perlenkette. B vermittelt ihm den Interessenten C, der die Kette direkt von A kauft. Strafbarkeit des B?

Lösung: B hat keine Verfügungsmacht über die Kette erlangt, sie sich also nicht verschafft. Er hat sie auch nicht abgesetzt, da seine Vermittlungstätigkeit nur unselbständig war. Beihilfe zur Hehlerei des A scheidet aus, da A als Vortäter nicht sein eigener Hehler sein kann. Als B ins Geschehen trat, war der Diebstahl des A längst vollendet, so dass auch insofern keine Beihilfe vorliegt. B hat den Vortäter A jedoch unselbständig bei der Veräußerung unterstützt, so dass er nach § 259 I Var. 3 StGB strafbar ist. Eine (analoge) Anwendung von § 27 II S. 2 StGB auf solche Fälle wird von der h.M, abgelehnt.

Vortäter i.S.d. § 259 StGB ist auch der sog. Zwischenhehler, der sich die bemakelte Sache zu eigentümerähnlicher Verfügungsgewalt verschafft und sie sodann im Eigeninteresse absetzen will (insofern also § 259 I Var. 3 StGB nicht verwirklicht).

Der Streit, ob bei § 259 I Var. 2 bzw. 3 StGB ein Absatzerfolg erforderlich ist, hat an Bedeutung verloren. Die Rechtsprechung folgt nunmehr dem Ansatz der h.L. und setzt ebenfalls einen Absatzerfolg voraus (vgl. BGH, Anfragebeschluss vom 14.05.2013 – 3 StR 69/13 = Life&LAW 01/2014, 24 ff.).

Geldwäsche, § 261 StGB

I. Tatobjekt

1. **Gegenstand** (nicht nur Geld, sondern jedes Rechtsobjekt mit Vermögenswert)
2. der **herrührt**

unmittelbar (unstr.)

- Lohn/Entgelt für die Vortat
- Einziehungsgegenstände i.S.d. § 74 StGB

mittelbar/Ersatzgegenstände

im Einzelnen str., Voraussetzungen:

- Keine wesentliche Wertänderung
- Identifizierbarkeit im neuen Vermögen

3. Aus einer **rechtswidrigen Tat**

II. Tathandlung

§ 261 I StGB

- Verbergen (Nr. 1)
- Verschleiern der Herkunft (Nr. 2)
- Sich oder einem Dritten verschaffen (Nr. 3)
- Verwahren bzw. Verwenden (Nr. 4)

§ 261 II StGB (Auffangtatbestand)

- Wenn bestimmte Tatsachen, die nach Abs. 1 von Bedeutung sein können, verheimlicht oder verschleiert werden

§ 261 VI StGB (Leichtfertigkeit)

- Nach Abs. 6 Satz 1 u.U. strafbar
- Nach Abs. 6 Satz 2 partielle Ausnahme hiervon

HEMMER-METHODE zu ÜK 43

Anders als in früheren Fassungen kommen nunmehr alle rechtswidrigen Taten als Vortat in Betracht. Ziel ist es, damit die strafrechtliche Bekämpfung der Geldwäsche zu verbessern.

Die Vortat muss nicht die Tat eines anderen sein. Jedoch sieht § 261 VII StGB vor, dass derjenige, der wegen Beteiligung an der Vortat strafbar ist, nach § 216 I-VI StGB nur dann bestraft wird, wenn er den Vermögensgegenstand in den Verkehr bringt und dabei dessen rechtswidrige Herkunft verschleiert.

Als Tatobjekt der Geldwäsche kommt jeder Tatertrag, jedes Tatprodukt oder ein an dessen Stelle getretener Vermögensgegenstand in Betracht. Der Bereich möglicher Tatobjekte ist damit denkbar weit und erfasst auch virtuelle Werte (wie z.B. Krypto-Währungen). Als Tatobjekt werden insbesondere auch Surrogate – anders als bei der Hehlerei, § 259 I StGB („erlangt hat") – erfasst.

Die Geldwäsche erfordert Vorsatz, wobei dolus eventualis ausreichend ist. Nimmt ein Strafverteidiger ein Honorar an, ist an die in § 261 I S. 3 StGB geregelte Besonderheit zu denken. In den Fällen von § 261 I S. 1 Nr. 3 und 4 StGB handelt er demnach nur dann vorsätzlich, wenn er zu dem Zeitpunkt der Annahme des Honorars sichere Kenntnis von dessen Herkunft hatte.

Untreue, § 266 StGB – Missbrauchtatbestand

StrafR BT I, Rn. 225 ff.

§ 266 I Alt. 1 StGB: Missbrauchtatbestand

I. Befugnis, über fremdes Vermögen zu verfügen oder einen anderen zu verpflichten	1. **Durch Gesetz:** z.B. §§ 1626 II, 1793 I BGB; 2. **Durch behördlichen Auftrag:** z.B. Gebühreneinzug 3. **Durch Rechtsgeschäft:** §§ 164 ff. BGB, §§ 48, 54 HGB **Nicht:** Anscheinsvollmacht
II. Missbrauch	Täter hält sich im Bereich seines **„rechtl. Könnens“** (Außenverhältnis), überschreitet aber den Bereich seines **„rechtl. Dürfens“** im Innenverhältnis
III. Vermögensbetreuungspflicht	• Fürsorgepflicht **von einiger Bedeutung** (nicht ganz untergeordnet oder rein mechanisch), • die **wesentliche Vertragspflicht** (gleichsam Hauptpflicht) ist ⇨ **h.M.: auch beim Missbrauchtatbestand nötig,** ansonsten droht Ausuferung ⇨ Missbrauch als Spezialfall des Treubruchs ⇨ **a.A.: beim Missbrauchtatbestand nicht nötig,** Gefahr der Ausuferung besteht nur beim Treubruch, Missbrauchtatbestand wäre unnötig
IV. Vermögensnachteil	Entspricht weitgehend Vermögensschaden bei § 263 StGB

HEMMER-METHODE zu ÜK 44

„Klassischer Täter" beim Missbrauchtatbestand ist der Prokurist nach §§ 49 I, 50 I HGB, denn dessen rechtliches Können im Außenverhältnis ist gesetzlich festgelegt, wohingegen sein rechtliches Dürfen im Innenverhältnis oftmals eingeschränkt ist. Insofern liegt hier eine Parallele zum zivilrechtlichen Institut des „Missbrauchs der Vertretungsmacht" vor.

Umstritten ist, ob der Begriff der Verpflichtungs- bzw. Verfügungsbefugnis streng im zivilrechtlichen Sinne verstanden werden muss. Bedeutung hatte dieser Streit v.a. vor Inkrafttreten des § 266b StGB, in seinen wesentlichen Grundzügen sollte er aber auch heute noch bekannt sein.

Dazu folgender Beispielsfall: A hebt mit seiner EC-Karte € 500,- am Automaten einer fremden Bank ab, obwohl ihn seine Bank bereits angewiesen hat, keine Abhebungen mehr vorzunehmen. Strafbarkeit des A aus § 266 StGB?

Lösung: Fraglich ist, ob eine Verpflichtungsbefugnis des A gegenüber seiner Bank vorliegt. Nach einem Teil der Lit. ist allein entscheidend, dass durch das Verhalten des A nach außen wirksam eine Verbindlichkeit der bezogenen Bank begründet werden kann. Die Gegenansicht stellt streng auf die zivilrechtlichen Verhältnisse ab: A ist hinsichtlich des zwischen den Banken zustande gekommenen Garantievertrags nur Bote, da er diesbezüglich keine Gestaltungsmöglichkeit hat. Ihm fehlt die Verpflichtungsbefugnis. Zudem wäre auch die Vermögensbetreuungspflicht zu verneinen, da seitens A gegenüber der Bank keine vertragliche Hauptpflicht besteht, deren Vermögensinteressen wahrzunehmen.

Untreue, § 266 StGB – Treubruchtatbestand

<u>§ 266 I Alt. 2 StGB: Treubruchtatbestand:</u>

- Nach h.M. ist § 266 I Alt. 1 StGB lex specialis
- Nach a.A. selbständig nebeneinander anwendbar

I. Vermögensbetreuungspflicht

1. **Kraft Gesetzes**
2. **Behördlicher Auftrag**
3. **Rechtsgeschäft:** Restriktive Auslegung der rechtsgeschäftlichen Betreuungspflicht, da sonst **jede** vorsätzliche Schädigung eines Vertragspartners strafbar wäre. Voraussetzungen deshalb (nach Rspr.):
   - Fürsorgepflicht **von einiger Bedeutung** (nicht ganz untergeordnete oder rein mechanische Tätigkeit, z.B. Botendienste, Schreibarbeiten; Indiz: selbständiger Entscheidungsspielraum),
   - die wesentliche, nicht nur beiläufige Vertragspflicht ist („**Hauptpflicht**"). Nach Lit. muss Täter garantenartig in der Sphäre des Opfervermögens stehen (auch hier Indiz: Entscheidungsspielraum)
4. **Tatsächliches Treueverhältnis**
   z.B. Rechtsschein (§§ 170 ff. BGB, Anscheinsvollmacht), gesetz- oder sittenwidrige Vertrauensverhältnisse str.

II. Verletzung

Pflichtverletzung im Innenverhältnis (im Außenverhältnis möglich, aber nicht erforderlich) kann neben Tun auch in Unterlassen liegen, dann Treubruch echtes Unterlassungsdelikt ⇨ § 13 StGB (-)

III. Vermögensnachteil

Nachteil i.d.S. ist nach h.M. gleichbedeutend mit dem Vermögensschaden bei § 263 I StGB

Hinsichtlich des Treubruchtatbestands können Sie sich merken, dass die rechtsgeschäftlich begründete Vermögensbetreuungspflicht einer restriktiven Auslegung bedarf, da sonst jede „Schlechtleistung“ unter Strafe stünde. Weniger entscheidend ist hier die genaue Kenntnis der Auslegungskriterien: Rspr. und Lit. haben zwar unterschiedliche Ausgangspunkte, kommen jedoch fast immer zu gleichen Ergebnissen.

Stellen Sie in der Klausur auf den Einzelfall ab und punkten Sie, indem Sie den Sachverhalt umfassend ausschöpfen. In der Tendenz ist (wie häufig) die Auslegung der Rspr. eher weiter, während die Lit. engere Kriterien heranzieht. Wie so oft lässt sich für die engere Auslegung strafbegründender Merkmale mit Art. 103 II GG argumentieren.

Umstritten ist, inwieweit nichtige Rechtsgeschäfte eine Vermögensbetreuungspflicht begründen können. Jedenfalls bei bloßer Formnichtigkeit ist regelmäßig ein tatsächliches Treueverhältnis gegeben. Ist das Rechtsgeschäft aber wegen rechtlicher Missbilligung (z.B. § 138 BGB) nichtig, ist problematisch, ob von einem „Vermögens“-Betreuungsverhältnis gesprochen werden kann. Einigkeit besteht jedenfalls darin, dass die Nichtausführung eines sittenwidrigen Auftrags eine durch § 266 StGB geschützte Treuepflicht nicht verletzt, weil die Erwartung des Auftraggebers keinen Vermögenswert hat.

Denken Sie insbesondere dann, wenn § 266 StGB mangels Vermögensbetreuungspflicht ausscheidet, an eine veruntreuende Unterschlagung gem. § 246 II StGB.

Objektiver Tatbestand

1. **Täter: Berechtigter Inhaber einer Scheck- od. Kreditkarte**
   § 266b StGB ist ein echtes Sonderdelikt. „Inhabereigenschaft“ ist besonderes pers. Merkmal ⇨ § 28 I StGB
2. **Möglichkeit, den Aussteller zu einer Zahlung zu veranlassen**
   nur (+) bei Karten mit „Garantiefunktion“ (sog. Drei-Partner-System)

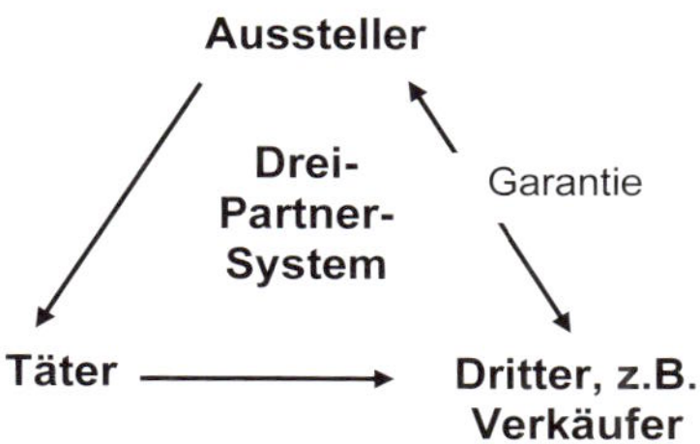

- Bsp. für 3-Partner-System: Euroscheckkarte (durch Hingabe von Karte + Scheck verpflichtet Inhaber das ausgebende Institut, an den Dritten zu leisten), Kreditkarten
- Bsp. für 2-Partner-System: Kundenkarten

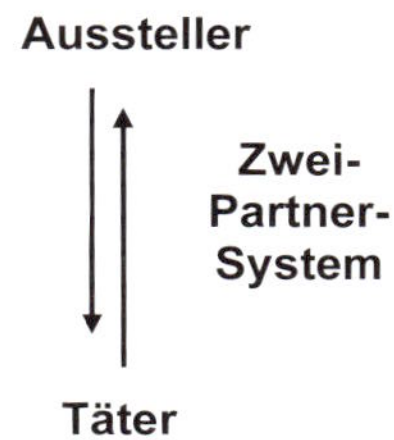

3. **Missbrauch**
   Wie bei § 266 I Alt. 1 StGB (Ausnutzung des rechtl. Könnens nach außen bei Überschreitung des rechtl. Dürfens im Innenverhältnis)

dadurch ↓

4. **Vermögensschaden beim Aussteller**

HEMMER-METHODE zu ÜK 46

§ 266b StGB wurde ins StGB eingefügt, um die Strafbarkeitslücke für den Missbrauch von Kreditkarten zu schließen und Rechtsklarheit für den Missbrauch von Scheckkarten herzustellen. Verdeutlichen Sie sich die Stellung dieser Vorschrift im Gesamtgefüge der Vermögensstraftaten, indem Sie den Beispielsfall in unserem Skript Strafrecht BT I, Rn. 246 selbständig lösen.

Beachten Sie, dass EC-Karten ihre Euroscheckkarten-Funktion verloren haben. Das System, garantierte Schecks ausstellen zu können und sich mittels der EC-Karte zu legitimieren, wurde abgeschafft und wird ersetzt durch das Electronic-Cash-System (Zahlung per Karte mit Eingabe der PIN). „EC“ steht für „Electronic Cash“ und nicht mehr für „Euro Cheque“. Aufgrund dieses Bedeutungswandels ist fraglich, ob EC-Karten überhaupt noch unter § 266b StGB fallen. Im eigentlichen Wortsinne ist nämlich eine EC-Karte keine Scheckkarte mehr, und auch keine Kreditkarte. Nach einer Auffassung ist deshalb § 266b StGB nicht mehr auf EC-Karten anwendbar. Die Rechtsprechung neigt der Auffassung zu, dass nach wie vor EC-Karten dem § 266b StGB unterfallen können. Begründet wird das unter anderem damit, dass EC-Karten nach wie vor eine Garantiefunktion wie Scheckkarten übernehmen und diese in der Lebenswirklichkeit einfach abgelöst haben. Dies überzeugt nach Sinn und Zweck der Vorschrift und verstößt auch nicht gegen das Analogieverbot gem. Art. 103 II GG. Entscheidend ist damit, ob eine Bankkarte (unabhängig von ihrer konkreten Bezeichnung) im Drei-Personen-Verhältnis eine Garantiefunktion entfaltet. Ist dies der Fall, handelt es sich um eine „Scheckkarte“ im Sinne von § 266b I StGB.

Anders ist dies beim Lastschriftverfahren. Hier garantiert das angewiesene Kreditinstitut dem Zahlungsempfänger gerade nicht die Zahlung. Eine Strafbarkeit gem. § 266b I StGB scheidet demzufolge mangels „Garantiefunktion“ von vornherein aus.

Straftaten gegen das Leben – Überblick

Stufenverhältnis

Qualifikation

- **§ 211 StGB**
  Mord ⇨ nach h.L.
- a.A.: selbständiger Tatbestand (Rspr.)

Grundtatbestand

§ 212 StGB
Totschlag: vorsätzliche Tötung eines Menschen

↓

Strafzumessungsregel

- § 212 II StGB:
  besonders schwerer Fall des Totschlags
- § 213 StGB:
  minder schwerer Fall des Totschlags

Privilegierung

- **§ 216 StGB**:
  Tötung auf Verlangen
- a.A.: selbständiger Tatbestand (Rspr.)

Weitere Straftaten gegen das Leben

- § 221 StGB: Aussetzung – konkretes Gefährdungsdelikt
- § 222 StGB: fahrlässige Tötung

HEMMER-METHODE zu ÜK 1

Die h.L. geht bei den Tötungsdelikten von einer Stufenfolge zwischen dem Grundtatbestand § 212 StGB, der Privilegierung des § 216 StGB und der Qualifikation des § 211 StGB aus. Nach anderer Auffassung der Rechtsprechung sind die §§ 211, 216 StGB hingegen eigene Tatbestände. Überzeugender erscheint die h.L., da in systematischer Hinsicht kein Mord denkbar ist, ohne dass ein Mensch getötet wurde, also ein Totschlag verwirklicht ist. Die h.L. kommt zudem zu kriminalpolitisch überzeugenderen Ergebnissen.

Auf die Streitentscheidung kommt es v.a. in zwei Konstellationen an:

<u>Konstellation 1</u>:

Persönliche Mordmerkmale (§ 211 II 1. und 3. Gruppe StGB) werden verwirklicht und es sind mehrere Personen an der Tat beteiligt. Dann stellt sich die Frage, ob § 28 I StGB (= Akzessorietätslockerung durch zwingende Milderung beim Teilnehmer) oder § 28 II StGB (= Durchbrechung der Akzessorietät) zur Anwendung kommen kann. Nach der Rechtsprechung wäre § 28 I StGB einschlägig (= Mordmerkmale „strafbarkeitsbegründend“), nach h.L. § 28 II StGB (= Mordmerkmale „strafschärfend“).

<u>Konstellation 2:</u>
Beispiel: A verlangt von B, dass dieser ihn grausam töte, was dann auch geschieht.
Zum einen hat B ein Mordmerkmal verwirklicht, zum anderen liegt eine Tötung auf Verlangen vor, § 216 StGB. Wenn Mord eine Qualifikation zum Totschlag darstellt, spricht vieles dafür, dass § 216 StGB seine Sperrwirkung auch gegenüber § 211 StGB entfaltet. B wäre daher nach vorzugswürdiger Auffassung (nur) wegen einer Tötung auf Verlangen zu bestrafen, § 216 StGB.

Totschlag, § 212 StGB

StrafR BT II, Rn. 3 ff. u. 27 ff.

Tatobjekt der Tötungsdelikte

- Tatobjekt der §§ 211, 212, 216, 221, 222 StGB ⇨ ein anderer Mensch
- Problemfeld: Beginn und Ende eines Menschenlebens

Beginn des Lebens

Abgrenzung zu §§ 218 ff. StGB ⇨ Einsetzen der Eröffnungswehen
Problem: pränatale Tathandlung führt zum Tod nach der Geburt ⇨ Zeitpunkt der schädigenden Einwirkung entscheidend

Ende des Lebens

Eintritt des Todes
⇨ Hirntod: irreversibles Erlöschen aller Gehirnfunktionen

Euthanasie

Sterbehilfe für unheilbar Kranke und sterbende Menschen

Aktive Sterbehilfe

Aktive Lebensverkürzung ⇨ grds. strafbar
Ausnahme: ⇨ Indirekte Sterbehilfe

Passive Sterbehilfe

Sterbehilfe durch Sterbenlassen
⇨ straffrei möglich

Sonderfall: sog. „Behandlungsabbruch“

HEMMER-METHODE zu ÜK 2

Tatobjekt einer Straftat gegen das Leben im engeren Sinne kann nur ein anderer Mensch sein. Bei regulärem Geburtsverlauf wird der Beginn eines Menschenlebens i.S.d. Strafrechts mit dem Einsetzen der Eröffnungswehen bzw. im Rahmen eines Kaiserschnitts mit der Eröffnung des Uterus angenommen. Bedeutung kommt dieser Frage zu, weil bei Delikten gegen das werdende Leben (vgl. §§ 218 ff. StGB) eine fahrlässige Verletzungshandlung (im Gegensatz zu §§ 222, 229 StGB) nicht strafbar ist und die §§ 218 ff. StGB einen erheblich geringeren Strafrahmen aufweisen. Problematisch ist vor allem der Fall, dass die schädigende Handlung vor den Eröffnungswehen erfolgte und diese Verletzungen dazu führen, dass nach der Geburt das Kind stirbt. Entscheidend ist für die Abgrenzung der §§ 218 ff. StGB zu den §§ 211 ff. StGB der Zeitpunkt der schädigenden Einwirkung auf den nasciturus, nicht der des Todes, vgl. den Rechtsgedanken des § 8 StGB.

Sterbehilfe wird dann als zulässig erachtet, wenn die Behandlung das Recht eines Patienten auf menschenwürdiges Sterben aus Art. 2 II S. 1 i.V.m. Art. 1 I GG verletzen würde. Hier steht der Handlungspflicht des Arztes das Selbstbestimmungsrecht des Patienten gegenüber. Um dem Selbstbestimmungsrecht des Betroffenen im Einzelfall Wirkung zu verleihen, hat der BGH eine ausdifferenzierte Kasuistik zur Behandlung der Sterbehilfe entwickelt. Neben der indirekten Sterbehilfe (Medikamentenverabreichung zur Schmerzlinderung hat Tod als Nebenfolge), ist der sog. Behandlungsabbruch straflos, und zwar sowohl als Unterfall (bzw. Sonderfall) der aktiven wie auch der passiven Sterbehilfe. Als „Behandlungsabbruch“ in diesem Sinne bezeichnet der BGH Sterbehilfe durch Unterlassen, Begrenzen oder Beenden einer begonnenen medizinischen Behandlung, wenn dies dem tatsächlichen oder mutmaßlichen Willen des Patienten entspricht (§ 1901a BGB) und dazu dient, einem ohne Behandlung zum Tode führenden Krankheitsprozess seinen Lauf zu lassen. Klassisches Beispiel ist das Abschalten eines Beatmungsgerätes. Eine weitere Fallgruppe der straffreien passiven Sterbehilfe ist der Verzicht auf lebensverlängernde Maßnahmen bei Sterbenden oder irreversibel Bewusstlosen, wenn dies deren (mutmaßlichem) Willen entspricht (vgl. hierzu BGH, Urteil vom 25.06.2010 – 2 StR 454/09 = Life&LAW 10/2010, 681 ff.).

Strafbarkeit eines Dritten beim Suizid

Straflose Teilnahme am Selbstmord ⇔ Tötung in mittelbarer Täterschaft

- Selbstmord(versuch) nicht tatbestandsmäßig i.S.d. §§ 211 ff. StGB ⇨ Teilnahme (-)
- Strafbarkeit des Dritten bei Tatherrschaft über den fremden Selbstmord

Vorgehensweise der h.L.

Täuschung/Drohung	aktives Tun	Unterlassen/Förderungshandlung
Gezielte Täuschung/Drohung treibt Suizidenten an, §§ 212 (211), 25 I Alt. 2 StGB	Tatherrschaft im todbringenden Moment, §§ 212 (211); 216 StGB	Wertungskriterium bei freiverantwortlichem Entschluss: ⇨ §§ 212, 211, 13 StGB (-); Arg.: § 216 StGB analog/ Einwilligungslehre

Strafbarkeit des Dritten gem. § 323c I StGB

Problem: Selbstmordversuch als Unglücksfall i.S.d. § 323c I StGB
- h.L.: Unglücksfall (-) bei freiverantwortlichem Entschluss
- Rspr.: Selbstmordversuch = Unglücksfall ⇨ Korrektiv: Zumutbarkeit des Eingreifens

Strafbarkeit des Dritten gem. § 222 StGB

Grds. keine Strafbarkeit gem. § 222 StGB, da selbst Teilnahme am Suizid straflos ist

Der Gesetzgeber hat mit der Straflosigkeit des Selbstmordes und der Teilnahme am Selbstmord eines anderen eine grundlegende Wertentscheidung getroffen. Zwar hatte der Gesetzgeber zwischenzeitlich die geschäftsmäßige Förderung der Tötung gem. § 217 StGB unter Strafe gestellt. Das BVerfG entschied jedoch, dass dieses Verbot verfassungswidrig ist. Denn § 217 StGB verengte die Möglichkeiten einer assistierten Selbsttötung in einem solchen Umfang, dass dem Einzelnen faktisch kein Raum zur Wahrnehmung seiner verfassungsrechtlich geschützten Freiheit verblieb (vgl. BVerfG, Urteil vom 26.02.2020 – 2 BvR 2347/15 u.a. = Life&LAW 05/2020, 313 ff.).

Lange Zeit vertrat die Rechtsprechung die Auffassung, dass es mit Eintritt der Bewusstlosigkeit des Suizidenten zu einem Tatherrschaftswechsel kommen könne, so dass Garanten (Arzt; Angehörige) sich bei Untätigkeit gem. §§ 212 I, 13 StGB strafbar machen konnten. Diese Auffassung hat der BGH ausdrücklich aufgegeben. Die Garantenstellung des Arztes für das Leben seines Patienten endet, wenn er vereinbarungsgemäß nur noch dessen freiverantwortlichen Suizid begleitet (vgl. BGH, Urteil vom 03.07.2019 – 5 StR 393/18 = Life&LAW 02/2020, 101 ff.).

Zu Recht verweist das Gericht darauf, dass es die Würde des Menschen gebietet, sein in einwilligungsfähigem Zustand ausgeübtes Selbstbestimmungsrecht auch dann noch zu respektieren, wenn er zu eigenverantwortlichem Entscheiden nicht mehr in der Lage ist. Mit der gesetzlichen Regelung der Patientenverfügung in § 1901a BGB hat der Gesetzgeber die Verbindlichkeit des Willens des Patienten für Behandlungsentscheidungen über den Zeitpunkt des Eintritts seiner Einwilligungsunfähigkeit hinaus klarstellend anerkannt. Diese Wertung gilt es auch im Strafrecht entsprechend zu berücksichtigen („Einheit der Rechtsordnung“).

Mord, § 211 StGB – tatbezogene Mordmerkmale

StrafR BT II, Rn. 34 ff.

<u>Tatbezogene Mordmerkmale, § 211 II 2. Gruppe StGB</u>

Besonders verwerfliche Art und Weise der Tatbegehung

I. Heimtücke	1. **Arg- und Wehrlosigkeit** **Arglos**: Opfer rechnet nicht mit einem Angriff **Wehrlosigkeit**: Reduzierte Verteidigungsmöglichkeit aufgrund der Arglosigkeit; (-) bei konstitutioneller Arglosigkeit 2. **Bewusstes Ausnutzen** Bewusstes Ausnutzen der Arg- und Wehrlosigkeit: Ausnutzungsbewusstsein hinsichtlich taterleichternder Umstände 3. **feindselige Willensrichtung** • Rspr.: (-) bei Handeln zum "Besten" des Opfers • Lit.: besonders verwerflicher Vertrauensbruch erforderlich
II. Gemeingefährliches Mittel	• Mittel, die der Täter nicht sicher beherrschen kann **und** • deren Einsatz konkret geeignet ist, eine Vielzahl von Menschen an Leib oder Leben zu gefährden
III. Grausamkeit	<u>Tötung ist für das Opfer</u> • mit besonderen Schmerzen und Qualen verbunden **und** • entspringt einer gefühllosen und unbarmherzigen Gesinnung d. Täters

HEMMER-METHODE zu ÜK 4

Die absolute Strafandrohung des § 211 I StGB („lebenslang“) erlaubt keine Abstufungen auf Strafzumessungsebene. Diese Rechtsfolge ist daher nur dann mit dem Rechtsstaatsprinzip und dem Verhältnismäßigkeitsgebot bzw. dem Grundsatz eines tat- und schuldangemessenen Strafens vereinbar, wenn die Norm ihrerseits auf Tatbestandsseite verfassungskonform restriktiv ausgelegt wird.

Dieses verfassungsrechtliche Spannungsfeld versucht ein Teil der Literatur durch eine sog. negative Typenkorrektur zu lösen. Dabei soll eine Gesamtwürdigung der Tat es ermöglichen, trotz des Vorliegens eines Mordmerkmals gem. § 211 II StGB eine besondere Verwerflichkeit und mit ihr eine Strafbarkeit aus § 211 StGB in Einzelfällen abzulehnen. Die Rechtsprechung greift hingegen nur in Ausnahmefällen zur sog. Strafzumessungs- oder Rechtsfolgenlösung und mildert die Strafe in Anlehnung an § 49 I Nr. 1 StGB. Dies gilt allerdings nur dann, wenn sonst keine Möglichkeiten in strafrechtsdogmatischer Hinsicht bestehen, ein gerechtes Ergebnis zu erlangen.

I.R.d. Heimtücke muss die Wehrlosigkeit gerade auf der Arglosigkeit beruhen. Demnach ist bei Kindern und Besinnungslosen ein Heimtückemord grundsätzlich zu verneinen (konstitutionelle Arglosigkeit). Jedoch hat der BGH bei diesen zugelassen, dass im Hinblick auf die Arglosigkeit auf „schutzbereite Dritte“ wie z.B. Ärzte oder Pflegepersonal im Krankenhaus abgestellt werden kann. Schlafende wiederum nehmen nach BGH ihre Arglosigkeit „mit in den Schlaf“, wenn sie sich arglos schlafen legten. Beachten Sie schließlich, dass maßgeblicher Zeitpunkt für die Ermittlung der Opfersituation der Eintritt in das Versuchsstadium ist. Heimtücke kann daher auch dann vorliegen, wenn der Täter sich unmittelbar vor der Tötung das Opfer noch auf sich aufmerksam macht.

Für ein gemeingefährliches Mittel stellt die h.M. auf die konkrete Art und Weise der Verwendung des Tatmittels ab (z.B. Wurf eines Gullydeckels von der Autobahnbrücke, so dass zahlreiche Menschen gefährdet werden). Nicht ausreichend ist, dass das Mittel abstrakt geeignet ist, mehrere Personen zu gefährden. Sprengstoff ist daher nur dann ein gemeingefährliches Mittel, wenn durch die konkrete Anwendung wirklich auch eine größere Personengruppe gefährdet wurde.

Mord, § 211 StGB – täterbezogene Mordmerkmale

StrafR BT II, Rn. 54 ff.

Täterbezogene Mordmerkmale, § 211 II 1. und 3. Gruppe StGB

I. Mordlust

- Unnatürliche Freude an der Tötung eines Menschen
  ⇨ bedingter Vorsatz genügt nicht

II. Zur Befriedigung des Geschlechtstriebs

- Sog. Lustmord: Täter sucht geschlechtliche Befriedigung
  Auch bei bedingtem Tötungsvorsatz möglich

III. Habgier

- Rücksichtsloses Streben nach Gewinn „um jeden Preis“

IV. Niedrige Beweggründe

- Auffangtatbestand innerhalb der 1. Gruppe
  ⇨ Tatantrieb steht auf sittlich niedrigster Stufe und erscheint als besonders verachtenswert; bei Motivbündel vorherrschende Motive maßgeblich

V. Ermöglichen/ Verdecken einer anderen Straftat

- Ermöglichung: Tötung dient als Mittel zur Begehung weiteren kriminellen Unrechts
- Verdeckungsabsicht: zu verdeckende Tat muss nicht strafbar sein
  ⇨ Problemfeld: Verdeckungsabsicht durch Unterlassen
  ⇨ dolus eventualis?

HEMMER-METHODE zu ÜK 5

Da in einem Gutachten alle in Betracht kommenden Mordmerkmale geprüft werden müssen, empfiehlt es sich, die grundlegenden Definitionen der Mordmerkmale sicher zu beherrschen. Beachten Sie dabei, dass das Mordmerkmal der niedrigen Beweggründe subsidiär herangezogen wird, wenn kein spezielles Mordmerkmal der 1. Gruppe eingreift.

Problematisch ist das Mordmerkmal der Verdeckungsabsicht, § 211 II 3. Gruppe StGB. Die Verdeckungsabsicht beruht auf der Konfliktsituation, sich (oder eine dritte Person) der drohenden Strafverfolgung zu entziehen. Entgegen den Wertungen der §§ 257, 258 StGB, bei denen die Selbstbegünstigung bzgl. der eigenen Strafverfolgung als entlastender Umstand gesehen wird, wirkt sich die Tötung mit Verdeckungsabsicht somit strafschärfend aus.

Fraglich ist, ob insoweit zu fordern ist, dass der Täter die Verdeckung gerade durch den Todeserfolg erstrebt. Nach h.M. wird dies abgelehnt, es reicht aus, dass der Täter mit dolus eventualis hinsichtlich des Todeserfolges handelt und bei Ausführung der Tötungshandlung mit Verdeckungsabsicht handelt

Bsp.: A hat einen Diebstahl begangen. Um die Spuren zu verwischen, setzt er das Haus in Brand. Dabei ist ihm egal, ob Mieter zu Tode kommen. – Begründen lässt sich damit, dass die besondere Verwerflichkeit der Tat hier schon darin liegt, dass der Täter das Motiv der Verdeckung über Menschenleben stellt.

Schließlich ist i.R.d. § 211 II 3. Gruppe StGB strittig, was unter einer „anderen Straftat“ zu verstehen ist. Nach BGH genügt insoweit auch ein „relevanter Vorsatzwechsel“ innerhalb eines Tatgeschehens. Dies ist beispielsweise der Fall, wenn der Täter zunächst das Opfer ohne Tötungsvorsatz verletzt, dann aber keine Hilfe holt, damit nicht seine Täterschaft hinsichtlich der Körperverletzung entdeckt wird. Wenn das Opfer verstirbt, durch sofortige Hilfe aber hätte gerettet werden können, kommt eine Strafbarkeit wegen Verdeckungsmordes durch Unterlassen in Betracht (Garantenstellung wird von der Rspr. aufgrund des Vorverhaltens bejaht).

Mord, § 211 StGB – Teilnahmeproblematik

StrafR BT II, Rn. 62 ff.

Teilnahmeproblematik bei den Mordmerkmalen

Tatbezogene Mordmerkmale

Prüfung im objektiven Tatbestand:
(enthalten z.T. auch subjektive Aspekte)

- Teilnahme, §§ 26, 27 StGB, nach den allgemeinen Regeln: Mordmerkmale gem. § 211 II 2. Gruppe StGB keine besonderen persönlichen Merkmale

Täterbezogene Mordmerkmale

Prüfung im subjektiven Tatbestand

- Bei Teilnahme, §§ 26, 27 StGB: Einschränkung allgemeiner Akzessorietätsgrundsätze

„Besondere persönliche Merkmale“: Legaldefinition in § 14 I StGB a.E.

§ 29 StGB spezielle Schuldmerkmale	**§ 28 II StGB** (h.L.) strafschärfend, da § 211 zu § 212 Qualifikationstatbestand	**§ 28 I StGB** (Rspr.) strafbegründend, da § 211 selbständiger Tatbestand
Strafbarkeit des Teilnehmers gem.. §§ 211, 26 (27), da Mordmerkmal (+)	Strafbarkeit des Teilnehmers, §§ 211, 26 (27), 28 II, für "sein" Mordmerkmal	Strafbarkeit des Teilnehmers, §§ 211, 26 (27), ⇨ bei Annahme eines gleichartigen Mordmerkmals

Gekreuzte Mordmerkmale

Für das Problemfeld der Teilnahme an § 211 StGB folgender Beispielsfall: T bringt O um ohne selbst ein Mordmerkmal zu verwirklichen, W hatte ihm die Waffe dazu geliehen und handelte hinsichtlich der Tat aus niedrigen Beweggründen. – Abwandlung: T tötete aus Habgier.

Für die Strafbarkeit des Teilnehmers ist zunächst von den allgemeinen Akzessorietätsgrundsätzen (§ 27 I StGB) auszugehen. Bei besonderen persönlichen Merkmalen („bpM“), d.h. nur für § 211 II 1. und 3. Gruppe StGB, kommen zur Einschränkung § 28 I und § 28 II StGB in Betracht. Gegen eine Anwendung des § 29 StGB (limitierte Akzessorietät) auf Mordmerkmale spricht, dass diese das erhöhte Unrecht der Tat darstellen und nicht Schuldmerkmale sind. § 28 II StGB (h.L.) führt zu einer Strafbarkeit des W gem. §§ 211, 27 StGB, da bei W das strafschärfende bpM vorliegt. § 28 I StGB (Rspr.) führt hingegen dazu, dass W nur nach §§ 212, 27 StGB strafbar ist. Denn im Gegensatz zu § 28 II ist § 28 I StGB nach seinem Wortlaut nur anwendbar, wenn beim *Täter* ein bpM vorliegt, das beim Teilnehmer fehlt. Eine Analogie verbietet sich nach Art. 103 II GG. Die h.L. vermag insoweit zu überzeugen.

In der Abwandlung (sog. „gekreuzte Mordmerkmale“) ergibt sich die Strafbarkeit des W wie in der Übersicht dargestellt. Nach der h.L. macht sich der Teilnehmer auch wegen Teilnahme zum Mord strafbar, da er selbst ein persönliches Merkmal verwirklicht hat. Die Rechtsprechung korrigiert hier ihr „eigentliches Ergebnis“ (Mordmerkmal des T liegt bei W nicht vor ⇨ Milderung gemäß §§ 28 I, 49 I StGB) dahingehend, dass sie in den gekreuzten Mordmerkmalen regelmäßig „gleichartige“ Mordmerkmale sieht. Insoweit fehle das bpM i.S.d. § 28 I StGB beim Teilnehmer doch nicht. Die h.L. bedarf einer solchen wertungsmäßigen Korrektur nicht.

Ausführlich zum Mordtatbestand Berberich/Greger, Life&LAW 12/2017, 865 ff. sowie Life&LAW 03/2018, 203 ff.

Aussetzung, § 221 StGB

StrafR BT II, Rn. 76 ff.

Objektiver Tatbestand

§ 221 I StGB

Tatobjekt: jeder Mensch

§ 221 I Nr. 1 StGB

In eine hilflose Lage versetzen
Räumliche Entfernung nicht zwingend
Hilflos: außerstande, sich ohne fremde Hilfe selbst zu helfen

§ 221 I Nr. 2 StGB

In hilfloser Lage im Stich lassen
Täter entzieht sich seiner Beistandspflicht
Beistandspflicht ≅ Garantenstellung, § 13 I StGB; räumliche Trennung nicht erforderlich

↓

Konkrete Lebensgefährdung: Todesgefahr/Gefahr schwerer Gesundheitsschädigung
Verstärkung einer bestehenden Gefahr genügt

§ 221 II Nr. 1 StGB: Qualifikation

Tatopfer: Zur Erziehung oder Betreuung in der Lebensführung anvertraut
erfasst Stief- und Pflegekinder

§ 221 II Nr. 2, III StGB: Erfolgsqualifikationen

- § 221 II Nr. 2 StGB: Schwere Gesundheitsschädigung „verursacht" ⇨ § 18 StGB
- § 221 III StGB: Tod des Opfers durch die Tat verursacht ⇨ § 18 StGB (wenigstens fahrlässig)

HEMMER-METHODE zu ÜK 7

Die Aussetzung ist ein konkretes Gefährdungsdelikt und schützt das Leben und die körperliche Unversehrtheit des Opfers. In der Klausur wird § 221 StGB häufig in Verbindung mit einem Tötungsdelikt durch Unterlassen auftreten.

Beachten Sie, dass bei einer lebensgefährlichen Körperverletzung (§ 224 I Nr. 5 StGB) regelmäßig nicht zusätzlich auch § 221 I Nr. 1 StGB verwirklicht ist. Denn bei der Aussetzung ist nach Sinn und Zweck der Vorschrift Strafgrund, dass gerade aufgrund der hilflosen Lage des Opfers sich eine konkrete Gefährdung ergibt. Diese Gefahr muss sich im Gefährdungserfolg realisieren und nicht die Gefahr, welche durch die Tathandlung (z.B. eine Körperverletzung) selbst entstanden ist.

In der Tatvariante des „Im-Stich-Lassens“ sollten Sie stets auf Teilnahmeprobleme gefasst sein: Da § 221 I Nr. 2 StGB ein Sonderdelikt ist, kann (Mit-)Täter nur sein, wer die besondere Pflichtenbindung zum Opfer hat. Bei einer Teilnahme hingegen stellt sich die Frage, ob die Beistandspflicht, die in etwa der Garantenstellung des § 13 I StGB entspricht, ein besonderes persönliches Merkmal i.S.d. § 28 StGB ist. Die h.M. bejaht dies, da es sich um eine besondere Pflichtenbindung in der Person des Täters handelt. Demzufolge greift die Akzessorietätslockerung des § 28 I StGB ein, da die Beistandspflicht strafbegründend wirkt.

Konkurrenzen:

- § 221 StGB verdrängt § 323c I StGB ⇨ Spezialität
- §§ 211 ff. StGB verdrängen § 221 StGB
- § 221 III StGB ist lex specialis zu § 222 StGB
- Tateinheit mit §§ 223, 224 StGB ist möglich

Körperverletzungsdelikte – Überblick

StrafR BT II, Rn. 83 ff.

Stufenfolge

Grundtatbestand

§ 223 StGB,
einfache Körperverletzung

Versuch

§ 223 II StGB

Fahrlässigkeitsdelikt

§ 229 StGB

Strafantrag

§ 230 StGB

Qualifikationen

§ 224 StGB,
gefährliche Körperverletzung

§ 340 StGB,
Körperverletzung im Amt

§ 225 StGB,
Misshandlung von Schutzbefohlenen
(Einordnung strittig)

Erfolgsqualifikationen

§ 226 StGB,
schwere Körperverletzung

§ 227 StGB,
Körperverletzung mit Todesfolge

Selbständige Abwandlung der Körperverletzungsdelikte

§ 231 StGB, Beteiligung an einer Schlägerei

HEMMER-METHODE zu ÜK 8

Runden Sie Ihre Klausur im Bereich der Körperverletzungsdelikte mit kurzen Ausführungen zu den Konkurrenzfragen ab. Wie in der Übersicht dargestellt, stehen die Körperverletzungsdelikte der §§ 223-227 StGB zueinander in einer Art Stufenfolge. Die höhere Qualifikationsstufe verdrängt dabei im Wege der Spezialität die niedrigere Qualifikationsform. Beachten Sie jedoch die Regel, dass bei einem Zusammentreffen von Versuch einer höheren Qualifikationsstufe und vollendeter niedrigerer Qualifikationsstufe regelmäßig Tateinheit (§ 52 StGB) aus Klarstellungsgründen anzunehmen ist.

Im Verhältnis zu den Tötungsdelikten treten die Körperverletzungsdelikte nach der sog. Einheitstheorie im Wege der Gesetzeskonkurrenz zurück (Spezialität). Etwas anderes gilt nur dann, wenn das Tötungsdelikt im Versuchsstadium steckenbleibt und die Körperverletzung vollendet ist: Insoweit sind die §§ 212 I, 22, 23 I, 12 I; 223 I StGB in Tateinheit zusammen zu zitieren, denn nur so wird klargestellt, dass es bei der versuchten Tötung bereits zu einer Verletzung der körperlichen Integrität kam.

§ 225 StGB dient ebenfalls dem Individualschutz. Die Vorschrift umschreibt teils Qualifikationstatbestände zu § 223 StGB, enthält aber auch einen eigenen Tatbestand, soweit es um seelische Beeinträchtigungen geht, die nicht von § 223 StGB erfasst sind. Insoweit ist § 225 StGB nach h.M. ein echtes Sonderdelikt.

Körperverletzung, § 223 / § 224 StGB

Objektiver Tatbestand

„Einfache" Körperverletzung, § 223 StGB

Körperliche Misshandlung

§ 223 I Alt. 1 StGB: Jede üble, unangemessene Behandlung, die das körperliche Wohlbefinden oder die körperliche Unversehrtheit nicht unerheblich beeinträchtigt

Gesundheitsschädigung

§ 223 I Alt. 2 StGB: Hervorrufen oder Steigern eines krankhaften Zustandes

Gefährliche Körperverletzung, § 224 StGB

Besonders gefährliche Begehungsweise: wichtigste Varianten

§ 224 I Nr. 1 StGB, „Vergiftung"

Tatmittel: Gift, Krankheitserreger (z.B. Viren)
Beibringen: auch Einwirkung auf die Körperoberfläche erfasst (h.M.)

§ 224 I Nr. 2 StGB, gefährliches Werkzeug

Beweglicher (str.) Gegenstand, der nach seiner objektiven Beschaffenheit und nach Art der Benutzung **konkret** geeignet ist, erhebliche Körperverletzungen zuzufügen

§ 224 I Nr. 5 StGB, Lebensgefährdung

Behandlung ist nach den Umständen geeignet, das Leben des Opfers zu gefährden.

- h.M.: abstrakt generelle Gefährlichkeit genügt

HEMMER-METHODE zu ÜK 9

Ein stets aktuelles (und damit gerade für die mündliche Prüfung interessantes) Problem ist die Frage, ob ärztliche Heileingriffe eine tatbestandliche Körperverletzung darstellen.

Die ständige Rechtsprechung bejaht grundsätzlich die Tatbestandsmäßigkeit: Selbst ein medizinisch indizierter und „lege artis" durchgeführter Heileingriff kann den § 223 StGB verwirklichen. Die Rechtswidrigkeit entfällt jedoch bei wirksamer Einwilligung (auch mutmaßliche oder hypothetische Einwilligung denkbar). Erforderlich ist dazu eine umfassende Aufklärung des Patienten. Dafür spricht vor allem, dass das Selbstbestimmungsrecht des Patienten auf diese Weise effektiv geschützt werden kann.

Beachten Sie, dass auch Viren (z.B. HIV) unter „gesundheitsschädliche Stoffe" fallen. Selbst Salz kann nach der konkreten Art der Verwendung darunter zu subsumieren sein. Denn das Beibringen von ca. 1 Gramm Salz pro Kilogramm Körpergewicht kann lebensgefährlich sein.

Unter „Überfall" im Sinne von § 224 I Nr. 3 StGB ist ein plötzlicher, unerwarteter Angriff zu verstehen. „Hinterlistig" meint, dass der Täter seine wahren Absichten planmäßig verdeckt. Greift der Täter sein Opfer von hinten an, kann § 224 I Nr. 3 StGB nicht ohne weiteres bejaht werden. Es könnte auch sein, dass der Täter nur eine günstige Gelegenheit ausnutzte. Anders liegt der Fall hingegen, wenn der Täter dem Opfer gerade auflauerte, um das Überraschungsmoment auszunutzen. Insoweit ist die Begrifflichkeit „hinterlistig" enger als „heimtückisch".

Grund der Strafschärfung ist bei § 224 I Nr. 4 StGB, dass das Opfer sich mehreren Beteiligten gegenübersieht. Nicht ausreichend ist demzufolge, dass ein Teilnehmer im Vorfeld etwa das Tatwerkzeug besorgt hatte.

Erfolgsqualifikationen, §§ 226 f. StGB

StrafR BT II, Rn. 95 ff.

Schwere Körperverletzung, § 226 StGB

Erfolgsqualifiziertes Delikt: § 18 StGB hinsichtlich der schweren Folge
§ 226 II StGB: dolus directus hinsichtlich der schweren Folge

§ 226 I Nr. 1 StGB	§ 226 I Nr. 2 StGB	§ 226 I Nr. 3 StGB
Schwere Folge: Verlust der Seh- oder Sprechfähigkeit, des Gehörs oder der Fortpflanzungsfähigkeit	Schwere Folge: Verlust oder dauerhafte Unbrauchbarkeit eines Körperglieds Problem: innere Organe „Wichtigkeit“: strittig, ob **individuelle Verhältnisse** des Verletzten mit zu berücksichtigen sind	Schwere Folge: dauernde Entstellung, Siechtum, Lähmung, geistige Krankheit oder (geistige) Behinderung

Körperverletzung mit Todesfolge, § 227 StGB

Erfolgsqualifiziertes Delikt: schwere Folge des Todeseintritts ⇨ § 18 StGB

Verursachung der schweren Folge

Tatbestandsspezifische Gefahr des Grunddelikts muss sich in der schweren Folge realisieren

Anknüpfungspunkt:
- h.M.: auch Körperverletzungs**handlung** möglich
- M.M.: nur Körperverletzungs**erfolg** (sog. Letalitätstheorie)

HEMMER-METHODE zu ÜK 10

Im Bereich der erfolgsqualifizierten Delikte lassen sich gut Probleme des AT mit spezifischen BT-Problemen kombinieren. Wiederholen Sie daher die allgemeinen Prinzipien im Zusammenhang mit den erfolgsqualifizierten Delikten. Problematisch ist die Versuchsstrafbarkeit i.R.d. § 227 StGB:

Beim „Versuch der Erfolgsqualifikation" ist der Grundtatbestand der Körperverletzung verwirklicht, der gewollte Tod des Opfers jedoch nicht eingetreten. § 227 StGB ist nach h.M. ein sog. „echtes" erfolgsqualifiziertes Delikt. Dies bedeutet, dass bei § 227 StGB die schwere Folge nur fahrlässig, nicht aber vorsätzlich herbeigeführt werden kann. Ein Versuch der Erfolgsqualifikation ist demzufolge nicht möglich. Hintergrund dieser Auffassung ist, dass bei Vorsatz des Täters hinsichtlich der Todesverursachung bereits die §§ 212, (211), 22, 23 I, 12 I StGB den Unrechtsgehalt ausreichend erfassen.

Beim „erfolgsqualifizierten Versuch" ist das Grunddelikt nur versucht, die schwere Folge jedoch eingetreten. Bsp.: T will O mit Pistole niederschlagen, es löst sich jedoch beim Ausholen ein tödlicher Schuss. – Hier sind die §§ 223, 227, 22, 23 I, 12 I StGB nach h.M. verwirklicht. Der Anknüpfungspunkt für die spezifische Gefährlichkeit des § 223 StGB ist bereits die Körperverletzungs*handlung*.

A.A.: Nach der „Letalitätstheorie" soll es allein auf den spezifischen Körperverletzungs*erfolg* ankommen, an den die Todesfolge anknüpfen muss. Hiernach wäre ein „erfolgsqualifizierter Versuch" bei § 227 StGB nicht möglich.

Konkurrenzen:

- § 227 StGB lex specialis zu den §§ 222, 223, 224 I Nr. 5 StGB
- Tateinheit zu § 224 I Nr. 1-4 StGB möglich
- Verhältnis § 226 zu § 227 StGB: Tateinheit, wenn nicht § 226 StGB Durchgangsstadium zum Todeseintritt

Nötigung, § 240 StGB – Prüfungsschema

StrafR BT II, Rn. 122 ff.

I. Tatbestand

1. **Objektiver Tatbestand**
   a) Nötigungsmittel:
      ⇨ Gewalt
      ⇨ Drohung mit empfindlichem Übel
   b) Nötigungserfolg:
   Handlung, Duldung oder Unterlassung
2. **Subjektiver Tatbestand:** Vorsatz

II. Rechtswidrigkeit

1. Allgemeine Rechtfertigungsgründe
2. Verwerflichkeitsprüfung, § 240 II StGB: sog. „offener Tatbestand"

Nötigungsmittel ← Zweck-Mittel-Relation *(Sozialwidrigkeit)* → **Unmittelbarer Nötigungserfolg**

III. Schuld

HEMMER-METHODE zu ÜK 11

Die Nötigung, § 240 StGB, stellt i.R.d. Straftaten gegen die persönliche Freiheit einen Grund- und Auffangtatbestand dar. Schutzgut ist dabei die persönliche Freiheit der Willensentschließung und Willensbetätigung. Die Funktion als Auffangtatbestand führt dazu, dass die tatbestandliche Unrechtsumschreibung einen so weiten Anwendungsbereich eröffnet, dass die Tatbestandsmäßigkeit nicht schon die Rechtswidrigkeit indiziert, wenn kein Rechtfertigungsgrund vorliegt. Vielmehr bedarf es einer positiven Herleitung der Verwerflichkeit des Verhaltens i.S.d. § 240 II StGB.

Beachten Sie als Aufbauhinweis, dass allgemeine Rechtfertigungsgründe vorrangig zu § 240 II StGB geprüft werden. Denn dann entfällt die häufig schwierige Prüfung der Verwerflichkeit.

Die h.L. bestimmt die Verwerflichkeit mittels der sog. Sozialwidrigkeit. Prinzipien zur Konkretisierung können dabei sein: Rechtswidrigkeit des Nötigungserfolgs, Güterabwägung, Geringfügigkeitsprinzip, Vorrang staatlicher Zwangsmittel und Autonomieprinzip.

Konkurrenzen:

- §§ 249, 253, 239 StGB verdrängen grundsätzlich § 240 StGB
- Tateinheit aber möglich, wenn Klarstellungsbedürfnis (bei eigenständigem Nötigungsgehalt)
- Nötigungsprivilegierungen: §§ 113, 114 StGB verdrängen grundsätzlich § 240 StGB

Nötigung, § 240 StGB – Nötigungsmittel

StrafR BT II, Rn. 124f.

Entwicklung des Gewaltbegriffs

RG:
Körperliche Kraftentfaltung des Täters

Schrittweise Lösung von der körperlichen Zwangswirkung

Laepple-Urteil
psychischer Zwang, vergeistigter Begriff

Vergeistigter Gewaltbegriff verstößt gegen Art. 103 II GG

BVerfG:
Körperliche Zwangswirkung beim Opfer erforderlich

Moderner Gewaltbegriff

- minimale Körperkraft auf Täterseite
- Zwangswirkung beim Opfer nicht nur rein psychisch, sondern physisch
- zur Überwindung eines bestehenden oder erwarteten Widerstandes

Drohung mit empfindlichem Übel

- In-Aussicht-Stellen eines zukünftigen empfindlichen Übels,
- auf dessen Verwirklichung der Täter Einfluss hat oder zu haben vorgibt,
- zur Erreichung des Nötigungserfolgs

HEMMER-METHODE zu ÜK 12

Die Entwicklung des Gewaltbegriffs ist ein absoluter Klassiker, den Sie kennen sollten. Im strittigen Fall der Sitzblockade sollten Sie in der Lage sein, einen kurzen Abriss zum Gewaltbegriff zu bieten. In dieser Fallkonstellation ist es klausurtaktisch zu empfehlen, die BGH-Argumentation aufzugreifen, die besagt, dass durch die ersten Fahrzeuge eine unüberwindliche Blockade und damit ein körperlich wirkender Zwang zu bejahen ist (sog. „Zweite-Reihe-Rechtsprechung"). Als Folgeproblem ergibt sich dann, ob Art. 8 GG als Rechtfertigungsgrund eingreift.

Unterscheiden Sie in der Klausur zwischen vis absoluta (unwiderstehliche Gewalt ⇨ Willensbetätigung des Opfers ausgeschaltet) und vis compulsiva (Willensbeugung ⇨ möglicher Wille wird gebrochen). Dadurch sammeln Sie Punkte im Detail.

Wichtig ist, dass nach der Rechtsprechung auf Täterseite keine nennenswerte Kraftentfaltung mehr nötig ist, um „Gewalt" bejahen zu können. Erforderlich ist hingegen eine relevante physische Gewaltwirkung beim Opfer. Dabei stellen sich teilweise Zurechnungsprobleme, etwa wenn durch dichtes Auffahren im Straßenverkehr das Opfer physisch wirkende Angstzustände erfährt. Das BVerfG hat klargestellt, dass durch entsprechendes Verhalten im Straßenverkehr der Tatbestand der Nötigung verwirklicht sein kann.

Bei der Drohung wird insbesondere die Problematik der Drohung mit einem Unterlassen diskutiert (Bsp.: Ladendetektiv T nötigt O zum Beischlaf, indem er androht, andernfalls die Strafanzeige wegen Diebstahls nicht „unter den Tisch fallen zu lassen"). Der BGH bejaht hier § 240 StGB. Anderenfalls hinge die Strafbarkeit vom Formulierungsgeschick des Täters ab. Entscheidend ist hier die Wirkung der Drohung auf den Bedrohten und die Ausnutzung einer dadurch entstehenden Notlage.

Widerstand gegen Vollstreckungsbeamte, Tätlicher Angriff, §§ 113, 114 StGB

§ 113 StGB	§ 114 StGB

I. Tatbestand

1. Objektiver Tatbestand

a) Vollstreckungsbeamter i.w.S. (vgl. §§ 113 I, 114 I StGB)

b) Tathandlung

§ 113 StGB	§ 114 StGB
Widerstand leisten Durch Gewalt/Drohung mit Gewalt	tätlicher Angriff

c) Tatsituation

§ 113 StGB	§ 114 StGB
Bei einer Vollstreckungshandlung (vgl. „einer *solchen* Diensthandlung“, § 113 I StGB)	bei jeder Diensthandlung (z.B. auch: Streifenfahrt)

2. Subjektiver Tatbestand: Vorsatz

3. Objektive Bedingung der Strafbarkeit

Rechtmäßigkeit der Vollstreckungshandlung i.S.d. §§ 113 III, 114 III StGB

Formeller bzw. strafrechtlicher Rechtmäßigkeitsbegriff des § 113 III StGB

II. Rechtswidrigkeit + III. Schuld

HEMMER-METHODE zu ÜK 13

Denken Sie an die §§ 113, 114 StGB, wenn in einer Klausur Vollstreckungsbeamte wie Polizisten, Soldaten oder Gerichtsvollzieher Opfer sind. Gem. § 115 StGB stehen bestimmte Personen Vollstreckungsbeamten gleich, z.B. Hilfeleistende des Rettungsdienstes, § 115 III StGB.

§ 113 StGB ist nach h.M. ein Privilegierungstatbestand zu § 240 StGB. In den Fallgruppen des Widerstands gegen eine rechtswidrige Vollstreckungshandlung und des Widerstands durch Drohen mit einem empfindlichen Übel scheidet daher eine Strafbarkeit auch nach § 240 StGB aus. Mit Wirkung zum 30.05.2017 wurde die Tatvariante des tätlichen Angriffs herausgegriffen und in § 114 StGB n.F. eigenständig geregelt. Zu beachten ist der auf schlichte Dienstausübung erweiterte Anwendungsbereich. Überdies verweist § 114 III StGB nur dann auf die Regelungen des § 113 StGB zur Rechtmäßigkeit der Diensthandlung und zu den besonderen Irrtumsregeln, wenn auch eine Diensthandlung im engeren Sinne des § 113 I StGB, also eine Vollstreckungshandlung, vorliegt.

Strittig ist i.R.d. § 113 StGB vor allem die dogmatische Einordnung der „Rechtmäßigkeit der Diensthandlung“ i.S.d. § 113 III StGB. Die h.M. nimmt insoweit an, dass es sich um eine objektive Strafbarkeitsbedingung handelt. Dafür spricht der deklaratorische § 113 III S. 2 StGB. Denn ein subjektives Element ist danach gerade nicht erforderlich, was gegen eine Einordnung als spezieller Rechtfertigungsgrund spricht.

Um den strafrechtlichen Begriff der Rechtmäßigkeit i.S.d. § 113 III StGB bestimmen zu können, sind Grundkenntnisse im Bereich des Vollstreckungsrechts erforderlich. Beachten Sie jedoch, dass der strafrechtliche Begriff des § 113 III StGB nur auf die formale Rechtmäßigkeit abstellt. Erforderlich ist demnach, dass die örtliche und sachliche Zuständigkeit beachtet, die wesentlichen Förmlichkeiten gewahrt und das Ermessen hinreichend sorgsam ausgeübt wurde. Hintergrund für dieses formale, eher weite Verständnis der Rechtmäßigkeit ist, dass es für Vollstreckungsbeamte schwierig sein kann, jede Anforderung der Rechtsordnung an ihr Handeln – häufig in Extremsituationen – zu beachten.

Nachstellung, § 238 StGB

StrafR BT II, Rn. 138a ff.

Nachstellung, § 238 StGB

I. Grundtatbestand, § 238 I StGB

Tathandlung: unbefugtes und beharrliches Nachstellen

- **Nachstellen** = alle Verhaltensweisen, die darauf gerichtet sind, durch unmittelbare oder mittelbare Annäherungen an das Opfer in dessen persönlichen Lebensbereich einzugreifen
- **Unbefugt** = str., ob Tatbestandsmerkmal oder deklaratorischer Hinweis auf Rechtswidrigkeit
- **Wiederholt** = setzt objektiv verschiedene Tathandlungen voraus; ein subjektives Element wie besondere Hartnäckigkeit ist nicht erforderlich

Nr. 1	Nr. 2	Nr. 3	Nr. 4	Nr. 5	Nr. 6 / 7	Nr. 8
Aufsuchen der räumlichen Nähe	Versuch der Kontaktaufnahme	Missbräuchliche Datenverwendung	Qualifizierte Bedrohung	Cyber-Stalking	Abbildungen verbreiten/ Inhalte zugänglich machen	Vergleichbare Handlungen

Geeignetheit, Lebensgestaltung erheblich zu beeinträchtigen = abstr. Gefährdung

(+), wenn objektivierbarer Anlass für das Opfer, seine Lebensgewohnheiten zu ändern

II. Regelbeispiele, § 238 II StGB

- Nach der Schuld zu prüfen
- Erfasst werden z.B. auch neuere Formen des sog. „Cyber-Stalkings“

III. Erfolgsqualifiziertes Delikt, § 238 III StGB

- (+), wenn der Täter durch die Tat den Tod eines Opfers, eines Angehörigen des Opfers oder einer anderen dem Opfer nahestehenden Person verursacht
- <u>Problem</u>: „Strafbarkeit des erfolgsqualifizierten Versuchs“

HEMMER-METHODE zu ÜK 13a

Mit der Schaffung des § 238 StGB (sog. Nachstellung, auch „Stalking“ genannt) hat der Gesetzgeber Strafbarkeitslücken geschlossen, die mit der vielfältigen Vorgehensweise von „Stalkern“ einhergingen. Zum Zweck des verbesserten Opferschutzes hat der Gesetzgeber § 238 StGB von einem Erfolgsdelikt zu einem abstrakten Gefährdungsdelikt umgestaltet. Die Tathandlungen müssen also die Lebensführung des Opfers nicht tatsächlich schwerwiegend beeinträchtigen, sondern hierfür nur objektiv geeignet sein.

Im Rahmen des § 238 III StGB stellt sich die klassische Streitfrage nach der Strafbarkeit des erfolgsqualifizierten Versuchs bei fehlender Strafbarkeit des Versuchs des Grundtatbestandes, da § 238 I StGB nur ein Vergehen darstellt. Nach einer Ansicht lässt sich aus einem Umkehrschluss zu § 12 III StGB eine Strafbarkeit gem. §§ 238 III, 22, 23 I, 12 I StGB begründen. Da gem. § 12 III StGB Schärfungen oder Milderungen für besonders schwere Fälle für die Einteilung von Verbrechen und Vergehen außer Betracht bleiben, ist e contrario der Strafrahmen von Qualifikationen stets beachtlich. Folglich ist § 238 III StGB ein Verbrechen und nach § 23 I Alt. 1 StGB eine Versuchsstrafbarkeit gegeben. Überzeugender erscheint jedoch die Gegenauffassung, die hier die Versuchsstrafbarkeit kategorisch ablehnt, weil andernfalls eine Einführung der Versuchsstrafbarkeit des Grunddelikts „durch die Hintertür“ stattfände. Außerdem verlangt der Wortlaut des § 18 StGB, dass an eine besondere Folge der Tat eine „schwerere“ Strafe geknüpft wird, was gerade eine Strafbarkeit des Grunddelikts voraussetzt, da sonst der Erfolgseintritt nicht „strafschärfend“, sondern „strafbegründend“ wirkt.

Auf Konkurrenzebene wird im Rahmen des § 238 StGB vor allem das Verklammerungsprinzip relevant. Verwirklicht ein Täter durch sein Handeln z.B. § 238 StGB sowie § 223 StGB und § 240 StGB, kann § 238 StGB die beiden anderen Delikte zu einer Tat verklammern, § 52 StGB (vgl. BGH, NJW 2010, 1680 = Life&LAW 04/2010, 247 ff.).

Freiheitsberaubung, § 239 StGB

StrafR BT II, Rn. 139 ff.

Grundtatbestand

§ 239 I StGB,
Freiheitsberaubung

Versuch

§ 239 II StGB

Qualifikation

§ 239 III Nr. 1 StGB,
Freiheitsberaubung
länger als
eine Woche (str.)

Erfolgsqualifikation

§ 239 III Nr. 2 StGB,
schwere Gesund-
heitsschädigung,
§ 226 I StGB

§ 239 IV StGB,
Tod des Opfers
verursacht durch Tat
oder dabei begangene
Handlung

Konkurrenzprobleme

§ 240 StGB ← **§ 239 IV StGB** → **§ 212 StGB**

Verklammerungsprinzip: Tateinheit, § 52 StGB

HEMMER-METHODE zu ÜK 14

Nach h.M. schützt § 239 StGB die potentielle persönliche Fortbewegungsfreiheit des Einzelnen. Voraussetzung ist lediglich, dass das Opfer den Willen zur Fortbewegung bilden kann. Die Gegenansicht ist enger und verlangt, dass ein aktueller Fortbewegungswille des Opfers vorliegt.

Beachten Sie, dass §§ 239 III Nr. 2, 239 IV StGB Erfolgsqualifikationen zu § 239 I StGB darstellen. Dabei ist in den Fällen des § 239 III Nr. 2 StGB und des § 239 IV StGB ein erfolgsqualifizierter Versuch möglich. Die Formulierung „durch die Tat oder eine während der Tat begangene Handlung“ legt dabei nahe, dass Anknüpfungspunkt für die spezifische Gefährlichkeit des Grunddelikts die Handlung sein muss.

Bei § 239 III Nr. 1 StGB ist strittig, ob es sich um eine Erfolgsqualifikation handelt. Für eine Einordnung als Qualifikation spricht insbesondere der „aktiv“ formulierte Wortlaut („beraubt“). Nach h.M. handelt es sich demzufolge um eine Qualifikation, so dass Vorsatz i.S.v. § 15 StGB erforderlich ist.

Als Dauerdelikt lässt sich § 239 StGB leicht mit Konkurrenzproblemen verbinden. Beachten Sie bei der Klammerwirkung, dass dort zwei unabhängige Delikte verbunden werden können, wenn beide Delikte jeweils mit einem dritten Delikt (z.B. § 239 StGB) in Idealkonkurrenz stehen. Die Klammerwirkung soll jedoch nur dann eintreten, wenn zumindest eines der Delikte weniger schwer wiegt als das vermittelnde Bindeglied (zur Klammerwirkung vgl. BGH, Beschluss vom 04.04.2012 – 2 StR 70/12 = Life&LAW 12/2012, 888 ff.).

Erpress. Menschenraub, Geiselnahme, §§ 239a/b StGB

StrafR BT II, Rn. 145 ff.

I. Tatbestand

1. **Objektiver Tatbestand des § 239a StGB**
   Tathandlung: ⇨ Entführen: Verbringen an einen anderen Ort
   ⇨ Sich bemächtigen: Erlangen der physischen Gewalt
2. **Subjektiver Tatbestand des § 239a StGB**
   a) Vorsatz hinsichtlich des objektiven Tatbestands
   b) Ausnutzungsabsicht, § 239a I Alt. 1 StGB
   Absicht, „die Sorge ... um das Wohl des Opfers zu einer Erpressung (§ 253 StGB) auszunutzen"
   ⇨ teleologische Reduktion im **Zwei-Personen-Verhältnis**

1. Strafsenat	5. Strafsenat	Großer Strafsenat
Außenwirkungstheorie: Tatbestandlicher Erfolg muss nach Vorstellung des Täters außerhalb des Gewaltverhältnisses eintreten	Zwangslage muss so konkret sein, dass aus Sicht des Opfers der Tod oder eine schwere Körperverletzung unmittelbar bevorsteht	Funktionaler Zusammenhang zwischen der Bemächtigungssituation und der angestrebten weiteren Nötigung erforderlich

II. Rechtswidrigkeit + III. Schuld

HEMMER-METHODE zu ÜK 15

Der erpresserische Menschenraub lässt sich leicht mit einer räuberischen Erpressung, §§ 255, 253 StGB, verbinden. Rein nach dem Wortlaut scheint in den allermeisten Fällen neben der räuberischen Erpressung auch ein erpresserischer Menschenraub verwirklicht. Um den Anwendungsbereich der §§ 253, 255 StGB nicht zu sehr zu entwerten und um die hohe Strafandrohung in § 239a StGB zu rechtfertigen, erscheint eine teleologische Reduktion von § 239a StGB notwendig. In der Klausur sollten Sie hier der Konstruktion des Großen Strafsenats folgen.

Diese besagt, dass der Tathandlung bei der 1. Alt. nach der Tätervorstellung eine eigenständige Bedeutung gegenüber der weiteren (Zweit-)Nötigung zukommen muss. Der Täter muss also die Vorstellung haben, dass der erstrebte Erfolg erst nachfolgend (sozusagen „selbständig“) eintritt. Dies ist bei der Tathandlung „Entführen“ stets der Fall, da das Opfer an einen Ort verbracht werden muss, an welchem es dem ungehinderten Einfluss des Täters ausgesetzt ist. Beim „Sich-Bemächtigen“ ist es hingegen Tatfrage, ob insoweit eine eigenständige Bedeutung bejaht werden kann. In § 239a I Alt. 2 StGB („ausnutzen“) ist hingegen eine Einschränkung nicht notwendig. Dieser erfasst die Fälle, in denen der Täter zunächst die Entführung (bzw. das Sich-Bemächtigen) ohne entsprechende Absicht durchführt, und erst danach die geschaffene Lage zu einer (dann vollendeten oder zumindest versuchten) Erpressung ausnutzt.

Beachten Sie auch die unterschiedlichen Konkurrenzen in den beiden Varianten. § 239a I Alt. 1 StGB und §§ 255, 253 StGB stehen in Tateinheit, da nur so zum Ausdruck kommt, dass eine vollendete räuberische Erpressung vorliegt. Hingegen ist § 239a I Alt. 2 StGB lex specialis zu §§ 255, 253 StGB.

Die Geiselnahme gemäß § 239b StGB umfasst im Wesentlichen ähnliche Problemfelder wie § 239a StGB und ist entsprechend auszulegen.

Straftaten gegen die Ehre – Systematik

StrafR BT II, Rn. 153 ff.

Verleumdung, § 187 StGB

Qualifikationen
- § 187 Alt. 2 StGB
- § 188 II, I StGB

Kundgabe unwahrer (§ 190 StGB!) ehrenrühriger Tatsachen gegenüber Dritten wider besseres Wissen ⇨ dolus directus

Üble Nachrede, § 186 StGB

Qualifikationen
- § 186 Alt. 2 StGB
- § 188 II, I StGB

Kundgabe ehrenrühriger Tatsachen gegenüber Dritten
Nichterweislichkeit der Tatsache: objektive Strafbarkeitsbedingung

→ **Auffangtatbestand**

Beleidigung, § 185 StGB

Kundgabe ehrenrühriger Tatsachen gegenüber dem Betroffenen, ehrenrührige Werturteile gegenüber Dritten und/oder dem Betroffenen

→ Qualifikationen
- § 185 Alt. 2 StGB
- § 188 I StGB

HEMMER-METHODE zu ÜK 16

Im Examen spielen Dogmatik und Systematik eine entscheidende Rolle! Die genaue Erfassung des Anwendungsbereichs der einzelnen Tatbestände ist im Bereich der Delikte gegen die Ehre für die Klausur unabdingbar. Dabei helfen Ihnen die Abgrenzungskriterien Tatsachenbehauptung/Werturteil und Kundgabe gegenüber Dritten/gegenüber dem Betroffenen. § 185 StGB stellt dabei einen Auffangtatbestand für die strafbaren Fälle dar, die nicht in den Anwendungsbereich der §§ 186, 187 StGB fallen.

Tatsachen sind alle Umstände, die dem Beweis zugänglich sind. Dies können äußere Tatsachen, aber auch innere Tatsachen (Vorhandensein bestimmter Absichten) sein. Stellen Aussagen weder reine Tatsachenbehauptungen noch reine Werturteile dar, so kommt es entscheidend darauf an, ob die Behauptung einen greifbaren Tatsachenkern enthält. Die neuere Rechtsprechung grenzt jedoch den Anwendungsbereich der Tatsachenbehauptung beim Vorliegen von wertenden Elementen stark ein. Vergegenwärtigen Sie sich, dass ein Werturteil einen stärkeren Schutz durch die Meinungsäußerungsfreiheit des Art. 5 I GG genießt. Nach der Rspr. des BVerfG muss v.a. § 185 StGB als ein die Meinungsäußerungsfreiheit beschränkendes Gesetz i.S.d. Art. 5 II GG seinerseits im Lichte des eingeschränkten Grundrechts ausgelegt werden. Dies führt oft zu einer Einzelfallabwägung zwischen der persönlichen Ehre auf der einen und der Meinungsfreiheit auf der anderen Seite (instruktiv z.B. BVerfG, Beschluss vom 19.05.2020 – 1 BvR 2459/19 u.a.).

Beachten Sie, dass zwischen § 186 StGB und § 187 StGB Idealkonkurrenz möglich ist: So z.B., wenn jemand einen Brief, mit welchem § 186 StGB verwirklicht wird, zusätzlich noch pflichtwidrig der Name eines anderen als Absender angegeben wird. Durch den falschen Absender wird dieser Dritte gleichzeitig verleumdet, den nach § 186 StGB tatbestandlichen Brief geschrieben zu haben.

Beleidigung, § 185 StGB

StrafR BT II, Rn. 166 ff.

I. Tatbestand

1. **Objektiver Tatbestand**

   a) Beleidigung: Kundgabe von Missachtung oder Nichtachtung der Ehre

   - **Werturteil**
     - ggü. Betroffenem
     - ggü. Drittem
   - **Tatsachenbehauptung ggü. Betroffenem**
     - Unwahrheit der Behauptung

   b) Beleidigungsfähigkeit: Problematisch bei **Kollektivbezeichnungen**

2. **Subjektiver Tatbestand: Vorsatz**

II. Rechtswidrigkeit

Besonderer Rechtfertigungsgrund (für die §§ 185 ff. StGB): **§ 193 StGB:**

- Täter verfolgt mit der Äußerung objektiv und subjektiv berechtigte Interessen
- Äußerung ist zur Wahrnehmung dieser Interessen geeignet und erforderlich
- aufgrund einer Interessenabwägung ist die Äußerung angemessenes Mittel
  ⇨ Wechselwirkungslehre des BVerfG: Abwägung mit Art. 5 GG

III. Schuld

HEMMER-METHODE zu ÜK 17

I.R.d. Delikte gegen die Ehre ist insbesondere umstritten, wer beleidigungsfähig ist. Träger von Ehre können zunächst alle lebenden natürlichen Personen sein. Voraussetzung ist allerdings, dass überhaupt jemand den ehrenrührigen Charakter erfasst. Die §§ 185 ff. StGB setzen insoweit eine „Kundgabe“ voraus. Wer beispielsweise ein Baby beschimpft, ohne dass es weitere Personen mitbekommen, macht sich regelmäßig nicht nach den §§ 185 ff. StGB strafbar.

Nach h.M. sind auch Personengesamtheiten beleidigungsfähig, wie z.B. politische Parteien, Religionsgemeinschaften, Bundeswehr. Davon ist der Fall zu unterscheiden, dass eine Beleidigung einer Einzelperson durch die Verwendung einer Kollektivbezeichnung geschieht. Eine Beleidigung unter einer Kollektivbezeichnung ist nur dann als Beleidigung einzelner Mitglieder anzusehen, wenn sich der Einzelne angesprochen fühlen muss. Dies ist in folgenden Fallgruppen der Fall:

1. Die ehrverletzende Kollektivbezeichnung erfolgt ersichtlich, um ein einzelnes Mitglied der Gruppe zu beleidigen.
2. Die ehrverletzende Kollektivbezeichnung erfolgt ohne Offenlegung, jedoch handelt es sich um einen überschaubaren Personenkreis.
3. Alle Mitglieder der Gruppe sollen beleidigt werden. Hier ist jedes Mitglied der Gruppe beleidigungsfähig, wenn der Kreis der Betroffenen so scharf gekennzeichnet ist, dass er von der Allgemeinheit hinreichend trennscharf abgegrenzt werden kann.

Hausfriedensbruch, § 123 StGB

StrafR BT II, Rn. 175 ff.

I. Tatbestand

1. Objektiver Tatbestand

a) Tathandlung

- Eindringen, § 123 I Alt. 1 StGB
- Unbefugtes Verweilen, § 123 I Alt. 2 StGB
  ⇨ echtes Unterlassungsdelikt

b) Tatbestandsausschließendes Einverständnis:
⇨ Eindringen setzt Betreten gegen den Willen des Hausrechtsinhabers voraus

Verfolgung widerrechtlicher Zwecke

Ladengeschäfte: generelle Befugnis zum Betreten, grds. auch bei Verfolgung widerrechtlicher Zwecke
⇨ Ausnahme z.B. maskierter Bankräuber

Mietverhältnisse

Hausrecht grds. nur bei dem Mieter
Ausnahme: Untervermieter behält Hausrecht an dem untervermieteten Zimmer

2. Subjektiver Tatbestand: Vorsatz

II. Rechtswidrigkeit + III. Schuld

HEMMER-METHODE zu ÜK 18

Die Strafnorm des § 123 StGB schützt das Hausrecht, d.h. die Freiheit, innerhalb bestimmter geschützter Räume zu bestimmen, wer sich darin aufhalten darf und wer nicht. Die geschützten Orte sind dabei die Wohnung, Geschäftsräume und das befriedete Besitztum. Befriedetes Besitztum sind dabei auch leerstehende Häuser. Dies gilt grundsätzlich auch, wenn Fenster oder Türen fehlen (str.), es sei denn, das Haus ist zum Abbruch bestimmt, oder es wurde auf jegliche Zutrittsabsperrung verzichtet.

Da das Eindringen ein Betreten gegen den Willen des Hausrechtsinhabers voraussetzt, kommt dem tatbestandsausschließenden Einverständnis besondere Klausurbedeutung zu. Gerade im Fall eines Täters, der einen Supermarkt betritt, um einen Ladendiebstahl zu begehen, wird diskutiert, ob bereits mit dem Betreten ein Hausfriedensbruch tatbestandlich vorliegt. Eine Ansicht meint hier, der Ladeninhaber öffne sein Warenhaus nur für potentielle Kunden. Wer das Geschäft in diebischer Absicht betrete, begehe demzufolge Hausfriedensbruch.

Nach h.M. liegt in solchen Fällen regelmäßig kein „Eindringen“ vor. Hintergrund dafür ist, dass die Tathandlung „Eindringen“ objektiv zu interpretieren ist und deshalb ein Handeln gegen den Willen des Berechtigten auch nach außen hin erkennbar sein muss. Etwas anderes liefe auf eine bloße Fiktion hinaus, was mit dem tatsächlichen Charakter der tatbestandlichen Umschreibung nicht vereinbar wäre. Insoweit ist es konsequent, z.B. bei einem maskierten Bankräuber ein Eindringen zu bejahen.

Gefangenenbefreiung, § 120 StGB

I. Tatbestand

1. Objektiver Tatbestand

a) Gefangener:
Wer sich kraft zuständiger Hoheitsgewalt in formell zulässiger Weise in staatlichem Gewahrsam befindet, (-) bei Festnahme durch einen Privatmann i.R.d. § 127 I S. 1 StPO

b) Begehungsformen:
- 1. Var.: Befreiung eines Gefangenen
- 2. Var.: Verleiten zum Entweichen
- 3. Var.: Förderung des Entweichens

} Teilnahmehandlungen ⇨ § 120 StGB

c) Problem der Selbstbefreiung: grds. nicht nach § 120 StGB strafbar

2. Subjektiver Tatbestand: Vorsatz

II. Rechtswidrigkeit + III. Schuld

HEMMER-METHODE zu ÜK 19

Wer auf Verständnis lernt, lernt besser! Auch im Rahmen von unbekannten Problemen, wie zum Beispiel der Frage, ob eine Strafbarkeit des Gefangenen selbst gem. § 120 StGB anzunehmen ist, lassen sich so Argumente finden. Die Selbstbefreiung weist ähnliche Probleme auf, wie sie bei der Strafvereitelung i.R.d. § 258 V StGB beschrieben sind: Danach wird nicht bestraft, wer vereiteln will, dass er selbst bestraft wird, oder dass eine verhängte Strafe gegen ihn vollstreckt wird. Der Sinn und Zweck dieser Vorschrift hat den Gesetzgeber dazu bewogen, die Selbstbefreiung nicht nach § 120 StGB unter Strafe zu stellen. In Betracht kommt lediglich eine Strafbarkeit gem. § 121 I Nr. 2 StGB.

Beachten Sie, dass als Konsequenz der Straflosigkeit der Selbstbefreiung die eigentlichen Teilnahmehandlungen des § 120 I Var. 2 und § 120 I Var. 3 StGB zu selbständigen Tatbestandsvarianten erhoben wurden.

Umstritten ist folgender Fall: Der Gefangene A stiftet den Wärter W an, ihn zu befreien. W ist hier nach § 120 I Var. 1 StGB, nach der Qualifikation des § 120 II StGB sowie nach § 258a StGB strafbar. Es käme hier eine Strafbarkeit des A gem. §§ 120 I Var. 1, 26 StGB (Anstiftung zur Gefangenenbefreiung) in Betracht. Nach der vorzugswürdigen h.L. scheidet indes eine solche Strafbarkeit des Gefangenen aus teleologischen Gründen aus, da sonst die Straflosigkeit der Selbstbefreiung faktisch unterlaufen würde. Es liege insoweit – ähnlich wie bei § 258 V StGB – eine notstandsähnliche Lage vor.

Amtsanmaßung, § 132 StGB

I. Tatbestand

1. Objektiver Tatbestand

a) Tathandlung

§ 132 Alt. 1 StGB

Ausübung eines öffentlichen Amtes

- Täter gibt sich als Amtsinhaber aus
- Vornahme einer Amtshandlung; rein fiskalische Tätigkeit (-)

§ 132 Alt. 2 StGB

Vornahme einer Amtshandlung

Täter nimmt ohne Vorspiegelung der Amtsinhaberschaft eine Handlung vor, die den Anschein einer Amtshandlung erweckt

b) Unbefugt:

- Unbefugt handelt, wer nicht durch Amtsstellung oder anderweitige Ermächtigung zur Vornahme von Amtshandlungen berechtigt ist

2. Subjektiver Tatbestand: Vorsatz

II. Rechtswidrigkeit + III. Schuld

HEMMER-METHODE zu ÜK 20

Gerade bei § 132 Alt. 2 StGB, also der Vornahme von Amtshandlungen ohne Vorspiegeln der Amtsinhaberschaft, können Sie schon dadurch punkten, dass Sie überhaupt die Amtsanmaßung erkennen (z.B. Umstellen eines Verkehrsschildes). Nach h.M. verdrängt die 1. Alt. die 2. Alt. im Wege der Spezialität.

Umstritten ist die Frage, ob das Merkmal "unbefugt" ein Tatbestandsmerkmal ist, oder nur die Rechtswidrigkeit betrifft. Dabei wird von Ersterem auszugehen sein, da erst die Unbefugtheit des Handelns der Amtsanmaßung den strafbaren Charakter verleiht.

Die Amtsanmaßung taucht häufig in Verbindung mit Urkundendelikten auf, da die Identitätstäuschung i.R.d. Urkundendelikte gut mit einer nicht existierenden Amtsträgereigenschaft kombiniert werden kann.

Klausurrelevant ist folgende Konstellation: T bemerkt den Einbrecher E auf frischer Tat und nimmt ihn vorläufig fest. Dabei gibt er sich – um sich wichtig zu machen – als Kriminalpolizist aus: § 239 I StGB ist zwar tatbestandlich erfüllt, jedoch gem. § 127 I S. 1 StPO gerechtfertigt. Hier greift allerdings § 132 Alt. 1 StGB ein, da gleichgültig sein dürfte, dass T die Festnahme (Amtshandlung) auch als Privatmann hätte vornehmen dürfen. Hingegen ist § 132 Alt. 2 StGB nicht verwirklicht, da keine Handlung vorliegt, die nur kraft öffentlichen Amtes vorgenommen werden darf.

Schließlich kann sich die Frage stellen, ob bei § 132 I Alt. 1 StGB eine Mittäterschaft gem. § 25 II StGB möglich ist und objektive Tatbeiträge (wechselseitig) zugerechnet werden können. Insoweit hat der BGH entschieden, dass es sich um kein eigenhändiges Delikt handelt. Eine Begehung in Mittäterschaft ist somit möglich (vgl. BGH, Beschl. v. 14.04.2020 – 5 StR 37/220 = Life&LAW 08/2020, 548 ff.).

Unerlaubtes Entfernen vom Unfallort, § 142 StGB

StrafR BT II, Rn. 190 ff.

I. Tatbestand:

Objektiver Tatbestand

a) Unfall im Straßenverkehr:
- plötzliches Ereignis, das
- im Zusammenhang mit Gefahren des Straßenverkehrs steht und
- einen nicht ganz unerheblichen Schaden verursacht > ca. 25 €

b) Täter ist Unfallbeteiligter, vgl. § 142 V StGB: Sonderdelikt

c) Existieren feststellungsberechtigter Personen i.S.d. § 142 I StGB

d) Anwesenheit von **feststellungsbereiten Personen**

Anwesenheit (+),
§ 142 I Nr. 1 StGB
⇨ Anwesenheits- / Vorstellungspflicht
Tathandlung: „Sich-Entfernen“

Anwesenheit (-),
§ 142 I Nr. 2 StGB
⇨ Wartepflicht
⇨ Nachträgliche Ermöglichung der Feststellung, § 142 II Nr. 1, III StGB

II. Rechtswidrigkeit + III. Schuld

IV. Evtl. Strafmilderung oder Strafaufhebung gem. § 142 IV StGB („Parkunfälle“)

HEMMER-METHODE zu ÜK 21

Beachten Sie bei der Auslegung einer Strafnorm auch stets deren Schutzzweck. Geschütztes Rechtsgut des § 142 StGB ist das private Interesse aller Unfallbeteiligten an der Aufklärung der Unfallursachen. § 142 StGB ist insoweit ein abstraktes Vermögensgefährdungsdelikt.

Der Begriff des Unfallbeteiligten ist in § 142 V StGB legaldefiniert. Dabei ist zu beachten, dass der Wortlaut („Verursachung“) zu weit geraten ist. Voraussetzung ist zumindest die Anwesenheit der Person am Unfallort. Außer dem Fahrer eines Kfz können auch Fußgänger, Fahrradfahrer oder auch Beifahrer "zur Verursachung des Unfalls beigetragen haben".

I.R.d. § 142 StGB sind verschiedene Tathandlungen zu unterscheiden. In § 142 I Nr. 1 und Nr. 2 StGB ist das Sich-Entfernen vom Unfallort Tathandlung. Dabei beschreibt § 142 I Nr. 2 StGB das Sich-Entfernen vor dem Ablauf einer angemessenen Wartezeit. Die Dauer der Wartepflicht hängt von dem Grad des Feststellungsinteresses und der Zumutbarkeit ab. § 142 II StGB betrifft die Fälle, in denen der Täter sich nach § 142 I StGB noch nicht strafbar gemacht hat, da er die Wartezeit eingehalten hat (§ 142 II Nr. 1 StGB) oder sich berechtigt oder entschuldigt entfernt hat. Beachten Sie insoweit, dass entgegen der früheren Rechtsprechung ein „unvorsätzliches“ Entfernen nicht einem „berechtigten oder entschuldigten“ Entfernen gleichgestellt werden kann. Hiergegen spricht schon der eindeutige Wortlaut, vgl. BVerfG, NJW 2007, 1666 = Life&LAW 08/2007, 540 ff.

Beachten Sie schließlich, dass gem. § 142 IV StGB bei sog. „Parkunfällen“ eine Strafmilderung gem. § 49 I StGB vorgesehen ist. Der Richter kann unter den dort genannten Voraussetzungen auch ganz von Strafe absehen. Dem Täter soll zum Schutz privatrechtlicher Interessen eine „goldene Brücke“ gebaut werden.

Vortäuschen einer Straftat / Falsche Verdächtigung

StrafR BT II, Rn. 202 ff.

Vortäuschen einer Straftat, § 145d StGB

Vortäuschen einer **bereits begangenen** rechtswidrigen Tat, § 145d I Nr. 1, II Nr. 1 StGB

- **§ 145d I Nr. 1 StGB:** Vortäuschen einer Straftat, die nicht stattgefunden hat
- **§ 145d II Nr. 1 StGB:** Täuschung über Beteiligten an einer tatsächlich begangenen Straftat

Täuschung über eine in der Zukunft liegende rechtswidrige Tat, § 145d I Nr. 2, II Nr. 2 StGB

Subjektiver Tatbestand

Wider besseren Wissens
Berichtigung der Angaben: § 158 StGB analog

Ausdrückliche Subsidiarität des § 145d I a.E. StGB

Falsche Verdächtigung, § 164 StGB

Verdächtigen einer bestimmten Person
⇨ Verdächtigen, § 164 I StGB:

- Erregen eines Verdachts durch unrichtige Tatsachenbehauptung
- Schaffen einer verdächtigen Beweislage

Auffangtatbestand des § 164 II StGB: sonstige Tatsachenbehauptung

Subjektiver Tatbestand

Verdächtigung wider besseren Wissens; Absicht, behördliche Maßnahmen gegen den Verdächtigen einzuleiten

Falsche Verdächtigung, § 164 StGB

Strafvereitelung, §§ 258 (beachte: V, VI), 258a StGB

HEMMER-METHODE zu ÜK 22

Die Norm des § 145d StGB hat zwei unterschiedliche Schutzrichtungen. Abs. 1 Nr. 1 und Abs. 2 Nr. 1 dienen dem Schutz der Rechtspflege in ihrer Funktionstüchtigkeit. Die Strafverfolgungsbehörden sollen vor falschen Anzeigen geschützt werden. Im Gegensatz dazu schützen Abs. 1 Nr. 2 und Abs. 2 Nr. 2 die Polizei als Präventivorgan. Da die Polizei nach dem Opportunitätsprinzip tätig wird, ist nur bei einer Täuschung über besonders schwerwiegende Straftaten (solche des § 126 I StGB) Strafwürdigkeit gegeben. § 164 StGB dient zum einen wie § 145d StGB dem Schutz der innerstaatlichen Rechtspflege. Zudem soll er aber auch den Einzelnen davor schützen, ungerechtfertigt Opfer behördlicher Untersuchungen zu werden. Beachten Sie den Grundsatz der Straflosigkeit der Selbstbegünstigung. § 145d StGB ist dann nicht verwirklicht, wenn der Täter einer rechtswidrigen Tat den Verdacht von sich abzulenken sucht. Der Straftäter braucht sich nicht selbst an die Verfolgungsbehörde auszuliefern. Er darf ungestraft die Tat bestreiten, und zwar auch dann, wenn dadurch der Verdacht zwangsläufig auf einen anderen gelenkt wird. Die Grenze zwischen strafloser Selbstbegünstigung und § 145d StGB wird jedoch dann überschritten, wenn der Täter aktiv zur Täuschung über die Person des Straftäters übergeht.

Im Bereich der Konkurrenzen ist insbesondere die Subsidiaritätsklausel in § 145d I a.E. StGB bedeutsam. Jedoch greift diese nicht ein, wenn eine Bestrafung wegen § 258 V, VI StGB entfällt.

Strafvereitelung, § 258 StGB / § 258a StGB

I. Tatbestand

1. **Objektiver Tatbestand**

a) Verfolgungsvereitelung, § 258 I StGB:

1. Alt.: Vereitelung der Bestrafung

- schuldhafte, rechtswidrige Tat
- keine Verfolgungshindernisse (z.B. Strafantrag, Verjährung)

2. Alt.: Vereitelung der Maßnahme

- rechtswidrige Tat (§ 11 I Nr. 5 StGB)
- Maßnahme i.S.v. § 11 I Nr. 8 StGB

b) Vollstreckungsvereitelung, § 258 II StGB:
Problemfeld: Bezahlung einer fremden Geldstrafe ⇨ h.M.: § 258 II StGB (-)
Tathandlung: Besserstellung des Vortäters (nicht bei sozialadäquaten Handlungen)

2. **Subjektiver Tatbestand:** Vorsatz
   - hinsichtlich der Vortat: dolus eventualis
   - hinsichtlich der Tathandlung: Absicht oder Wissentlichkeit

II. Rechtswidrigkeit

III. Schuld

Persönliche Strafausschließungsgründe: § 258 V, VI StGB (Angehörigenprivileg)

HEMMER-METHODE zu ÜK 23

Die Strafvereitelung (§ 258 StGB) betrifft die „persönliche Begünstigung“ im Gegensatz zur „sachlichen Begünstigung“ des § 257 StGB. Besonders problematisch i.R.d. § 258 StGB ist die Abgrenzung von täterschaftlicher Strafvereitelung und (wegen der Akzessorietät strafloser) Anstiftung oder Beihilfe zur straflosen Selbstbegünstigung. Dies umso mehr, als Teilnahmehandlungen nicht wie in §§ 120, 259 StGB zu tatbestandlichen Handlungen erhoben wurden. Ein Dritter überschreitet nach der h.M. die „Schwelle zur Täterschaft“, wenn er über den Selbstschutzwillen des Täters hinausgehend dem Vortäter bei Verdunklungsmaßnahmen behilflich ist.

Fraglich ist, ob unter bestimmten Voraussetzungen auch eine Strafbarkeit des Verfolgten selbst möglich ist. Bsp.: T hat ein Verbrechen begangen. Aufgrund eines Meineides des W wird er aber freigesprochen. T hatte W zu dem Meineid angestiftet.

Zwar hat T den Tatbestand der Anstiftung zu § 258 I StGB verwirklicht. Es greift jedoch der persönliche Strafausschließungsgrund des § 258 V StGB ein. Die notstandsähnliche Situation des Anstifters sei hier nicht geringer als die des sich selbst begünstigenden Täters des § 258 StGB. Zudem fehlt eine § 257 III S. 2 StGB entsprechende Norm, die zu Lasten des Täters nicht übertragen werden kann (Art. 103 II GG). Beachten Sie, dass T jedoch wegen Anstiftung zum Meineid, § 154 StGB, strafbar ist.

Problematisch ist die Frage nach der Strafbarkeit des Strafverteidigers gem. § 258 StGB. Prozessual zulässiges Verhalten erfüllt nicht § 258 StGB. Auf die materielle Schuld des Mandanten kommt es grundsätzlich nicht an. Daher darf ein Verteidiger seinen Mandanten z.B. über die Rechtslage allseitig aufklären. Hingegen darf er nicht aktiv den Sachverhalt verdunkeln bzw. verzerren.

Verleitung zur Falschaussage

§ 160 StGB,
Bestrafung des Hintermanns

Grundtatbestand

§ 153 StGB,
Uneidliche Falschaussage

Qualifikation

§ 154 StGB,
Meineid

Sui generis

§ 156 StGB,
Falsche Versicherung an Eides Statt

Versuch der Anstiftung

§ 159 StGB
zur falschen uneidlichen Aussage, §§ 159, 153 StGB
zur falschen Versicherung an Eides Statt, §§ 159, 156 StGB

Fahrlässigkeit

§ 161 StGB
fahrlässiger Falscheid, §§ 161 I, 154 StGB
fahrlässige Versicherung an Eides Statt, §§ 161 I, 156 StGB

HEMMER-METHODE zu ÜK 24

Die Aussagedelikte stellen eine beliebte Prüfungsmaterie dar, da sie leicht mit strafprozessualen Problemen verbunden werden können, und gerade im Bereich der Täterschaft und Teilnahme einige Besonderheiten aufweisen. Die vorangestellte Übersicht soll Ihnen daher die Systematik der Aussagedelikte vermitteln. Aussagedelikte sind schlichte Tätigkeitsdelikte, d.h. sie erschöpfen sich in der falschen Aussage selbst. Im Unterschied zum Grundtatbestand des § 153 StGB, der die falsche Aussage sanktioniert, betreffen §§ 154, 156 StGB das „falsche Schwören". Dies hat Konsequenzen für die Strafbarkeit der fahrlässigen Begehung, die gemäß § 161 I StGB nur für §§ 154, 156 StGB vorgesehen ist.

Für die Tatbestände des §§ 153-155 StGB ist die Aussage vor einem Gericht oder einer zur eidlichen Vernehmung zuständigen Stelle erforderlich. Diese Zuständigkeit fehlt der Polizei oder dem Staatsanwalt (§ 161a I S. 3 StPO), dem Rechtsreferendar (§ 10 GVG) und dem Rechtspfleger (§ 4 II Nr. 1 RPflG). Dagegen muss die staatliche Stelle i.S.d. § 156 StGB (Versicherung an Eides Statt) eine besondere Zuständigkeit besitzen. Klausurrelevantes Beispiel ist die eidesstattliche Versicherung gem. § 802c III ZPO oder § 883 II ZPO.

Besonderheiten ergeben sich auch aus § 159 StGB. Während bei § 154 StGB ein Versuch wegen §§ 12 I, 23 I StGB strafbar ist, bleibt der Versuch der §§ 153, 156 StGB grundsätzlich straflos. Allerdings ordnet § 159 StGB an, dass der Versuch der Anstiftung zu §§ 153, 156 StGB gem. §§ 30 f. StGB entsprechend strafbar ist (Für den Meineid ergibt sich diese Strafbarkeit wegen des Verbrechenscharakters schon direkt aus § 30 I StGB). Dieser Widerspruch führt zu einer restriktiven Auslegung des § 159 StGB.

§ 160 StGB regelt Fälle der mittelbaren Täterschaft. Diese sind nicht von §§ 153, 154, 156 i.V.m. 25 I Alt. 2 StGB erfasst, weil es sich um eigenhändige Delikte handelt, die nicht „durch einen anderen", § 25 I Alt. 2 StGB, begangen werden können.

Tathandlung

- Falsche Aussage: Wiedergabe von Tatsachen, die nicht der objektiven Wahrheit entsprechen (objektive Theorie) ⇨ Arg.: §§ 160, 161 StGB; a.A.: subjektive Theorie

§ 153 StGB

Tatvollendung: **Schluss der Vernehmung:** Beschlussfassung zur Frage der Vereidigung; Beachte: bei Berichtigung § 158 II StGB

§ 154 StGB

„Nacheid": Versuchsbeginn mit Beginn des Sprechens der Eidesworte; Vollendung mit Beendigung des Schwurs

Mittelbare Täterschaft und **Mittäterschaft** in Form der §§ 153 ff., 25 I Alt. 2 StGB bzw. § 25 II StGB nicht möglich, da §§ 153 ff. StGB eigenhändige Delikte

↓

§ 160 StGB

Bei gutgläubigem Werkzeug (+), irrige Annahme der Gutgläubigkeit: § 160 II StGB (str.)

subsidiär

§§ 153/156, 26 StGB bzw. § 27 StGB

§ 159 StGB subsidiär zu §§ 153/156, 26 StGB

§ 159 StGB

Einschränkung: anvisierte Tat müsste tauglich sein, §§ 153, 156 StGB zu verwirklichen

HEMMER-METHODE zu ÜK 25

Die Aussagedelikte eignen sich für die Examensklausur auch aus folgendem Grund: Die §§ 153 ff. StGB sind eigenhändige Delikte und können daher nicht in mittelbarer Täterschaft oder in Form der Mittäterschaft begangen werden. § 160 StGB erfasst zwar Fälle, die für die mittelbare Täterschaft charakteristisch wären. Jedoch ist § 160 StGB wegen der geringen Strafandrohung subsidiär gegenüber der Anstiftung und der versuchten Anstiftung. Daher werden von § 160 StGB die Fälle nicht erfasst, in denen eine vorsätzliche rechtswidrige Tat vorliegt, jedoch die Schuld des Werkzeugs fehlt.

Fallbeispiel: A ist wegen Diebstahls angeklagt. Er hat diesen auch begangen. Er bittet B, falsch auszusagen, um ihm unter Eid ein Alibi zu verschaffen. B glaubt jedoch, dass A wirklich zur Tatzeit bei ihm war. Dieser Fall stellt ein Beispiel für § 160 StGB dar. Der Verleitete begeht einen unvorsätzlichen Falscheid. Zudem liegt ein darauf gerichteter Vorsatz des verleitenden Täters vor. Im umgekehrten Fall (entgegen dem Vorsatz des Hintermanns begeht B einen vorsätzlichen Meineid) liegt nach h.L. ein Versuch, § 160 II StGB, vor. Die Rspr. hingegen nimmt eine vollendete Tat gem. § 160 I StGB an.

Ein weiteres Problemfeld ist die Abgrenzung zwischen Wahndelikt und untauglichem Versuch bei fehlender Zuständigkeit. Die Rspr. und Teile der Literatur nehmen bei irriger Annahme der Zuständigkeit regelmäßig einen untauglichen Versuch an. Die Gegenauffassung hält dies für einen umgekehrten Subsumtionsirrtum (Wahndelikt). Bei entsprechender Begründung sind beide Auffassungen gut vertretbar.

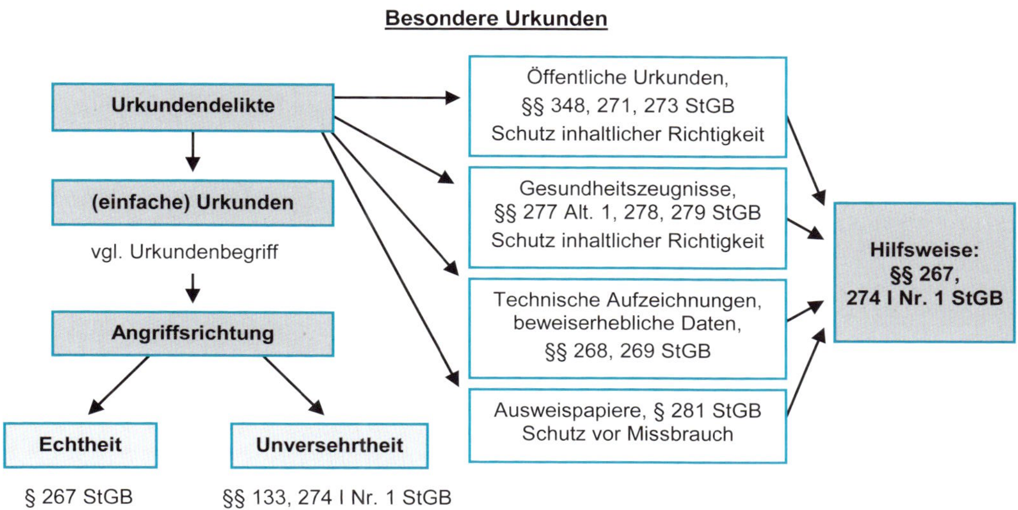

Besondere Urkunden
Urkundendelikte
(einfache) Urkunden
vgl. Urkundenbegriff
Angriffsrichtung
Echtheit
§ 267 StGB
Unversehrtheit
§§ 133, 274 I Nr. 1 StGB
Öffentliche Urkunden, §§ 348, 271, 273 StGB Schutz inhaltlicher Richtigkeit
Gesundheitszeugnisse, §§ 277 Alt. 1, 278, 279 StGB Schutz inhaltlicher Richtigkeit
Technische Aufzeichnungen, beweiserhebliche Daten, §§ 268, 269 StGB
Ausweispapiere, § 281 StGB Schutz vor Missbrauch
Hilfsweise: §§ 267, 274 I Nr. 1 StGB

HEMMER-METHODE zu ÜK 26

Systematisch können Sie bei den Urkundendelikten wie folgt vorgehen: Ermitteln Sie zunächst (gedanklich), ob eine besondere Urkunde vorliegt. Ist dies der Fall, so sind zunächst die Spezialvorschriften zu prüfen. Zusätzlich sind hilfsweise die Vorschriften, die alle Urkunden betreffen, heranzuziehen.

Beachten Sie dabei, dass z.B. §§ 277 Var. 2 und 3, 279 StGB für Gesundheitszeugnisse Tathandlungen beinhalten, die denen in § 267 StGB ähneln und ebenso die Echtheit einer Urkunde als Schutzrichtung haben. Handelt es sich hingegen um (einfache) Urkunden, ist nach der Angriffsrichtung bzw. dem entsprechenden Schutzgut zu unterscheiden. Dies sind die Echtheit der Urkunde und deren äußerliche Unversehrtheit. Einen Spezialfall des Echtheitsschutzes stellt dabei die Geld- und Wertzeichenfälschung (§§ 146 ff. StGB) dar. Die inhaltliche Richtigkeit einer Urkunde wird hingegen nur im Fall besonderer (nämlich öffentlicher) Urkunden geschützt. Bei dem Schutzgut der äußerlichen Unversehrtheit zeigen sich Verknüpfungspunkte zu der Sachbeschädigung. Daher sollten Sie sich an den Rand des § 303 StGB die Vorschriften des § 274 I Nr. 1 StGB und des § 133 StGB zitieren, soweit nach Ihrer Prüfungsordnung zulässig.

Schutzgut aller Urkundendelikte ist die Sicherheit und Zuverlässigkeit des Rechtsverkehrs mit Urkunden. Dabei können aber auch besondere Schutzrichtungen eine wichtige Rolle spielen. So schützt etwa § 271 StGB bei öffentlichen Urkunden deren inhaltliche Wahrheit. § 274 StGB schützt dagegen primär das Beweisführungsrecht der Berechtigten. Insoweit handelt es sich um ein disponibles Rechtsgut, so dass bei § 274 StGB ausnahmsweise eine Einwilligung möglich ist.

Urkundendelikte – Urkundenbegriff

StrafR BT II, Rn. 245 ff.

I. Perpetuierungsfunktion

Verkörperte **Gedankenerklärung** (⇨ Dauerhaftigkeit)

Abgrenzung: ⇨ bloß **mündliche Äußerung**: Gedankenerklärung nicht mit einem körperlichen Gegenstand verbunden

⇨ **Augenscheinobjekten** (Fingerabdrücke) fehlt Gedankenerklärung

II. Beweisfunktion

Zum Beweis von rechtlich erheblichen Tatsachen **geeignet** und **bestimmt**

Beweisbestimmung: ⇨ **Absichtsurkunden**: Zweck, im Rechtsverkehr Beweis zu erbringen

⇨ **Zufallsurkunden**: nachträglich entstehendes Beweisinteresse

III. Garantiefunktion

Lässt ihren **Aussteller** erkennen: **Bestimmbarkeit** des Ausstellers

Abgrenzung: ⇨ offene Anonymität: Verwendung offensichtlich unrichtiger Namen

⇨ verdeckte Anonymität: Gebrauch eines Allerweltsnamens

Beweiszeichen	**Zusammengesetzte Urkunden**	**Gesamturkunde**
Urkunden, die keine Schriftstücke sind: h.M.: (+) ⇔ Kennzeichen	Erst Verbindung mit einem anderen Gegenstand ergibt Urkundenqualität (Preisschild)	Zusammensetzung ergibt weitergehenden Beweisinhalt (Endabrechnung)

HEMMER-METHODE zu ÜK 27

Der Urkundenbegriff ist zentrales Merkmal der §§ 267 ff. StGB. Im Bereich der sog. Beweisfunktion ist problematisch, inwieweit die Gedankenerklärung auch subjektiv zum Beweis bestimmt sein muss. Die Beweiseignung hingegen bestimmt sich nach objektiven Kriterien und wird im Einzelfall nur bei nichtigen Urkunden fehlen (z.B. Formnichtigkeit, §§ 2247, 125 BGB: nicht handgeschriebenes Testament). Bei der subjektiven Beweisbestimmung wird man auch die sog. Zufallsurkunde gelten lassen müssen, da insoweit auch eine nachträgliche Bestimmung genügt (Bsp.: im laufenden Scheidungsprozess werden Liebesbriefe als Beweismittel vorgelegt).

Beliebt in Klausuren sind Vervielfältigungsstücke (Fotokopien, Durchschriften): Während Durchschriften von der Verkehrsanschauung als Urkunden angesehen werden, wird die Urkundenqualität bei einfachen, als solche erkennbaren Fotokopien grds. verneint. Dies kann jedoch anders liegen, wenn der Täter mit der Kopie den Eindruck eines Originals erwecken will. Beglaubigte Kopien sind regelmäßig Urkunden, da hier die beglaubigende Behörde die Gewähr für die Echtheit der Urkunde übernimmt.

Beweiszeichen sind nach dem engen Urkundenbegriff (M.M.) keine Urkunden. Die h.M. erkennt jedoch jeden Gegenstand als Urkunde an, der die drei Urkundenkriterien erfüllt. Dabei wird die Abgrenzung zu bloßen Kennzeichen relevant. Bloße Striche auf einem Bierdeckel können somit als Beweiszeichen Urkundenqualität haben.

Beachten Sie bei einer Gesamturkunde, dass durch die Vernichtung einer Einzelurkunde nicht nur § 274 I Nr. 1 StGB erfüllt ist, sondern zugleich die Verfälschung der Gesamturkunde vorliegt. Dies ist etwa der Fall, wenn aus einer Handakte eines Staatsanwalts ein einzelner Schriftsatz mit Täuschungsabsicht herausgenommen wird.

Herstellung unechter Urkunden, § 267 I Var. 1 StGB

Herstellen einer unechten Urkunde

Identitätstäuschung
= Fehlende Identität zwischen…

…erkennbarem Aussteller	**…wirklichem Aussteller**

Derjenige, der als Aussteller dem Inhalt der Urkunde zu entnehmen ist

Identitätstäuschung ⇔ Namenstäuschung

Namenstäuschung: „schriftliche Lüge“,
⇨ § 267 StGB (-)

Namenstäuschung: wer nicht den Anschein der Identität mit einem anderen erwecken, sondern nur seinen Namen ungenannt lassen will

- **Offene Stellvertretung:** scheinbarer Aussteller ist der Vertreter
- **Verdeckte Stellvertretung:** scheinbarer Aussteller ist der Vertretene

Geistigkeitstheorie

Wirklicher Aussteller ist, wer „geistiger Urheber“ der Urkunde ist.

(A.A.: *Körperlichkeitstheorie*; derjenige, der die Urkunde körperlich herstellt)

Verdeckte Stellvertretung

Voraussetzungen der Zulässigkeit:

- Stellvertretungsbefugnis des Ausstellers
- Wille zur Vertretung des Namensträgers
- Namensträger wollte sich vertreten lassen
- Eigenhändigkeit nicht rechtlich vorgeschrieben oder erwartet

Schutzgut des § 267 I StGB ist die Echtheit der Urkunde. Beachten Sie dabei, dass die inhaltliche Richtigkeit der Urkunde in § 267 StGB nicht geschützt wird, die sog. „schriftliche Lüge“ also nicht per se eine Strafbarkeit wegen Urkundenfälschung auslöst. Für die Unechtheit der Urkunde i.S.d. § 267 I Var. 1 StGB kommt es darauf an, dass der scheinbare Aussteller, wie er aus dem Inhalt der Urkunde hervorgeht, mit dem wirklichen Aussteller, dem „geistigen Urheber“, nicht identisch ist. Bei dem erkennbaren Aussteller tritt dabei die Frage auf, ob eine Namenstäuschung schon zu einer Identitätstäuschung führt. Entscheidend ist dafür die jeweilige Beweissituation unter Berücksichtigung des konkreten Verwendungszwecks der Urkunde. So wird der Hotelgast, der Vorkasse zahlt und sich unter falschem Namen einträgt, § 267 I Var. 1 StGB, regelmäßig nicht verwirklichen: Aus den Umständen geht hervor, dass der Gast hier nur seinen Namen nicht preisgeben wollte. Denkbar ist jedoch auch der umgekehrte Fall, dass trotz Verwendung des eigenen Namens eine Identitätstäuschung vorliegt.

So z.B. wenn ein Besteller mehrmals unter seinem Namen bei einem Versandhaus bestellt und jeweils seinen Namen oder seine Anschrift geringfügig modifiziert, um nicht von dem Computersystem erfasst zu werden, welches bei Überschreiten der Bonitätsgrenze Bestellungen verweigert.

Im Rahmen der Feststellung des tatsächlichen Ausstellers ist die verdeckte Stellvertretung problematisch: Unterschreibt der Vertreter mit dem Namen des Vertretenen, so ist unter bestimmten Voraussetzungen die verdeckte Stellvertretung strafrechtlich nicht zu beanstanden.

Urkundenfälschung – § 267 I Var. 2 u. 3 StGB

Verfälschen einer echten Urkunde, § 267 I Var. 2 StGB

Ausgangspunkt → **Verfälschen** → **Ergebnis**

Echte Urkunde

Manipulation am geistigen Inhalt
durch einen anderen als den wirklichen Aussteller

Unechte Urkunde

Wiederholte Fälschung

Urkunde war bereits verfälscht
⇨ Einwirken auf bislang unverfälschten Teil der Urkunde: § 267 I Var. 2 StGB (+)

Verfälschung durch wirklichen Aussteller

§ 267 I Var. 2 StGB (+), wenn Einwirkung nach dem Verlust der Dispositionsbefugnis (str.)

Gebrauchmachen unechter oder verfälschter Urkunden, § 267 I Var. 3 StGB

- Urkunde wird dem zu Täuschenden in der Weise zugänglich gemacht, dass dieser die **Möglichkeit zur Kenntnisnahme** hat ⇨ in Machtbereich des zu Täuschenden gelangt
- grds. Gebrauchmachen der **Urkunde selbst**

HEMMER-METHODE zu ÜK 29

Auch das Verfälschen einer echten Urkunde (§ 267 I Var. 2 StGB) normiert keine Strafbarkeit der sog. schriftlichen Lüge. Vielmehr stellt die 2. Variante des § 267 I StGB einen Sonderfall der Herstellung einer unechten Urkunde dar. Hier geschieht eine "nachträgliche Identitätstäuschung" dadurch, dass nach der Veränderung der Anschein entsteht, der Aussteller habe die urkundliche inhaltliche Erklärung so abgegeben, wie sie nach der Veränderung vorliegt. Es findet also eine Manipulation des gedanklichen Inhaltes statt. Produkt ist eine unechte Urkunde (Dass die so manipulierte Erklärung oft auch inhaltlich unwahr sein wird, spielt hier keine Rolle). Wird hingegen der Name des Ausstellers in der Urkunde durch einen neuen ersetzt, so liegt das Herstellen einer unechten Urkunde vor und kein Verfälschen im Sinne des § 267 I Var. 2 StGB.

Umstritten ist, inwieweit der wirkliche Aussteller eine echte Urkunde verfälschen kann. Nach h.M. kann § 267 I Var. 2 StGB durch den tatsächlichen Aussteller verwirklicht werden, wenn dieser die Veränderung nach Erlöschen seines Abänderungsrechts durchführt. Bsp.: Ein Jurastudent verändert seine Hausarbeit nach dem Abgabetermin. Dies wird damit begründet, dass ansonsten kein eigenständiger Anwendungsbereich des § 267 I Var. 2 StGB neben der 1. Var. verbliebe.

Beachten Sie die Besonderheiten bei einer Gesamturkunde. Hier kann durch die Zerstörung einer Einzelurkunde (§ 274 I Nr. 1 StGB) der beweiserhebliche Inhalt geändert werden, so dass das Zerstören auch ein Verfälschen der Gesamturkunde i.S.d. § 267 I Var. 2 StGB darstellen kann. § 274 I StGB und § 267 I StGB stehen nach h.M. dann zueinander aus Klarstellungsgründen in Tateinheit (§ 52 StGB).

Urkundenfälschung – Verhältnis der Varianten

§ 267 I Var. 1 StGB

Herstellen einer unechten Urkunde

↓ lex specialis

§ 267 I Var. 2 StGB

Verfälschen einer echten Urkunde

Verhältnis
Variante 1 / Variante 2
⇔ Variante 3

- Variante 3 tritt zurück, wenn hinreichend konkrete Gebrauchsabsicht beim Herstellen oder Verfälschen vorliegt
- wenn keine konkrete Gebrauchsabsicht: Variante 3 steht zu Variante 1/2 in Tatmehrheit

§ 267 I Var. 3 StGB

Gebrauchen einer unechten, verfälschten Urkunde

HEMMER-METHODE zu ÜK 30

Gerade im Bereich der Konkurrenzen können Sie beim Korrektor einen positiven Eindruck hinterlassen. Bei den Urkundendelikten können Sie daher durch eine kurz begründete Entscheidung hinsichtlich der Konkurrenzen überzeugen.

Kaum umstritten ist dabei, dass § 267 I Var. 2 StGB einen Spezialfall des Herstellens einer unechten Urkunde darstellt und deshalb lex specialis zu § 267 I Var. 1 StGB ist.

Hingegen sind bei dem Verhältnis der § 267 I Var. 1 und 2 zur Var. 3 StGB verschiedene Fälle zu unterscheiden. Hat der Täter bereits beim Herstellen den Vorsatz zu einem konkreten Gebrauch und realisiert er diesen sodann, so liegt nach BGH eine tatbestandliche Handlungseinheit vor. Die Gegenansicht sieht in dem Gebrauchmachen lediglich eine straflose Nachtat, nimmt also Handlungsmehrheit an. Ändert hingegen der Täter seine konkrete Absicht, oder hat er die Verwendung nur in allgemeinen Umrissen geplant, so ist Tatmehrheit anzunehmen.

Folgt man der Auffassung des BGH und geht von einer tatbestandlichen Handlungseinheit zwischen Herstellen/Verfälschen und dem später wie geplant auch stattfindenden Gebrauch aus, kommt über die nur einmal verwirklichte Urkundenfälschung eine Verklammerung anderer Delikte in Betracht, die zueinander eigentlich in Handlungsmehrheit stünden (instruktives Fallbeispiel hierzu: BGH, 4 StR 528/13 = Life&LAW 08/2014, 585 ff.).

Urkundendelikte, insbesondere § 274 I Nr. 1 StGB

StrafR BT II, Rn. 284 f.

I. Tatbestand

1. **Objektiver Tatbestand**
   a) Tatobjekt: Urkunde / technische Aufzeichnung (Legaldefinition: § 268 II StGB)
   b) Fehlendes Verfügungsrecht („nicht gehören")
   - Dingliche Eigentumsverhältnisse nicht maßgeblich
   - Recht, die Urkunde als Beweismittel zu gebrauchen

   c) Tathandlungen

Vernichten	Beschädigen	Unterdrücken
Völlige Beseitigung der beweiserheblichen Substanz	Beeinträchtigung des Beweiswertes der Urkunde	Urkunde wird der Benutzung des Berechtigten zu Beweiszwecken entzogen

2. **Subjektiver Tatbestand**
   - Vorsatz hinsichtlich der objektiven Tatumstände
   - Absicht, einem anderen Nachteil zuzufügen: Vermögensnachteil nicht erforderlich; auch dolus directus zweiten Grades ausreichend

II. Rechtswidrigkeit + III. Schuld

HEMMER-METHODE zu ÜK 31

§ 274 StGB betrifft den Schutz der äußerlichen Unversehrtheit von Urkunden. Geschützt wird dabei die Beweisführungsbefugnis eines anderen. Aus diesem Schutzzweck folgt dann auch, dass bei dem Tatbestandsmerkmal „nicht gehören“ nicht die zivilrechtlichen Eigentumsverhältnisse, sondern das Recht, die Urkunde als Beweismittel zu gebrauchen, maßgeblich sein muss. Zitieren Sie sich § 133 StGB an den Rand des § 274 I Nr. 1 StGB, soweit nach Ihrer Prüfungsordnung zulässig. Der Verwahrungsbruch verlangt zusätzlich, dass sich das Tatobjekt in dienstlicher Verwahrung befindet. Trotz dieser speziellen zusätzlichen Voraussetzung ist wegen der besonderen Schutzrichtung des § 133 StGB Tateinheit zu § 274 I Nr. 1 StGB möglich.

Die Weite der möglichen Tathandlungen macht § 274 I Nr. 1 StGB besonders klausurrelevant. Gerade im Bereich der Konkurrenzen sollten Sie daher bei § 274 I Nr. 1 StGB sicher sein. Im Verhältnis zu Zueignungsdelikten tritt § 274 I Nr. 1 StGB regelmäßig im Wege der Gesetzeskonkurrenz zurück. Zur Sachbeschädigung hingegen ist § 274 I Nr. 1 StGB lex specialis. Die §§ 267 I Var. 2, 268 StGB verdrängen wiederum § 274 I Nr. 1 StGB, wenn der Eingriff gerade dazu diente, eine echte Urkunde bzw. eine technische Aufzeichnung zu verfälschen.

Brandstiftungsdelikte, §§ 306 ff. StGB – Überblick

StrafR BT II, Rn. 288

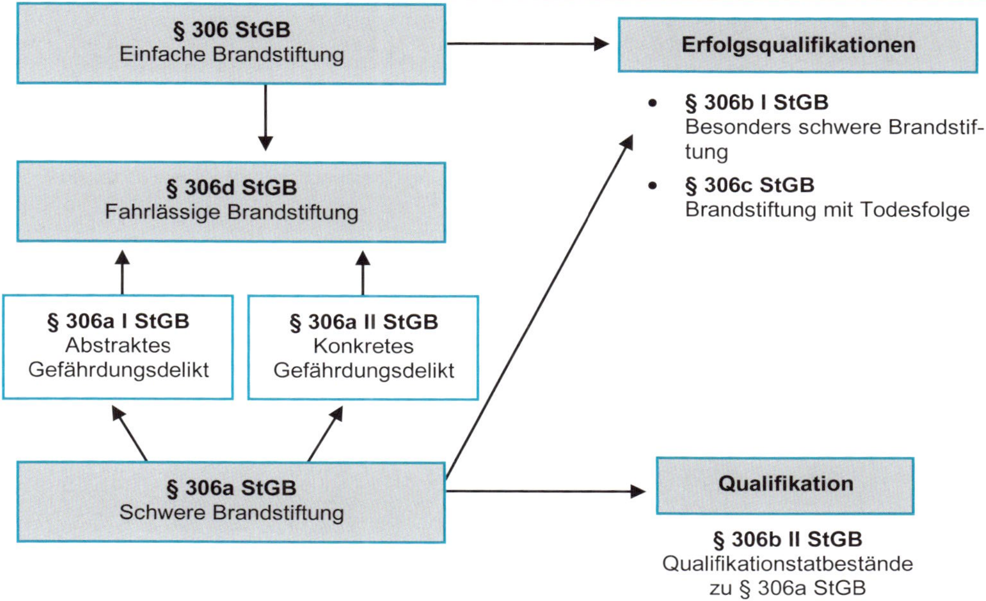

HEMMER-METHODE zu ÜK 32

Die Systematik der Brandstiftungsdelikte ist komplex. Daher sollten Sie unbedingt die Vorschriften der §§ 306 ff. StGB lesen und anhand der Übersicht einordnen. Beachten Sie zusätzlich § 306e StGB, der die Möglichkeit einer tätigen Reue regelt. Dies ist deshalb angezeigt, weil eine Brandstiftung „schnell" vollendet ist (bereits durch das bloße Inbrandsetzen) und die Strafandrohung sehr hoch ist.

Ein Inbrandsetzen i.S.d. §§ 306 ff. StGB liegt vor, wenn wesentliche Teile der tauglichen Tatobjekte auch nach Entfernen des Brandsatzes selbstständig weiterbrennen.

Ein Delikt sui generis stellt innerhalb der Brandstiftungsdelikte § 306f StGB dar. Hier wird die Herbeiführung einer Brandgefahr als konkretes Gefährdungsdelikt unter Strafe gestellt. Dieser Tatbestand dürfte von untergeordneter Rolle im Examen sein.

Beachten Sie, dass bei der schweren Brandstiftung die Fremdheit der Sache nicht Tatbestandsmerkmal ist. Täter kann hier auch der Eigentümer sein. Dagegen stellt die (einfache) Brandstiftung, § 306 StGB, einen Spezialfall der Sachbeschädigung dar, da es dort um die Zerstörung besonderer (§ 306 I Nr. 1-6 StGB) fremder Objekte geht. Die §§ 303, 305 StGB werden daher von § 306 StGB in Gesetzeskonkurrenz verdrängt.

Nachträglich ergänzt wurde als mögliche Tathandlung das ganz oder teilweise Zerstören durch Brandlegung. Es genügt dabei eine Zerstörung, z.B. durch Hitze- oder Raucheinwirkung, ohne dass der betreffende Gegenstand selbständig brennen muss. Insoweit wurden Strafbarkeitslücken geschlossen, wenn kein „Inbrandsetzen" vorliegt.

Schwere Brandstiftung, § 306a StGB

Schwere Brandstiftung, § 306a StGB

Tatobjekte

§ 306a I Nr. 1 StGB

Räumlichkeiten, die rein tatsächlich als Wohnung von Menschen dienen
Entwidmung: Aufhebung des „Dienens zur Wohnung“

§ 306a I Nr. 2 StGB

Der Religionsausübung dienende Gebäude

§ 306a I Nr. 3 StGB

Räumlichkeiten, in denen keine Menschen wohnen, die aber dem zeitweisen Aufenthalt dienen

Ungefährlichkeit im konkreten Fall

- h.L.: teleologische Reduktion des § 306 I StGB: Gewissheit des Täters von der Ungefährlichkeit erf.
- Rspr.: nur bei kleinen überschaubaren Objekten möglich

Tathandlungen

Inbrandsetzen

Wesentlicher Gebäudeteil derart in Brand gesetzt, dass der Brand aus eigener Kraft fortbrennen kann

Zerstörung durch Brandlegung

Nicht brennbare Materialien; Explosionen usw.

HEMMER-METHODE zu ÜK 33

Die schwere Brandstiftung gem. § 306a StGB enthält in Abs. 1 ein abstraktes Gefährdungsdelikt. Es werden tatbestandlich solche Handlungen beschrieben, die generell als gefährlich angesehen werden. Grundsätzlich ist unbeachtlich, dass der Bewohner (vorübergehend) abwesend ist. Eine Ausnahme mittels teleologischer Reduktion des Tatbestands kommt dann in Betracht, wenn eine Gefährdung im konkreten Fall nachweislich offensichtlich ausgeschlossen ist. Für diesen Rechtsgedanken kann § 326 VI StGB vergleichend herangezogen werden. Diese Ausnahme darf jedoch nur in engen Grenzen gelten, da ansonsten § 306a I StGB contra legem in ein konkretes Gefährdungsdelikt umgedeutet würde.

Beachten Sie, dass § 306a II StGB ein konkretes Gefährdungsdelikt darstellt und auch in einen eigenen Tatbestand hätte gefasst werden können. Besonderheit ist hier, dass § 306a II StGB zwar auf die Tatobjekte des § 306 I StGB zurückgreift, jedoch die Fremdheit der Sachen nicht Tatbestandsmerkmal ist. Dies ergibt sich gerade aus dem Schutzgut des § 306a II StGB und auch aus der systematischen Stellung zu § 306a I StGB.

Die Tathandlungen des § 306a I StGB sind gleichbedeutend mit denen des § 306 I StGB.

Bei der Erfolgsqualifikation des § 306c StGB stellt sich i.R.d. erfolgsqualifizierten Versuchs die Frage, ob der tatbestandsspezifische Gefahrzusammenhang der Handlungsgefährlichkeit entspringt oder aus der Erfolgsgefährlichkeit folgt. Dies wird im Sinne der Handlungsgefährlichkeit zu entscheiden sein, worauf auch die Formulierung „durch eine Brandstiftung“ hindeutet.

Vollrausch, § 323a StGB

StrafR BT II, Rn. 310 ff.

I. Tatbestand

1. **Objektiver Tatbestand**
   Tathandlung: Sichversetzen in einen Rauschzustand
   Problem: Grad der Berauschung lässt sich nicht klären ⇨ § 323a StGB (+), wenn

   „Sicherer Bereich" des § 21 StGB erreicht; wenigstens erheblich geminderte Schuldfähigkeit

   und

   Schuldunfähigkeit des Täters nicht auszuschließen; bei feststehender Schuldfähigkeit ⇨ § 323a StGB (-)

2. **Subjektiver Tatbestand**
   Vorsatz oder Fahrlässigkeit ⇨ hinsichtlich der Berauschung
3. **Rauschtat: objektive Bedingung der Strafbarkeit**
   Rauschtat (rechtswidrige Tat: § 11 I Nr. 5 StGB) ⇨ Verwirklichung des vollen objektiven und subjektiven Tatbestandes

Problem: Rauschbedingter Irrtum

beachtlich (h.M.)
Erfordernis der rechtswidrigen Tat; Tatbestand des Delikts nicht erfüllt

⟷

unbeachtlich (M.M.)
Vorsatzmangel infolge der Berauschung für § 323a StGB ohne Bedeutung

II. Rechtswidrigkeit + III. Schuld

HEMMER-METHODE zu ÜK 34

§ 323a StGB hat eine Auffangfunktion. Daher sollten Sie in der Klausur folgendermaßen vorgehen: Zunächst prüfen Sie die im Rausch begangene Straftat. Diese wird dann im Rahmen der Schuld scheitern. Prüfen Sie danach, ob eine Schuldfähigkeit nach den Grundsätzen der a.l.i.c. vorliegt. Dabei sollten Sie die Rechtsprechung des BGH zu der a.l.i.c. bei den Tätigkeitsdelikten berücksichtigen. Ist auch hier eine Strafbarkeit zu verneinen, so kann § 323a StGB einschlägig sein.

Beachten Sie, dass die Subsidiaritätsklausel („und ihretwegen nicht bestraft werden kann“) auch dann § 323a StGB entgegensteht, wenn der Täter wegen vorsätzlicher a.l.i.c. strafbar ist.

Gerade § 323a StGB lässt sich sehr gut mit Problemen in dem Bereich der Wahlfeststellung und des „in dubio pro reo“ - Grundsatzes kombinieren: Lässt sich nicht mehr feststellen, ob der Täter bei Ausführung der Tat schuldunfähig (§ 20 StGB), vermindert schuldfähig (§ 21 StGB) oder voll schuldfähig ist, so greift zu seinen Gunsten wechselseitig der „in dubio pro reo“-Grundsatz ein: Bei der Rauschtat wird angenommen, er handele ohne Schuld (§ 20 StGB), während hinsichtlich des § 323a StGB angenommen wird, dass der Täter voll schuldfähig war. Voraussetzung für eine strafbare Berauschung ist daher, dass zumindest der „sichere Bereich des § 21 StGB“ erreicht wird, und dass eine Schuldunfähigkeit nicht ausgeschlossen werden kann. Ansonsten kommt Straflosigkeit aufgrund der Sachverhaltsungewissheiten in Betracht.

Unterlassene Hilfeleistung, § 323c I StGB

I. Tatbestand

1. Objektiver Tatbestand

a) Notsituation

Unglücksfall	Gemeine Gefahr	Gemeine Not
Plötzlich eintretendes **Ereignis**, das eine erhebliche Gefahr für Personen zu bringen droht	Gefährdung einer **großen Anzahl von Menschen** oder erheblicher Sachwerte	Die **Allgemeinheit betreffende Notlage**, z.B. Waldbrand

b) Hilfeleistungspflicht

- **Erforderlichkeit:** wenn die Gefahr weiterer Schäden besteht und der Betroffene sich nicht selbst helfen kann, bzw. keine anderweitige Hilfe schon vorhanden ist
- **Zumutbarkeit:** Abwägung zwischen Unglücksituation und Täterinteresse bei Notwehrverletzten (+), soweit dabei nicht erhebliche Gefahren bestehen.

2. Subjektiver Tatbestand

Vorsatz hinsichtlich Notsituation, Erforderlichkeit und Zumutbarkeit der Hilfeleistung

II. Rechtswidrigkeit + III. Schuld

Schutzgut des § 323c I StGB ist das Individualinteresse der in Not Geratenen, Strafgrund hingegen das Allgemeininteresse an der Wahrung mitmenschlicher Solidarität in Notlagen. Dies führt dazu, dass bloße Sachgefahren nur unter sehr strengen Anforderungen eine Notsituation darstellen. Bei dem Unglücksfall kommen Erkrankungen nur in Betracht, wenn eine akute (plötzliche) Verschlimmerung des Krankheitszustandes eintritt. Beim Suizid ist eine Unglückslage umstritten: die Rspr. bejaht dies und nimmt teilweise eine Korrektur bei der Zumutbarkeit vor. Die h.L. hingegen sieht schon keine Notsituation gegeben, wenn der Selbstmord aufgrund freier und bewusster Entscheidung erfolgt.

§ 323c I StGB ist subsidiär zu Begehungs- oder unechten Unterlassungsdelikten. Ebenso lässt sich aus der Verletzung des § 323c I StGB keine Garantenpflicht begründen.

Klausurrelevant ist § 323c I StGB bei durch Notwehr gerechtfertigten Verletzungen. Ist der Unglücksfall durch eine Notwehrhandlung hervorgerufen, so bleibt § 323c I StGB gleichwohl anwendbar (und eine Hilfeleistung zumutbar). Nur ausnahmsweise kann die Zumutbarkeit fehlen, wenn der Täter sich durch eine Hilfeleistung erheblichen eigenen Gefahren aussetzen würde.

Beachten Sie bei § 323c I StGB auch das Problem der Pflichtenkollision: Treffen eine Handlungspflicht aus § 323c I StGB und eine Handlungspflicht in Garantenstellung aufeinander, so liegt eine Scheinkollision vor. § 323c I StGB scheidet schon tatbestandlich aus, wenn der Täter seiner Handlungspflicht in Garantenstellung nachkommt.

Nachträglich eingefügt wurde der Absatz 2. Dieser auch als „Gesetz gegen Gaffer" bezeichnete Tatbestand knüpft an die Situationen des Abs. 1 an und stellt das Behindern, also das spürbare, nicht unerhebliche Stören hilfswilliger – auch privater – Dritter unter Strafe. Unerheblich ist dabei, ob die Rettung trotz der Behinderung gelingt oder das Opfer unabhängig von etwaiger Hilfeleistung durch Dritte ohnehin nicht mehr gerettet werden kann.

Straßenverkehrsdelikte – Systematik §§ 315b ff. StGB

StrafR BT II, Rn. 311 ff.

Eingriff in den Straßenverkehr, § 315b StGB

Verkehrsfremde Eingriffe

Typischerweise Einwirkung von außen auf die Sicherheit des Straßenverkehrs

Ausnahme: bewusste Zweckentfremdung, z.B. Durchbrechung einer Polizeisperre mittels PKW

Konkrete Gefährdung

§ 52 StGB

Trunkenheit im Verkehr, § 316 StGB

= abstraktes Gefährdungsdelikt
Dauerdelikt: Führen eines Fahrzeugs im Zustand der Fahruntüchtigkeit
absolute Fahruntüchtigkeit ab 1,1 Promille (bei Kfz)

Gesetzeskonkurrenz (str.):
§ 315b StGB kann zu § 315c StGB in Tateinheit stehen; selten der Fall

§ 316 StGB ausdrücklich subsidiär zu §§ 315b, 315c StGB

Straßenverkehrsgefährdung, § 315c StGB

§ 315c I Nr. 1 StGB

Führen eines Fahrzeugs trotz Fahruntüchtigkeit

§ 315c I Nr. 2 StGB

Fehlleistung durch Verkehrsteilnehmer im ruhenden und fließenden Verkehr

Konkrete Gefährdung

HEMMER-METHODE zu ÜK 36

Beachten Sie die Systematik, die den §§ 315-316 StGB zugrunde liegt: § 315c StGB (entsprechend ist § 315a StGB für den Bereich des Bahn-, Schiffs- und Luftverkehr gefasst) erfasst konkrete Gefährdungstatbestände, die mit Fehlleistungen durch Verkehrsteilnehmer im fließenden und im ruhenden Verkehr zusammenhängen.

Demgegenüber betrifft § 315b StGB (entsprechend hier: § 315 StGB) gefährliche Eingriffe in den Straßenverkehr. Bei Vorgängen, die eigentlich im Straßenverkehr stattgefunden haben, ist die Anwendung von § 315b StGB in Abgrenzung zu § 315c StGB zu diskutieren. Die Rechtsprechung hat insoweit eine Ausnahme entwickelt, nämlich wenn ein Verkehrsvorgang „pervertiert" wird. Denkbar ist dies etwa, wenn ein Kfz dazu genutzt wird, eine andere Person zu verletzen bzw. zu töten. Ein solcher Pervertierungsvorgang als „verkehrsfremder Inneneingriff" ist nur dann anzunehmen, wenn der Handelnde auch einen konkreten, mindestens bedingten Schädigungsvorsatz gefasst hat.

§ 316 StGB stellt ein abstraktes Gefährdungsdelikt dar und erfordert gerade keine konkrete Gefährdung, wie sie § 315c StGB vorsieht. Beachten Sie auch die echte Vorsatz-Fahrlässigkeits-Kombination (vgl. § 11 II StGB) des § 315c III Nr. 1 StGB.

Auswirkungen auf die Straßenverkehrsdelikte haben sich durch die Rechtsprechung des BGH zur a.l.i.c. ergeben. Mit Beschluss vom 22.08.1996 (4 StR 217/96) lehnte der BGH das sog. Ausnahmemodell sowie das Ausdehnungsmodell als nicht mit Art. 103 II GG vereinbar ab. Als dogmatisch mögliche Begründung der a.l.i.c. als Rechtsfigur bleibt damit allein die Möglichkeit, an das Berauschen selbst anzuknüpfen (so das Modell der mittelbaren Täterschaft bzw. die Tatbestandslösung). Diese beiden Konstruktionen sind jedoch auf §§ 315c, 316 StGB, 21 StVG nicht anwendbar, da diese Tätigkeitsdelikte sind und damit eine Anknüpfung an das Vorgeschehen als Tathandlung dogmatisch ausscheidet. In diesen Konstellationen (z.B.: Täter fährt berauscht in schuldunfähigem Zustand) ist somit eine Strafbarkeit aus § 323a StGB anzunehmen.

Straßenverkehrsgefährdung, § 315c StGB

I. Tatbestand

1. Objektiver Tatbestand

a) Tathandlung

§ 315c I Nr. 1 StGB

Führen eines Fahrzeugs:
Fahrzeug in Bewegung gesetzt
Fahruntüchtigkeit:
absolut (1,1 ‰) ⇔ relativ (mind. 0,3 ‰)

§ 315c I Nr. 2 StGB

Gravierender Verkehrsverstoß; abschließende Aufzählung Nr. 2a) – g)
Grob verkehrswidrig:
Besonders schwerer Verstoß gegen eine Verkehrsvorschrift

b) Konkrete Gefährdung:
Typische Gefährlichkeit des Verkehrsverstoßes realisiert sich im Einzelfall in konkreter Gefahr; Ausbleiben des Verletzungserfolges hängt weitgehend vom Zufall ab
Problemfelder: Gefährdung des vom Täter geführten Fahrzeugs; Insassengefährdung

2. Subjektiver Tatbestand

Hinsichtlich Tathandlung und konkreter Gefährdung zumindest **dolus eventualis**

II. Rechtswidrigkeit

III. Schuld

- Spezielles Schuldmerkmal (str.): Rücksichtslosigkeit i.S.d. § 315c I Nr. 2 StGB
- Gesteigerte subjektive Vorwerfbarkeit, z.B. Gleichgültigkeit, eigensüchtige Gründe

HEMMER-METHODE zu ÜK 37

Kritisches Merkmal der Straßenverkehrsdelikte ist das Erfordernis der konkreten Gefährdung von Leib oder Leben eines anderen oder fremden Eigentums von bedeutendem Wert.

Umstritten ist, ob hinsichtlich des Fahrzeugs, das der Täter führt, eine konkrete Gefährdung vorliegen kann, wenn dieses nicht im Eigentum des Täters steht. Dafür könnte sprechen, dass § 315c StGB nur so einen wirksamen Eigentumsschutz entfalte. Allerdings erscheint die Gegenansicht überzeugender: Zum einen können die Eigentumsverhältnisse von eher zufälligen Umständen abhängen (Kauf unter Eigentumsvorbehalt). Zum anderen muss zwischen dem Mittel und dem Objekt der Gefährdung unterschieden werden.

Fraglich ist zudem, ob eine Gefährdung der mitfahrenden Insassen bei länger andauernder Fahrt per se anzunehmen ist. Der BGH bejahte dies früher schon bei leichten Fahrfehlern infolge der Fahruntüchtigkeit. Die h.M., der sich auch der BGH angeschlossen hat, sieht in dieser Argumentation eine Verwechslung zwischen quantitativer und qualitativer Gefährdung. Von einer konkreten Gefährdung kann daher nur bei Eintreten einer kritischen Verkehrssituation (sog. „Beinaheunfall“) ausgegangen werden.

Da § 315c StGB ein eigenhändiges Delikt ist, kommt eine Strafbarkeit des (anfeuernden) Beifahrers aus Mittäterschaft nicht in Betracht. Möglich ist jedoch eine Beihilfe, auch zu der Begehungsform des § 315c III StGB, da diese gem. § 11 II StGB als vorsätzliche Tat anzusehen ist.

Der Gesetzgeber hat die Strafbarkeit im Bereich nicht verkehrsgerechten Verhaltens mit Einführung des § 315d StGB n.F. bedeutend ausgeweitet. Unter Strafe stehen dort in Abs. 1 die Ausrichtung von und die Teilnahme an nicht erlaubten Kraftfahrzeugrennen sowie das „Rasen“ mit dem Ziel, eine höchstmögliche Geschwindigkeit zu erreichen (abstraktes Gefährdungsdelikt). Flankiert wird dieser Grundtatbestand von einem konkreten Gefährdungsdelikt als Vorsatztat (Abs. 2), einer Vorsatz-Fahrlässigkeits-Kombination (Abs. 4) sowie einer Erfolgsqualifikation (Abs. 5).

Straftaten gegen die Umwelt, §§ 324 ff. StGB – Überblick

Überblick

Besondere Schutzobjekte

- **§ 324 StGB,** Gewässerverunreinigung
- **§ 324a StGB,** Bodenverunreinigung
- **§ 325 StGB,** Luftverunreinigung

Umweltgefährdende Tätigkeiten

- **§ 325a StGB,** Lärmverursachung
- **§ 326 StGB,** umweltgefährdende Abfallbeseitigung
- **§ 327 StGB,** unerlaubtes Betreiben von Anlagen

Umgang mit besonders gefährlichen Stoffen

- **§ 328 StGB,** unerlaubter Umgang mit gefährlichen Stoffen

→ **Besonders schwerer Fall: § 330 StGB**

HEMMER-METHODE zu ÜK 38

Das Umweltschutzstrafrecht wurde durch das 18. Strafrechtsänderungsgesetz 1980 in das StGB aufgenommen. Dabei wurden Spezialvorschriften aus dem besonderen Verwaltungsrecht (WHG, AbfG, BImSchG, AtG) herausgelöst und in das StGB eingefügt. Machen Sie sich deshalb die Grundsystematik der §§ 324-330d StGB und ihre Nähe zum besonderen Verwaltungsrecht klar. Probleme zu den einzelnen Tatbeständen (insbesondere §§ 324, 326 und 330 StGB) lassen sich regelmäßig anhand des Normtextes sachgerecht lösen.

Ein wichtiger Problemkreis in den §§ 324 ff. StGB ist die sog. verwaltungsrechtliche Akzessorietät. Diese zeigt sich in den Formulierungen der einzelnen Tatbestände („unbefugt“ in §§ 324, 326 I StGB; „unter Verletzung verwaltungsrechtlicher Pflichten“, §§ 324a I, 325 StGB). Dabei kommt dem Merkmal „unbefugt“ nur Bedeutung auf Rechtswidrigkeitsebene zu (verwaltungsrechtlich: „repressives Verbot mit Befreiungsvorbehalt“). Dagegen sind im zweiten Fall zusätzliche Tatbestandsmerkmale normiert (verwaltungsrechtlich: „präventives Verbot mit Erlaubnisvorbehalt“). Beachten Sie dabei § 330d Nr. 4 StGB. Bei der Verwaltungsakzessorietät ist auf die formelle Wirksamkeit des Verwaltungsakts (§ 43 VwVfG) abzustellen. Eine Ausnahme muss jedoch dann gelten, wenn der Verwaltungsakt durch Täuschung, Drohung oder Bestechung herbeigeführt wurde.

Amtsdelikte, §§ 331 ff. StGB – Überblick

Echte Amtsdelikte

Nur bestimmte Person wie z.B. Amtsträger (§ 11 I Nr. 2-4 StGB) kann Täter des Delikts sein

- **Vorteilsnahme, § 331 StGB,** pflichtgemäße Diensthandlung
  - ⇨ Vorteilsgewährung, § 333 StGB, Strafbarkeit des Vorteilgebers
- **Bestechlichkeit, § 332 StGB,** pflichtwidrige Diensthandlung
  - ⇨ Bestechung, § 334 StGB, Strafbarkeit des Vorteilsgebers
- **Falschbeurkundung im Amt, § 348 StGB**

Teilnahme

§ 28 I StGB
Amtsträgereigenschaft: **strafbegründendes** besonderes persönliches Merkmal

Unechte Amtsdelikte

Tatbegehung durch einen Amtsträger stellt eine Qualifizierung zum Allgemeindelikt dar

- **Körperverletzung im Amt, § 340 StGB**
  ⇨ Qualifikation zu § 223 StGB
- **Aussageerpressung, § 343 StGB**
  ⇨ Qualifikation zu § 240 StGB
- **Strafvereitelung im Amt, § 258a StGB**
  ⇨ Qualifikation zu § 258 StGB

Teilnahme

§ 28 II StGB
Amtsträgereigenschaft: **strafschärfendes** besonderes persönliches Merkmal

HEMMER-METHODE zu ÜK 39

Die Unterscheidung zwischen echten und unechten Amtsdelikten wirkt sich bei der Behandlung der Teilnahme aus. Bei den echten Amtsdelikten stellt die Amtsträgereigenschaft ein strafbegründendes persönliches Merkmal i.S.d. § 28 I StGB dar. Konsequenz ist, dass der Teilnehmer, welcher selbst nicht Amtsträger ist, aus demselben Delikt wie der Amtsträger bestraft wird, die Strafe des Teilnehmers aber nach § 49 I StGB zu mildern ist. Bei unechten Amtsdelikten wird der Teilnehmer, der selbst nicht Amtsträger ist, gem. § 28 II StGB nicht aus dem Sonderdelikt bestraft, sondern aus dem Grundtatbestand.

Klassische Amtsdelikte sind die Bestechungsdelikte: Die Unterscheidung zwischen Vorteilsannahme (§ 331 StGB) und Bestechlichkeit (§ 332 StGB) erfolgt dabei nach der Pflichtwidrigkeit der Diensthandlung.

Die Strafbarkeit des Vorteilsgebers ist anhand der Allgemeindelikte § 333 StGB bzw. § 334 StGB zu prüfen. Diese Vorschriften gehen insoweit der allgemeinen Teilnahme (z.B. § 26 StGB) vor.

I. Rechtsquellen des Strafprozessrechts

Rechtsquellen des Strafprozessrechts

StPO

1. **Buch:** Allgemeine Vorschriften
2. **Buch:** Erster Rechtszug
3. **Buch:** Rechtsmittel
4. **Buch:** Wiederaufnahme
5. **Buch:** Beteiligung des Verletzten
6. **Buch:** Besondere Verfahrensarten
7. **Buch:** Vollstreckung und Kosten
8. **Buch:** Schutz von Daten

GVG, insb.

- Gerichtsorganisation
- Öffentlichkeit
- Sitzungspolizei

sonstige Quellen, z.B.:

- GG (insb. Prozessgrundrechte, Grundrechte, Rechtsstaatsprinzip)
- StGB (insb. Strafantrag, Verjährung)
- JGG (§§ 33 ff.)
- EMRK

II. Verfahrensziele

- Einzelne Verfahrensziele (Verhältnis im Einzelnen str.!)
  ⇨ Wahrheitsfindung
  ⇨ Gerechtigkeit
  ⇨ Rechtsfrieden
  ⇨ Durchsetzung des materiellen Strafrechts
- Weiteres Ziel des Prozessrechts: Schutz der Beschuldigten(grund)rechte
  ⇨ u.U. Zielkonflikte: Abwägung zwischen Funktionstüchtigkeit der Strafrechtspflege und Beschuldigtenrechten

HEMMER-METHODE zu ÜK 1

Gerade im Bereich des Strafprozessrechts, in dem die meisten Studenten keine vertieften Kenntnisse haben (und die meisten Prüfungsordnungen solche auch nicht verlangen), ist es sinnvoll, einen guten Überblick zu besitzen. Wichtig ist dabei vor allem eine grobe Vorstellung, was in der StPO selbst und was (gewissermaßen als allgemeine Frage) im GVG geregelt ist. Daneben darf aber gerade im Strafprozessrecht auch das GG nicht vergessen werden: Strafprozessrecht wird auch als „angewandtes" oder „geronnenes" Verfassungsrecht bezeichnet. Am Strafprozessrecht eines Staates kann man durchaus einiges darüber ablesen, wie ernst er es mit seinem Grundrechtsverständnis nimmt. Gerade hier müssen Ihnen also Aspekte wie die verfassungskonforme Auslegung oder die Bedeutung des Gesetzesvorbehalts bekannt sein.

Mit dem Strafprozess können - im Vergleich zu anderen Rechtsgebieten sogar ungewöhnlich scharfe - Eingriffe in die Rechtsposition des Bürgers verbunden sein; andererseits muss das Strafprozessrecht als „angewandtes Verfassungsrecht" auch den Rechtspositionen der Betroffenen einen gewissen Schutz bieten. Aus diesem Zielkonflikt ergibt sich häufig das Erfordernis einer Abwägung zwischen Belangen der „Funktionstüchtigkeit der Strafrechtspflege" und den Beschuldigtenrechten. Auf dieses Spannungsverhältnis können Sie viele Streitfragen im Strafprozessrecht zurückführen und damit den Einstieg in die Argumentation in der Klausur finden.

Ablauf des Strafverfahrens

I. Ermittlungsverfahren	• Zuständig ist die Staatsanwaltschaft (StA), die i.d.R. von der Polizei unterstützt wird (§ 163 StPO) • Beginn: StA hat zureichende tatsächliche Anhaltspunkte für das Vorliegen einer Straftat (§ 152 II StPO, sog. „**Anfangsverdacht**“) • Ende: **Abschlussverfügung der StA** ⇨ bei **hinreichendem Tatverdacht**, § 170 I StPO, Anklageerhebung (bzw. Einstellung/Beschränkung nach §§ 153 ff. StPO, Strafbefehl oder Verweisung auf Privatklageweg) ⇨ kein hinreichender Tatverdacht, § 170 II StPO, Einstellung des Verfahrens
II. Zwischenverfahren	Zuständiges Gericht überprüft, ob hinreichender Tatverdacht vorliegt ⇨ wenn (+): **Eröffnungsbeschluss**, § 203 StPO ⇨ wenn (-): Ablehnung der Eröffnung durch Beschluss, § 204 StPO
III. Hauptverfahren	Hauptverhandlung: In der mündlichen Gerichtsverhandlung wird über Schuld oder Unschuld des Angeklagten entschieden und i.d.R. ein Urteil gesprochen
IV. Rechtsmittelverfahren	Berufung bzw. Revision, soweit zulässig

HEMMER-METHODE zu ÜK 2

Gerade beim Ablauf des Strafverfahrens wird deutlich, wie wichtig für die Bearbeitung des Strafprozessrechts in der Klausur die richtige Einordnung ist. Dazu muss man sich allerdings klarmachen, dass nicht nur das Ermittlungsverfahren, sondern auch viele allgemeine Vorschriften im Ersten Buch geregelt sind. Soweit deswegen etwa im Abschnitt über die Hauptverhandlung (im Zweiten Buch) nichts Spezielles über die Vernehmung von Zeugen geregelt ist, ist auf die Vorschriften im Ersten Buch (etwa §§ 48 ff. StPO) zurückzugreifen.

Innerhalb der verschiedenen Verfahrensstadien sind jeweils bestimmte Probleme von besonderer Bedeutung: So wird etwa im Ermittlungsverfahren besonders häufig die Vernehmung des Beschuldigten sowie die Zulässigkeit einzelner Zwangsmaßnahmen von Bedeutung sein. Das Zwischenverfahren wird dagegen selten Klausurschwerpunkt sein; hier sollte es genügen, wenn man dessen Funktion kennt und weiß, wo es geregelt ist. Bei entsprechenden Fragen dürfte dann jeweils eine saubere Subsumtion unter den Gesetzeswortlaut genügen.

Im Rahmen des Hauptverfahrens ist die Hauptverhandlung der zentrale Aspekt. Während gerade für Referendare auch der Ablauf der Hauptverhandlung (vgl. ÜK 13) im Rahmen von Revisionsklausuren eine große Rolle spielen kann, dürfte für Studenten v.a. die Beweisaufnahme in der Hauptverhandlung (vgl. ÜK 15-19) von Interesse sein, etwa die Fragen nach der Zeugenvernehmung (§§ 48 ff. StPO), nach dem Unmittelbarkeitsgrundsatz (insbesondere § 250 S. 2 StPO) oder nach Beweisverwertungsverboten.

Von den Rechtsmitteln wird für Studenten die Revision deutlich wichtiger sein als die Berufung. Allerdings geht es hierbei - anders als bei Referendaren - i.d.R. weniger um Formalia als um eine Kenntnis der Zulässigkeits- und Begründetheitsschemata sowie die Fähigkeit, Einzelprobleme aus den anderen Verfahrensstadien richtig in die Revisionsprüfung einzubauen.

Verfahrensgrundsätze des Strafverfahrens

Verfahrensgrundsätze des Strafverfahrens

I. Offizialprinzip

- § 152 I StPO: Die Erhebung der öffentlichen Klage obliegt der StA
  ⇔ **Dispositionsmaxime:** Der Bürger ist selbst für die Einleitung und das Betreiben des Prozesses verantwortlich (so grds. im Zivilprozess)
- Ausnahme: Antragsdelikte - das Fehlen des Strafantrags stellt bei absoluten Antragsdelikten (z.B. § 247 StGB, vgl. „nur“) ein Prozesshindernis dar

II. Akkusationsprinzip

§ 151 StPO: „Wo kein Kläger, da kein Richter.“
Strafverfolgung und Urteilsfindung obliegen zwei voneinander unabhängigen staatlichen Organen (StA - Gericht)

III. Legalitätsprinzip

- § 152 II StPO: Verfolgungs- und Anklagezwang
- Die StA ist verpflichtet, ein Ermittlungsverfahren durchzuführen und bei hinreichendem Tatverdacht Klage zu erheben (§ 170 I StPO)
  ⇔ **Opportunitätsprinzip:** Verfolgung steht im Ermessen der Behörde

IV. Untersuchungsgrundsatz

§§ 160, 163, 244 II StPO: Strafverfolgungsorgane bzw. das Gericht erforschen den Sachverhalt von Amts wegen (⇨ Prinzip der materiellen Wahrheit)
⇔ **Verhandlungsmaxime:** Das Gericht ist nur an Tatsachen und Beweise gebunden, die ihm von den Parteien vorgetragen werden.

HEMMER-METHODE zu ÜK 3

Die Verfahrensgrundsätze bzw. Prozessmaximen sind keinesfalls eine unbedeutende „prozessrechtsdogmatische Glasperlenspielerei", sondern für die Praxis und damit auch für die Prüfung von Bedeutung. Zum einen bieten sie sich - wie alles „Grundsätzliche" - gut für die mündliche Prüfung an; zum anderen macht es sich immer gut, wenn die Argumentation in einer Streitfrage mit dem Rückgriff auf einen allgemeinen Verfahrensgrundsatz angereichert wird. Allerdings ist hier eine gewisse Vorsicht geboten: Viele Verfahrensmaximen haben in der StPO spezielle Ausprägungen erhalten, so dass man ihren Anwendungsbereich unter Rückgriff auf das allgemeine Prinzip nicht weiter fassen kann, als es im Gesetz Ausdruck gefunden hat. So ist etwa im Verhältnis zwischen Legalitäts- und Opportunitätsprinzip in der StPO abschließend geregelt, dass in den §§ 153 ff. StPO für spezielle Fälle das Opportunitätsprinzip angeordnet ist; man kann dann in diesen Fällen ein Ermessen nicht unter Rückgriff auf das allgemeine Legalitätsprinzip verneinen.

Weitere Verfahrensgrundsätze des Strafverfahrens wären etwa der Fair-Trial-Grundsatz (Art. 6 I EMRK) und das Beschleunigungsgebot. Im Gesetzestext selbst sind etwa die Prozessgrundrechte (vgl. Art. 101 ff. GG), der Unmittelbarkeitsgrundsatz (§§ 250 S. 2, 261 StPO), der Öffentlichkeitsgrundsatz (§ 169 GVG) sowie der Grundsatz der freien richterlichen Beweiswürdigung (§ 261 StPO) niedergelegt.

Die Verfahrensbeteiligten

I. Beschuldigter	• Beschuldigter ist der Tatverdächtige, gegen den das Verfahren als Beschuldigten betrieben wird. Das setzt voraus: ⇨ hinreichend konkreter **Anfangsverdacht** sowie ⇨ Strafverfolgungswille der Strafverfolgungsbehörde (**Inkulpationsakt**) • Wird gegen den Beschuldigten die öffentliche Klage erhoben, wird er als Angeschuldigter bezeichnet. Durch den Eröffnungsbeschluss des Gerichts wird er zum Angeklagten (vgl. § 157 StPO).
II. Staatsanwaltschaft	• „Herrin des Ermittlungsverfahrens“ • Hierarchisch strukturierte, vom Gericht unabhängige Behörde • Es ist ihre Aufgabe, den Sachverhalt objektiv, d.h. zu Gunsten und zu Lasten des Beschuldigten, zu erforschen und zu entscheiden, ob öffentliche Klage erhoben wird, § 160 StPO • Auf Ersuchen oder im Auftrag der StA werden die Ermittlungen von der Polizei vorgenommen, § 161 StPO
III. Gericht	• Im Ermittlungsverfahren: § 162 StPO (insbes. für Untersuchungshandlungen) • Im Zwischen- und Hauptverfahren: Erkennendes Gericht
IV. Verteidiger	• Als Wahl- oder Pflichtverteidiger • Regelung in §§ 137 ff. StPO • Stellung str. (Organtheorie ⇔ Theorie von Interessensvertreter)

HEMMER-METHODE zu ÜK 4

Der Beschuldigte ist ein Prozesssubjekt mit eigenen Rechten. Gerade deshalb ist es von Interesse (und für den Betroffenen u.U. durchaus von Vorteil), wenn er die Beschuldigtenstellung erlangt (vgl. zur Vernehmung des Beschuldigten und seinen Rechten ÜK 5). Die h.M. verlangt hier ein objektives und ein subjektives Element, nämlich den hinreichend konkreten Anfangsverdacht und den entsprechenden Strafverfolgungswillen der Strafverfolgungsbehörde. Letzterer muss sich nach außen hin manifestiert haben (sog. „Inkulpationsakt"). Auf letzteren kann allerdings verzichtet werden, wenn dem Betroffenen die Beschuldigtenstellung willkürlich vorenthalten wird. Aufgrund der Überschreitung der Grenzen des insoweit beschränkten Beurteilungsspielraums der Strafverfolgungsbehörde ist der hiervon Betroffene dann nach ständiger Rechtsprechung „wie ein Beschuldigter" zu behandeln.

Die Staatsanwaltschaft ist eine hierarchisch strukturierte Behörde und unterscheidet sich dadurch vom Gericht. Die Staatsanwälte sind auch nicht - wie die Richter - unabhängig, sondern vielmehr den Weisungen der jeweiligen Behördenspitze unterworfen, welcher auch ein Devolutions- und Substitutionsrecht zukommt (vgl. § 145 I GVG).

Da die Staatsanwaltschaft vom Gericht unabhängig ist, stellt sich die Frage, inwiefern sie an die höchstrichterliche Rspr. gebunden ist. Während ein großer Teil der Literatur eine solche Bindung wegen der Unabhängigkeit der Staatsanwaltschaft vom Gericht ablehnt, geht die wohl h.M. zu Recht von einer eingeschränkten Bindung an solche höchstrichterlichen Präjudizien aus: Die Rspr. ist nun einmal Sache der Gerichte und ein unterschiedliches Verhalten der verschiedenen Staatsanwaltschaften in solchen Fragen könnte auch unter dem Gesichtspunkt von Art. 3 GG problematisch sein. Überdies ist i.R.d. Abschlussverfügung dann öffentliche Klage zu erheben, wenn eine Verurteilung wahrscheinlicher ist als ein Freispruch (vgl. ÜK 9). Dies ist auch aus Sicht der Staatsanwaltschaft dann der Fall, wenn nach der höchstrichterlichen Rspr. ein Verhalten als strafbar erachtet wird, unabhängig von der eigenen Einschätzung seitens der Staatsanwaltschaft.

Vernehmung des Beschuldigten

I. Im Vorverfahren

- §§ 136, 136a StPO
  ⇨ über § 163a III S. 2, IV S. 2 StPO auch für StA und Polizei
- Belehrungspflicht nach § 136 I S. 2 StPO über
  ⇨ Recht zu Schweigen („nemo tenetur" - Grundsatz)
  ⇨ Recht auf Hinzuziehung eines Verteidigers
- Verstoß gegen Belehrungspflicht: grds. Beweisverwertungsverbot, aber nicht, wenn der Beschuldigte
  ⇨ sein Recht zum Schweigen kannte
  ⇨ der Verwertung zustimmt oder
  ⇨ nicht rechtzeitig der Verwertung trotz Rügeobliegenheit widerspricht (wenn anwaltlich vertreten bzw. über Heilungsmöglichkeit belehrt)
- § 136a StPO: verboten sind insbesondere
  ⇨ Misshandlung, Ermüdung, körperliche Eingriffe
  ⇨ Täuschung (⇨ Abgrenzung zur kriminalistischen List)

II. In der Hauptverhandlung

- Vernehmung über persönliche Verhältnisse
- Verlesung des Anklagesatzes
- Belehrung über mögl. Erörterungen nach §§ 202a, 212, vgl. § 243 IV StPO
- Belehrung über das Recht zu Schweigen, § 243 V S. 1 StPO
- Vernehmung zur Sache
- Beweisaufnahme, §§ 244 ff. StPO
- Angeklagter hat in der Hauptverhandlung grds. das letzte Wort, § 258 II StPO

Die §§ 136, 136a StPO dürften zu den für die Prüfung wichtigsten Vorschriften überhaupt zählen. Im Rahmen des § 136 I S. 2 StPO war früher zwischen Rspr. und Literatur streitig, ob bei einem Verstoß gegen die Belehrungspflicht überhaupt ein Beweisverwertungsverbot eintritt. Die Rspr. hat dies „argumentum e contrario“ § 136a III S. 2 StPO abgelehnt, ist dann aber in der Entscheidung BGHSt 38, 214 ff. auf die Linie der absolut h.L. eingeschwenkt. Dies auch zu Recht, da gerade die Bedeutung der ersten Vernehmung gar nicht hoch genug eingeschätzt werden kann. Für die Argumentation kann hier der nemo-tenetur-Grundsatz („niemand darf gezwungen werden, sich selbst zu belasten“) herangezogen werden.

Im Rahmen des § 136a StPO ist insbesondere die Abgrenzung der Täuschung von der zulässigen kriminalistischen List von Bedeutung. Darüber hinaus ist (ebenso wie bei § 136 StPO) zu beachten, dass der Grundsatz „in dubio pro reo“ (vgl. Art. 6 II EMRK) hier nicht gilt, d.h. Zweifel darüber, ob es etwa zu einer Täuschung oder Gewaltanwendung gekommen ist, sollen nach h.M. nicht zugunsten des Beschuldigten wirken.

Klassische Entscheidungen des BGH zum Bereich der §§ 136, 136a StPO sind etwa der „Polizeispitzel-Fall“ (BGHSt 34, 362 ff.), die „Hörfallen-Entscheidung“ des Großen Strafsenats (BGHSt 42, 139 ff.) sowie - in Fortführung der beiden genannten Entscheidungen - der „Wahrsagerinnen-Fall“ (BGHSt 44, 129 ff.). Zur Vertiefung ist es hilfreich, sich mit diesen Entscheidungen bzw. mit den darin behandelten Problemstellungen zu befassen.

Zwangsmaßnahmen (I)

StPO, Rn. 75 ff.

Zwangsmaßnahmen (I)

Im Rahmen der Ermittlungen ist der Beschuldigte gezwungen, bestimmte Zwangsmaßnahmen zu dulden:

I. Körperliche Untersuchung; Blutprobe, § 81a StPO

- Körperliche Untersuchungen
- Insbesondere Entnahmen von Blutproben für die BAK-Bestimmung (dagegen: kein Zwang zur Durchführung des Alkomatentests möglich!)
- Blutprobe muss von approbiertem Arzt durchgeführt werden
  ⇨ Verstoß (z.B. Blutentnahme durch Krankenschwester) führt grds. nicht zu Verwertungsverbot, weil kein Verstoß mit besonderem Gewicht (Ausnahme: bewusste Täuschung über die Arzteigenschaft durch die Polizei)
- Zuständig: Grds. Richter; StA und Ermittlungspersonen der StA bei Gefahr im Verzug oder Katalogtaten, § 81a II S. 2 StPO

II. Durchsuchung, §§ 102 ff. StPO

- Beim Verdächtigen: Durchsuchung der Wohnung, der Person und der Sachen
- Bei anderen Personen nur aufgrund bestimmter bewiesener Tatsachen
- Zuständig für Durchsuchungsbefehl: Richter, bei Gefahr im Verzug StA oder Ermittlungspersonen der StA (§ 152 GVG)

III. Sicherstellung, Beschlagnahme

- Beweismittel und Führerscheine, §§ 94 ff. StPO
  ⇨ § 94 I StPO: Sicherstellung
  ⇨ § 94 II StPO: förmliche Beschlagnahme
  ⇨ § 95 I StPO: Herausgabepflicht
- Maßnahmen zur Sicherung der Einziehung (u.ä.), §§ 111b ff. StPO
- Beschlagnahmeverbote: § 97 I, V StPO bei bestimmten Personen, soweit kein Teilnahmeverdacht, § 97 II S. 2, V S. 2 StPO

HEMMER-METHODE zu ÜK 6

Strafprozessuale Zwangsmaßnahmen stellen gewissermaßen den Paradefall eines Grundrechtseingriffs dar. Deshalb müssen Sie besonders in diesem Zusammenhang an alles denken, was Ihnen zum Thema Grundrechtseingriffe bekannt ist: das Erfordernis einer gesetzlichen Grundlage, den Verhältnismäßigkeitsgrundsatz und auch die verfassungskonforme Auslegung. Unterläuft den Strafverfolgungsbehörden insoweit ein Fehler, stellt sich die Frage, inwieweit aus diesem ein (unselbständiges) Beweisverwertungsverbot erwächst, vgl. ÜK 19.

Die Entnahme von Blutproben nach § 81a StPO ist enorm praxisrelevant; aus diesem Grund müssen Ihnen auch für Klausur und mündliche Prüfung die damit zusammenhängenden Probleme bekannt sein. Indes wurde durch die Einfügung des § 81a II S. 2 StPO der Klausurklassiker des Richtervorbehalts „entschärft“ - mit diesem Problem ist nun eher in anderen Kontexten, etwa bei der Durchsuchung, zu rechnen. Achten Sie auch darauf, dass die früher heftig umstrittene Entnahme von Blut oder Gewebeteilen zum Zwecke molekularbiologischer Untersuchungen (DNA-Analyse) mittlerweile in §§ 81e ff. StPO explizit geregelt ist. Gleiches gilt für die automatische Kennzeichenerfassung im öffentlichen Verkehrsraum, vgl. § 163g StPO.

Relevant ist in diesem Zusammenhang die Rspr. des BVerfG: Zum einen hat das Gericht entschieden, dass ein richterlicher Durchsuchungsbefehl nur sechs Monate gültig bleibt, da der Richter sich für seine Entscheidung ein möglichst aktuelles Bild von der Lage bilden muss. Zum anderen hat das BVerfG entschieden, dass eine gegen eine richterlich angeordnete Durchsuchung gerichtete Beschwerde nicht zwangsläufig nach Durchführung der Durchsuchung durch „prozessuale Überholung“ unzulässig wird. Ein solches Ergebnis würde nämlich dazu führen, dass so gut wie nie eine Beschwerde (§ 304 StPO) gegen eine Durchsuchungsanordnung möglich wäre. Bei Bejahung eines entsprechenden Feststellungsinteresses kommt damit auch bei Erledigung der Maßnahme nachträglicher gerichtlicher Rechtsschutz in Betracht (vgl. Art. 19 IV GG, Justizgewährungsanspruch).

Zwangsmaßnahmen (II)

IV. Überwachung der Telekommunikation, § 100a StPO

- Überwachung und Aufzeichnung der Telekommunikation, auch sog. Quellen-TKÜ; abzugrenzen von Online-Durchsuchung, **§ 100b StPO**
- Bei begründetem Verdacht einer Katalogtat, die auch im Einzelfall schwer wiegt
- Gegen Beschuldigten oder andere Personen (vgl. insoweit Abs. 3)
- Subsidiaritätsgrundsatz Abs. 1 Nr. 3 (ultima ratio)
- Zufallsfunde: Vgl. § 161 III S. 1 StPO bei Maßnahmen „nach anderen Gesetzen“ und § 479 II S. 1 StPO bei Maßnahmen i.S.d. StPO
- Zuständigkeit: Gericht auf Antrag der StA (§ 100e I S. 1 StPO), bei Gefahr im Verzug StA (für 3 Werktage, vgl. § 100e I S. 2, 3 StPO)
  ⇨ Verwertungsverbot bei Verstoß gegen materielle Voraussetzungen
- Rechtsbehelf: § 101 I, VII StPO

V. Maßnahmen ohne Wissen des Betroffenen, insbesondere „Lauschangriff“

- **§ 100c StPO:** „Großer“ Lauschangriff: Akustische Wohnraumüberwachung bei Katalogtat i.S.d. § 100b II StPO
  ⇨ Subsidiaritätsgrundsatz: § 100c I Nr. 4 StPO
  ⇨ ausgenommener Personenkreis: § 100d V i.V.m. § 53 I StPO
  ⇨ Zuständigkeit: § 100e II StPO
  ⇨ Beweisverwertungsregel: § 100d II S. 1 StPO
  ⇨ Rechtsbehelf: § 101 I, VII StPO
- **§ 100f StPO:** „Kleiner“ Lauschangriff: Akustische Überwachung außerhalb von Wohnungen

Wie man bereits an der „Nummerierung“ durch die Verwendung der Buchstaben „a, b, c“ usw. sieht, handelt es sich hier um Vorschriften, die erst nachträglich in die StPO eingefügt worden sind. Hintergrund ist, dass es sich um neue technische Entwicklungen handelt, die entweder als Angriffsobjekt der strafprozessualen Überwachung oder aber als Überwachungsmittel in Betracht kommen; die StPO stammt in ihrer ursprünglichen Fassung immerhin aus dem vorletzten Jahrhundert und aufgrund des Gesetzesvorbehalts, der für jede Ermittlungsmaßnahme eine gesetzliche Grundlage fordert, muss die StPO im Zuge der technischen Entwicklung immer wieder angepasst werden. In der Klausur wird es in diesem Themenbereich weniger auf spezielle Kenntnisse, als vielmehr auf einen souveränen Umgang mit dem nicht ganz einfach formulierten Gesetzestext ankommen.

Die §§ 100a ff. StPO ermöglichen z.T. grundrechtsintensive Überwachungsmaßnahmen. Hierzu gehören die sog. Quellen-TKÜ in § 100a I S. 2, 3 StPO sowie die Online-Durchsuchung mittels sog. „Staatstrojaner“ in § 100b StPO. Letztere sehr weitreichende Eingriffsbefugnis ähnelt in ihren Voraussetzungen der akustischen Wohnraumüberwachung, § 100c StPO. Regelungen zum Verfahren, insb. Zuständigkeiten, für die §§ 100a-100c StPO finden sich nunmehr zusammengefasst in § 100e StPO; in § 100d StPO wurde zum Schutz des unantastbaren Kernbereichs u.a. die Verwertbarkeit gewonnener Erkenntnisse normiert.

Sehr umstritten ist, ob bzw. unter welchen Voraussetzungen ohne Anfangsverdacht bzw. ohne eine konkrete Gefahr bestimmte Verbindungsdaten elektronischer Kommunikationsvorgänge für einen bestimmten Zeitraum gespeichert werden dürfen (sog. „Vorratsdatenspeicherung“). Der EuGH hat eine allgemeine und anlasslose Vorratsdatenspeicherung in der EU (am Beispiel Schwedens und Großbritanniens) für unzulässig erklärt (vgl. Urteil vom 21.12.2016 – Az. C-203/15, C-698/15). Es bleibt abzuwarten, ob bzw. in welcher Form in Deutschland die Vorratsdatenspeicherung gesetzlich neu gefasst werden wird.

Zwangsmaßnahmen (III)

VI. Vorläufige Festnahme, § 127 StPO

- § 127 I StPO: Jedermann ist zur Festnahme berechtigt, wenn
  ⇨ jemand auf frischer Tat betroffen oder verfolgt wird
  ⇨ er der Flucht verdächtig ist oder
  ⇨ seine Identität nicht sofort festgestellt werden kann
- § 127 II StPO: Festnahme durch StA, Polizei wenn
  ⇨ Gefahr im Verzug und
  ⇨ Voraussetzungen für einen Haftbefehl vorliegen
- §§ 128, 129 StPO: Vorführung vor d. Richter spätestens am Tag nach der Festnahme (⇨ Freilassung oder Haftbefehl)

VII. Haftbefehl, § 112 StPO

Voraussetzungen eines Haftbefehls, §§ 112, 112a StPO

- **dringender Tatverdacht, § 112 I S. 1 StPO** (hoher Verdachtgrad, aber abhängig vom Ermittlungsstand)
- **Haftgrund, §§ 112 II, 112a StPO**
  ⇨ Flucht
  ⇨ Fluchtgefahr
  ⇨ Verdunkelungsgefahr
  ⇨ Wiederholungsgefahr
- **Verhältnismäßigkeitsgrundsatz, § 112 I S. 2 StPO** (evtl. Abwendung durch § 116 StPO möglich?)

- Zuständigkeit: Richter
- Rechtsschutz: Haftprüfung, § 117 StPO, oder Haftbeschwerde, § 304 StPO; Vorrang der Haftprüfung, § 117 II S. 1 StPO

HEMMER-METHODE zu ÜK 8

Das Jedermann-Festnahmerecht nach § 127 I StPO ist auch ein materiell-rechtlicher Rechtfertigungsgrund und kann deswegen außerhalb von „StPO-Klausuren“ eine Rolle spielen. Umstritten ist in diesem Zusammenhang, was „auf frischer Tat betroffen“ meint: Ist erforderlich, dass tatsächlich eine Straftat stattfand oder genügt es, wenn der Festhaltende dies glaubt? Für die erstgenannte Ansicht spricht, dass niemand sich ein „Festhalten-Lassen“ gefallen lassen muss, der nichts getan hat; die andere Ansicht hält dem entgegen, dass andernfalls dem Bürger, der hier gewissermaßen als Hilfsorgan der Strafverfolgungsbehörden tätig sei, das Risiko eines Irrtums aufgebürdet werde.

Jedoch ist letzteres Argument nicht wirklich stichhaltig. Denn auch wenn man der Ansicht folgt, welche eine tatsächlich begangene Straftat für erforderlich hält, scheidet eine Bestrafung des Einschreitenden wegen vorsätzlichen Handelns aus, wenn er jedenfalls von einem Sachverhalt ausging, bei dem eine Rechtfertigung vorliegen würde. Es entfällt insoweit nach h.M. der Vorsatzschuldvorwurf (sog. „Erlaubnistatbestandsirrtum“). Vorzugswürdig ist daher die Auffassung, dass eine tatsächlich begangene Straftat für eine Rechtfertigung gemäß § 127 I StPO erforderlich ist. Denn andernfalls könnte sich der zu Unrecht Festgehaltene nicht seinerseits auf ein Notwehrrecht berufen (mangels eines rechtswidrigen Angriffs des Festnehmenden). Für diese Auffassung spricht zudem ein Gegenschluss zu § 127 II StPO, der wegen des Verweises auf die Voraussetzungen u.a. des Haftbefehls einen dringenden Tatverdacht ausreichen lässt.

Der Haftbefehl wird eher im Zweiten Staatsexamen eine Rolle spielen, gleichwohl erscheint er auch als Prüfungsgegenstand für das Erste Examen denkbar, da die Prüfung seiner Voraussetzungen ein systematisches Arbeiten am Gesetzestext erfordert. I.R.d. Frage nach dem Tatverdacht wäre dann die Strafbarkeit der Betroffenen zu prüfen; i.R.d. Frage nach dem Haftgrund käme es auf Ihre Argumentation und ein Ausschöpfen der im Sachverhalt mitgeteilten Umstände an, insbesondere beim (wohl häufigsten) Haftgrund, der Fluchtgefahr. Für eine solche sprechen neben einer hohen Straferwartung etwa eine bereits früher unternommene Flucht, das Fehlen sozialer Bindungen oder gute Kontakte ins Ausland.

Abschluss des Vorverfahrens

StPO, Rn. 123 ff.

Abschlussverfügung der StA

Anklageerhebung

Anklageschrift § 170 I StPO

Zwischenverfahren
↓
Eröffnungsbeschluss
↓
Hauptverhandlung

Strafbefehl § 407 I S. 4 StPO

- Bei Vergehen
- Zuständigkeit des AG (vgl. §§ 24 f., 26 GVG)
- Hauptverhandlung nicht erforderlich
- Freiheitsstrafe bis zu 1 Jahr (wenn Verteidiger)
  ⇨ vgl. ÜK 20

Einstellung

§ 170 II StPO

- Prozessuale Gründe: Fehlen einer Prozessvoraussetzung
- Tatsächliche Gründe: Fehlen des hinreichenden Tatverdachts
- Rechtliche Gründe: der ermittelte Sachverhalt erfüllt keinen Straftatbestand
  ⇨ evtl. Klageerzwingungsverfahren, §§ 171, 172 StPO

aus Opportunitätsgründen

- § 153 StPO
- § 153a StPO
- § 154 StPO
- § 154a StPO

Sonderfall:
Verweisung auf Privatklageweg

HEMMER-METHODE zu ÜK 9

Die Abschlussverfügung der Staatsanwaltschaft spielt eine wichtige Rolle im Zweiten Staatsexamen; gleichwohl sollten Sie sich frühzeitig mit dem Grundsystem befassen, da dies auch dem Verständnis des Ablaufs eines Strafverfahrens dient. Entscheidende Frage ist zunächst, ob ein hinreichender Tatverdacht i.S.d. § 170 I StPO vorliegt. Dies ist dann der Fall, wenn nach Abschluss der Ermittlungen eine Verurteilung wahrscheinlicher ist als ein Freispruch. Ist dies nicht der Fall, d.h. ist eine Verurteilung aus prozessualen (etwa Verjährung, fehlender Strafantrag oder Strafklageverbrauch), tatsächlichen oder rechtlichen Gründen nicht wahrscheinlich, so ist auf jeden Fall nach § 170 II StPO einzustellen.

Alle anderen oben genannten Möglichkeiten setzen voraus, dass grds. die Voraussetzungen des § 170 I StPO gegeben sind; allerdings kann die Staatsanwaltschaft alternativ zur Einreichung einer Anklage unter den Voraussetzungen des § 407 StPO einen Strafbefehl beantragen, auf den Privatklageweg verweisen (vgl. § 376 StPO) oder aber das Verfahren nach §§ 153 ff. StPO einstellen.

Zur Terminologie: § 154a StPO betrifft eigentlich keinen echten Fall einer „Einstellung“, da sich diese immer nur auf vollständige Taten im prozessualen Sinn beziehen kann; vielmehr stellt § 154a StPO „nur“ eine Beschränkung der Verfolgung dar.

Allg. Fristbestimmungen und Wiedereinsetzung

StPO, Rn. 536 ff.

Allgemeine Fristbestimmungen

I. Fristbeginn

Fristbeginn und Fristlänge sind jeweils in speziellen Vorschriften geregelt, z.B. §§ 341, 345 StPO für die Einlegung bzw. Begründung der Revision

II. Fristberechnung

Die Fristberechnung ist allgemein in den §§ 42 ff. StPO geregelt

- Tagesfristen: § 42 StPO (erster Tag wird nicht mitgezählt)
- Wochen- und Monatsfristen: § 43 StPO (Fristende am Tag, der nach Benennung / Zahl dem des Fristbeginns entspricht)

Wiedereinsetzung in den vorigen Stand, §§ 44 f. StPO

I. Zulässigkeit

- Antrag auf Wiedereinsetzung binnen 1 Woche nach Wegfall des Hinderungsgrundes bei Gericht nach § 45 I StPO zu stellen
- Nachholung der versäumten Handlung in dieser Frist, § 45 II S. 2 StPO
- Glaubhaftmachung des Hinderungsgrundes (a.A.: Begründetheitsfrage)

II. Begründetheit

- Verhinderung an Einhaltung der Frist
- ohne Verschulden

HEMMER-METHODE zu ÜK 10

Fristprobleme sind - nicht nur in der StPO - beliebt, da sie eine „Verlängerung" praktisch jeder Klausur bieten können. Überdies sind sie mehr oder weniger fächerübergreifend, so dass vom Prüfling besondere Sicherheit verlangt wird. Gerade für Praktiker sind sie außerdem „täglich Brot", sodass diese in der Klausur Fehler bei der Fristberechnung nicht selten übelnehmen.

Ein (schwieriges) Beispiel für eine Fristberechnung bilden Einlegung und Begründung einer Revision, §§ 341, 345 StPO: Nach § 341 I StPO muss die Revision binnen einer Woche nach Verkündung des Urteils eingelegt werden. Wird das Urteil beispielsweise am Mittwoch, den 07.07. verkündet, muss die Revision bis spätestens 14.07., 24 Uhr eingelegt werden. Die Revisionsbegründungsfrist beginnt nach § 345 I S. 1 StPO nicht etwa mit der Einlegung der Revision, sondern „nach" Ablauf der Einlegungsfrist. Da die Frist bis 14.07., 24 Uhr noch läuft, ist sie nach vorzugswürdiger Auffassung erst am 15.07. abgelaufen. Erst daran anknüpfend läuft dann die Revisionsbegründungsfrist, d.h. beginnend am 15.07. bis zum Ablauf des 15.08., 24 Uhr (vgl. § 43 I StPO). In der Praxis die Regel ist jedoch, dass der Angeklagte bei Verkündung des Urteils nicht anwesend war bzw. das Urteil vor Ablauf der Einlegungsfrist noch nicht zugestellt wurde. Dann gelten die §§ 341 II, 345 I S. 2 StPO. Insoweit ist die Fristberechnung unproblematisch: Erfolgt etwa die Verkündung am 07.07. und wird das Urteil erst am 16.07. zugestellt, läuft die Revisionsbegründungsfrist bis 16.08., 24 Uhr.

Auch die Wiedereinsetzung ist ein allgemeines und daher grds. prüfungsrelevantes Problem. Bei der Frage des Verschuldens ist zu beachten, dass ein Verschulden noch nicht darin liegt, dass die Frist zur Vornahme der Handlung voll ausgeschöpft wird (wobei sich dann allerdings die Sorgfaltspflicht erhöhen kann). Anders als im Zivil- oder Verwaltungsprozessrecht ist ein Verschulden des Rechtsanwalts im Strafrecht dem Angeklagten nicht zurechenbar, § 85 II ZPO gilt nicht analog.

Das Zwischenverfahren

I. Zweck des Zwischenverfahrens

- Von Anklagebehörde unabhängige Instanz soll über die Durchführung der Hauptverhandlung entscheiden
- Zusätzliche Verteidigungsmöglichkeit des Angeklagten nach Mitteilung der Anklageschrift

II. Gerichtszuständigkeit erster Instanz

Zuständig ist auch im Zwischenverfahren das Gericht der Hauptsache, vgl. dazu ÜK 12.

III. Entscheidungsmöglichkeiten im Zwischenverfahren

- Erlass eines Eröffnungsbeschlusses, §§ 203 ff. StPO,
  ⇨ durch Beschuldigten unanfechtbar, Rechtshängigkeit im Umfang der prozessualen Tat
- Ablehnung der Eröffnung
  ⇨ sofortige Beschwerde StA nach § 210 II StPO möglich
- Einstellung gemäß §§ 205, 206a, 206b StPO
- Einstellung gemäß §§ 153 II, 153a II, 153b II StPO (etc.)

HEMMER-METHODE zu ÜK 11

Dem Zwischenverfahren kommt in der Prüfung keine große Bedeutung zu, gleichwohl sollte es als Institut bekannt sein und man sollte sich die einschlägigen Vorschriften einmal durchgelesen haben. Die Entscheidungsmöglichkeiten des Gerichts ähneln dabei denen des Staatsanwalts bei der Abschlussverfügung. Die Voraussetzungen für den Erlass eines Eröffnungsbeschlusses nach § 203 StPO sind dabei im Wesentlichen identisch mit denen der Klageerhebung nach § 170 I StPO. Auch die Gründe, einen Eröffnungsbeschluss abzulehnen, sind vergleichbar mit denen des § 170 II StPO, insbesondere kann auch hier wieder die Ablehnung aus tatsächlichen oder rechtlichen Gründen erfolgen.

Während der Eröffnungsbeschluss durch den Beschuldigten nicht anfechtbar ist, § 210 I StPO, kann die Ablehnung der Eröffnung von der Staatsanwaltschaft mit der sofortigen Beschwerde angefochten werden, § 210 II StPO. Ist dagegen der Ablehnungsbeschluss (mit Ablauf der Frist für die sofortige Beschwerde) unanfechtbar geworden, so kommt ihm eine Art „eingeschränkte Rechtskraft“ zu: Nach § 211 StPO kann eine Eröffnung nunmehr nur noch erfolgreich beantragt werden, wenn neue Tatsachen oder Beweismittel bekannt geworden sind.

Der wirksame Eröffnungsbeschluss ist eine Prozessvoraussetzung für den weiteren Fortgang des Verfahrens. Fehlt er, so kann dies mit der Revision angegriffen werden.

Erstinstanzliche Zuständigkeiten

StPO, Rn. 144 ff.

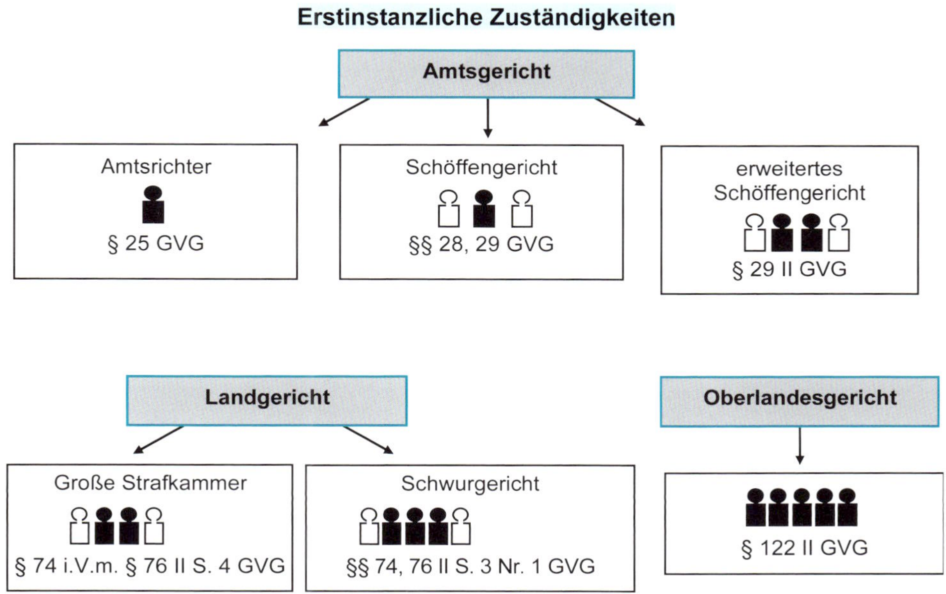

HEMMER-METHODE zu ÜK 12

Die erstinstanzliche Zuständigkeit ist eine beliebte „Praktikerfrage“, so dass man sie v.a. für die mündliche Prüfung parat haben sollte.

Welches Gericht im Einzelnen zuständig ist, ergibt sich aus dem GVG. Dabei ist die Zuständigkeit des OLG auf einige wenige, kaum prüfungsrelevante Delikte beschränkt. Auch die Zuständigkeit des Richters am Amtsgericht als Strafrichter ist angesichts der in § 25 GVG aufgezählten Fälle einfach zu bestimmen. Schwieriger ist im Einzelfall die Abgrenzung zwischen Schöffengericht und Landgericht, soweit hierbei auf die Schwere bzw. die Bedeutung des Delikts oder auf die Straferwartung abgestellt wird.

Beachten Sie i.R.d. erstinstanzlichen Zuständigkeit des LG, dass die Große Strafkammer bei Verbrechen im Sinne des § 74 II GVG „als Schwurgericht“ zuständig ist. Dies ist v.a. insoweit von Bedeutung, als dann nicht gemäß § 76 II GVG auf einen Richter „verzichtet“ werden kann, wie sonst üblich (häufige Frage von Praktikern in der mündlichen Prüfung!).

Die für die Zuständigkeit ausschlaggebende Straferwartung für Verfahren vor dem Strafrichter schränkt jedoch nicht seine Strafgewalt ein: Sollte sich herausstellen, dass die Tat doch schwerer ist als zunächst angenommen, so hat auch der Strafrichter die volle Strafgewalt des Amtsgerichts von bis zu vier Jahren Freiheitsstrafe (vgl. § 24 II GVG). Zu beachten gilt jedoch, dass der Strafrichter unabhängig von der Straferwartung niemals für Verbrechen zuständig ist, § 25 GVG („bei Vergehen“).

Wird beim sachlich unzuständigen Gericht angeklagt, sind zwei Fälle zu unterscheiden: Ist „zu hoch“ angeklagt, kommt nach § 269 StPO keine Verweisung in Betracht. Insoweit liegt auch kein (nach § 338 Nr. 4 StPO revisibler) Rechtsfehler vor, es sei denn, es ist ein Fall von Willkür gegeben. Wird dagegen „zu tief“ angeklagt, hat das Gericht, wenn die Hauptverhandlung schon eröffnet wurde, nach § 270 StPO die Sache an das übergeordnete Gericht zu verweisen. Stellt das Gericht den Zuständigkeitsfehler bereits im Zwischenverfahren fest, gilt § 209 StPO.

Ablauf der Hauptverhandlung, § 243 StPO

StPO, Rn. 189 ff.

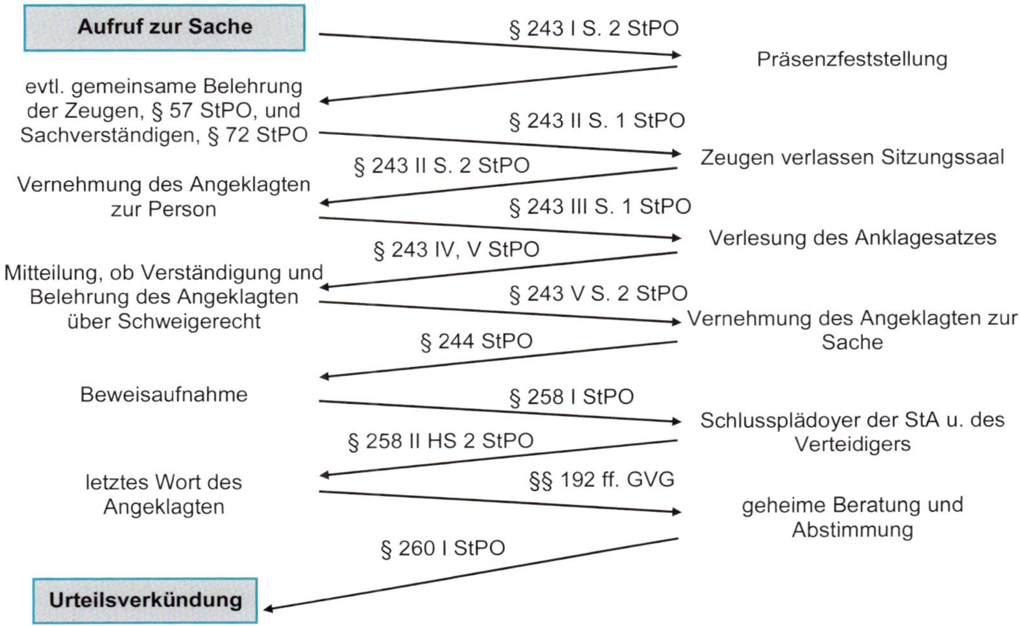

HEMMER-METHODE zu ÜK 13

Der Ablauf eines Strafverfahrens ist besonders für die Referendarausbildung von Bedeutung - Referendare sollten diesen Ablauf fast „im Schlaf“ beherrschen. Für Studenten dürfte im Regelfall eine grobe Vorstellung bzw. die Fähigkeit, den Ablauf anhand der präzisen Regelung in §§ 243 ff. StPO zu rekonstruieren, genügen. Auch hier handelt es sich wieder um ein Gebiet, das besonders von Praktikern gerne geprüft wird.

Am Schluss der Verhandlung ist dem Angeklagten das letzte Wort zu erteilen (§ 258 II StPO); tritt das Gericht nach der Urteilsberatung noch einmal in die Beweisaufnahme ein, so muss dem Angeklagten vor der erneuten Beratung und Urteilsfällung - und sei es auch nur ganz kurz - das letzte Wort nochmals erteilt werden.

Beachten Sie innerhalb der Hauptverhandlung auch die Vorschrift des § 238 StPO: Nach § 238 I, II StPO obliegt die Verhandlungsleitung dem Vorsitzenden (wobei die h.M. keinen grundsätzlichen Unterschied zwischen Verhandlungs- und Sachleitung anerkennt). Glaubt ein Beteiligter, hier einen Fehler zu erkennen, so kann er einen Gerichtsbeschluss nach § 238 II StPO (gewissermaßen als Zwischenrechtsbehelf) herbeiführen. Tut er dies nicht, so hat zumindest der verteidigte Angeklagte nach Ansicht der Rspr. in vielen Fällen eine Revisionsrüge verwirkt; dies gilt allerdings nicht, soweit es sich um zwingende, nicht disponible Verfahrenshandlungen nach der StPO handelt, z.B. die Entscheidung über die Vereidigung eines Zeugen.

Das Hauptverhandlungsprotokoll

I. Einordnung

- § 271 I StPO: über HV ist Protokoll aufzunehmen
- Inhalt:
  - ⇨ Protokollkopf
  - ⇨ Gang u. Ergebnisse der HV
  - ⇨ wesentliche Förmlichkeiten
  - ⇨ vor Strafrichter: wesentliche Ergebnisse der Vernehmung
  - ⇨ auf Antrag Wortlautprotokoll, § 273 III StPO

II. Beweiskraft des Protokolls

Beweiskraft des Hauptverhandlungsprotokolls

Beachtung wesentlicher Förmlichkeiten:
- Positive Beweiskraft
- Negative Beweiskraft

Als Gegenbeweis ist nur Nachweis der Fälschung möglich, § 274 S. 2 StPO

Wegfall der Beweiskraft mögl. bei
- äußerlichen Fehlern
- offensichtl. Lücken/Unklarheiten

III. Protokollberichtigung

- Noch nicht fertiggestelltes Protokoll: frei änderbar
- Fertiggestelltes Protokoll: Problem, ob zulässig eingelegter Revision durch Protokollberichtigung der „Boden entzogen werden kann“

HEMMER-METHODE zu ÜK 14

Das Hauptverhandlungsprotokoll dürfte für das Erste Examen nur selten eine Rolle spielen. Da aber doch ab und zu entsprechende Fragen gestellt werden, sollte man zumindest eine Vorstellung darüber haben, was im Protokoll überhaupt festgehalten wird, welche Wirkung ihm zukommt und wo es im Gesetz geregelt ist.

Zentrale Bedeutung hat das Hauptverhandlungsprotokoll durch seine Beweiskraft für die Einhaltung wesentlicher Förmlichkeiten des Verfahrens. Ihm kommt dabei positive (d.h. was im Protokoll steht, gilt als so geschehen) als auch negative Beweiskraft (d.h. was nicht im Protokoll steht, hat auch nicht stattgefunden) zu. Das Protokoll ist damit i.R.e. Revisionsverfahrens wichtigstes Beweismittel für Verfahrensrügen; dagegen ist eine „Protokollrüge“ (d.h. die Rüge, das Protokoll sei unrichtig) grds. nicht zulässig.

Eine - die Beweiskraft ausschließende - Fälschung liegt vor, wenn das Protokoll nicht von den Urkundenpersonen stammt oder aber bewusst unrichtig abgefasst wurde.

Problematisch ist, ob einer zulässig eingelegten Revision nachträglich durch die Berichtigung des Protokolls die Tatsachengrundlage entzogen werden kann (sog. „Rügeverkümmerung“). Der BGH hat entgegen der jahrzehntelangen Rechtsprechung entschieden, dass dies unter bestimmten Voraussetzungen möglich ist (vgl. BGH, NJW 2007, 2419 ff. = Life&LAW 01/2008, 27 ff.). Der materiellen Wahrheit kommt demzufolge im Einzelfall eine höhere Bedeutung zu als der absoluten Beweiskraft des Protokolls.

Voraussetzung einer nachträglichen Protokollberichtigung ist die vorherige Anhörung des Beschwerdeführers. Lässt dieser sich substantiiert gegen die Berichtigung ein, sind weitere Verfahrensbeteiligte zu befragen. Die nachträgliche Berichtigung ist in diesem Fall zu begründen. Das Revisionsgericht entscheidend anschließend darüber, ob die Berichtigung zulässigerweise erfolgte.

Die Beweisaufnahme in der Hauptverhandlung

I. Aufklärungspflicht

Nach § 244 II StPO besteht für das Gericht die Verpflichtung, den Sachverhalt von Amts wegen umfassend aufzuklären.

II. Beweisantragsrecht

Daneben besteht ein Beweisantragsrecht der Prozessbeteiligten, dessen Reichweite über den von der Amtsaufklärungspflicht betroffenen Bereich hinausgeht:

	Voraussetzungen	Ablehnung
Beweisantrag	• Behauptung einer zu beweisenden Tatsache (als feststehend) • Angabe eines ausreichend individualisierten Beweismittels, vgl. § 244 III S. 1 StPO	• Unzulässigkeit der Beweiserhebung (§§ 244 III S. 2, 245 I S. 1 StPO) • sonstige enge Ablehnungsgründe der §§ 244 III-VI, 245, 246 StPO
Beweisermittlungsantrag	Begehren eines Prozessbeteiligten auf Beweiserhebung, bei dem Beweistatsache oder -mittel nicht ausreichend konkretisiert ist	nur „Aktualisierung“ der Aufklärungspflicht, Ablehnung nach pflichtgemäßem Ermessen unter Beachtung von § 244 II StPO

HEMMER-METHODE zu ÜK 15

In der Hauptverhandlung muss nur über Umstände Beweis erhoben werden, die beweisbedürftig sind, d.h. die nicht allgemein oder zumindest gerichtsbekannt sind. Ist dies der Fall, dann hat das Gericht von Amts wegen den kompletten Sachverhalt zu ermitteln und die entsprechenden Beweise zu erheben, vgl. § 244 II StPO. Daneben besteht das Beweisantragsrecht als Instrument der übrigen Prozessbeteiligten, auf die Sachverhaltsaufklärung Einfluss zu nehmen. Nach vorzugswürdiger Ansicht verhalten sich dabei Beweisantragsrecht und Aufklärungspflicht wie zwei konzentrische Kreise, d.h. der Umfang der Beweisaufnahme, der durch einen Beweisantrag erzwungen werden kann, ist weiter als derjenige, der von der bloßen Aufklärungspflicht allein umschrieben wird.

Bei der Ablehnung von Beweisanträgen i.R.d. § 244 StPO (nicht präsente Beweismittel) gelten die Ablehnungsgründe nach Abs. 3 für alle Beweismittel. Daneben sind für besondere Beweismittel (z.B. weitere Sachverständigengutachten, Auslandszeugen) die Abs. 4 und 5 zu beachten. Für alle Beweisanträge ist weiterhin zu beachten, dass ihre Ablehnung nach § 244 VI StPO grds. eines Gerichtsbeschlusses bedarf; ausnahmsweise können sie nach der Regelung in § 244 VI S. 4 StPO im Urteil beschieden werden. Nach § 246 I StPO darf kein Beweisantrag allein mit der Begründung abgelehnt werden, er sei verspätet (zu denken ist allerdings an Verschleppungsabsicht, vgl. hierzu § 244 VI S. 2 StPO).

Kennen sollten Sie auch den Begriff des *Hilfsbeweisantrags*: Er liegt vor, wenn der Beweisantrag nur für den Fall einer bestimmten prozessualen Situation, d.h. aufschiebend bedingt gestellt wird. Obwohl Prozesshandlungen grds. bedingungsfeindlich sind, ist ein solcher nach ganz h.M. möglich, da eine sog. innerprozessuale Bedingung vorliegt, deren Eintritt das Gericht überblicken kann. Wird der Hilfsbeweisantrag unter der Bedingung einer bestimmten verfahrensabschließenden Entscheidung (z.B. eines Schuldspruchs) gestellt, so spricht man von einem sog. Eventualbeweisantrag. Für diesen gilt die Besonderheit, dass es keines eigenen Beschlusses nach § 244 VI StPO bedarf, sondern dass er in den Urteilsgründen mit beschieden werden kann.

Beweismittel im Strengbeweisverfahren

Zeuge

§§ 48 ff. StPO

- Soll dem Richter seine Wahrnehmungen kundgeben
- 3 Pflichten:
  - ⇨ Erscheinen
  - ⇨ Aussagen
  - ⇨ Wahrheitspflicht, § 57 StPO

Sachverständiger

§§ 72 ff. StPO

- Gibt aufgrund seiner besonderen Kenntnisse über Tatsachen oder Erfahrungssätze Auskunft
- Vom Gericht beauftragt
- Äußert er sich nicht über Befundtatsachen, sondern über Zusatztatsachen, ist er Zeuge

Urkunde

§§ 249 ff. StPO

- Schriftstück, das einen verlesbaren Gedankeninhalt aufweist
- Verlesung der Urkunde in der Hauptverhandlung, § 249 I StPO
- Einschränkungen in §§ 250 ff. StPO (vgl. ÜK 18)

Augenschein

§ 86 StPO

- Jede sinnliche Wahrnehmung durch Sehen, Hören, Riechen, Schmecken oder Fühlen

Sachverständiger Zeuge

- Grds. Behandlung als gewöhnlicher Zeuge, der über eine wahrgenommene Tatsache aufgrund besonderer Sachkunde berichtet

HEMMER-METHODE zu ÜK 16

Über die Schuldfrage darf im Strafverfahren nur im sog. Strengbeweisverfahren entschieden werden, d.h. es dürfen nur die speziellen, in der StPO abschließend aufgezählten Beweismittel verwendet werden. Dies sind: Zeuge, Sachverständiger, Urkunde und Augenschein. Daneben dient v.a. auch die Aussage des Beschuldigten als weiteres Mittel zur Wahrheitsfindung.

Zwischen den verschiedenen Beweismitteln können sich Abgrenzungsschwierigkeiten ergeben, die Auswirkungen haben können, da für die verschiedenen Beweismittel unterschiedliche Vorschriften gelten. So erfolgt etwa die Abgrenzung zwischen Zeugen und Sachverständigem danach, ob die Beweisperson eigene Wahrnehmungen kundgibt oder aber Sachkunde vermittelt (d.h. aufgrund seiner besonderen Kenntnisse über Tatsachen oder Erfahrungssätze Auskunft gibt). Der sog. sachverständige Zeuge ist gewissermaßen eine Mischform, bei dem aber letztlich das Zeugenelement überwiegt, da es um die Kundgabe eigener Wahrnehmungen geht, die allerdings nur aufgrund besonderer Sachkunde möglich war (z.B. der Arzt, der zufällig das Opfer am Unfallort untersucht hat und daher Auskunft über die damals bestehenden Verletzungen geben kann).

Ein anderes Abgrenzungsproblem kann sich etwa zwischen Urkunde und Augenscheinobjekt ergeben, da auch ein Schriftstück durchaus ein Augenscheinobjekt sein kann. Hier ist zu differenzieren: kommt es auf den (insbesondere verlesbaren) Inhalt des Schriftstücks an, handelt es sich um eine Urkunde; geht es dagegen um die äußere Beschaffenheit (etwa das Material, darauf befindliche Fingerabdrücke o.Ä.), so ist das Schriftstück Augenscheinsobjekt.

Der Zeuge in der Hauptverhandlung

Grundsätzliche Pflichten: Erscheinen, Aussagen, Wahrheit sagen
Nach Belehrung gem. § 57 StPO, Aussage zur Person (§ 68 StPO) und zur Sache (§ 69 StPO) es sei denn, es besteht ein Zeugnisverweigerungsrecht

Zeugnisverweigerungsrechte

§ 52 StPO

- Nahe Angehörige des Angeklagten
- Belehrung, § 52 III StPO

⇨ Fehlende Belehrung führt grds. zu Verwertungsverbot

§ 53 StPO

- Angehörige bestimmter Berufsgruppen und ihre Helfer
- Wenn Tatsachen ihnen bei der Ausübung ihres Berufes anvertraut wurden
- Keine Belehrungspflicht

⇨ Aussage auch bei Verstoß gegen § 203 StGB grds. verwertbar (str.)

§ 54 StPO

- Notwendigkeit einer Aussagegenehmigung für Richter, Beamte u.ä.
- Nicht notwendig für Ermittlungsbeamte der StA

⇨ Aussage auch ohne Genehmigung grds. verwertbar

§ 55 StPO

- Bloßes Auskunftsverweigerungsrecht
- Kann sich zu umfassenden Schweigerecht verdichten
- Belehrungspflicht, § 55 II StPO

⇨ Grds. kein Verwertungsverbot (nach „Rechtskreistheorie“)

HEMMER-METHODE zu ÜK 17

Die §§ 52-55 StPO sind häufig Prüfungsgegenstand; daher sollte man in diesem Bereich über den bloßen Gesetzestext hinaus einige Sonderprobleme kennen:

Die Fallgruppe des Verlöbnisses (§ 52 I Nr. 1 StPO) kann zu prüfungsrelevanten Problemen führen. Dies ist etwa der Fall, wenn die Wirksamkeit des Verlöbnisses in Frage steht. Die Vorschrift über das Zeugnisverweigerungsrecht des Verlobten ist auch auf Lebenspartnerschaften anwendbar, vgl. § 52 I Nr. 2a StPO.

Eine Belehrung über das Zeugnis- bzw. Auskunftsverweigerungsrecht ist in den Fällen der §§ 52 und 55 StPO erforderlich, da in den Anwendungsbereich dieser Vorschriften grds. jede Person fallen kann. Dagegen geht der Gesetzgeber in den Fällen der §§ 53 und 54 StPO davon aus, dass die Angehörigen der entsprechenden Berufsgruppen Kenntnis von ihrem Zeugnisverweigerungsrecht haben. Daher kann aus einer fehlenden Belehrung auch kein Beweisverwertungsverbot abgeleitet werden; etwas anderes gilt allerdings bei einer falschen Belehrung (z.B. darüber, dass die Voraussetzungen einer Entpflichtung vom Zeugnisverweigerungsrecht vorliegen würden).

Nach h.M. erwächst ebenfalls kein Beweisverwertungsverbot daraus, dass ein Beamter ohne Aussagegenehmigung aussagt, da in diesen Fällen der mit § 54 StPO bezweckte Schutz der Amtsgeheimnisse ja bereits obsolet geworden ist und § 54 StPO nicht dem Schutz des Beschuldigten dient. Mit der gleichen Argumentation wird auch bei einer fehlenden Belehrung nach § 55 II StPO kein Beweisverwertungsverbot angenommen, da diese Vorschrift primär den Zeugen und nicht den Beschuldigten schützen soll (sog. „Rechtskreistheorie“).

Schriftstücke und Urkunden in der Hauptverhandlung

Grundsatz: § 250 S. 2 StPO, Vorrang des Personalbeweises vor dem Urkundenbeweis; spezielle Regelungen über (Nicht-)Verlesbarkeit in:

§ 251 StPO

- Zeuge
- Sachverständiger
- Mitbeschuldigter
- Nicht anwesend

→ nichtrichterliche Protokolle: Abs. 1
→ richterl. Protokolle: Abs. 2

§ 252 StPO

- Vernehmung vor der Hauptverhandlung
- Berufung auf ZVR in der Hauptverhandlung
- Nach Wortlaut nur Verlesungsverbot
- Nach BGH allg. Verwertungsverbot (sonst Aushebelung des ZVR)
  Ausnahme: Vernehmung der Verhörsperson bei richterl. Vernehmung mit ordnungsgemäßer Belehrung über ZVR

§ 254 StPO

- Angeklagter
- Verlesung eines richterlichen Protokolls über ein Geständnis
- Voraussetzung ist ordnungsgemäßes Zustandekommen
- Polizeil. Protokolle dürfen nicht verwertet werden
  Aber: Vernehmung der Verhörsperson möglich

§ 256 StPO

- Gutachten
- Ärztliche Atteste
- Insbesondere BAK-Wert-Gutachten

Außerdem: Verlesung zur Gedächtnisunterstützung, § 253 StPO, und sog. allgemeiner Vorhalt (Rspr.)

Insbesondere die §§ 250 S. 2, 252 und 254 StPO sind von eminenter Bedeutung für die Klausur und müssen unbedingt beherrscht werden!

§ 250 S. 2 StPO ist eine Ausprägung des Unmittelbarkeitsgrundsatzes und statuiert einen Vorrang des Personal- vor dem Urkundenbeweis, wenn nicht ein gesetzlich geregelter Ausnahmefall vorliegt. Dagegen enthält § 250 S. 2 StPO kein generelles Verbot indirekter Beweismittel, so dass z.B. ein Zeuge vom „Hörensagen" durchaus als Beweismittel verwertet werden darf. Allerdings ist bei diesem i.R. der Beweiswürdigung zu berücksichtigen, dass er nicht über eigene unmittelbare Wahrnehmungen berichtet. Insbesondere wenn die Aussage von zentraler Bedeutung ist, könnte ein Verstoß gegen die Aufklärungspflicht des § 244 II StPO darin liegen, dass nur der Zeuge vom Hörensagen vernommen wurde.

§ 252 StPO enthält über seinen Wortlaut hinaus nicht nur ein Verlesungs-, sondern nach h.M. ein umfassendes Verwertungsverbot für die früheren Aussagen des zeugnisverweigerungsberechtigten Zeugen (wobei es genügt, wenn das Zeugnisverweigerungsrecht zwischen der damaligen Aussage und der Hauptverhandlung entstanden ist, z.B. Verlöbnis). Für das Auskunftsverweigerungsrecht nach § 55 StPO soll § 252 StPO dagegen keine Anwendung finden. Eine Ausnahme besteht ferner, als kein umfassendes Verwertungsverbot für Vernehmungen besteht, die durch einen Richter ordnungsgemäß durchgeführt wurden, wenn zu diesem Zeitpunkt bereits ein Zeugnisverweigerungsrecht bestand und der Richter hierüber ordnungsgemäß belehrt hat. Dagegen ist eine weitergehende „qualifizierte Belehrung" über diese Ausnahme von § 252 StPO nach der Rspr. nicht erforderlich (BGH, GSSt 1/16 = Life&LAW 04/2017, 255 ff.). Des Weiteren besteht kein Verwertungsverbot für sog. Spontanäußerungen. Hier fehlt es bereits an einer „Vernehmung" vor der Hauptverhandlung.

§ 254 StPO gestattet die Verlesung richterlicher Protokolle über ein Geständnis des Beschuldigten. Im Gegenschluss geht man davon aus, dass nichtrichterliche Protokolle nicht verlesen werden dürfen; allerdings soll § 254 StPO - anders als § 252 StPO für die Aussage des Zeugen - zu keinem umfassenden Verwertungsverbot führen, so dass eine Vernehmung der Verhörsperson möglich wäre.

Beweisverwertungsverbote

I. Systematik

Systematik der Beweisverbote

- **Beweiserhebungsverbote** hinsichtl. Beweisthema, -mittel und -methode
- **Beweisverwertungsverbote**

Einteilung der Beweisverwertungsverbote

- Unselbständige (d.h. wg. Verstoßes gg. Erhebungsverbot)
  - Gesetzlich normiert: § 136a III S. 2 StPO
  - Mittels Interessenabwägung/Schutzzweck/Rechtskreis
- Selbständige (d.h. unabhängig von Verstoß gg. Erhebungsverbot)
  - Gesetzlich normiert, z.B. §§ 81c III S. 5, 161 III, 479 II S. 1, 252, 100d II S. 1 StPO
  - Nicht normiert, unmittelbar aus Verfassungsrecht (z.B. Art. 1, 2 GG: Tagebuchfälle)

II. Wichtige Problemgruppen

- Zeugnisverweigerungsrechte (vgl. ÜK 17)
- Fehler bei Beschuldigtenvernehmung (vgl. ÜK 5)
- Fehler bei Zwangsmaßnahmen (vgl. ÜK 6-8)

III. Fernwirkung

Fernwirkung ist str., nach h.M. aber keine generelle „fruit-of-the-poisonous-tree“-doctrine, sondern Abwägung im Einzelfall

HEMMER-METHODE zu ÜK 19

Die Beweisverwertungsverbote sind von allergrößter Wichtigkeit für die Klausur. Entsprechendes Verständnis bei der Lektüre von Gerichtsentscheidungen bzw. Fällen erlangen Sie, wenn Ihnen die grundsätzliche Systematik klar ist.

Der klausurrelevanteste Fall dürfte der sein, in dem - etwa bei der Vernehmung des Beschuldigten oder bei Durchführung einer Zwangsmaßnahme - ein Fehler gemacht worden ist und sich nun die Frage stellt, ob daraus ein Beweisverwertungsverbot erwächst. Dabei sollte der Ausgangspunkt sein, dass nicht aus jedem Verstoß gegen ein Beweiserhebungsverbot (bzw. aus jedem Fehler bei der Beweiserhebung) auch ein Beweisverwertungsverbot resultiert. Vielmehr arbeitet die h.M. hier mit einer umfassenden Interessenabwägung, in welche etwa die Intensität des Verstoßes, der Schutz des Beschuldigten und insbesondere der Schutzzweck der Norm bzw. der betroffene „Rechtskreis" einfließen. Für die Klausur wäre daher wichtig, dass Sie von diesem Ausgangspunkt aus einige relevante Abwägungskriterien nennen und dann anhand des Sachverhaltes ausgewogen und nachvollziehbar argumentieren.

In der Frage einer Fernwirkung von Beweisverwertungsverboten ist der BGH sehr zurückhaltend. Er betont zwar, dass dies nicht pauschal entschieden werden könne, sondern stets in jedem Einzelfall zu prüfen sei; jedoch hat er bislang nur selten eine Fernwirkung angenommen. Die h.L. zieht dagegen unterschiedliche Kriterien für die erforderliche Abwägung heran, insbesondere die Intensität des Verstoßes, aber auch das Ergebnis hypothetischer Ermittlungsabläufe. Danach wäre eine Fernwirkung z.B. naheliegend, wenn das entfernte Beweismittel ohne den ursprünglichen Gesetzesverstoß mit großer Sicherheit nie gefunden worden wäre und eine elementare Rechtsverletzung in Rede steht. Dagegen wäre sie zu verneinen, wenn die Strafverfolgungsbehörde mit großer Wahrscheinlichkeit früher oder später ohnehin darauf gestoßen wäre.

Das Strafbefehlsverfahren

Das Strafbefehlsverfahren ist ein besonderes summarisches Verfahren zur einfacheren Aburteilung von Kleinkriminalität, für die das Amtsgericht zuständig ist. Es ermöglicht eine einseitige Straffestsetzung ohne Hauptverhandlung und Urteil. Nach Abschluss der Ermittlungen im Vorverfahren entscheidet sich der StA bei hinreichendem Tatverdacht, ob er öffentliche Klage erhebt (§ 170 I StPO) oder Antrag auf Erlass eines Strafbefehls stellt (§ 407 I StPO).

Strafbefehls-antrag

wenn

- Vergehen
- Strafrichter oder Schöffengericht zuständig
- Hauptverhandlung wird nicht für erforderlich erachtet
- Strafe bis zu einem Jahr auf Bewährung

↓

Gericht

- bejaht hinreichenden Tatverdacht und hält beantragte Sanktion für angemessen
- Abweichung vom Antrag der StA
- Ablehnung des Erlasses eines Strafbefehls

HEMMER-METHODE zu ÜK 20

Der Strafbefehl spielt in der Praxis eine wichtige Rolle. In Klausuren des Ersten Staatsexamens sind die §§ 407 ff. StPO eher selten, können aber durchaus als „Aufhänger" einer Klausur abgeprüft werden.

Für eine Klausur anbieten würde sich etwa der Einspruch gegen den erlassenen Strafbefehl: Nach § 410 I StPO ist dieser binnen zwei Wochen ab Zustellung des Strafbefehls einzulegen, so dass sich daraus u.U. Fristprobleme ergeben könnten. Beachten Sie dabei auch die Möglichkeit, den Einspruch gegen den Strafbefehl gem. § 410 II StPO zu beschränken, etwa auf die Höhe der Geldstrafe.

Nach § 410 III StPO erwächst der Strafbefehl, soweit er nicht durch den rechtzeitigen Einspruch angegriffen wird, in eine Art eingeschränkte Rechtskraft. Daher kann der Beschuldigte, wenn er denkt, mit dem Ergebnis „noch zufrieden" sein zu können, es bei diesem belassen und damit eine spätere gerichtliche Verfolgung regelmäßig verhindern (Prozesshindernis der entgegenstehenden Rechtskraft!). Eine Wiederaufnahme nach einem rechtskräftig gewordenen Strafbefehl ist nur unter den - im Vergleich zum Urteil etwas weiteren - Voraussetzungen des § 373a StPO möglich.

Wird rechtzeitig Einspruch eingelegt, so ist über den Vorwurf mündlich zu verhandeln. Hier ist die Vorschrift des § 412 StPO zu beachten: Erscheint der Beschuldigte nicht zur anberaumten Hauptverhandlung, so verweist § 412 StPO auf § 329 StPO, d.h. der Einspruch ist zu verwerfen. Gegen dieses Verwerfungsurteil besteht entweder die Möglichkeit eines Wiedereinsetzungsantrags nach § 412 i.V.m. § 329 III StPO oder auch die Berufung. Als Besonderheit ergibt sich hier allerdings, dass nach h.M. das Berufungsgericht die Sache zur erneuten Verhandlung zurückverweist, da ansonsten das - als erste Instanz gerade nicht zuständige - Berufungsgericht erstmals in der Sache entscheiden würde (zum Sonderproblem der Vereinbarkeit von § 329 StPO mit Art. 6 EMRK vgl. Berberich/Löper, Life&LAW 08/2013, 618 ff.).

Besondere Verfahrensarten

I. Beschleunigtes Verfahren

- §§ 417 ff. StPO
- Ermöglicht eine rasche Aburteilung auf Antrag der StA
- Erstinstanzliche Zuständigkeit des Amtsgerichts
- Zur sofortigen Verhandlung geeignet
  - ⇨ einfacher Sachverhalt
  - ⇨ klare Beweislage (i.d.R. Geständnis)
- Strafe: Freiheitsstrafe bis zu 1 Jahr

II. Privatklage

- §§ 374 - 394 StPO, Privatklagedelikte
- Privatperson (Verletzter) tritt anstelle der StA
- StA erhebt bei diesen Delikten öffentliche Klage nur, wenn ein öffentliches Interesse i.S.d. § 376 StPO zu bejahen ist

III. Nebenklage

- Verletzter hat die Möglichkeit, sich der öffentlichen Klage der StA anzuschließen
- Nebenklage ist akzessorisch zur öffentlichen Klage
- Anschluss durch Anschlusserklärung eines Anschluss-berechtigten, §§ 395, 396 StPO

HEMMER-METHODE zu ÜK 21

Auch für die weiteren besonderen Verfahrensarten gilt: Sie werden eher selten Prüfungsgegenstand sein, man sollte allerdings - für den Fall der Fälle - wissen, dass es so etwas gibt und wo es ungefähr geregelt ist. Wichtig dürfte dann in der Klausur sein, dass man anhand des Gesetzestextes sauber subsumiert bzw. bei dort nicht geregelten Fragen eine schlüssige Argumentation aus allgemeinen Grundsätzen entwickeln kann.

So kann sich etwa bei der Nebenklage die Frage stellen, ob der Nebenkläger auch ein Rechtsmittel zugunsten des verurteilten Angeklagten einlegen kann. Aus § 401 I S. 1 StPO ergibt sich, dass der Nebenkläger grds. rechtsmittelberechtigt ist; ein Rechtsmittel zugunsten des Angeklagten ist auch in § 400 I StPO nicht ausdrücklich ausgeschlossen. Gleichwohl lehnt die h.M. ein Rechtsmittelrecht zugunsten des Angeklagten ab: Der BGH weist darauf hin, dass das Recht der Nebenklage kein Verweis auf § 296 II StPO (wonach der Staatsanwalt auch zugunsten des Angeklagten Rechtsmittel einlegen kann) enthält. Darüber hinaus könnte man auch mit dem Wesen der Nebenklage argumentieren, die dem Nebenkläger ja die Möglichkeit geben soll, an der Verfolgung des Beschuldigten teilzunehmen. Anknüpfungspunkt im Zulässigkeitsschema eines Rechtsmittels wäre die fehlende Beschwer (zur Befugnis des Nebenklägers, sich einer erhobenen öffentlichen Klage anzuschließen, vgl. BGH, Beschl. v. 01.09.2020 – 3 StR 214/20 = Life&LAW 04/2021, 244 f.).

Beim Privatklageverfahren sollte man daran denken, dass für Delikte, die im Privatklageweg verfolgt werden können, kein Klageerzwingungsverfahren möglich ist, vgl. § 172 II S. 3 StPO. Referendare müssen an die Möglichkeit des Privatklageverfahrens bei der Abschlussverfügung denken. Hier besteht die Möglichkeit, das Opfer auf den Privatklageweg zu verweisen und daher selbst keine Anlage zu erheben. Etwas anderes gilt allerdings, wenn das Privatklagedelikt eine prozessuale Tat mit einem Offizialdelikt bildet. Dann muss Anklage erhoben werden und bei dieser Gelegenheit auch über das Privatklagedelikt mit entschieden werden, solange keine Beschränkung gem. § 154a StPO erfolgt.

Rechtsmittel - Überblick

StPO, Rn. 472 ff.

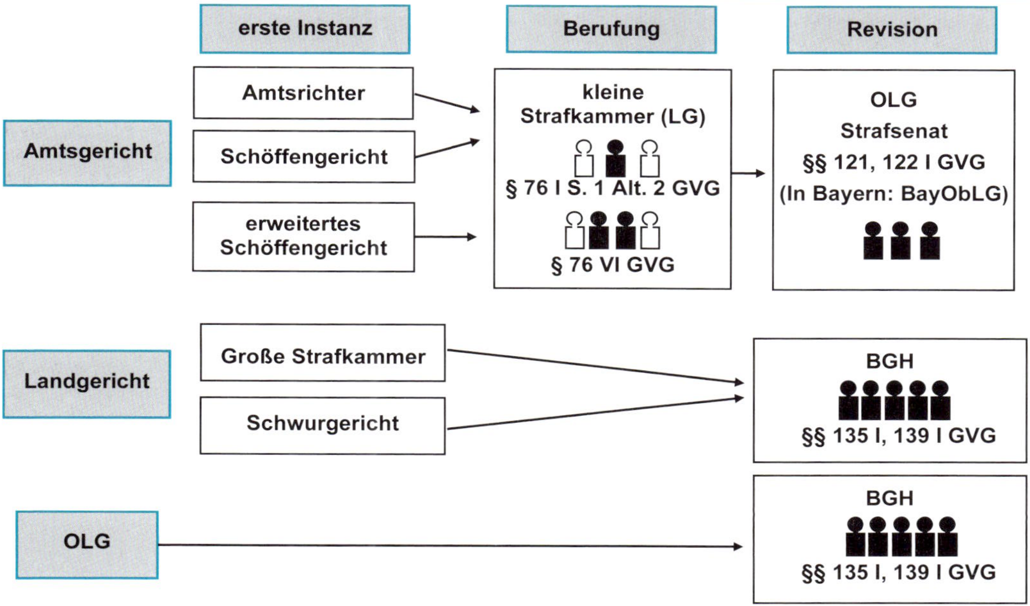

HEMMER-METHODE zu ÜK 22

Gewisse Schwierigkeiten bereitet manchen Studenten, dass der Instanzenzug im Strafverfahren anders geregelt ist als im Zivilprozess. Bei einer Sprungrevision gegen ein amtsgerichtliches Urteil sowie einer Revision gegen ein Berufungsurteil der kleinen Strafkammer des LG ist das OLG zuständig. Hat eine große Strafkammer des LG bzw. das OLG in erster Instanz geurteilt, ist der BGH zuständiges Revisionsgericht.

Man kann zwar - gerade in einer schriftlichen Prüfung - diesen Instanzenzug auch aus dem Gesetz ableiten; jedoch wird diese Arbeit enorm erleichtert (und insbesondere für die mündliche Prüfung ist es fast unumgänglich), wenn man ihn „auswendig gelernt" hat und man dieses Wissen nur noch anhand des Gesetzes „verifizieren" muss. Vgl. zu erstinstanzlichen Zuständigkeit i.Ü. ÜK 12.

Betrachtet man sich die umseitige Abbildung, so wird klar, dass für viele Delikte (insbesondere Vergehen) das OLG Revisionsinstanz ist. Dass es trotzdem auch viele Entscheidungen des BGH zu Delikten wie Diebstahl, Betrug usw. gibt, hat v.a. zwei Gründe: Zum einen können diese Delikte im Rahmen eines größeren Verfahrens, das erstinstanzlich vor dem Landgericht stattfand, mitangeklagt und damit auch vom BGH mitbehandelt worden sein; zum anderen besteht eine Vorlagepflicht eines OLG an den BGH, wenn es von der Rspr. eines anderes OLG oder eines Strafsenats des BGH abweichen möchte, sog. Außendivergenz, § 121 II GVG.

In Bayern gilt es die Besonderheit zu beachten, dass von der Möglichkeit des § 25 II EGGVG Gebrauch gemacht wurde, näher bestimmte Zuständigkeiten dem Obersten Landgericht zuzuweisen (vgl. Gesetz vom 12.07.2018, GVBl. S. 550). Statt der Oberlandesgerichte entscheidet demnach das Bayerische Oberlandesgericht („BayObLG") gegen Berufungsurteile des LG oder bei Sprungrevisionen gegen Urteile des Amtsgerichts (Art. 12 Nr. 1 AGGVG, § 9 EGGVG).

Rechtsmittel - Berufung

StPO, Rn. 475 ff.

Die Berufung ist eine zweite Tatsacheninstanz. Sie führt zu einer Neuverhandlung der Sache. Es findet eine neue Hauptverhandlung statt, in der nicht das angefochtene Urteil geprüft, sondern über alle Tat- und Rechtsfragen nach dem Ergebnis der Berufungsverhandlung neu entschieden wird.

I. Statthaftigkeit

- Gegen erstinstanzliche Urteile des Amtsgerichts, d.h. des Strafrichters und des Schöffengerichts

II. Annahme

- § 313 StPO: in den dort genannten Fallgruppen von Bagatellekriminalität muss die Berufung angenommen werden
- Annahme (+), wenn § 313 II oder III StPO

III. Anfechtungsberechtigung

- Angeklagter oder sein gesetzlicher Vertreter, §§ 296 I, 298 StPO
- Verteidiger für den Angeklagten, § 297 StPO
- StA
- Privat-, Nebenkläger, §§ 390, 401, 296 StPO

IV. Beschwer

- Allein Urteilstenor maßgeblich, nicht Gründe (beachte für den StA aber § 296 II StPO)

V. Form

- Schriftlich oder zu Protokoll der Geschäftsstelle
- Beim Gericht, dessen Entscheidung angefochten wird (lat.: iudex a quo)

VI. Berufungsfrist

- Eine Woche nach Verkündigung, § 314 I StPO

HEMMER-METHODE zu ÜK 23

Das Berufungsverfahren ist gewissermaßen eine „zweite Tatsacheninstanz“, es findet keine Überprüfung des erstinstanzlichen Urteils statt. Diesen Unterschied zur Revision sollte man kennen, da er insbesondere in der mündlichen Prüfung gerne gefragt wird. Eine Konsequenz daraus ist auch, dass die Berufung - anders als die Revision - grds. nicht begründet werden muss (aber natürlich darf), vgl. § 317 StPO. Letztlich eignet sich die Berufung daher auch weniger für die Klausur, da im Prinzip kein nennenswerter Unterschied zur ersten Instanz besteht. Für Referendare wäre allerdings denkbar, dass ein Berufungsurteil i.R.d. Revision zu überprüfen ist, da insoweit die von der Überprüfung eines erstinstanzlichen Urteils bekannten Schwierigkeiten ebenso geprüft werden und außerdem auf die geringfügigen Modifikationen der Hauptverhandlung (z.B. § 325 StPO) eingegangen werden kann.

Zum Verhältnis der Rechtsmittel Berufung und Revision untereinander sollte man Folgendes wissen: Wird unspezifisch nur „Rechtsmittel eingelegt“, so wird dies im Zweifel als das umfassendere Rechtsmittel verstanden, so dass ein Berufungsverfahren eingeleitet wird. Aber auch wenn das Rechtsmittel explizit als Berufung eingelegt wird, kann sich im Einzelfall durch Auslegung ergeben, dass eigentlich eine Revision gewollt ist; außerdem kann der Rechtsmittelführer nach h.M. innerhalb der Revisionsbegründungsfrist (vgl. § 345 I StPO) sein Rechtsmittel von der Berufung auf die Revision (oder umgekehrt) „umstellen“.

Erfolgsaussichten einer Revision (I)

I. Zulässigkeit

- Statthaftigkeit:
  - ⇨ § 333 StPO: gegen Urteile des LG/OLG
  - ⇨ § 335 StPO: Sprungrevision gegen Urteile des AG
- Anfechtungsberechtigung (wie Berufung, vgl. ÜK 23 III)
- Beschwer (wie Berufung, vgl. ÜK 23 IV)
- Einlegung, § 341 I StPO
  - ⇨ Form: schriftlich oder zu Protokoll beim iudex a quo
  - ⇨ Frist: binnen einer Woche nach Verkündigung
- Begründung: § 345 StPO
  (hier anders als bei Berufung zwingend!)
  - ⇨ Form: grds. wie Einlegung (aber Schriftsatz durch RA); dabei Angabe des Umfangs bzw. Sach- und/oder (näher ausgeführte) Verfahrensrüge, § 344 II StPO
  - ⇨ Frist: § 345 I StPO – grds. 1 Monat nach Ablauf der Einlegungsfrist; bei lang andauernden Verfahren bis zu 3 Monate

II. Begründetheit

Vgl. ÜK 25

HEMMER-METHODE zu ÜK 24

Die Prüfung der Erfolgsaussichten einer Revision ist im Strafprozessrecht eigentlich die einzige Möglichkeit, eine Klausur im Ersten Staatsexamen „prozessual einzukleiden". Ist die Zulässigkeit einer Revision zu prüfen, so gilt - wie auch bei Zulässigkeitsschemata in anderen Rechtsgebieten - der Grundsatz, Unproblematisches möglichst kurz abzuhandeln. Allerdings ist es sicher empfehlenswert, die umseitig genannten Prüfungspunkte zumindest jeweils in einem kurzen Satz zu erwähnen. Schwierigkeiten i.R.d. Zulässigkeit sind am ehesten noch bei der Einlegungs- bzw. Begründungsfrist denkbar (vgl. dazu auch das Beispiel auf ÜK 10).

In der Begründung der Revision ist zwischen der Sach- und der Verfahrensrüge zu unterscheiden. Mit letzterer werden Fehler des Verfahrens geltend gemacht und sie ist so auszuführen, dass die Revisionsinstanz ihre Berechtigung überprüfen kann, ohne die Hauptverhandlung „rekonstruieren" zu müssen. Die saubere Formulierung einer solchen Verfahrensrüge gelingt auch in der Praxis häufig nicht. Dagegen ist die Sachrüge relativ einfach; für sie genügt etwa der Satz „Ich rüge die Verletzung sachlichen Rechts" (allerdings ist es natürlich in einer Klausur durchaus sinnvoll, die Begründung noch etwas weiter auszuführen). Wichtig ist, zwischen den beiden Rügen streng zu trennen: Die Verfahrensrüge greift u.a. die Sachverhaltsermittlung des Gerichts an (etwa: Einführung unverwertbarer Beweismittel in die Hauptverhandlung). Die Sachrüge richtet sich gegen die Anwendung des materiellen Strafrechts auf den vom Gericht festgestellten Sachverhalt.

Ist eine einzelne Verfahrensrüge unzulässig erhoben worden, so führt dies nicht zur Unzulässigkeit der gesamten Revision; Konsequenz ist nur, dass speziell diese Verfahrensrüge nicht überprüft wird, so dass die Revision als solche gleichwohl zulässig bleibt, wenn eine andere Verfahrensrüge zulässig ist oder aber die Sachrüge erhoben wurde.

Rechtsmittel - Revision (II) Begründetheit

Erfolgsaussichten einer Revision (II)

I. Zulässigkeit vgl. ÜK 24

II. Begründetheit

Die Revision ist begründet, wenn...

... ein Verfahrenshindernis besteht; dieses ist auch in der Revisionsinstanz v.A.w. zu berücksichtigen

Beispiele:

- Verjährung
- fehlender Strafantrag
- Strafunmündigkeit
- fehlende Anklageerhebung

... ein (zulässig gerügter, vgl. § 344 II S. 2 StPO) Verfahrensfehler vorliegt:

- § 338 StPO: absolute Revisionsgründe
- sonstige Verfahrensfehler (z.B. Verstoß gegen Belehrungsvorschriften)

... sachliches Recht verletzt wurde, d.h. Fehler bei

- Beweiswürdigung
- Subsumtion unter Strafvorschriften
- Strafzumessung (z.B. Verstoß gegen Doppelverwertungsverbot, § 46 III StGB)

Urteil muss auf Fehler beruhen, § 337 I StPO

HEMMER-METHODE zu ÜK 25

I.R.d. Begründetheit der Revision kann das Verfahren vor dem Tatgericht umfassend geprüft werden, d.h. es stellen sich Fragen der Verfahrensvoraussetzungen, des Verfahrensablaufs und des materiellen Rechts. Dies macht die Revision auch für die Klausur so interessant.

Das Vorliegen eines Verfahrenshindernisses (bzw. das Nichtvorliegen einer Verfahrensvoraussetzung, insoweit hängen beide Begriffe voneinander ab) setzt (nur) voraus, dass zulässig Revision eingelegt wurde; das Verfahrenshindernis muss also nicht gerügt werden, sondern ist von Amts wegen zu beachten. Umgekehrt darf das Revisionsgericht Verfahrenshindernisse nicht überprüfen, wenn es gänzlich an einer zulässigen Revision fehlt. Allerdings soll nach h.M. ein Verfahrensfehler auch dann beachtlich sein, wenn - wegen einer Beschränkung der Revision auf das Strafmaß - bereits Teilrechtskraft eingetreten ist.

Während Verfahrenshindernisse stets die Revision begründen, führt ein Fehler des formellen oder materiellen Rechts nur dann zur Begründetheit, wenn das Urteil auf diesem Fehler beruht. Im materiellen Recht wird dies i.d.R. unproblematisch sein. Bei einer Verfahrensrüge ist zu beachten, dass § 338 StPO bei den sog. absoluten Revisionsgründen grundsätzlich unwiderleglich vermutet, dass das Urteil auf diesen Fehlern beruht. Bei einem Verstoß gegen sonstige Verfahrensvorschriften ist das Beruhen positiv festzustellen. Nach dem BGH ist dies dann der Fall, wenn nicht ausgeschlossen werden kann, dass das Urteil ohne den Verfahrensfehler anders hätte ausfallen können.

I.R.d. Überprüfung des sachlichen Rechts ist die Beweiswürdigung und die Strafzumessung für das Erste Examen praktisch ohne Relevanz, vielmehr wird hier zumeist nur die Subsumtion unter die Strafvorschriften zu überprüfen sein. Dagegen ist gerade die Strafzumessung für das Zweite Staatsexamen überaus wichtig. Wichtig ist hier v.a. die Überprüfung der Einhaltung der notwendigen gedanklichen Schritte, d.h. des Festlegens des Strafrahmens, der Prüfung eventueller Strafrahmenverschiebungen, der korrekten Gesamtstrafenbildung.

Verständigung im Strafverfahren

§ 257c StPO	§ 273 Ia StPO	§§ 160b, 202a, 212 StPO	§ 35a S. 3 StPO	§ 302 I S. 2 StPO
Vorgaben für eine wirksame Absprache	Beurkundungspflicht der Absprache	Erörterung des Verfahrensgegenstandes mit den Beteiligten während des gesamten Verfahrens	Qualifizierte Belehrung des Angeklagten, dass Rechtsmittel gegen Urteil zulässig	Rechtsmittelverzicht nach einer Verständigung unwirksam

Der Gang des Verständigungsverfahrens

- **Initiative:** geht regelmäßig vom Gericht aus; Gericht gibt **Einschätzung** bekannt, dann Gelegenheit zur **Stellungnahme** durch die anderen Verfahrensbeteiligten (beachten Sie: ein Nebenkläger muss zwar nicht zustimmen, aber sein Widerspruch kann Zustandekommen verhindern)
- **Zustandekommen der Absprache:** wenn StA und Angeklagter dem Vorschlag des Gerichts zustimmen (vgl. § 257c III S. 4 StPO)
- **Bindung an Absprache:** grds. (+), es sei denn, § 257c IV StPO greift ein
- Sog. **informelle Absprachen unzulässig**

HEMMER-METHODE zu ÜK 26

Durch das Gesetz zur Regelung der Verständigung im Strafverfahren (VerstStVfÄndG) wurde die Problematik der Absprachen im Strafverfahren gesetzlich kodifiziert. Absprachen im Strafverfahren waren vor dem Beschluss des VerstStVfÄndG reines Richterrecht. Vertreter der Literatur sahen darin teilweise ein Überschreiten der Grenzen zulässiger Rechtsfortbildung. Obwohl der große Senat für Strafsachen des BGH (Beschluss vom 03.03.2005 – GSSt 1/04) diese Bedenken nicht geteilt hat, erkannte er dennoch den dringenden Regelungsbedarf durch den Gesetzgeber. Diesem ist der Gesetzgeber nachgekommen.

Zentrale Vorschrift der gesetzlichen Kodifikation der Absprachen des Strafprozesses ist § 257c StPO. Der Gesetzgeber hat hinsichtlich der Bindungswirkung einer Verständigung geregelt, dass diese entfällt, wenn rechtlich oder tatsächlich bedeutsame Umstände übersehen worden sind oder sich neu ergeben haben und das Gericht deswegen zu der Überzeugung gelangt, dass der in Aussicht gestellte Strafrahmen nicht mehr tat- und schuldangemessen ist. Damit soll gewährleistet bleiben, dass der Grundsatz des „schuldangemessenen Bestrafens“ gewahrt bleibt. Damit dies nicht einseitig den Angeklagten belastet, hat der Gesetzgeber vorgesehen, dass das Geständnis des Angeklagten in diesen Fällen nicht verwertet werden darf, § 257c IV S. 3 StPO. Über diese Abweichungsmöglichkeit des Gerichts ist der Angeklagte bereits vor der Verständigung gem. § 257c VI StPO zu belehren.

Verständigungen informeller Art, d.h. außerhalb des gesetzlichen Regelungssystems („informelle Absprachen“), sind nach dem BVerfG unzulässig. Die gesetzlichen Regelungen sind insoweit abschließend und dürfen nicht umgangen werden (vgl. BVerfG, Urteil vom 19.03.2013 - 2 BvR 2628/10 u.a. = Life&LAW 05/2013, 342 ff.). Zum Wegfall der Bindungswirkung einer Verständigung und Unverwertbarkeit des Geständnisses nach Aussetzung der Hauptverhandlung vgl. BGH, Beschl. v. 17.02.2021 - 5 StR 484/20.

Stichwortverzeichnis

A

B

Stichwortverzeichnis

Stichwortverzeichnis

Stichwortverzeichnis

Stichwortverzeichnis

S

Stichwortverzeichnis

T

Stichwortverzeichnis

Stichwortverzeichnis

hemmer/wüst Verlag
Unser Lernsystem im Überblick

Digitale Produkte

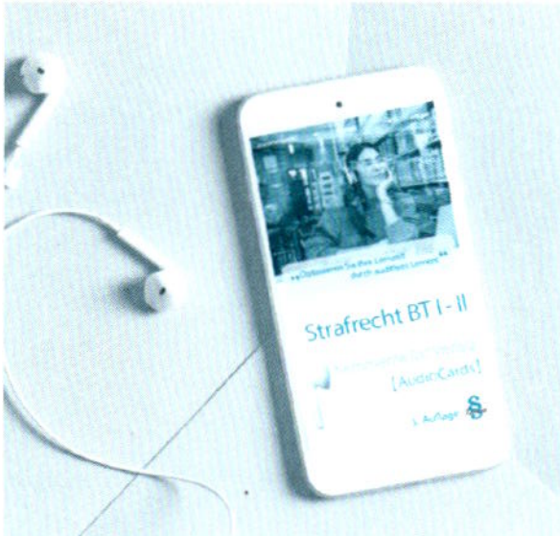

■ AudioCards - ab 19,95 €

Das Frage-Antwort-System der hemmer Hauptskripten zum Hören

Optimieren Sie Ihre Lernzeit durch auditives Lernen.
Die Wiederholungsfragen der hemmer Hauptskripten werden in den hemmer AudioCards vertont und beantwortet. Gleichzeitig haben Sie die Möglichkeit, den kompletten Inhalt inklusive Inhaltsverzeichnis per PDF einzusehen und auszudrucken.
Wir verhelfen Ihnen mit unserem auditiven Lernsystem zu einer optimalen Prüfungsvorbereitung.

- auditiv: Der examensrelevante Stoff zum auditiven Lernen von erfahrenen Repetitorinnen und Repetitoren. Ideal für schnelles Repetieren der hemmer Hauptskriptenreihe.
- modern: Frage-Antwort-System im digitalen Format.
- effektiv: Auditives Lernen optimiert die Wiederholung. Nutzen Sie Leerlaufphasen, z.B. im Auto oder in der U-Bahn, zum Wiederholen und Vertiefen des gelernten Stoffs.

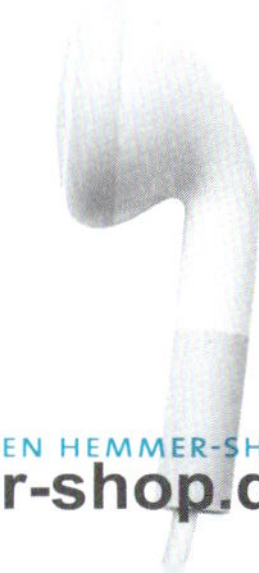

Erhältlich über unseren hemmer-shop
www.hemmer-shop.de